专利情报研究与服务

《图书情报工作》杂志社　编

海洋出版社

2016 年 · 北京

图书在版编目（CIP）数据

专利情报研究与服务/《图书情报工作》杂志社编．—北京：海洋出版社，2016.3

（名家视点．第7辑）

ISBN 978 - 7 - 5027 - 9353 - 1

Ⅰ．①专…　Ⅱ．①图…　Ⅲ．①专利－情报分析②专利－情报服务　Ⅳ．①G35

中国版本图书馆 CIP 数据核字（2015）第 308426 号

责任编辑：杨海萍　张　欣

责任印制：赵麟苏

海洋出版社　出版发行

http://www.oceanpress.com.cn

北京市海淀区大慧寺路 8 号　邮编：100081

北京朝阳印刷厂有限责任公司印刷　新华书店北京发行所经销

2016 年 3 月第 1 版　2016 年 3 月第 1 次印刷

开本：787 mm×1092 mm　1/16　印张：24.25

字数：422 千字　定价：48.00 元

发行部：62132549　邮购部：68038093　总编室：62114335

海洋版图书印、装错误可随时退换

《名家视点丛书》编委会

序

2016年新年伊始，由《图书情报工作》杂志社策划编辑的《名家视点：图书馆学情报学档案学理论与实践系列丛书》第7辑共5本，已由海洋出版社出版。这一辑丛书是编辑从近年来发表的论文中精选出来的。这是《图书情报工作》杂志社与海洋出版社联袂奉献给中国图书情报界的新年志喜，也是为国家"十三五"规划开局之年给图书情报从业人员的一份礼物。

在这份礼单中，首先是《图书馆发展战略规划与趋势》。在这本书中，我们收录了26篇文章，分专题篇、国外篇、国内篇三个部分，集中展示了国内学术界对图书馆发展战略规划与趋势的研究成果。创新发展，规划先行。面向"十三五"，图书馆需要在把握趋势、把握大势的基础上，确立新思维、制订新战略、采取新行动。"十三五"规划制订得好坏，直接影响每个图书馆今后5年的发展，而今后5年对图书馆的转型变革是至关重要的，是挑战，也是机遇。这一组文章基本上能展现国内外图书馆发展趋势和战略规划的特点和要点，相信对每个图书馆及管理者和图书馆员都具有重要的参考和借鉴价值，应成为制订"十三五"规划和指导"十三五"期间图书馆工作的重要案头书。

其次是《新环境下图书馆用户信息行为》，共收录26篇重要文章，分专题篇、网络篇、服务篇和综述篇4部分。用户信息行为是图书馆学情报学最重要的研究对象。图书情报服务做得好不好，往往是由图书情报机构对其服务对象（用户）的信息需求和信息行为的认知和分析深度所决定的。在当前变化的信息环境下，我们对用户的信息需求及其行为的跟踪、揭示和研究是非常不够的，这不仅是由用户信息行为的复杂性所决定的，也是因为我们对用户行为的研究仍缺乏前瞻性的理论、科学的方法和有效的技术。本书所收录的文章将为我们进一步的研究提供新的起点、新的视角和新的结论，有助于我们对用户信息行为提供完整和深入的认识。

在今天图书情报机构提供的信息服务中，专利是不可忽视的。专利被认为是创新性研究或应用成果的代表，代表的是科技创新能力，对企业和各类机构而言是十分核心的信息资源和创新支撑。在《专利情报研究与服务》一书中，我们收录了28篇文章，分专题篇、方法篇、应用篇、评价篇4个部分，展现了国内专利领域的专家学者在专利的引文、工具、挖掘、服务、评价等多个方面有代表性的研究成果，表明国内图书情报界在应用专利推动国家的创新驱动发展战略中所开展的卓有成效的服务工作。总体而言，国内图书情报机构在对专利的重视程度上不够，在应用专利推动科技创新的实践力度上不够，在将专利信息资源转化为现实生产力的实际效果上不够。期待这些文章能对解决这些问题产生一定的推动作用。

网络舆情的研究随着新媒体环境的出现而愈发引起包括政府和相关机构的高度重视，也吸引了广大研究人员的积极参与。在名家视点第5辑中推出的《新媒体环境下的网络舆情研究和传播》一书受到读者好评，现已售罄。故这一辑将此书再版，增加了一些最新的稿件，使该书跟上新的形势。在不少图情机构，网络舆情的监控与分析，已经成为一项重要的情报研究和咨询服务。

最后一本书是《数字图书馆知识产权保护研究进展》。随着数字图书馆建设与发展，与数字图书馆相关的知识产权问题也显得愈加突出，往往是著作权法等相关法律未曾涉及的新的问题。知识产权问题能否解决好，关系到作者知识产权保护与数字图书馆可持续发展的平衡问题。二者不应是矛盾的，而是数字图书馆发展中必须直面、解决的问题。本书收录26篇文章，分策略篇、实践篇、综合篇，展示了我刊近年来发表的重要的相关研究成果，体现了作者们在有关数字图书馆知识产权问题的认知、实践和策略，有助于启发我们更深入的思考，提出更加符合法理和现实环境的解决对策。

"十三五"已经到来，图书情报界需要重新定位，前瞻谋划，大胆探索，砥砺前行。就图书情报机构的转型而言，这是一个非常关键的 5 年。如何做好规划，做好布局，寻求新的突破，重塑图书情报新的职业形象，赢得应有的职业尊严和专业地位，不仅关系到这 5 年的发展，而且直接影响未来 10 年或者更长时间图书情报机构的生存。我们既要有危机感和忧患意识，也要提振信心，抓住机遇，看到未来发展的前景。"图书馆，不要自甘寂寞"（《人民日报》2015 年 12 月 22 日第 12 版语），代表的是全社会对图书馆的期许，也是对图书馆人的鞭策。图书馆若想不被边缘化，拯救自己的只有图书馆员自己。

初景利
《图书情报工作》杂志社社长、主编，教授，博士生导师

目　次

专 题 篇

"专利引文及其应用研究"专题序 ……………………………………（3）

专利审查员引文的特征与价值 ………………………………………（5）

专利引文的形成路径研究

　　——以行为逻辑为视角 …………………………………………（21）

中美专利引文比较研究 ………………………………………………（35）

专利引证视角下的虚拟化技术竞争态势 ……………………………（51）

方 法 篇

识别核心专利的粗糙集理论模型 ……………………………………（77）

运用图示法自动提取中文专利文本的语义信息 ……………………（94）

一种基于专利文本的技术系统构成识别方法 ………………………（111）

基于专利技术功效主题词与专利引文共现的核心专利挖掘 ………（120）

多数据源协同下的专利分析系统构建 ………………………………（132）

有效专利失效速率测度方法研究 ……………………………………（144）

国内外专利挖掘研究综述 2005—2014（154）

机构学术型专利识别的方法研究进展 ………………………………（167）

应 用 篇

高校图书馆专利信息服务内容、模式与趋势 ………………………（179）

Innography、WIPS 和 Patentics 专利引文分析比较研究 ……………… (191)

基于 Innography 平台的核心专利挖掘、竞争预警、战略布局研究 ……… (210)

利用 Innography 进行专利情报分析
　　——以 OLED 为例 ……………………………………………… (227)

纯电动汽车产业关键技术演进分析
　　——专利引文分析的视角 …………………………………… (239)

专利引文三种关键技术挖掘方法比较分析
　　——以全息摄影技术为例 ………………………………… (252)

评 价 篇

国内外专利产业化潜力评价指标研究 ………………………………… (265)

基于专利的技术预测评价指标体系及其实证研究 …………………… (277)

面向产业竞争力评价的专利指标体系构建及应用 …………………… (291)

专利质量评价指标
　　——专利优势度的创建及实证研究 ………………………… (304)

专利维持时间影响因素实证分析
　　——以燃料电池专利文献为例 ……………………………… (315)

信息技术领域专利维持状况及影响因素研究 ………………………… (327)

专利公信力影响因素实证分析与建议 ………………………………… (340)

专利长度指标对比分析及实证研究 …………………………………… (351)

核心专利指标效力研究评述 …………………………………………… (366)

专题篇

专题：专利引文及其应用研究

肖冬梅①

序

在相对的时空场域中，专利引文被烙下了技术·法律·经济的印记，它客观地记载着专利技术演进、专利制度变迁和社会经济竞争等信息。然而专利引文与科学引文间的显著差异却往往被有意无意地予以回避或忽略，这成为我们追求客观认知、挖掘专利引文潜在价值的一大障碍。

专利引文是庞大复杂的专利文献体系的经络，从基础理论和实践应用的维度来把握专利引文及其应用便至关重要。根据引用目的和施引主体不同，专利引文可分为专利审查员引文和申请人引文。在这两类引文中，前者比后者更容易被获取且具明显的数量优势。随着大数据技术在社会生活中的深入渗透，专利引文分析方法被广泛应用，对专利引文的研究由宏观到微观、由表及里、由浅入深推进，对这两种引文进行区分的必要性日益凸显。但是现有相关研究对专利审查员引文的特征和价值存在误读，甚至有学者主张将专利审查员引文作为"噪音"予以排除。认清专利审查员引文与申请人引文的异同是理解专利引文机理的必修课，因而有必要客观审视《专利审查员引文的特征与价值》一文。人类有效率行为的背后总有相应的逻辑起点，发明人在撰写专利说明书时的引用专利行为大多是趋向"尽可能地获得专利授权"。引用其他在先技术文献虽能从侧面说明拟申请专利的技术理论基础和来源，但也存在冲淡拟申请专利创造性的潜在可能性。《专利引文的形成路径研究——以行为逻辑为视角》一文不仅能够让我们清楚地认知发明人的"有限理性"，而且可以从中把握专利引证的内在脉络。在不同国家的不同专利制度下

① 湘潭大学知识产权学院教授、博士生导师，法治湖南建设与区域社会治理协调创新中心研究员，武汉大学博士，华盛顿大学访问学者。主持国家社会科学基金重点项目"中国云计算知识产权问题与对策研究"（11AZD113）、"云环境下数字学术信息资源安全的法律保障体系研究"（14AZD076）。主要从事专利情报、知识产权管理和数据权利方面的研究，E-mail：86650210@qq.com。

的引文标引也各有差异，理解这种差异对挖掘专利引文价值至关重要。同时又要注意到，在 WIPO 的努力下各国专利引文标引正在不断地趋向标准化、规范化。美国专利引文不仅公开充分而且标引规范，是全球专利引文标引的典范。社会空间距离在日益便利、快捷的交互环境中不断地被缩小，反过来，它又使人们之间的交互行为愈发频繁。正如美国学者 M. Meyer 在对专利引文数据本身的有效性进行研究时所言："必须深刻理解各国专利实践活动才能恰当地理解和应用专利引文数据。"《中美专利引文比较研究》一文旨在通过比较中美专利引文的差异性，揭示各国专利引文集合体的复杂性。人类进入工业社会以后，技术创新的发展与技术市场的竞争总是在相互"刺激"中嬗变。专利引证不仅能识别技术演进路径和发展趋势，还能识别技术竞争者及其竞争（合作）关系。运用专利引证分析技术领域的竞争态势是对专利引文应用的拓展，以《专利引证视角下的虚拟化技术竞争态势》为例，演示如何运用专利引证去揭示该领域的主要技术领导者和新兴竞争者，进而在把握技术重点、识别竞争对手、做好专利布局、寻求技术合作等方面为决策提供参考。

　　本专题的 4 篇论文相互关联，因循"从理论到实践"的思路，既有价值论、机理论、比较论，也不乏应用论、工具论。本专题立体地展现了专利引文及其应用的一些新视点，旨在抛砖引玉，引起业内的关注，助推专利引文及其应用"与时俱进"。

专利审查员引文的特征与价值[*]

1 问题的提出

根据中国国家知识产权局官网上的界定，专利引文是指在专利文件中列出的与本专利申请相关的其他文献[1]。根据引用目的和施引主体不同，专利引文可分为引用参考文献和审查对比文件，前者由专利申请人、发明人或其代理人提供（下文统称"申请人引文"），后者则由专利审查员提供（下文统称"审查员引文"）。由于施引主体完全不同的立场和引用动机，这两类专利引文所承载的信息和实有的功能事实上很不相同。但过去很长时间内人们大多会忽略这种差异，在进行专利引文分析时不加区分。当然，这种忽略背后的原因有二：一是因为主观认识的局限，譬如对专利引文的产生机理认识不够；二是因为客观条件的制约，现有专利引文检索系统并不支持对这两类引文进行区分。但这两类引文固有的差异不会因为人们的忽略就不存在，相反，成为追求客观认知、挖掘专利引文潜在价值的一个障碍。

随着大数据技术在社会生活中的深入渗透，专利引文分析方法被广泛应用，对专利引文的研究由宏观到微观、由表及里、由浅入深推进，对这两种引文进行区分的必要性日益凸显。近些年来的研究成果开始关注专利引文分析存在的问题，质疑评估技术流动和专利价值过程中对专利审查员引文与申请人引文同等对待的做法，其中比较有代表性的研究是关于专利审查员引文是否应被作为"噪音"排除。事实上，这种争论由来已久，迄今一直未绝于耳。A. B. Jaffe 等[2]曾开创性地提出，专利引文可以作为知识交流的一种测量工具，但遗憾的是他们认为专利审查员引文是专利引文数据中的"噪音"。R. J. W. Tijssen[3]亦认为，利用专利引文数据来研究知识交流的一个前提是要排除审查员引文，否则，建立在引用关系之上的知识继承的逻辑便不可靠。张虎胆等[4]则认为专利审查员引文在知识流动分析的整体统计上与申请人引

　＊　本文系国家社会科学基金重点项目"中国云计算知识产权问题与对策研究"（项目编号：11AZD113）研究成果之一。

文保持了一致趋势；从动态的视角来观察，专利审查员引文与申请人引文之间存在动态相互影响的过程，故专利审查员引文不应被作为"噪音"排除。由此可知，对于专利审查员引文在文献计量学上的意义，学界并未达成一致的认识。

笔者发现，有关专利审查员引文的现有研究成果的一个共同点在于，固守传统科学引文之间的知识继承逻辑，以引文在做出发明时是否被利用过或被参考过为评判标准，来审视专利审查员引文的作用。事实上，这并不可取。因为专利申请文件提交跟科学文献发表不一样，科学文献发表意味着作品已经完成，一般也意味着一个创新过程的结束和总结，而专利申请文件尤其是发明专利的申请文件提交之时，并不意味着发明已经完成，也许申请书上记载的还只是一个不成熟的想法，现在绝大多数国家都采用早期公开延迟审查制，提交专利申请之后发明人往往再继续进行研发，审查过程中专利说明书中的权利要求部分往往还可以修改。从专利申请到最后专利授权期间，申请人与审查员在进行技术交流，其间的重要载体就是由审查员检索到的对比文件。对比文件通过审查意见通知书发给申请人，申请人根据审查员的意见和对比文件进行答复或修改专利说明书，直到审查过程完成，专利说明书的内容才算尘埃落定。可见，忽略专利审查员引文对申请人的影响，完全否定专利审查员引文对技术交流的贡献，将其作为"噪音"予以排除，失之偏颇；但如果将专利审查员引文与申请人引文同等看待，也不客观，因为申请人引文与科学文献引文对技术交流的影响几近相同，但专利审查员引文与之有明显差异。

集技术、法律和经济信息于一体的专利文献有其特殊性，认清专利审查员引文与申请人引文的异同是理解专利引文机理的必修课。专利文献宝库的挖掘，需要了解蕴含在专利文献中的机理。专利文献具有结构，如果能学会、掌握、分解专利文献固有的结构，对专利文献的挖掘将大有裨益。专利引文是庞大复杂的专利文献体系中固有的结构脉络，专利审查员引文直接影响着专利能否授权及专利权利的边界划分，是专利文献中难得的能连接不同时空、不同主体的一类重要的结构化信息。沿着专利引文的脉络，掌握专利引文的机理，进行挖掘，将事半功倍。本文旨在通过剖析专利审查员引文的特征，理解专利引文间的关系，挖掘其潜在价值，以澄清当前学界对专利审查员引文的一些认识。

2 专利审查员引文的特征

如上文所述，根据施引主体进行划分，专利引文可分为申请人引文和审查员引文。这两类引文既具备一般引文的共同特征，又因各自不同的施引主体的行为逻辑和行为规范差异，而具有彼此不同的区别特征。由于已有研究和实践多关注一般引文的共同特征，本文将重点阐述审查员引文的区别特征。总的来说，审查员引文的区别特征主要体现在三个方面：第一，对于审查员来说，提供"最接近的现有技术"对比文件，是一项法定职责，也是其在整个专利审查活动中必须遵守的行为准则，这种法律的强制性规定无疑使审查员引文与在审专利之间具备确定的技术相关性；由于除美国以外的其他国家并没有对申请人规定现有技术披露义务，申请人可能受侥幸心理及迫切获取专利授权的欲望驱使而选择不提供"最接近的现有技术"对比文件（不提供对比文件或只提供不是"最接近的现有技术"对比文件），因而申请人引文与其专利申请之间的技术相关性并不是那么确定。第二，在全球专利审查实践中，世界知识产权组织（WIPO）的《ST. 14——关于在专利文献中列入引证参考文献的建议》堪称事实上的国际标准，规范着全球主要国家和地区的审查员进行统一标准的引文标引；除美国之外的其他国家的申请人引文则往往散落在专利说明书的原文之中，缺乏统一格式和标准。第三，不同的施引主体的行为逻辑和行为规范迥异的结果，直接体现在两类专利引文的数量分布和获取难易上：结构化的审查员引文信息比非结构化的申请人引文信息易于获取和处理，且审查员引文占专利引文总量的比例远高过申请人引文。

2.1 施引专利与被引文献具有确定的技术相关性

施引专利与被引文献之间确定的技术相关性，源于科学技术固有的继承性。马克·A·莱姆利（M. A. Lemley）[5] 在 *The Myth of the Sole Inventor* 一文中追溯专利发明的历史时指出："所谓创新，不仅仅是人们瞬间想到的发明创造，还必须结合后来的渐进式改进。即便是最伟大的发明也遵循这一定律。"人类有了专利制度以来，这种技术的渐进式改进就被客观地记载在专利文献中，专利审查员引文恰恰是联系这些渐进式改进成果的纽带。这一点可以从专利审查员引文的产生过程与引用动机来进行考察。

专利审查员引文的产生，源于专利法对实质授权条件的规定，对某件专利申请是否授予专利权，需要审查员对被审查的技术进行以新颖性、创造性为主要标准的评判，这种评判需要参照物，而这个参照物各国专利法称之为"对比文件"，专利审查员引文就是这么来的。在专利审查与专利诉讼中，专利审查员引文被称作"对比文件"。

就具体流程来看，发明人在现有技术基础上有了发明创造，自行或委托代理人提交专利申请书，通过提出权利要求明确需要保护的范围，审查员根据申请人的专利申请书，检索到最接近的现有技术对比文件。对比文件检索与选择的依据是与专利申请的技术的相关性，其时间和空间范围专利法都有明确规定，从这一点上看，与科学文献作者的引用动机相比，审查员选择对比文件有更强的针对性和严格的规范。而且，对比文件与被审查的专利申请的比对，不是审查员单方面的比较，专利审查过程事实上是一个讨价还价的过程，是审查员和申请人就其权利要求的范围界定进行的谈判。审查员会通过审查意见通知书将检索到的对比文件及其意见发给申请人，申请人针对审查员引文和审查意见进行意见陈述或修改权利要求（根据审查员提供的对比文件缩小或调整权利要求），通常是申请人试图说服审查员认可其技术贡献，给予尽可能满足其权利要求的授权，只有现有技术对比文件影响其原有权利要求获得授权时，才不得不缩小或调整权利要求。审查员则会以其获得的现有技术对比文件为标准，衡量发明人的技术贡献是否达到专利法所要求的高度，来做出是否授权以及授予多大范围的专利权的决定。

引文分析的基本假设之一是被引用文献的内容与引文内容具体相关，就一般科学文献引文而言，这个假设未必全然成立（引而未用的情形并不少见），但对于专利审查员引文，这一假设成立的概率极高。科学技术研发活动固有的继承性和专利法的强制性要求，决定了专利审查员引文中的施引专利与被引文献之间具有确定的技术相关性。

2.2 格式统一规范，高度标准化

为使专利文献中的引证文献标识标准化，WIPO 2001 年通过了《ST. 14——关于在专利文献中列入引证参考文献的建议》。该标准对引证文献在专利文献中出现的优选位置、表示方式等提出建议。目前全球主要国家和地区的专利文献中大都采用该标准来标注引证参考文献：专利审查员引文著录在专利说明书扉页的（56）著录项或者在检索报告中体现。在专利说明书的扉页著录项中相对简单，专利文献的标识一般包括国别、文献号、文献类别、公开日期和专利分类号。目前除了美国专利文献的（56）著录项中既列明审查员引文，又列明申请人引文之外，包括中国在内的大多数国家的专利文献的（56）著录项中只包括审查员引文，不包括申请人引文。因此，专利审查员引文格式统一规范，高度标准化，是一种易于获取并便于处理分析的结构化信息。

与标准规范的专利审查员引文形成鲜明对比的是，专利申请人提供的专利参考文献往往在专利说明书原文中，混杂在专利说明书正文之中的申请人引文，施引主体来源广泛复杂，往往未经训练，引与不引，如何引，相对随意，没有统一的标注范式，采集起来非常困难。申请人引文的不规范有其制度根源，《中华人民共和国专利法》第 36 条规定，申请人在请求实质审查之时，须披露与其发明有关的参考资料，但该条并没有规定任何有约束力的法律后果。所以我国专利说明书技术背景部分现有技术的描述非常随意，有些只是提到引文的标题，有些甚至根本没有引文，只是描述现有技术的特征。日本也是在 2002 年修订的《日本特许法》中规定了专利申请人的现有技术披露义务，但仅规定专利申请人在专利说明书中披露现有技术文献的标题，对发明人的披露义务的规定远不及美国严格。

2.3 可获得性与数量优势

专利引文记录了专利审查员在专利审查过程中、发明人在进行发明创造时的智力活动，但一直以来可获得的专利引文并不是这种活动的全过程的客观呈现。专利审查员引文在专利说明书扉页和检索报告中出现，申请人引文则主要出现在说明书背景技术部分，目前只有美国的申请人引文也会出现在扉页著录项，其他主要国家和地区的专利文献的著录项中只列出了审查员引文。这是由于美国法律规定了比其他国家更为严格的申请人现有技术披露义务，美国专利单行本扉页的著录项中的专利引文既包括审查员引文，也包括申请人引文，这两类引文混合在一起，按照美国本国专利文献、外国专利文献、非专利参考文献的顺序编排。美国专利商标局（USPTO）自 2001 年 1 月开始在授权专利扉页的著录项用是否加"＊"号来区分专利审查员引文和申请人引文。这样标记的意义在于，从 2001 年起，USPTO 的数据库能将申请人引文和审查员引文区分开来，便于专利引文的统计和分析。

在中国专利文献扉页上的著录项中列出的只有审查员引用的对比文献，没有申请人引用的参考文献。申请人引用的参考文献，是以文字描述方式写入说明书部分的背景技术中的。这意味着中国专利文献的结构化信息中只包括审查员引文，不包括申请人引文，目前数据库中提供检索并可通过引文数据库进行引文分析的中国专利引文往往只有审查员引文；申请人引文只出现在非结构化信息中，通用数据库对这类信息不提供检索，不便于引文分析。这意味着，目前的结构化、易获取并方便处理的专利引文数据，主要是专利审查员引文。相较于申请人引文，专利审查员引文在可获得性方面更胜一筹。

除了在可获得性方面的差异，在专利文献中出现的申请人引文和审查员引文在数量分布上也极不均衡，审查员引文占专利引文总量的比例远高过申请人引文。这既与主要国家专利制度对申请人的信息披露义务相对宽松有关，更与申请人出于想获得更高的授权可能性的侥幸心理选择"用而未引"的做法有关。事实上，即使是在规定了严格的申请人信息披露义务的美国，审查员引文比申请人引文比例更高的结果也被实证研究所验证。

USPTO 规定专利申请及审查过程中必须遵循"坦诚义务（duty of candor）"，不仅要求专利申报主体必须通过信息公开声明（information disclosure statement，IDS）的方式披露他所知悉的"影响该专利申请可专利性"的信息，而且在审查过程中，如果审查员对权利要求提出疑问，申请人需要提供与申请相关的答复依据文件。J. Alcácer 等[6]对 2001 - 2003 年 USPTO 颁发的所有专利的引用状况进行的分析表明，平均每份专利引用总量的 63% 是由专利审查员所补充的。所有专利中，有 40% 的专利其申请者本来没有引用任何专利文献，专利申请书的所有引文都是审查员添加的。仅有 8% 的授权专利的引文是完全由专利申请人提出的。从技术领域分布看，在计算机与通信、电气、电子领域，审查者引文占引用总量的比例较高，这些领域是近年来专利申请增长率提升最快的领域。从专利申请主体分布来看，专利大户（主要是公司）所提交的专利申请，审查员引文占总引用量的比例最高，大公司提交的专利申请，审查员引文占总引用量的比例也高。而大公司的专利申请在全部专利申请中占了很大的份额。对于外国人提交的专利申请，审查员引文占总引用量的比例也很高。因为 USPTO 将外国专利审查员所补充的引文也视作申请者引文，所以，外国人提交的专利申请中，申请人引文占引用总量的比例其实比 J. Alcácer 等实证研究数据所反映的还要低。

欧洲和美国专利制度对引用在先技术有不同的法律要求，欧洲专利局（EPO）并未提出类似于 USPTO 的"坦诚义务"，不要求专利申请人揭示他所知悉的影响该专利申请案可专利性的信息，专利申请人引证现有技术仅仅是一种可选择的行为，最为核心的引证工作则由专利审查员在专利检索过程中完成。欧洲专利申请对描述技术状态的要求较为宽松，这导致了欧洲发明人只引用那些他们事前早已知道的专利。欧洲专利申请中 90% 的引文都是专利审查员添加的，而不是申请人添加的。从时间分布来看，发明人引文占所有专利引文的比例呈下降趋势——1985 年将近 14%，到 2000 年只有 9%。不同技术领域有相当大的不同，如有机化学专利超过 20% 的引文是发明人引文，信息技术专利发明人引文下降至 4%。在一般情况下，与化学和材料相关的专利发明人引文比例比其他技术领域要高，特别是在半导体、远程通信、视听和 IT 领域。所有专利引文都由发明人提出的比例持续下降——由 1985 年的 10% 下降到 2000 年的 5%[7]。

从以上对美国、中国和欧洲的情况分析可以看出，与专利申请人引文相比，专利审查员引文在可获得性和数量上均具明显优势。

10

3 专利审查员引文的价值

对专利技术之间乃至专利权人之间的技术相关性的测量，一直是专利实务当中的重要工作内容，基于现有技术检索结果进行的分析，贯穿专利技术研发的整个过程：从申请前的专利查新，专利审查和无效过程中的新颖性、创造性比对，司法实践中的专利侵权判定，到市场博弈中的竞争与合作关系挖掘。当前海量的专利数据规模使人工处理已经变得不可思议，采用统计及机器学习方法进行专利挖掘与分析是当前学术界和实务界的共识。大数据和机器学习技术的日臻成熟为专利审查员引文潜在价值的充分挖掘提供了可能性，根据专利审查员引文的上述特征，借助先进技术可以挖掘的价值主要体现在 3 个方面：一是专利诉讼中的证据价值，二是知识交流和专利影响力的测量工具价值，三是企业潜在竞争（合作）关系挖掘中的情报价值。

3.1 专利诉讼的证据价值

专利审查员引文源自专利审查员对被审查的专利申请的"新颖性、创造性"判断，技术相关性是专利审查员获取对比文件的唯一选择标准，当然，不同的对比文件与专利申请的相关程度有差异。根据 WIPO 的《ST. 14——关于在专利文献中列入引证参考文献的建议》，不同的字母表示对比文件与被审查的专利申请的相关程度，由此，审查员引文有了更细的分类，如表 1 所示：

表 1　不同技术相关性程度所对应的字母与含义

标识对比文件的字母	含义
X	该对比文件单独影响被审查的专利申请的新颖性、创造性
Y	该对比文件与其他对比文件组合后影响被审查的专利申请的创造性
A	背景技术文件，反映部分技术特征或有关现有技术
R	同日申请的同样的发明创造
E	抵触申请
P	该对比文件在目标专利申请日与优先权日之间公开，或者导致需要核实优先权

专利审查员使用表 1 中的字母来标识对比文件与在审专利申请的相关程度，往往会记载在检索报告中。这类标识对于专利文献的利用意义重大，因为专利文献内容晦涩难懂，要判断两篇专利文献之间是否相关不仅需要花费

很长时间，而且还存在技术壁垒，但经受过专利法培训并有相关领域技术背景的审查员判别并标识了代表相关程度的字母，对于专利信息利用者具有重要的参考价值。一般来说，如果对比文件都是 A 类文件，说明没有影响在审专利的新颖性和创造性的现有技术，若申请文件没有撰写瑕疵，该专利申请会获批授权。若出现了 X、Y 类文件，则在审专利的原权利要求可能很难获得支持。表 2 中是几个随机抽取的示例，只有 A 类对比文件的专利申请 CN100344263 获得了授权，其他 3 个专利申请都因有 X、Y 类文件被驳回、被通知弃权（实践中申请人因审查员对比文件影响申请的新颖性、创造性，而选择不答复）或被要求缩小权利要求范围。

表 2 不同类型对比文件及其审查结果示例

专利或专利申请公布	审查员引用的对比文件	导致结果
CN100344263C	CN1306865A（A）	授权
	CN1340330 A（A）	
	US6332894B1（A）	
	US6248110 B1（A）	
US20040210297A1 审查检索报告	US4488549 A（A）	最终驳回，申请人放弃本申请，修改权利要求，提出继续申请
	US5514137 A（A）	
	US5549679 A（X）	
	US6110211 A（A）	
US20060235425A1 审查检索报告	US5549679 A（X）	申请人未答复，非最终驳回，被通知弃权
	US6371645 B1（A）	
EP1495730A1 EP1495730B1	US6402784B1（X）（A）	修改权利要求；缩小权利要求范围后授权
	US6017366 A（A）	
	US2002006897A1（X）（A）	
	EP1132061A（Y）（A）	
	US20020173796A1（A）	
	US5549679 A（A）	

这些被审查员经过相关性程度比较并标识了相应字母的对比文件，对于专利诉讼证据的获取意义重大。以同族专利为例，同一项技术向不同国家提出专利申请，并非所有国家专利审查部门都会做出完全相同的决定，虽然不能排除因各个主权国家专利制度保护水平差异导致的专利授权标准不同这个

12

重要原因，但更多的时候是因为不同国家或地区审查员获取对比文件方面的差异。如果 A 国审查员找到了 X 或 Y 文件，B 国审查员未能找到这两类文件，那结果就可能是同一项技术发明在 A 国被驳回，在 B 国却获得了专利授权。如果有企业在 B 国被该专利权人指控侵犯该项专利权，被控企业可以通过检索同族专利的专利审查员引文，获得 A 国审查员找到的 X 或 Y 文件，作为证据，在侵权之诉中提起现有技术抗辩，或对涉诉专利提起专利无效诉讼。

当然，随着专利审查员引文数据日趋规范和透明，引文数据库开发技术亦日益成熟。目前在 INNOGRAPHY 专利检索分析系统中有专门的无效检索、侵权检索功能，通过前 3 代引文跟踪获取无效证据，后 3 代引文跟踪获取专利侵权证据，专利诉讼证据的获取变得更为简单便捷，WIPS、PATENTICS 两大专利检索分析系统都有引文检索模块，亦对诉讼证据的获取提供支持。

3.2 知识交流和专利影响力的测量工具价值

3.2.1 知识交流的测量工具价值

应用技术的发明过程与科学文献的创作过程虽然都是知识交流过程，但由于参与主体和遵循规范的差异，其间的知识交流范式发生了变化。虽然发明在前，审查员引用参考文献在后，但如果动态监测专利技术的研发与确权过程，不难发现在审查员与发明人、申请人之间基于对比文件的知识流动，把审查员引文考虑进去，与知识继承的逻辑并不矛盾。对于专利引用申请日之前的科学文献或专利，引文文献建立起了专利与其引用的文献（科学文献和专利文献）之间的知识联系。申请人与审查员的沟通和交流贯穿整个专利审查过程，而且这种沟通和交流在审查意见通知书（亦称"审查员报告"）和申请人的意见陈述书中被固化，而审查员对比文件是连接这种沟通和交流的关键点。因此，笔者认为，对知识流动的研究和应用技术溢出路径的考察，不仅不能剔除专利审查员引文，而且要更深入地研究专利审查员引文在知识交流中客观上所起的作用。

不可否认，专利审查员引文很多情况下是因为专利申请人、发明人或其代理人"该引未引"而添加的。实践中专利申请人、发明人或其代理人"该引未引"的情形主要有两种：

（1）已经参考过却故意不引。专利申请文件不是严格的学术作品，申请人不会按学术规范提供在做出发明的过程中参考或利用过的文献。A. Agrawal 对 MIT（麻省理工学院）研究人员所发表文献中的引文与其所申请专利中引用的引文进行比较后发现：麻省理工学院研究人员在发表文献中所引用的大量文献并没有出现在他们申请的专利的引文列表中[8]。这意味着学术作品和

13

专利文献引文在客观呈现知识交流过程方面存在差异。

审查员引文往往是专利申请人、发明人或其代理人刻意回避或有意忽略的与其申请密切相关的现有技术文献，因为大多数国家并没有像 USPTO 那样的规定。包括中国和 EPO 在内的大多数国家和地区，专利申请人/专利权人是否提供参考文献，是一种可选择的行为，专利审查员却因为职责所在，必须把申请人"该引未引"的文献添加上，在这种情况下，专利审查员引文更客观地呈现了技术研发过程中实际发生的知识交流活动。

（2）不知不引。专利申请人、发明人或其代理人并非有意避而不提，而是受限于所拥有的信息资源和获取能力，在提交申请文件前未能检索到与其申请密切相关的现有技术文献，审查员的重要职责之一正是找到用于评判专利申请可专利性的对比文件。与专利申请人、发明人或其代理人相比，审查员不仅有更专业的检索技能，而且有坐拥海量信息资源方面的优势。各个国家和地区的审查员不只是要求具有相关领域专业知识背景，而且无一例外都要求经过严格的为期不短（一年左右）的法律知识学习和检索技能培训，且需通过上岗答辩（考察对专利法的熟悉程度，对检索、审查业务的熟练程度），在接受导师（老审查员）一年左右的实习辅导之后，才能独立完成审查业务。而且各国和区域专利审批机构都配备了丰富的专利和科技文献数据库，这些信息资源基础设施在保证查全方面，胜过任何专利申请人、发明人所在机构或代理机构。申请人一方可以"不知不引"，但专利审查员的工作职责之一就是要补充申请人没有提供却影响被审查专利的新颖性、创造性的对比文件，如果审查员该引未引，不仅会影响审查员的工作质量和评价，更严重的后果是造成不该获得授权的技术获得了专利授权，因此而引发的专利无效诉讼，会造成社会资源的严重浪费。因此，审查员往往会尽力添加申请人"不知不引"的对比文件，以免因不当授权而造成不必要的损失。

申请人"不知不引"而由审查员添加引文，表面上专利审查员引文并未在发明做出过程中被参考，但事实并非如此。专利申请文件提交不意味着发明过程已经完成，随着专利布局意识的提升，越来越多的专利申请尤其是大公司的专利申请往往是在发明开始或发明过程中被提出来。事实上，专利申请、审查过程也是一个知识交流过程。发明人、申请人提交申请前或许并不知悉相关现有技术文献的存在，但是专利审查员通过发送审查通知将审查对比文件传达给申请人，这个过程对于那些受限于可接触的信息资源和检索能力的发明人、申请人而言，就是一个获得关键新信息的渠道。专利审查员将对比文件传递给发明人、申请人这一行为本身即促进了知识的流动。专利审查员引文可能作为一种知识传递的媒介，促使专利申请人了解与自己研发技

14

术相关的文献。因此，申请人"不知不引"，也不意味着知识流动测量就可以排除专利审查员引文。

A. Alcácer 等学者亦曾提出，知识流动测量的过程不应被理解为一种静态的过程，而是应该采取动态观察的方法[8]。如果动态观察专利审查员引文，其在知识流动中的测量工具价值不应被忽略。尤其是随着大数据技术和机器学习方法的引入，对特定技术领域的专利审查员引文、申请人引文结合该领域科技引文进行全样本分析，知识交流的测量结果会更接近客观状态，专利审查员引文作为知识流动的测量工具价值也会因此彰显。

3.2.2 专利影响力的测量工具价值

专利被引频次可以用于测度专利影响力，被高频引用的专利意味着其受关注程度高，与其有确定的技术相关性、受其影响的专利申请多。换句话说，专利被引频次与其影响力正相关。但现有研究成果对专利引用频次赋予了太多的含义，事实上单个指标无法表征多样的、复杂的内涵。目前，对单个专利引用数量表征的现象有两种极端的观点：一种观点认为被引用次数越多，则该专利越领先。这种理解夸大了被引用文献的质量与被引数量之间的关系。另一种观点则认为，被引用次数越多，说明该技术被改进得越多，而改进往往是建立在被引用技术的缺陷之上的，因此，被引用越多反而相对越落后。这种理解忽略了专利价值或专利的重要性与专利的技术领先并无直接确定的关系，低估了专利侵权规则下，在先技术专利的价值。单凭专利被引频次的高低很难测量专利技术是否、领先，这需要综合考虑更多相关指标。专利被引频次数据容易获得，是一种直观的显性指标，它对专利影响力的客观测度而言，是一个重要的指标，但绝不能是唯一指标。

在通过专利引文频次来评价单个专利文献的价值时，需要注意的是这些价值是多层次的。科学文献的价值主要体现在知识共享量的大小、领先程度以及对知识流动的贡献上。而对专利文献而言，其价值与科学文献的价值相比往往多了一个层面，即经济价值。专利是一种具有经济属性的制度产物，专利法赋予权利人适当的有限时间的垄断权力来达到激励技术进步和经济发展的目的，因此，专利的经济价值是由法律来保障的。而更具体的，是与专利制度中的侵权判定规则密切相关。一项在先的基础专利，无论在其基础之上有多少后续的改进专利，虽然一定程度上在技术角度上它是被改进的对象因而显得有些落后，但实施后续的那些改进发明很有可能会侵犯到在先的基础专利的权利。这种难以绕开或避免的侵权可能，正是基础专利的经济价值所在。从另一个角度来分析，也就是基础专利的权利要求中所声明的保护的技术方案，其垄断的范围是较大的，这并不因为其被改进而失去经济价值，相反，很多时候越多的改进意味着越高的经济价值。李睿等[9]认为，专利的根本特性在于其受法律保护的专有权和时间优先权，即不允许他人模仿、不允许后来技术重复申请；所谓"学习"、"借鉴"、"继承"甚至"利用"先前专利的专利申请，在专利法的视野下都是侵权或部分侵权，是应被驳回的无效申请。其实这种理解是对专利法的误读。专利制度的宗旨在于激励创新，通过保护专利权人一定时间和空间范围内的有限垄断权，以换得专利权人尽早公开技术，促进技术交流和快速传播，达到技术进步和经济发展的目的。《中华人民共和国专利法》第69条第4款规定：专为科学研究和实验目的使用专利的行为，不视为侵犯专利权。就专利技术的研发过程而言，现行专利制度不仅不会禁止技术的"学习"、"借鉴"、"继承"甚至"利用"，反而会对在这种"学习"、"借鉴"、"继承"和"利用"基础上形成并达到专利法要求的创新成果给予专利保护，从而激励技术人员这种渐进式改进，所以才会有原始创新基础上的集成创新和改进发明。当然，一项在先的基础专利，其后续的改进专利技术的研发行为虽无侵权之虞，但实施后续的那些改进发明很有可能会侵犯到在先的基础专利的权利。

可见，专利引文可以用来测度专利影响力，比起科学引文，其影响更广，除了对技术知识交流的贡献，还有经济价值层面的影响。

3.3 企业潜在竞争（合作）关系挖掘的情报价值

对特定技术领域的专利引用情况进行分析可以挖掘出企业潜在竞争（合作）关系。诸多研究成果表明，可以通过计算专利引用频次、引文耦合强度等，挖掘企业间的竞争、合作关系，为企业并购、技术引进和专利布局等重大决策提供支撑。由于专利审查员引文在整个专利引文中具有明显的数量优势，所以在企业潜在竞争（合作）关系挖掘中所依据的样本，主要是专利审查员引文，这意味着专利审查员引文具有企业潜在竞争（合作）关系挖掘的情报价值。

3.3.1 专利引用频次反映特定技术领域的宏观竞争态势

对特定领域的专利引证活动进行宏观考察，通过计量分析可以初步勾勒出该领域的竞争态势图，譬如统计专利引用频次可以在一定程度上锁定竞争对手。在现有研究成果中，专利被引率和自引率被用来测量企业之间的竞争态势。按照总引率和自引率的高低将企业在行业中的地位划分为4类：技术领军者、重点技术持有者（或称技术先驱者）、技术参与者和技术模仿者如表3所示[10-11]：

16

表 3　专利被引率、自引率与企业类型划分

序号	企业类别	专利被引率和自引率	企业特征
1	技术领军者	被引率高 自引率高	专利申请量大且拥有该领域前沿技术,同时围绕着关键前沿技术做了较好的专利布局,但由于没有同行在先技术可供参考借鉴,所以自引率高;该类企业是其技术领域的领军者,技术竞争力最大
2	重点技术持有者	被引率高 自引率低	拥有相关技术领域的核心专利,是重点技术持有者;但其技术份额不高,难以成为技术领军者
3	技术参与者	被引率低 自引率高	拥有相关技术领域的专利不多,且不涉及重点技术,只是技术参与者;但其技术具有一定特色,虽然难以形成技术优势
4	技术模仿者	被引率低 自引率低	技术力量薄弱,是相关技术领域的模仿者和跟随者,竞争力弱

　　以互联网领域为例,从谷歌专利引用和被引的情况可以看出其作为领军企业的地位(详见图 1,数据来自 INNOGRAPHY 专利分析系统)。谷歌的专利被引率和自引率都高,从谷歌引用专利所属权利人来看,谷歌引用最多的专利是 IBM 的专利,其次是自己的专利。从专利被引排序来看,谷歌被自己引用最多,其后依次为微软、IBM 和高智公司。比较谷歌专利引用 TOP 20 和被引 TOP 20 发现,两组权利人虽然排位有别,但重复率很高。这意味着这些竞争对手间的竞争十分激烈,呈胶着状态。在同一个技术领域申请专利就是在共同的空间进行博弈,专利布局本身就是进攻与防御、围剿与突破的博弈,前后专利申请之间的相关性是确定的,这种相关性决定了审查员会将在先申请作为在后申请的对比文件,竞争对手之间的专利互相引用的缘由就在于此,故根据专利审查员引文是可以追踪技术溢出路径和特定领域的竞争态势的。

3.3.2　专利引文耦合强度反映企业间的潜在竞争(合作)关系

　　专利引用频次这种单一指标的分析有其局限性,实践中往往需要在宏观分析的基础上,对具体企业间的竞争关系进行深度挖掘。相互之间引证频次高只能说明两家企业有确定的技术相关性,但要考究相似性的程度,单从引证频次是难以做到的。

　　现有研究表明,专利引文耦合强度的计算似乎能有效反映企业与企业之间技术相似性的程度。M. H. Huang 等[12]通过计算两个企业间全部专利的共引

17

引用排序　　　　　　　　　　　　　　被引排序

- International Business Machines Corp.
- Google Inc.
- Microsoft Corporation
- Intellectual Ventures Management, LLC
- Hewlett-Packard Company
- Oracle Corporation
- AT&T Inc.
- Intel Corporation
- Yahoo! Inc.
- Hitachi, Ltd.
- KKR & Co. L.P.
- Fujitsu Limited
- Xerox Corporation
- Sony Corporation
- The Western Union Company
- Motorola Solutions Inc
- Apple Inc.
- Nokia Corporation
- NEC Corporation
- Panasonic Corporation

- Google Inc.
- Microsoft Corporation
- International Business Machines Corp.
- Intellectual Ventures Management, LLC
- Yahoo! Inc.
- AT&T Inc.
- Oracle Corporation
- JPMorgan Chase & Co.
- Apple Inc.
- SAP SE
- Rpx Corporation
- QUALCOMM, Inc.
- Hewlett-Packard Company
- Intel Corporation
- Facebook, Inc.
- Sony Corporation
- Rovi Corporation
- Nokia Corporation
- Blackberry Limited
- Amazon.com, Inc.

图 1　谷歌专利引用和被引的权利人 TOP 20

专利数目来表示两企业间的专利耦合频次，认为频次越高，耦合强度越大，两企业间联系越近。I. V. Wartburg 等[13]通过多级测量创造性进展来分析专利引文。多级测量不仅考虑了直接引文，而且还考虑了间接引文和引文耦合，这为运用多级专利引文分析研究技术演变提出了可靠的证据。洪勇等[14]对目前理论研究中提出的分析技术相似性或技术关联的几种方法进行综合比较，指出专利耦合分析能较为准确、实时地体现出企业间的技术相似性。孙涛涛等[15]利用专利引文耦合分析挖掘 DVD 企业技术竞争情报，从中挖掘 DVD 激光头技术发展中的主要竞争对手及其竞争优势。

通过专利引文耦合强度计算与企业技术相似性高的专利权人，是企业锁定市场竞争对手和潜在合作伙伴的重要依据，这有利于企业在专利布局中准确锁定目标，有针对性地进行技术选点和跑马圈地，增强企业的专利威慑力和市场竞争力。在开放创新时代，合作伙伴的选择尤为关键，企业与高等院校、科研院所的技术相似性是企业寻找技术引进目标或潜在合作伙伴的重要参考。同样，在企业收购前，进行专利引文耦合强度计算，可以匹配到最适合的目标企业。

4　结论

相较于申请人引文，专利审查员引文在可获得性和数量上都有明显优势，作为一种结构化信息，专利审查员引文不仅检索便利，而且易于利用现有引文分析方法挖掘其潜在的价值。专利审查员引文所连接的施引专利与被引文献确定的技术相关性，以及专利影响力与其引用频次正相关的内在联系，使得专利审查员引文作为测量知识交流和专利影响力的工具价值不可忽略。随着大数据技术的深入渗透和机器学习的广泛运用，对审查员引文价值的深度挖掘可谓恰逢其时。在引文分析中利用大数据和机器学习技术，能有效克服人工利用多代引文的局限。根据大数据和机器学习技术在医疗领域已实现的应用（如打败了人类冠军的机器人沃森事实上就是一个大数据系统，目前正在美国马里兰医院给医生做助手），以及 INNOGRAPHY、PATENTICS 等专利分析系统利用引文（主要是专利审查员引文）挖掘专利无效证据的尝试，可以推断，只要审查员引文数据够全，专利引文分析系统的功能和算法够好，上文所述的专利审查员引文的三大价值是完全可以实现的。

但实践中专利审查员引文潜在价值的充分实现还存在障碍。在我国，审查数据供给不足（开放的审查员引文的数量和年代范围都很受限），标引的规范化方面也还有提升空间。现有的专利引文分析工具研究目前虽然开始了引入大数据分析技术的尝试，但在算法探索和审查员引文数据供给方面尚存局限，专利审查员引文价值未能被充分挖掘。该问题的有效解决，还有待审查过程数据的充分公开、标引的进一步规范和专利引文分析工具的持续优化。

参考文献：

［1］　国家知识产权局. 专利文献与信息名词解释：专利引文［EB/OL］.［2015 – 08 –
　　　01］. http：//www. sipo. gov. cn/wxfw/zlwxxxggfw/zsyd/zlwxjczs/zlwxymcjs/201406/
　　　t20140630_ 973313. html.

［2］　Jaffe A B, Trajtenberg M, Hendson R. Geographic localizaton of knowledge spillovers as
　　　evidenced by patent citations［J］. Quarterly Journal of Economics, 1993, 108（3）：
　　　577 – 589.

［3］　Tijssen R J W. Global and domestic utilization of industrial relevant science：Patent cita-
　　　tion analysis of science-technology interactions and knowledge flows［J］. Research Poli-
　　　cy, 2001, 30（1）：35 – 54.

［4］　张虎胆, 杨冠灿, 吴恒. 审查员引文是否应作为专利引文"噪音"被剔除？［J］.
　　　图书情报知识, 2013（6）：77 – 83.

［5］　Lemley M A. The myth of the sole inventor［J］. Michigan Law Review, 2012, 110
　　　（5）：709 – 760.

［6］　Alcácer J, Gitelman M, Sampat B. Applicant and examiner citations in U. S. patents：An
　　　overview and analysis［J］. Research Policy, 2009, 38（2）：415 – 427.

［7］ Criscuolo P, Verspagen B. Does it matter where patent citations come from? Inventor vs. examiner citations in European patents ［J］. Research Policy, 2008, 37 （10）: 1892 – 1908.

［8］ Agrawal A, Henderson R. Putting patents in context: Exploring knowledge transfer from MIT ［J］. Management Science, 2002, 48 （1）: 44 – 60.

［9］ 李睿, 孟连生. 论专利间引用关系分析中存在的问题 ［J］. 情报理论与实践, 2009 （7）: 39 – 43.

［10］ 王兴旺. 专利审查员引文及引文分析新观察 ［J］. 科技情报开发与经济, 2011 （25）: 148 – 150.

［11］ 赵亚娟. 专利引用分析方法与应用 ［J］. 图书情报工作, 2009 （6）: 11 – 15.

［12］ Huang M H, Chiang L Y, Chen D Z. Constructing a patent citation map using bibliographic coupling: A study of Taiwan's high-tech companies ［J］. Scientometrics, 2003, 58 （3）: 489 – 506.

［13］ Wartburg I V, Teichert T, Rost K. Inventive progress measured by multi-stage patent citation analysis ［J］. Research Policy, 2005, 34 （10）: 1591 – 1607.

［14］ 洪勇, 李英敏. 基于专利耦合的企业间技术相似性可视化研究 ［J］. 科学学研究, 2013 （7）: 1013 – 1021.

［15］ 孙涛涛, 金碧辉. 关键技术挖掘与企业技术竞争情报——以 DVD 激光头技术为例 ［J］. 图书情报工作, 2008, 52 （5）: 129 – 132.

作者贡献说明：

肖冬梅：负责确定论文框架、思路，撰写全文；

陈颖：参与确定论文框架和思路，负责参考文献梳理和本文摘要翻译。

作者简介：

肖冬梅（ORCID：0000 – 0001 – 7611 – 2058），法治湖南建设与区域社会治理协同创新中心研究员，教授，博士生导师，E-mail：86650210@qq. com；陈颖（ORCID：0000 – 0002 – 3785 – 5665），硕士研究生。

专利引文的形成路径研究

——以行为逻辑为视角

1　引言

专利引文分析方法已成为技术管理研究和情报分析的重要手段[1]，可以用于以下方面：①对技术进行评估，挖掘和识别关键技术[2]；②解释技术发展变迁，预测技术发展方向[3]；③与其他信息结合，分析和揭示企业、行业、国家的技术动向与竞争情报等[4]。从方法论的角度来看，专利引文的研究方法已经得到了较大发展，数学和统计学方法的引入为专利引文的数据处理和逻辑推理提供了强有力的工具。目前，专利引文主要的分析方法包括网络属性分析法[5]、技术轨迹分析法[6]、网络聚类分析法[7]、时序分析法[8]等。

利用专利引文数据进行的分析研究除了需要有研究模型，对数据样本的分析和交代也是不可缺少的，这也是保证研究方法与样本匹配的必要前提[9]。研究模型建立在对样本"瑕疵"的假设之上，如 Li Xin 等[10]在用专利引文网络研究纳米技术时隐含假设了来自不同数据源引文数据的关联强度相，才使得其接下来的推理合乎逻辑。假设条件是为推理预设前提，其本身也属于一种结论，因而错误或不合理的假设会导致研究方法的不匹配，进而影响研究结果的可靠性[11]。

而导致样本"瑕疵"的原因，一是研究者主观上并没有认识到其收集的数据是否是一个统计学上合格的样本，例如在通过引文数量来定性专利核心程度的研究中，对一个混合了中、美引文数据的样本如果不作区分，则这个样本几乎是不合格的，原因在于中美两国引文数据标引规则有区别[12]。二是专利引文数据的源头本身就存在瑕疵，因为专利局几乎是引文数据样本获取的唯一来源。专利局"粗糙的"数据供给必然会将瑕疵带入研究人员的样本，这并不是样本采集方法的问题，但不了解这些瑕疵的存在就会导致假设错误，继而研究方法也不匹配。

而通过研究专利引文的形成路径，可以了解专利引文在形成过程中受到哪些因素的影响，从而对引用结果区别对待，避免主观认识错误所导致的样本瑕疵。同时，也能够了解专利引文数据本身在源头上有哪些瑕疵，帮助专利引文的研究者合理地评估样本，构建研究方法。

2　专利引文形成路径的相关研究现状

现有的国内外文献中，直接研究专利引文形成路径的成果较少，但有许多相关研究的成果对于本文的研究有较大的帮助。这些研究成果主要存在于两类研究方向的文献中：一类是以专利引文作为工具来解决其他问题的应用性研究，它们可为本文的研究提供意义基础和一些实证证据；另一类是以专利引文与科学论文引文之间的差异为视角，对比研究两类文献的性质差异，它们可为本文的研究视角和研究思路提供基础。

较早的应用性研究主要是指出引文数据利用中遇到的问题和现象，这些研究集中在 20 世纪 80 年代末到 2000 年前后。A. B. Jaffe 等[13-15]及其合作作者发表的系列文章主要利用专利引文来研究知识扩散和技术流动，他们注意到专利引用是由多个行为主体做出的，有必要将审查员给出的引文数据与申请人一方披露的数据区分开来。R. J. W. Tijssen 等[16-17]在研究工业技术与科学研究相关性时对专利引文数据表示了疑惑，指出专利引用的动机差异会导致引用关联性差异。D. Harhoff 和 F. Narin 等[18]、李睿[19]发现专利文献的质量与被引用频次之间并非是一种线性关系，D. Harhoff 和 F. Narin 等指出这一现象与样本成分有关系。上述研究者的疑问实际上都指向了样本数据的问题，他们注意到了未经分类的引文数据在利用时给逻辑推理带来麻烦，指出对数据进行区分或建立适当假设的必要性。但这些研究并未指出以何种方式和标准对这些数据进行分类，也没有对建立的假设会在多大程度上影响研究结果给出证明。

2000 年之后，这方面的研究开始转变为以专利引文与科学论文引文的区别为视角，对两类文献的性质差异进行分析。影响较大的有 M. Meyer 和 J. Alcácer 等。M. Meyer[20]指出科学引文与申请人给出的引文类似但与审查员给出的引文差异巨大的原因，在于主体行为的自由度；K. Blind 等[21]从动机模型的角度对比了两类文献的差别，指出专利申请的动机对引文的数量有较大的影响。J. Alcácer 等[22]则更进了一步，通过实证研究证明了专利引文动机的产生来源以及对专利引用数量造成的影响。国内学者谢黎和邓勇等[23]研究了专利引用与论文引用在引用动机上的差别，指出专利引用的动机之所以复杂，原因在于专利服务于竞争。而李睿和孟连生[24]在研究了专利引用与论文引用在揭示知识关联方面的差异后，指出专利引用受到经济与法律的约束，是一种受控行为。这些研究将视角从对现象的描述转移到对现象背后原因的探求上，但还是缺乏一个逻辑将这些原因以及原因之间的关系串联起来。

总体而言，目前对专利引文形成路径的研究并不系统，现有的研究中对主体和动机这两个主要的环节均有涉及，但都是独立因素的研究，并未理清主体、动机与引用结果之间的逻辑关系，这就容易使得研究者在评估样本、提出研究假设、构建分析模型时，依然不能确定导致数据差异的主要因素是否都已被纳入考虑范围。

3 专利引用行为的逻辑结构

专利引用是一种行为，而专利引文是行为的结果。行为必然要遵循一定的路径。按照主体 – 动机 – 能力 – 行为结果这个经典的行为逻辑范式，主体自身的特点与外部环境的联合作用导致了动机的产生，在动机的作用下主体的行为能力外化而最终产生行为结果。行为动机和能力是主体属性的两个关键要素。动机是主体意志对外部环境的内在反应，这里行为能力并不是指法律意义上的责任能力，而是指主体的能动性。专利引文的形成也遵循这个路径，具体来说专利引用是行为主体将其知晓或利用过的与发明有关联的在先技术文献，有选择地按照一定的规则方式筛选后进行的披露。同时，专利行为主体是现实的主体，在现实制度所赋予的法律规则条件下进行活动，因而引用行为规则也应当被作为一个因素予以考虑。于是，引用行为主体决定了其动机和能力，在二者的联合作用下产生引用行为，在法律法规所确定的引用规范的限定下，最终形成专利引用结果，也就是专利引文。如图 1 所示：

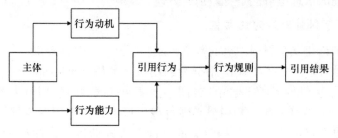

图 1 专利引用行为的逻辑结构

专利引文分析研究的意义在于透过专利引用的结果反过来推理分析行为的规律，进而研究行为主体及其行业现象等[25-26]。因此，引用行为既是专利引文的直接产生原因，反过来又是专利引文分析研究的目的所在。从行为逻辑的角度出发，一方面能够系统地了解专利引文的形成路径以及路径中导致引用结果差异化的原因；另一方面，也可以为利用专利引文的分析研究指引逻辑推理的方向。

4　影响专利引文形成的 4 个因素

如上文所述，专利引用是一种主体参与的行为结果，遵循引用行为的逻辑可以发现引用行为的主体、引用动机、引用行为能力和引用规则是影响专利引文形成的 4 个主要因素。因此，从这 4 个因素来进一步剖析专利引文是如何形成的。

4.1　专利引用行为的主体

专利引用行为的主体指的是实际提供引文的行为人，依据法律责任的不同，可以包括专利审查员和申请一方的申请人、权利人、发明人甚至专家律师。习惯上将审查过程中由审查员提出的引文称为审查员引文，由申请一方的多个主体披露的引文统称为申请人引文或发明人引文，本文中用申请人引文指代申请人一方提供的引文。

申请人一方的主体由于在申请专利的目的上具有一致性，在某些情况下也可以将其作为一个共同的申请人主体来对待。于是申请人主体根据市场参与方式还可以分为个人、企业、高校、科研机构等；根据行业类别划分，可以分为类电子、机械、医药等[27]。这些划分的依据就是主体的属性，一个具体的申请人主体会具有多种属性，而无论依上述哪一种分类方式，具有不同属性的行为主体，其引用行为动机和能力都可能存在差别，因而产生的引用结果所表征的信息也可能是有差别的。

4.2　专利引用行为的动机

引文理论建立在引用动机的基础上[28]，动机与主体密切相关，主体的属性及其所处环境决定了主体引用行为的动机。动机（motivations），在心理学上一般被认为涉及行为的发端、方向、强度和持续性。引用行为的动机包括行为人的两个心理过程：第一个心理过程，行为人决定哪些文献在发明过程中被实际参考过或内容上是相关联的，这一心理动机可以被称为关联动机；第二个心理过程，行为人会决定在上一个心理过程中确定的文献在实际披露行为中是否予以公开，这一心理动机可以被称为披露动机，关联动机和披露动机完整构成引用行为动机。反映在对专利引用结果的影响上，关联动机主要影响施引与被引文献的关联强度，意味着引用关系两端的文献在多大程度上相关；披露动机决定了行为人会付出多少努力来进行在先文献的检索，从而影响披露的数量。

4.2.1 关联动机

关联动机主要影响施引与被引文献的关联强度，意味着引用关系两端的文献在多大程度上相关。行为人在选择引文时会设立一个最低的关联门槛，在这个门槛之上的已知文献被确定为有技术关联的潜在可选择范围，而关联动机就是行为人在这一潜在可选范围中挑选引用文献的心理倾向。如果最低门槛之上多个文献中均记载了行为人认为有关联的同一技术，行为人选择其中哪一个或哪几个的心理倾向就是关联动机。例如，A 和 B 是市场中的竞争对手，A 公司在参考 B 公司的某一专利的基础上申请了新的专利，但 A 公司很有可能倾向不引用 B 公司的那份专利而去努力寻求引用其他主体的文献，以减小 B 公司在用引文追踪时将 A 公司定为侵权控告或专利无效目标的风险。这种倾向就会导致最有技术关联的两个专利间并没有建立引用关系，而技术关联程度不高的专利文献间反而建立了引用关系。从另一个角度来看，这就影响了样本数据中施引与被引文献的关联强度。

这一心理动机对引证文献关系关联强度的影响可以通过类比科学论文引用来说明。在论文引用中，选择引用哪些在先文献作为引文的动机与作者撰文的目的紧密相关，复杂的撰文目的因而导致其引文动机也是非常复杂的。许多学者试图对论文作者的引用动机进行总结，但往往发现这项工作并不容易，T. A. Brook[29] 较好地将其归纳为 7 类，包括：为表明研究新颖的引用，用以评论、批评、反驳，说服，正面评价，提醒，行业认同，借鉴等。这些动机中包括正当的符合学术规范道德的动机，也包括一些非正当的动机。虽然也存在一些学术规范来规制引用方式，但论文引用更多地属于一个道德自律的行为，多数情况下并不存在一个类似于审查员的角色来审查行为人的引用是否违背学术道德规范。于是非正当的引用动机就会导致错引，干扰引用数据进而影响分析研究的准确性。梁立明、钟镇[30] 在研究论文引用失范行为时例举了一篇 1970 年发表在 *Nature* 上被引用了 19 万次的论文，经研究发现其中有 4 000 多次引用属于明显的非正当动机导致的错引，由此可见论文引用中的错引现象广泛存在。相对于科学论文引用，专利引用属于一种合规性行为，引用动机在于协助判断申请是否具备授予专利权的实质条件以完成审查。法律限定了引用行为的规则，行为人有较少的空间来选择引用一项毫不相关的在先技术文献，因而除去操作性的错误，专利引用的结果中很少存在错引现象。

4.2.2　披露动机

披露动机对引用结果的影响主要反映在引文的数量上，披露动机的差异决定行为人会付出多少努力来进行在先文献的检索，进而影响披露的数量。对于审查员，检索并披露相关的在先技术文献是其职责，但一些政策性的激励会增强这种动机而导致某一时间段内审查员引文数量的整体性增多，因而不同国家之间、不同政策实施期间审查员的披露动机是有差别的。C. Langinier 等[31]在研究美国专利商标局对审查员的激励政策时，指出有些政策会影响审查员引文的数量，如将申请的驳回率作为评价审查员工作的指标，将使得审查员对专利申请的审查变得更为苛刻，其直接结果就是使审查员倾向添加更多的引文。

申请人的披露动机是影响引文数量最主要的因素，因为大多数情况下，申请人一方尤其是发明人往往比审查员更了解自己专利申请的技术方案，特别是对于非专利现有技术的掌握要多于审查员。申请人的披露动机与其申请专利的目的与期望紧密相关，而不同类型、不同行业的申请人披露动机有所不同，这里的申请人类型是指申请人的实体性质、规模和市场地位，如大学和公司是两种不同类型的申请人。J. Alcácer[22]的实证研究表明，生物医药行业中，专利申请的动机很少是为了技术交易，更多的是用来阻止潜在竞争对手的进入。原因在于新药研发周期长、投入大，专利申请的质量和稳定性对投资的回收非常重要，在这个行业中，往往只需要少数的专利就可以防止竞争对手模仿，并以此具备一定的垄断地位，并据此回收研发投资成本，因而大多数情况下申请人不会将专利许可出去而是自己实施，如果拿到一个权利并不稳定的瑕疵专利，一旦遇上诉讼会影响公司股价甚至投资人的信心，因此申请人宁愿专利在授权过程中与审查员反复争论，也不愿意面对一个侥幸授权的瑕疵专利在谈判桌上被对手提出无效。在这种情况下，申请人会尽可能地检索在先技术并披露给审查员，希望通过一个彻底的审查来避免授权后的麻烦。生物医药行业中申请人在每个申请中披露的引文均数比总体样本高20%，而这一数据在计算机和通信行业中，比总体样本值要低7%左右。在计算机、电子和通信行业中，由于一件小的产品往往会涉及大量的专利，没有一家公司可以独自生产而不侵犯其他公司的权利，因此形成的是一个专利交叉许可的生态，握有的专利数量越多，在许可谈判时便能够占据更有利的位置，因而专利的数量相对而言比质量更重要，进行专利申请更多地是为了能够参与技术交易。调查发现，许多电子通信行业的企业采取的是"海量"专利申请战略，往往会同时提交大量的专利申请，即便只有一部分最终能够获得授权，数量也会比较可观。因此，这种情况下，申请人并不热衷于对单个专利进行彻底的在先技术检索，因而披露的引文数量也较少。

动机的差异对引用结果的影响，可以用图2来说明。图中横坐标为关联动机，纵坐标为披露动机，这两个动机的强弱组合分布在4个象限中。专利申请目的的差异是造成两种动机不同的主要因素。K. Blind 等[21]在研究德国专利申请人获得专利的目的时，总结了15种具体的申请目的，包括防止模仿、占领市场、增加公司的价值等，并将这些具体的目的归类为5个类型：保护目的、阻碍目的、声誉目的、交换目的、激励目的。申请人在申请专利时往往同时具有多种目的，差别是各种目的在总体目的中的主次关系有所区别。而申请目的的差别又是由行业类型、技术领域、市场地位、市场参与方式等因素决定的，由此可知这些也是影响专利引用动机差异的主要影响因素。

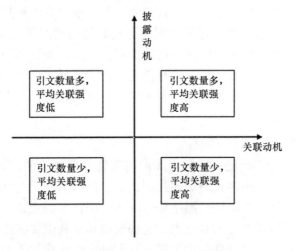

图2　专利引用行为动机对引用结果的影响

4.3　专利引用行为能力

专利引用的行为能力，指的是行为人获取相关现有技术文献的能力，这种能力的强弱受到检索能力与可获得的文献资源这两方面因素的影响。对这两个因素一般情况下很难分开观察，因为从某种程度上来说，检索能力受到可获得的文献资源的影响，尤其是专利数据库越来越朝着智能化的方向发展，因而对检索技能的要求也越来越低。即便行为人具备较强的引用行为动机，如果缺乏检索能力或可获得的文献资源太少，引文的数量必然会受到限制。审查员由于具备较好的文献资源与相对平均的检索能力，他们对引用结果的影响较小。而申请人之间的引用行为能力差异则较大，申请了较多专利的经验丰富的申请人，或聘请专家律师的申请人可能会有较多的申请人引文。

引用行为能力不仅会影响引文的数量，也会影响引用结果中的文献关系。M. E. Soper[32]指出，在论文引用中，作者引用的文献多为自己容易获得的资料，如自己收藏的书、附近图书馆的藏书等，还会受到语言能力等因素的影响，而专利引用中也存在这种现象。不同国家审查员引文会有一定的地域倾向性，受到语言的影响，每个国家的审查员在检索时一般会优先检索本国的资源，然后再对国外的资源进行检索。WIPO（世界知识产权组织）和一些国际组织努力促成数据的交换，较大的几个专利局之间检索资源的共享变得频繁和便捷。美国专利商标局与日本、韩国知识产权局建立了文献互查的机制，中国将中文专利翻译成英文，EPO（欧洲专利局）和美国专利商标局都搭建了中文专利的全英文检索平台。尽管如此，各国审查员依然倾向于优先引用本国文字的文献，这一点通过统计同族专利的被引情况可以明显地观察到。而对于申请人，其引文也会反映一定的地域性，A. B. Jaffe 等[33]发现申请人、发明人更倾向于引用附近市场上中有销售的产品背后的专利，因此一项专利被引用频次高并不一定意味着技术上先进，也有可能是其所支撑的产品销路广，商业价值高。

4.4 专利引用行为的规则

引用行为的动机和能力是由主体的内部属性所决定的，属于内部因素。而引用行为规则是一种客观的法律强制，属于外部因素。主体的引用行为在引用规则的规范下最终形成引用结果。专利引用行为的规则，指的是行为人作出引用行为时所需要遵循的规则，这些规则与专利引文的作用、专利文本的结构以及审查的程序有直接的关联。专利是带有法律性质的格式文件，专利引文的形成除了发明人的动机之外，还受到法律、法规如专利法及其相关的法律法规的约束。

4.4.1 专利引用规则对关联性的要求

论文引用中，作者对引用的内容和关联性可以自由地取舍，而专利引用行为是受到限制的，无论是审查员引用还是申请人引用。在论文引用中，作者可以基于多种"相关性"利用引用在先的论文，可以是引用前人的研究思路，也可以是引用前提或结论，并没有一个必然的"审查官"来审查引用的关联性，或评价这种关联性的高低。

而自从专利取得制度变为登记取得制度以来，作为专利权利的载体，专利说明书成为了一种高度格式化的记载权利人所要求的知识垄断范围的文本[34]。专利引文的最初作用并不在于揭示计量学上的规律，而是用来对比评价申请本身是否具备被授予专利权的实质条件，即新颖性和创造性等，因而也被称为"对比文件"。能够成为引文的在先技术文献与申请专利之间须要有一定的"技术关联"，这是为实现其在审查程序中的"对比"作用而必须具备的。在现代专利制度形成之初，这些"对比文件"主要由申请人提供，而后随着审查制度的完善以及文献索引系统的建立，这一责任逐渐向审查员转移，在各国专利审查指南中均有对引文的关联性要求的记载。

4.4.2　审查员对引文的选择规则

专利的公开文本除扉页著录项之外，主要包括权利要求书（claims）和说明书（description），权利要求书记载了申请人期望得到保护的内容，说明书作为权利要求书的解释，进一步阐述发明的内容和实质性特点。权利要求书中要求保护的内容为技术方案，而技术方案由技术特征组成。在评价要求保护的技术方案是否具备授予专利的条件时，审查员将技术方案分解成若干个技术特征，并与检索到的现有技术进行比对。因此，审查员在检索在先技术时，就以这些技术特征作为检索要素来编辑检索式，将最相关的在先技术文献筛选出来。这里"最相关的在先技术"文献指的是公开的技术方案中包含的技术特征与该申请包含的技术特征重合度最高的那些文献，被引用的文献与申请文献本身的技术方案之间有一定的"技术特征映射"关系。WIPO 在ST. 14 中规定了 3 种不同关联程度引文的类型，依关联度的大小依次标记为：X（影响新颖性的文献）、Y（影响创造性的文献）、A（背景技术）。低于能够作为"背景技术"关联文献这一标准的文献将不会被审查员考虑。

申请人披露的引文并未要求必须有"技术特征映射"这种关联性。申请人可以披露在发明过程中对发明有影响或以任何方式利用的在先技术。美国专利审查指南在对 IDS（Information Disclosure Statement）的说明中指出申请人可以披露申请人一方所知晓的任何可能相关的文献，但审查员会对申请人披露的引文予以考虑，将没有实际相关性的披露剔除掉[35]。图 3 中每一个字母分别表示技术特征，审查员检索到的那份文文献③与申请的技术方案②中相同的技术特征有 3 个，而与申请人声明参考过的文献①只有一个特征相似，尽管①是申请人声明参考过的文献，审查员也不会予以考虑，而会将申请人没有实际参考过但技术特征映射度更高的文献③列入引文清单。因此，最终的引用结果中，申请人引文在关联性上也是较强的，具备技术上的关联性，不会出现类似科学引文中引而未用等错引情形。

需要注意的是，中国和 EPO 等地区的专利法并没有类似要求申请人坦诚

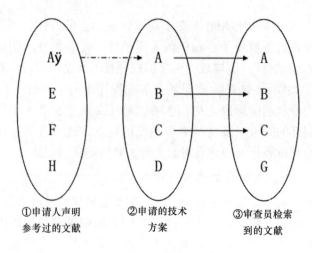

①申请人声明
参考过的文献

②申请的技术
方案

③审查员检索
到的文献

图3 "技术特征映射"关系

披露的严格义务，申请人引文一般只能出现在说明书的背景技术部分。这一部分的数据是非结构化的而且难以被利用，虽然近年来 EPO 也逐渐开始标引申请人引文数据，但目前绝大多数专利数据库索引的数据中只包含审查员引文。因此，同一领域或同一公司的专利集合中，美国专利的引文数量要比其他国家和地区的引文数量高，以此现象推论出美国专利质量更高的结论将是错误的。

5 专利引文的形成路径

综上所述，专利引文的形成是一个复杂的过程。总结起来可以认为，这个路径包括了行为主体的心理阶段和实施阶段，然后在外部规则因素的作用下最终形成专利引用的结果。这种结果表征为因引用而产生的文献关系和引文的数量。其中文献关系有两个维度：一是因引用形成的施引与被引的关系，如直接引用与间接引用、自引与他引、耦合与共引等[36]；二是施引文献与被引文献之间关联强度的大小。

如图4所示，专利引文的形成是申请人和审查员共同行为的结果，所有的专利引文先经过申请人这一前行为主体作出之后，再经过后行为主体审查员的检索和筛选，专利引文的关联性得到强化。在申请人主体行为的心理阶段，主体属性是引发差异化的主要原因，不同技术领域、行业类型、市场地位、市场参与方式的主体申请专利的目的是有差异的，因而进一步导致形成的引用动机中关联动机和披露动机的差异。在实施阶段，主体检索能力和可

30

获得文献资源的不同又进一步强化了这些差异。

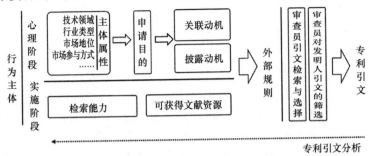

图 4   专利引文的形成路径

在引发专利引文数据差异化的因素中，申请目的、关联动机、披露动机都是被动变化的，而与主体性质直接相关的主体属性、检索能力、可获得文献资源则是因变量。由于审查员责任固定、检索能力和可获得的文献资源较为平均，因而审查员及其遵循的规则可以整体将其视为专利引文形成路径中的外部规则，在多数情况下不视为变量，因此申请人的主体因素是导致专利引文数据差异的主要原因，在引文数据样本建立时，应尽可能地将主体属性和能力不同的申请人的专利及其引文区分开，分别建立单独的样本进行研究。

从这一路径中还可以发现专利引文与科学论文引文在基本特征上的不同。赵丹群[37]总结了科学引文分析所需要的 5 个基础假设，包括引用意味着被作者利用、好的文献才会被引用、被引用的是作者认为最好最适合的文献、所有的引文在分析研究的地位上相同、被引文献总是在内容上相关。二者的不同如果通过对比上述基本假设来说明，这些假设对于专利引文来说几乎都是有问题的：专利引文并不一定被发明人或申请人在发明过程中利用，但可以认为被审查员考虑过；好的文献才会被利用，但这里的"好"不能只用技术价值衡量，而更多的是商业价值；被引用的是审查员认为最具关联性的文献；根据审查员引文的规则，被引文献总是在技术特征上相关。因而，在建立假设和构建模型时，科学论文引文的方法、模型并不当然适用于专利引文的研究。

6   结语

本文以行为逻辑为视角，对专利引文的形成路径进行了研究。专利引用是一种行为，而专利引文是行为的结果，行为从产生到完结即是专利引文形成的路径。在这个路径中可以发现，诸多因素会对最终的引用结果造成影响，但并不是所有的因素都是因变量。专利申请人作为专利申请与专利引用的共同主体，其主体性质的差异分别导致引用动机、引用行为能力的差异，最终导致专利引文信息表征的差异。这种差异反映在引文之间的文献关系和引文数量这两个维度上。

而反过来，许多利用专利引文数据进行的分析研究往往是引文形成路径的逆过程（见图4）——通过对主体引用行为的数据来分析主体的特征、行为规律，进而分析由主体构成的行业、区域乃至国家的经济和技术情报[25-26]。因而，本文的研究期望可以为这一类分析研究提供一种新的视角，以帮助研究人员合理地评估数据样本，同时也为其分析推理提供方向指引。

从专利引文的形成路径中可以发现，各国专利局在数据标引的程序和规则上是存在差异的，研究人员在构建样本时需要对不同国家的引文数据进行区分，这给跨领域、跨地域的研究带来麻烦。另外，各国专利局虽然对审查员和申请人引文在标引上进行了区分，但从本文的研究来看，主体性质属性存在差异是导致数据差异的主要原因，研究人员需要经过大量的调研和主体信息分析才能够获得较为精细的样本。而专利局作为原始数据标引的行政机构，处在提高数据可利用度和增加主体信息维度的最佳位置，更多维度数据的标引与国际标引规则的统一将为本领域的研究带来便利。

致谢：感谢导师肖冬梅在论文选题和框架方面给予的指导。

参考文献：

[1]　陈亮，张志强，尚玮姣. 专利引文分析方法研究进展 [J]. 现代图书情报技术，2013（S1）：75-81.

[2]　许海云，岳增慧，雷炳旭，等. 基于专利技术功效主题词与专利引文共现的核心专利挖掘 [J]. 图书情报工作，2014，58（4）：59-64.

[3]　王健美，刘志芳，戴爱兵. 纯电动汽车产业关键技术演进分析——专利引文分析视角 [J]. 图书情报工作，2014，58（14）：21-27.

[4]　Chang Paolong, Wu Chaochan, Leu H J. Using patent analyses to monitor the technological trends in an emerging field of technology：A case of carbon nanotube field emission display [J]. Scientometrics, 2010, 82（1）：5-19.

[5]　Trajtenberg M. A penny for your quotes：Patent citations and the value of innovations [J]. Rand Journal of Economics, 1990, 21（1）：172-187.

[6]　Hummon N P, Dereian P. Connectivity in a citation network：The development of DNA theory [J]. Social Networks, 1989, 11（1）：39-63.

[7]　Liu J S, Lu L Y Y, Lu Winmin, et al. Data envelopment analysis 1978-2010：A cita-

tion-based literature survey ［J］. Omega, 2013, 41 （1）: 3 – 15.

［8］ 孙涛涛, Morris S A, 黄亚明. 基于专利引文分析的时间线技术 ［J］. 现代图书情报技术, 2008 （6）: 51 – 55.

［9］ Hall B H, Jaffe A B, Trajtenberg M. The NBER patent citation data file: Lessons, insights and methodological tools ［R］. Cambridge: National Bureau of Economic Research, 2001.

［10］ Li Xin, Chen Hsinchun, Huang Zan, et al. Patent citation network in nanotechnology （1976 – 2004） ［J］. Journal of Nanoparticle Research, 2007, 9 （3）: 337 – 352.

［11］ Michel J, Bettels B. Patent citation analysis——A closer look at the basic input data from patent search reports ［J］. Scientometrics, 2001, 51 （1）: 185 – 201.

［12］ 汤艳莉. 各国专利文献中的引用文献比较 ［J］. 专利文献研究, 2007 （3）: 4 – 18.

［13］ Jaffe A B. Technological opportunity and spillovers of R&D: Evidence from firms' patents, profits and market value ［J］. American Economic Review, 1986, 76 （5）: 984 – 1001.

［14］ Jaffe A B, Fogarty M S. Knowledge spillovers and patent citations: Evidence from a survey of inventors ［J］. American Economic Review, 2000, 90 （2）: 215 – 218.

［15］ Jaffe A B, Henderson R. Geographic localization of knowledge spillovers as evidenced by patent citations ［J］. Quarterly Journal of Economics, 1993, 108 （3）: 577 – 598.

［16］ Tijssen R J W, Buter R K, Leeuwen T N V. Technological relevance of science: Validation and analysis of citation linkages between patents and research papers ［J］. Scientometrics, 2000, 47 （2）: 389 – 412.

［17］ Tijssen R J W. Global and domestic utilization of industrial relevant science: Patent citation analysis of science-technology interactions and knowledge flows ［J］. Research Policy, 2001, 30 （1）: 35 – 54.

［18］ Harhoff D, Narin F, Scherer F M, et al. Citation frequency and the value of patented inventions ［J］. Review of Economics and Statistics, 1999, 81 （3）: 511 – 515.

［19］ 李睿. 专利被引频次和施引频次与专利价值的相关性解析——以在美注册的中国专利为样本 ［J］. 情报学报, 2014 （4）: 396 – 404.

［20］ Meyer M. What is special about patent citations? Differences between scientific and patent citations ［J］. Scientometrics, 2000, 49 （1）: 93 – 123.

［21］ Blind K, Edler J, Frietsch R, et al. Motives to patent: Empirical evidence from Germany ［J］. Research Policy, 2006, 35 （5）: 655 – 672.

［22］ Alcácer J, Gittelman M, Sampat B. Applicant and examiner citations in U. S. patents: An overview and analysis ［J］. Research Policy, 2009, 38 （2）: 415 – 427.

［23］ 谢黎, 邓勇, 张苏闽. 论文引用与专利引用比较研究 ［J］. 情报杂志, 2012, 31 （4）: 19 – 21.

[24] 李睿, 孟连生. 论专利引用行为与期刊论文引用行为在揭示知识关联方面的差异 [J]. 情报学报, 2010, 29 (3): 474 – 478.

[25] Almeida P. Knowledge sourcing by foreign MNEs: Patent citation analysis in the US semiconductor industry [J]. Strategic Management Journal, 1996, 17 (S2): 155 – 165.

[26] Karki M M S. Patent citation analysis: A policy analysis tool [J]. World Patent Information, 1997, 19 (4): 269 – 272.

[27] Criscuolo P, Narula R, Verspagen B. The role of home and host country innovation systems in R&D internationalisation: A patent citation analysis [J]. Economics of Innovation & New Technology, 2005, 14 (5): 417 – 433.

[28] 杨思洛. 引文分析存在的问题及其原因探究 [J]. 中国图书馆学报, 2011, 37 (3): 108 – 117.

[29] Brooks T A. Evidence of complex citer motivations [J]. Journal of the American Society for Information Science, 1986, 37 (1): 34 – 36.

[30] 梁立明, 钟镇. 错引现象折射出的科学家群体引文失范行为——以 Nature 上一篇 19 万次高频引用论文的错引记录为例 [J]. 自然辩证法研究, 2007, 23 (6): 62 – 65.

[31] Langinier C, Marcoul P. Monetary and implicit incentives of patent examiners [R]. Edmonton: University of Alberta, Department of Economics, 2009.

[32] Soper M E. Characteristics and use of personal collections. [J]. Library Quarterly, 1976, 46 (4): 397 – 415.

[33] Jaffe A B, Trajtenberg M. International knowledge flows: Evidence from patent citations [J]. Economics of Innovation & New Technology, 1998, 8 (1/2): 105 – 136.

[34] Sherman B, Bently L. The making of modern intellectual property law: The British experience [M]. Cambridge: Cambridge University Press, 1999: 249 – 262.

[35] USPTO. Manual of patent examining procedure [EB/OL]. [2015 – 08 – 22]. http://www.uspto.gov/web/offices/pac/mpep/s609.html.

[36] Wartburg I V, Teichert T, Rost K. Inventive progress measured by multi-stage patent citation analysis [J]. Research Policy, 2005, 34 (10): 1591 – 1607.

[37] 赵丹群. 对当前引文分析研究中若干问题的思考 [J]. 情报理论与实践, 1991 (3): 12 – 13.

作者简介:

方舟之 (ORCID: 0000 – 0003 – 0637 – 5295), 法治湖南建设与区域社会治理协调创新中心研究员, 博士研究生, E-mail: fangzhouzhi563 @ foxmail.com。

中美专利引文比较研究

1 引言

早在 20 世纪，研究者就发现了专利引文的价值。1947 年，H. C. Harry 向美国专利商标局提议建立专利引文系统[1]；1949 年，A. H. Seidel 正式著文提出专利引文体系，并给出具体的实现方案[2]；1966 年，E. Garfield 建立起世界上第一个专利引文索引系统[3]。随着计算机技术的迅速发展、专利制度及专利文献数据库的完善，专利引文的研究和应用得到了蓬勃发展[4]。时至今日，专利引文已在文献计量学、专利情报、知识产权管理、专利检索分析以及专利申请、无效等研究和实践领域被广泛认可和运用。

2 中美专利引文比较研究的意义

专利引文中蕴含了丰富的技术信息和情报。运用文献计量学的研究方法和手段，专利引文可以较为全面地揭示专利信息流动的现状和趋势，在市场创新主体的技术创新、专利交易、专利纠纷解决等活动中发挥着非常重要的作用。例如，专利引文按照专利引用主体分为申请人引文和审查员引文，前者揭示技术继承和发展态势，后者揭示技术相关和同质态势；专利引文数量的时间分布趋势可以揭示专利技术在该技术生命周期中所处的具体阶段；专利前引后引数量可以揭示专利技术的核心程度；被引专利的专利申请人或专利权人的计量分析可以揭示专利申请人的技术实力。此外，专利实务中的专利侵权抗辩或专利无效宣告程序均要求请求人提供专利对比文件，即与专利技术高度相似的技术文献，专利引文为扩大专利文献检索范围提供了有效路径。除检索对比文件外，技术信息和情报信息的挖掘与研究通常以专利引文的统计分析为研究基础。因此，只有全面认识和掌握作为分析对象的专利引文的类型、记载位置、排列顺序、标识要素、标注情况等内容，才能对专利引文进行高效的分析，挖掘准确的技术情报，并应用于具体实践，为技术管理、政策制定等提供参考。

然而，实施专利制度的各个国家，因为专利制度变迁以及专利审查、专利确权具体制度方面的差异，其专利引文在形式、结构以及在专利文献中的位置等都不尽一致，且专利引文与科技引文存在很大差异，若不了解各国专利引文的相关规范，而将他国在专利引文分析乃至科技引文分析中的方式方法直接套用于我国或别国的专利引文分析中，势必导致基于专利引文的研究结果及其应用难以落到实处，甚至得出错误结论，如将专利申请人引文与审查员引文混为一谈，会导致对专利申请人的技术研究水平的评价结论的偏差等。正如美国学者 M. Meyer 在对专利引文数据本身的有效性进行研究时所说："必须深刻理解各国专利实践活动才能恰当地理解和应用专利引文数据"[5]。

美国是技术创新领先国家，是中国市场创新主体的重要活动市场，而美国专利制度及引文规范建设已积累多年实践经验。对中美专利引文进行比较研究，深入了解中国专利引文、美国专利引文在形式、结构等方面的不同及其背后的制度原因和观念差异，有利于我国研究者更好地基于专利引文开展研究工作，也有助于我国技术创新主体更好地将专利引文分析应用于技术创新活动，在建立专利引文数据库、挖掘专利引文情报时对各国专利引文信息区别处理，提高专利引文分析成果的准确性，更加有效地实现专利引文的价值。

3 中美专利引文的区别

中美都是世界知识产权组织（WIPO）的成员国，二者分别以世界知识产权组织国际局颁布的《标准 ST. 9 – 关于专利及补充保护证书的著录数据的建议》[6] 和《标准 ST. 14 – 在专利文献中列入引证参考文献的建议》[7] 为基础，结合本国国情，制定了专利引文的相关规定。

3.1 著录项（56）的内容不同

国际通用的专利文献著录项目（简称 INID 码）是对专利文献中的技术信息、法律信息及其他信息进行编制的款目，由带圆圈或括号的两位阿拉伯数字表示，起到克服语言障碍、快速识别技术或法律信息的作用。

WIPO 标准 ST. 9 建议，以专利文献扉页著录项目（INID）代码"（56）"标识"专利引证参考文献清单"，包括中国在内的各 WIPO 成员国基本都采纳了这一建议。但中美专利文献中著录项（56）的具体内容不同。

3.1.1 中国著录项（56）中只需列明审查员引文

中国的专利著录项（56）中只包含审查员引文，专利审查员提供的引文往往与专利技术的相关度较高，跨越领域广，具有一定的权威性，但审查员

检索类型：首次检索				申请号：2010106079432			
申请日：2010-12-27				申请人：畅捷通信息技术股份有限公司			
最早的优先权日：				权利要求项数：10			
说明书段数：58+4				审查员确定的IPC分类号：G06F17/30,G06Q10/00			
检索记录信息：CNPAT,CNKI,WPI,EPODOC:库,加锁,盘点,表							

专利对比文献

类型	国别	文献号	公开日期	IPC分类号	涉及权利要求项	相关页数	文献类别
X	CN	101764951	2010-06-30	H04N5/278	1-10	权利要求1	A
X	CN	1808389	2006-07-26	G06F9/46	1-10	权利要求1	A

期刊对比文献

类型	期刊文摘名称	卷号	期号	发行日期	作者	标题	涉及权利要求项	相关页数

书籍对比文献

类型	书名	卷号	版本号	出版日期	作者	标题	涉及权利要求项	参考页数

图1　中国专利检索报告中对比文献示例

引文的存在，可能使专利权保护范围缩小，同时，审查员引文无法揭示发明人在做出发明创造时的技术基础和研发路径。

3.1.2　美国著录项（56）中必须列明审查员引文和申请人引文

美国的专利著录项（56）中包含审查员引文和申请人引文。自2001年1月1日起，美国将"＊"号置于审查员引文之前，使其与申请人引文相区别[8]。申请人引文与科技引文相似，可以用于揭示专利申请人／专利权人的研发水平和研发路径。

3.1.3　著录项不同的内容揭示的技术信息不同

中美专利文献在著录项（56）中的差异主要是专利引文的引用主体及其引用动机的差异。中国专利文献的著录项（56）的引用主体单一，便于统一提取；美国专利文献的著录项（56）包含两类引用主体，优势在于可以迅速展示专利研发与审查情况，但在情报分析时，应注意区分引用主体，提高专利引文数据研究和应用的准确性。

3.2　专利引文在专利文献中的位置不同

申请人引文和审查员引文与专利（专利申请）在技术上或时间上的关系不同，需要对不同类型的专利引文在专利文献中的记载位置所有了解。

3.2.1　中国专利引文在专利文献中的位置

中国专利的申请人引文记载在专利说明书的"背景技术"部分，不具有结构化形式，难以提取。中国专利的审查员引文分别记载于文献扉页的著录项（56）项及附在随审查意见通知书出具的专利检索报告中。检索报告采用专利局规定的表格，记载检索的领域、数据库以及所用的基本检索要素及其表达形式、由检索获得的对比文件以及对比文件与申请主题的相关程度。检索报告的样式与内容如图 1 所示：

3.2.2 美国专利引文在专利文献中的位置

美国专利文献扉页著录项第（56）项、说明书的背景技术（Description of Related Art）部分及申请人提交的信息披露书（Information Disclosure Statement by Applicant，IDS）中记载有申请人引文；专利文献扉页著录项第（56）项及专利审查检索报告（Notice of References Cited；Form PTO - 892）中记载有审查员引文。

美国专利申请人需要遵守信息披露义务，需将与本专利申请可专利性相关的文献资料，按要求列于信息披露书（IDS，编号 PTO/SB/08）中，供审查员参考。其中 PTO/SB/08A 列明美国和外国的专利文献（FOR），PTO/SB/08B 列明非专利参考文献（NPLs）。如图 2、图 3 所示：

图 2　美国专利申请信息披露书（PTO/SB/08A）

Substitute for form 1449B/PTO

INFORMATION DISCLOSURE STATEMENT BY APPLICANT

(Use as many sheets as necessary)

		Complete if Known
	Application Number	
	Filing Date	
	First Named Inventor	
	Art Unit	
	Examiner Name	
Sheet	of	Attorney Docket Number

NON PATENT LITERATURE DOCUMENTS

Examiner Initials*	Cite No.[1]	Include name of the author (in CAPITAL LETTERS), title of the article (when appropriate), title of the item (book, magazine, journal, serial, symposium, catalog, etc.), date, page(s), volume-issue number(s), publisher, city and/or country where published.	T[2]

图 3　美国专利申请信息披露书（PTO/SB/08B）

美国专利审查指南（Manual of Patent Examining Procedure）MPEP § 609[9]及 MPEP § 609.05（a）[10]规定，IDS 及其中列明的参考文献若不符合《美国联邦法规》37 篇 1.97 条款和 1.98 条款[11]对其格式、时间和缴费等方面的规定，不会被审查员所考虑。IDS 中的参考文献范围远大于说明书背景技术中的参考文献范围，并被收录于专利扉页著录项第（56）项中。根据 MPEP § 707.05（b）的规定，IDS 不能免除审查员的检索责任，也不影响审查员对其他相关（pertinent）技术文献的发现和引用。美国专利检索报告（Notice of References Cited；From PTO – 892）中列明了审查员引文，包括否定本申请的现有技术（prior art rejection），或虽不能用于否定本申请、但与本申请相关的关联技术（pertinent），以"＊"标记。如图 4 所示：

3.2.3　不同的专利引文记载位置指向的检索字段不同

中美专利引文中，审查员引文均记载于著录项和检索报告中；中国专利申请人引文仅记载于说明书背景技术部分，美国专利的申请人引文记载于专利著录项、说明书背景技术部分和 IDS。进行专利引文分析时应根据不同的分析目的检索不同字段的专利引文，在对审查员引文进行分析时，中美专利引文的检索字段相同；在对申请人引文进行分析时，美国专利引文可以有多个检索字段相互补充；而在语义分析技术完善之前，中国申请人引文为非结构化信息，获取不易，其分析势必要借助大量人工劳动。

Notice of References Cited		Application/Control No.	Applicant(s)/Patent Under Reexamination	
		Examiner	Art Unit	Page of

U.S. PATENT DOCUMENTS

*		Document Number Country Code-Number-Kind Code	Date MM-YYYY	Name	Classification
	A	US-			
	B	US-			
	C	US-			
	D	US-			
	E	US-			
	F	US-			
	G	US-			
	H	US-			
	I	US-			
	J	US-			
	K	US-			
	L	US-			
	M	US-			

FOREIGN PATENT DOCUMENTS

*		Document Number Country Code-Number-Kind Code	Date MM-YYYY	Country	Name	Classification
	N					
	O					
	P					
	Q					
	R					
	S					
	T					

NON-PATENT DOCUMENTS

*		Include as applicable: Author, Title Date, Publisher, Edition or Volume, Pertinent Pages)
	U	
	V	
	W	
	X	

*A copy of this reference is not being furnished with this Office action. (See MPEP § 707.05(a).)
Dates in MM-YYYY format are publication dates. Classifications may be US or foreign.

U.S. Patent and Trademark Office
PTO-892 (Rev. 01-2001)   Notice of References Cited   Part of Paper No.

图 4　美国专利检索报告（PTO－892）

3.3　专利引文排序标准不同

3.3.1　中国专利引文在专利文献扉页和检索报告中的排序标准不一致

我国 2012 年 12 月 16 日实施的国家知识产权行业标准《中国专利文献著录项目 ZC0009－2012》规定：审查过程中引用的对比文件清单，登载于发明专利单行本或实用新型专利单行本扉页上（即著录项第 56 项），按照中国专利文献、外国专利文献、非专利文献顺序排列。检索报告中的审查员引文排序为专利文献、期刊文献、书籍文献。专利说明书中的申请人引文没有明确规定排序，由申请人按行文逻辑自主决定。

3.3.2　美国专利引文在专利文献扉页和检索报告中的排序标准一致

美国专利扉页著录项第（56）项、IDS 中的 PTO/SB/08 表格以及审查员出具的检索报告（From PTO－892）中参考文献的顺序均按照美国专利文献、外国专利文献和非专利文献的顺序排列。说明书中的申请人引文无明确规定。

3.3.3 不同的专利引文排序标准产生的分析维度不同

通对专利引文的文献形式进行区分，能了解该专利所在技术领域的研究成果分布情况。与美国专利引文相比，中国专利引文在检索报告中将审查员引文中的非专利文献进一步区分为期刊文献和书籍文献，增加了对专利引文技术信息源的分析。

3.4 专利引文标识要素不同

专利引文的标识要素展示专利引文的法律信息、与专利申请的技术关联度等，也可结合多项专利标识要素进行综合分析。

3.4.1 中国专利引文标识要素

中国专利的申请人引文需要标识国别（Country Code）、文献号（Number），也可包括公开日期；专利文献扉页中的审查员引文标识要素包括国别、文献号、文献类别（Kind Code）、公开日期和专利分类可。检索报告中的审查员引文具有详细的标识要素，如表1所示：

表1　中国专利检索报告中的专利引文标识要素

引文类型		标识要素		
专利文献	文献类型	国别－文献号－文献类别、公开日期、IPC分类号	涉及权利要求项	相关页数
期刊文献	文献类型	期刊文摘名称、卷号、刊号、发行日期、作者、标题	涉及权利要求项	相关页数
书籍文献	文献类型	书名、卷号、版本号、出版日期、作者、标题	涉及权利要求项	相关页数

3.4.2 美国专利引文标识要素

美国专利说明书中的申请人引文一般标识国别、文献号即可，同时，建议写明公开日期。专利扉页上的专利引文的标识要素包括国别、文献号、文献类别、公开日期和发明人。信息披露书 IDS 中披露详细的专利引文标识要素（见表2、表3）。在 PTO/SB/08 中，专利文献的标识要素为国别、文献号、文献类别、公开日期、专利权人或申请人、引证文献涉及的权利要求项、具体引证内容在引证文献中的章节、页码、段落号、行数或附图中的相关图形；非专利文献的标识要素为作者、标题、刊物种类和信息、期（卷）号、引证文献涉及的相关部分。在 PTO － 892 中，专利文献的标识要素为国别、文献号、文献类别、公开日期、发明人、专利分类号（Classification）；非专利文献的标识要素为作者、标题、刊物种类和信息、期（卷）号、引证文献涉及的相关部分。

表2 美国 PTO/SB/08 中的专利引文标识要素

引文类型	标识要素			
美国专利文献（US Patent Documents）	Country Code-Number-Kind Code	Publication Date	Name of patentee or Applicant of Cited Document	Pages, Columns, Lines, Where Relevant Passages Or Relevant Figures Appear
外国专利文献（Foreign Patent Documents）	Country Code-Number-Kind Code	Publication Date	Name of patentee or Applicant of Cited Document	Pages, Columns, Lines, Where Relevant Passages Or Relevant Figures Appear
非专利文献（Non Patent Literature Documents）	Include name of the author（in CAPITAL LETTERS）, title of the article（when appropriate）, title of the item（book, magazine, journal, serial, symposium, catalog, etc.）, date, page（s）, volume-issue number（s）, publisher, city and/or country where published			

表3 美国 PTO － 892 中的专利引文标识要素

引文类型	标识要素			
美国专利文献（US Patent Documents）	Country Code-Number-Kind Code	Publication Date	Name	Classification	
外国专利文献（Foreign Patent Documents）	Country Code-Number-Kind Code	Publication Date	Name	Classification	Country
非专利文献（Non-Patent Documents）	Include as applicable：Author, Title Date, Publisher, Edition or Volume, Pertinent Pages				

3.4.3 不同的引文标识要素提供的技术情报分析精确度不同

利用专利引文标识可以从不同维度对专利引文的分布结构进行描述。与中国专利引文相比，美国专利引文标识要素更为丰富，在具体引用字段和内容的标识上尤为详尽，为语义分析技术下的技术引文的精准定位和精确分析奠定了基础。

3.5 专利引文类型标注情况不同

WIPO标准ST.14建议，按照与专利申请的相关度对专利引文进行标注，见表4。该标准中的标识符号揭示了引文与专利文献在具体技术层面的相关性，在专利确权等程序中能够对微观技术层面进行分析。该标准被包括中国在内的很多国家采纳，但美国并没有采纳，这导致两国在针对专利技术的微观分析层面存在明显差异。

表4 标识专利引文类型的字母符号含义

标识字母	专利引文标识字母的含义
X	独立即可影响权利要求的新颖性或创造性的文件
Y	与检索报告中其他Y类文件组合后影响权利要求的创造性的文件
A	背景技术文件，反映权利要求的部分技术特征或者有关的现有技术
R	任意主体于申请日向专利局提交的、属于同样的发明创造的专利或专利申请文件
P	中间文件，其公开日在申请的申请日与所要求的优先权日之间的文件，或者会导致需要核实该申请优先权的文件
E	单独影响权利要求新颖性的抵触申请文件
T	申请日或优先权日当天或之后的、不能影响所检索申请的专利性、但可以对所要求保护的发明的理论或原理提供清楚解释的文件，或者可显示出所要求保护的发明的推理或事实是不正确的文件
L	除X、Y、A、P、E、R和T类文件之外的文件

3.5.1 中国的专利检索报告标注专利引文类型

中国专利检索报告中，审查员引文应当用表示其中最高相关程度的符号来标注该对比文件。除上述类型的文献外，审查意见通知书中引用的其他文献也应当填写在检索报告中，但不填写文献类型和/或所涉及的权利要求。

3.5.2 美国只在其出具的国际检索报告中标注专利引文类型

美国在本国专利引文中没有采纳 WIPO 标准 ST. 14，未采用字母符号区分专利引文类型，但在处理 PCT 申请时遵循这一规则。

作为国际专利检索单位和国际初步审查单位之一，美国专利商标局对以《专利合作条约》为基础的 PCT 申请进行国际检索或国际初步审查时，按《专利合作条约》及其细则的规定，出具采纳了 WIPO 标准 ST. 14 标准的国际检索报告，即编号为 PCT/ISA/210 的文件，见图 5[12]。

INTERNATIONAL SEARCH REPORT

International application No.
PCT/US2012/080008

A. CLASSIFICATION OF SUBJECT MATTER
IPC: B25C 5/06 (2006.01)
USPC: 227/8
According to International Patent Classification (IPC) or to both national classification and IPC

B. FIELDS SEARCHED
Minimum documentation searched (classification system followed by classification symbols)
U.S.: 227/8, 120, 121, 123, 127, 128, 131

Documentation searched other than minimum documentation to the extent that such documents are included in the fields searched

Electronic data base consulted during the international search (name of data base and, where practicable, search terms used)
EAST (DERWENT, USPTO, USPGPUB, JPO, EPO) - electromagnet?, magazine?

C. DOCUMENTS CONSIDERED TO BE RELEVANT

Category*	Citation of document, with indication, where appropriate, of the relevant passages	Relevant to claim No.
X --- Y A	US 4,375,867 A (NOVAK et al.) 08 March 1983 (08.03.1983), column 3, line 65 - column 4, line 49, and figure 3	1 and 2 -------- 3 and 5-15 4 and 16-20
Y	US 4,183,453 A (BARRETT et al.) 15 January 1980 (15.01.1980), column 1, lines 40-49; column 2, line 40 - column 5, line 2; column 6, line 34 - column 7, line 7; and figures 5-7	3 and 5-10
Y	US 3,041,614 A (D'HAEM et al.) 03 July 1962 (03.07.1962), column 4, line 76 - column 5, line 23	11-15

☐ Further documents are listed in the continuation of Box C. ☐ See patent family annex.

* Special categories of cited documents:
"A" document defining the general state of the art which is not considered to be of particular relevance
"E" earlier application or patent but published on or after the international filing date
"L" document which may throw doubts on priority claim(s) or which is cited to establish the publication date of another citation or other special reason (as specified)
"O" document referring to an oral disclosure, use, exhibition or other means
"P" document published prior to the international filing date but later than the priority date claimed
"T" later document published after the international filing date or priority date and not in conflict with the application but cited to understand the principle or theory underlying the invention
"X" document of particular relevance; the claimed invention cannot be considered novel or cannot be considered to involve an inventive step when the document is taken alone
"Y" document of particular relevance; the claimed invention cannot be considered to involve an inventive step when the document is combined with one or more other such documents, such combination being obvious to a person skilled in the art
"&" document member of the same patent family

Date of the actual completion of the international search	Date of mailing of the international search report
20 April 2012 (20.04.2012)	24 April 2012 (24.04.2012)

Name and mailing address of the ISA/US	Authorized officer
Mail Stop PCT, Attn: ISA/US Commissioner for Patents P.O. Box 1450 Alexandria, Virginia 22313-1450 Facsimile No. (571)273-3201	Patent Examiner Telephone No. (571)272-4300

Form PCT/ISA/210 (second sheet) (July 2009)

图 5　美国专利商标局出具的国际检索报告（PCT/ISA/210）

自 2015 年 7 月 1 日起，WIPO 标准——《ST. 14——专利文献中列入引证参考文献的建议》第 14 段中规定的类型代码[13]有所修改，将检索报告中的 X（单独影响权利要求的新颖性或创造性的文件）类专利引文类型细分为仅影响新颖性的 N 类文件和仅影响创造性的 I 类文件。

3.5.3　不同专利引文类型的标注能提供的技术微观分析程度不同

与美国专利引文相比，中国专利引文类型的标注使普通社会公众也能了解专利引文与专利之间的相关度，使之在专利无效程序或者专利侵权诉讼中能更方便地利用专利引文信息，进一步监督并提高专利质量。

3.6　对 PCT 申请的国际阶段产生的专利引文态度不同

《专利合作条约》（Patent Cooperation Treaty，PCT）是专利领域的一项国际合作条约，发明人可以依据它提交国际专利申请，并指定希望得到该条约的某个或多个成员国的专利保护。该专利申请简称为"PCT 专利申请"或"PCT 申请"，所指定的成员国称为"指定国"。PCT 专利申请分为国际阶段和国家阶段。国际阶段即由某国专利审查机构作为国际专利的受理局，进行国际阶段的审查，由国际检索单位和/或国际初步审查单位出具的国际检索报告和/或国际初步审查报告，记载受理国审查员给出的专利引文；国际审查之后，专利文件及相关审查文件会转交指定国的专利审查机构，进行国家阶段的审查。这一审查程序即被称为"PCT 程序"，通过 PCT 程序审查的专利被称为"PCT 专利"。中美对于国际检索报告和/或国际初步审查报告中的专利引文的态度是不同的。

3.6.1　中国根据具体情况参考国际阶段产生的专利引文

我国《专利审查指南》第三部分第二章规定，审查员应当参考国际检索报告和专利性国际初步报告所提供的信息，并就申请人的修改文本或未被全面检索的主题进行补充分析和检索。国际阶段产生的引文足以破坏专利申请的新颖性和创造性的，则无需对该专利申请做进一步的检索。

3.6.2　美国将国际阶段的专利引文列为申请人引文

美国将由欧洲专利局、日本特许厅或美国专利商标局所做出的国际检索报告列明的参考文献纳入审查范围，将其视为申请人披露义务的一部分记载于 IDS 中。因此，进入美国的 PCT 专利申请的专利文献扉页中，国际阶段的审查员引文没有"＊"号标识，与真正意义上的申请人引文混淆。

3.6.3　对国际阶段专利引文的不同态度导致专利引文分析结果的不同

PCT 专利申请在国际阶段所产生的专利引文，在引用机理、引用方式等方面更接近国家阶段的审查员引文。中国对国际专利引文采取基本采纳的态度，一方面是出于程序节约的考虑，另一方面也体现了对PCT申请的受理国的信赖。与中国相比，美国将PCT专利申请的国际阶段的专利引文作为申请人引文，与其专利文献扉页中审查员引文与申请人引文混杂的原本状态一致，但无疑加重了对扉页专利引文，尤其是申请人引文进行分析的复杂性和不准确性。

4 中美专利引文存在差异的原因

专利引文是基于专利制度而形成的规范性文件，而制度与社会观念形态密不可分。中美专利引文的差异，直接原因是中美专利制度不同，而深层次的根本原因是中美对待发明人和审查员的社会观念不同。

4.1 社会观念不同：中美专利引文差异的根本原因

4.1.1 中美对待发明人的观念不同

美国专利制度的宗旨在于保护发明人权益，因此在制度设计中处处体现对发明人权益的重视和保障，如提交专利申请的主体必须为发明人。早期的先发明制与2013年为了与国际规则接轨而妥协的发明人先申请制可以体现出这一点。美国专利引文的制度也体现出发明人在专利审查中的重要作用，认可发明人在研发过程中所参考的文献的法律地位，具体体现为专利申请人的信息披露义务、专利著录项（56）中对申请人引文的采纳、对申请人引文的多重录入等。美国专利制度中发明人与审查员是一种协商合作的关系。与之相比，中国专利制度中发明人与审查员往往处于对立面，申请人引文尽管需要被审查员考虑，但没有结构化文本，提取难度大，难以得到有效利用，发明人在专利引文上的地位和作用还远远没有发挥出来。

4.1.2 中美对待审查员的观念不同

作为较早采纳专利制度并推进其快速发展的国家之一，美国对本国专利审查结果的信任和依赖程度高于其他国家和地区的专利审查结果，如将PCT申请的国际阶段的审查参考文献作为申请人引文进行录入和审查，这有助于保持本国专利授权水平的稳定性，但无疑在制度节约和程序有效性方面有所牺牲。中国专利制度是在舶来的基础上发展起来的，理论和实践中的大国自信尚未完全建立，往往对他国专利的审查结果的信赖程度更高，如对PCT申请的国际审查的否定性结果基本认同。

4.2 专利制度不同：中美专利引文存在差异的直接原因

4.2.1 中美现行专利制度本身不同

中美专利制度规定了不同的专利类型和不同的专利确权程序，从而产生了不同的专利引文。

中国专利类型有发明、实用新型和外观设计。在提交专利申请时，发明和实用新型在说明书背景技术部分记载有申请人引文，外观设计申请文件中没有申请人引用的参考文献。在进行授权审查时，审查员针对专利申请的可专利性引用对比文件，构成审查员引文。若启动复审程序，进行审查的合议组可以引入所属技术领域的公知、常识，或者补充相应的技术词典、技术手册、教科书等所属技术领域的公知、常识性证据。在专利无效宣告请求程序中，专利权人与无效宣告请求人作为纠纷双方当事人，围绕专利的适格性出具相应证据。这些文献在形式上不属于我国"专利引文"的范围，但其内容与专利技术高度相关，被记载于无效审查决定书中。

美国专利分为设计专利（design patent）、实用专利（utility patent）和植物专利（plant patent）。本文前述美国专利引文，仅指实用专利。在申请授权程序之外，美国实用专利还可能经历：①加速审查程序（advancement of examination）[14]；②继续申请程序，其中包括完全延续案（continuation application）、部分延续案（continuation-in-part application）、分案申请（divisional application）；③继续审查程序（requests for continued examination）；④专利再审程序，其中包括单方再审（ex parte reexamination）、双方重审（inter partes review）、授权后复审（post grant review）；⑤公众参与专利评审程序（community patent review），等等。

美国实用专利申请的临时专利申请（provisional patent application）程序不进行实质审查，没有 IDS 和 PTO – 892 文件[15]，不产生专利引文；在公众参与专利评审程序（community patent review）中，第三方参与专利审查而提供的对比文献，形成名为 PEER. IDS. ACK（Acknowledgement of Third-Party Submission -Peer to Patent）和 PEER. IDS（Third-Party Submission -Peer to Patent）的文件；专利再审程序中，由第三方主体提供的对比文献形成名为 RXIDS. R（Reexam - Info Disclosure Statement Filed by 3rd Party）的文件。上述不同程序中产生的参考文献，除了按规定可以被收录在 IDS 和 PTO – 892 文件中的，其余的形成单独的专利引文类文件，被文档包（File Wrapper）收录[16]。

4.2.2 中美专利制度改革不同步

专利引文的形式与制度改革密切相关。如专利文献扉页的著录项（56），在中国专利制度中经历了"有 - 无 - 有"的变化过程：1997 - 2003 年，中国专利文献扉页中包含有著录项（56），其专利引文标识要素为：国别、公开号、公开日期和分类号；2004 - 2007 年间，著录项（56）被取消；2007 年 1 月 3 日，重新出现的著录项（56）中，标识要素发生了改变，仅剩下国别、公开号和公开日期[17]。而 2001 年 1 月 1 日之后，美国专利著录项（56）才对申请人引文和审查员引文进行区分。

专利引文从无到有，从简单到复杂，从不规范到规范，是随着专利制度的改革而不断变化和完善的，这也是导致专利引文复杂化的重要原因之一。如不掌握专利引文变化的知识脉络，而想当然地套用现今专利引文的知识分析过往的专利引文数据，将使得分析结果差之毫厘，谬以千里。

5 结语

专利引文是蕴含竞争情报的宝藏，而准确的专利引文分析是获取宝藏的关键钥匙。基于相似引用机理产生的专利引文，其表现形态与专利制度规定及其社会观念紧密相关。只有建立在完善的专利引文体系和对专利引文深入理解的基础之上所做出的基于专利引文的研究成果和实践应用，才真正具有价值。美国是专利世界技术创新霸主，重视研发人员所提供的技术信息，其专利申请人引文在专利文献著录项、专利说明书及信息披露书中均有记载，其中信息披露书中的申请人引文最为详细，可以基于不同维度对申请人引文进行分析，挖掘技术研发的相关情报。中国专利引文制度制定于技术模仿与追赶的时期，对申请人引文要求简单，仅记载于专利说明书背景技术部分，不具有固定格式，难以大量提取，几乎无法从中分析技术人员的情报。两国对本国审查员引文的记载位置基本相同，均在专利文书著录项（56）、专利检索报告当中有记载，中国审查员引文采纳国际标准标注引文与专利之间的相关程度，在建立国际专利引文数据库、分析多国专利引文信息时无需转换，可以进行实质技术层面的分析；美国审查员引文具有格式化且详细的著录项或基本信息记录体系，可供深入挖掘专利引文微观情报。需格外注意的是，我国将 PCT 国际阶段的审查员引文视为审查员引文，而美国在专利文书著录项（56）中将 PCT 国际阶段的审查员引文标记为申请人引文，在对申请人研发水平、各国审查水平、授权高度等问题进行分析研究时，须区别对待。中美两国专利引文制度各有优劣，体系庞杂，亟需深入研究、认知和掌握。

专利引文差异是各国基于国情进行制度选择的结果，在传统专利制度中不可避免。但在国际贸易与制度合作不断加深的历史背景下，各国专利引文标准的完善和统一势在必行。因此，对各国专利引文制度的特点及彼此之间的差异进行深入研究分析，能够为国际专利引文标准的建立和完善提供依据，从而有助于专利引文科研价值和商业价值的开发与应用，为技术管理、专利运营、策略布局和政策选择提供明确可行的参考。

参考文献：

[1] Harry H C. Re：Citation system for patent office［J］. Journal of the Patent Office Society, 1949, 31（9）：714.

[2] Seidel A H. Citation system for patent office［J］. Journal of the Patent Office Society, 1949, 31（7）：554.

[3] Garfield E. Patent citation indexing and the notions of novelty, similarity, and relevance［J］. Journal of Chemical Documentation, 1966, 6（2）：63 – 65.

[4] 陈亮, 张志强, 尚玮姣. 专利引文分析方法研究进展［J］. 现代图书情报技术, 2013, 29（7/8）：75 – 81.

[5] Meyer M. What is special about patent citations? Differences between scientific and patent citations［J］. Scientometrics, 2000, 49（1）：93 – 123.

[6] WIPO. Standard ST. 9：Bibliographic data on and relating to patents and SPCs［EB/OL］.［2015 – 08 – 25］. http：//www. wipo. int/export/sites/www/standards/en/pdf/03-09-01. pdf.

[7] WIPO. Standard ST. 14：References cited in patent documents［EB/OL］.［2015 – 08 – 25］. http：//www. wipo. int/export/sites/www/standards/en/pdf/03-14-01. pdf.

[8] USPTO. Advance notice of change to "references cited" on the front page of a patent［EB/OL］.［2015 – 08 – 25］. http：//www. uspto. gov/web/offices/com/sol/og/2000/week52/patrefr. htm.

[9] MPEP §609 information disclosure statement［EB/OL］.［2015 – 08 – 25］. http：//www. uspto. gov/web/offices/pac/mpep/s609. html.

[10] USPTO. MPEP §609.05（a）noncomplying information disclosure statements［EB/OL］.［2015 – 08 – 25］. http：//www. uspto. gov/web/offices/pac/mpep/s609. html.

[11] USPTO. Consolidated Patent Rules, 37 C. F. R §1. 97 and 1. 98（2015）［EB/OL］.［2015 – 08 – 25］. http：//www. uspto. gov/web/offices/pac/mpep/s2666. html.

[12] USPTO. MPEP §1844 the international search report［EB/OL］.［2015 – 08 – 25］. http：//www. uspto. gov/web/offices/pac/mpep/s1844. html.

[13] Committee on WIPO standards（CWS）：Fourth session［EB/OL］.［2015 – 08 – 25］. http：//www. wipo. int/edocs/mdocs/cws/zh/cws_ 4/cws_ 4_ 5. pdf.

[14] USPTO. MPEP §708. 02 petition to make special［EB/OL］.［2015 – 08 – 25］. http：//www. uspto. gov/web/offices/pac/mpep/s708. html.

[15] USPTO. MPEP §609 information disclosure statement［EB/OL］.［2015 – 08 – 25］.

http：//www. uspto. gov/web/offices/pac/mpep/s609. html.

［16］ USPTO. MPEP § 1302. 12 listing of references ［EB/OL］. ［2015 – 08 – 25］. ht-
tp：//www. uspto. gov/web/offices/pac/mpep/s1302. html.

［17］ 汤艳莉. 各国专利文献中的引用文献比较 ［J］. 专利文献研究, 2007 (3)：4
– 18.

作者贡献说明：

隆瑾：完成深度对比及实践意义等内容的撰写，并修订全文；

何伟：搜集资料并撰写初稿；

吴秀文：提出修改建议，参与论文修订。

作者简介：

隆瑾（ORCID：0000 – 0002 – 1854 – 5258），法治湖南建设与区域社会治
理协调创新中心研究员，博士研究生，E-mail：244032910@ qq. com；

何伟（ORCID：0000 – 0002 – 4143 – 5655），硕士研究生；

吴秀文（ORCID：0000 – 0001 – 5319 – 2665），讲师，博士。

专利引证视角下的虚拟化技术竞争态势[*]

1 引言

虚拟化（virtualization）是云计算的最主要特点，虚拟化技术（vanderpool）是实现云计算产业最关键的技术。随着云计算生态环境的形成，虚拟化技术已成为"智慧信息技术"产业领域最受瞩目的技术之一。全球云计算最为发达的国家和地区中，如美国、日本等，虚拟化技术也最为集中。全球虚拟化技术一直呈递增趋势，而且当前保持井喷式的速度发展，然而我国目前却鲜有研究虚拟化技术竞争态势的成果。此时，对虚拟化技术竞争态势进行研究是很有必要的，不仅可揭示虚拟化技术领域的主要技术领导者和新兴竞争者，还能反映虚拟化技术领域的核心技术及其发展趋势。

当前，专利引证分析的运用主要体现在专利文献同被引[1]、专利文献耦合[2]两个方面，当然也有利用专利向后引和专利向前引[3]来对某一技术领域进行分析的情况。本文将主要运用专利向后引和专利向前引来分析虚拟化技术竞争态势，构造虚拟化技术检索式对美国、欧洲、英国、法国、德国、日本、中国等90个国家和地区进行全面检索，专利分析数据来源于Innography数据库的高级检索。检索截止时间为2015年9月18日，共检索出1968–2015年期间与虚拟化技术相关的专利128 847件，经过筛选和去重得到118 990件。通过Innography系统对虚拟化技术进行全样本分析，将全球虚拟化技术专利数量排名前50的企业作为总体研究对象，以华为技术有限公司（以下简称"华为"）作为重点研究对象，从专利引证的视角揭示虚拟化技术领域的竞争态势，以期为我国虚拟化技术企业在把握技术重点、识别竞争对手、做好专利布局、寻求技术合作等方面提供参考，进而为我国虚拟化技术产业在激烈的全球市场竞争中实现经济利益最大化和谋求更

* 本文系国家社会科学基金重点项目"中国云计算知识产权问题与对策研究"（项目编号：11AZD113）研究成果之一。

大的发展提供智力支持。

2　运用专利引证分析技术竞争态势的可行性

专利引证分析是一种常用的分析方法，曾被用于国外混合动力汽车技术[4]、国外薄膜太阳能领域技术[3]、我国医药技术领域知识流入[5]、微处理器的预译码技术[6]、技术热点监测的实证研究[7]、专利产业化概率模型[8]、关键技术发展路径[9]等方面的研究。但在现有的文献中几乎都没有交待将专利引证用于相关领域的可行性。本文拟采用专利引证来分析虚拟化技术的竞争态势，有必要先对运用专利引证来分析技术竞争态势的可行性进行阐释。一方面，对引证分析与专利引证互动发展的脉络进行梳理，说明专利引证作为分析工具是可行的；另一方面，分别对专利引证能揭示技术演进路径和发展趋势、识别技术竞争者及其竞争关系进行阐述，说明专利引证能反映技术及其竞争的关系。

2.1　科学引文分析与专利引证互动发展的脉络

专利引证分析是科学引文分析的发展和延伸，它们从被提出到正式被应用大致经历了 50 多年。citation analysis 是由 P. L. K. Gross 等学者于 1927 年开始建立的一种分析方法，在我国被译为引证分析或引文分析[10]；A. H. Seidel 于 1949 年首次系统地提出了专利引证分析的概念，指出专利引文是后继专利基于相似的科学观点而对先前专利的引证[11]；G. Engene 于 1964 正式发行的《科学引文索引》（*Science Citation Index*，简称 SCI）把科学引文分析推向了实用阶段，并确立了科学引文分析在情报科学中不可忽视的地位[12]；D. Price 于 1965 年在《科学论文的网络》（*Networks of Science Papers*）中提出科学论文之间存在的引证与被引证关系以及由此形成的"引证网络"[13]；直到 20 世纪 80 年代美国专利数据库和 SCI 等大型科学论文数据库逐渐成熟提供了外部数据基础，运用专利引证分析才逐渐活跃起来[14]。具体如图 1 所示：

图 1　科学引文分析与专利引证分析的互动发展脉络

在引文分析被提出后的第 22 年，专利引证分析才被系统地提出来，科学引文分析的地位在这之后的第 15 年才在业内确立，随后 1 年便形成了引证网络，随后 1 年便形成了引证网络，进而奠定了科学引文分析的理论基础，又经过了大概 20 多年，专利引证分析流行起来。从这一发展脉络来看，科学引文分析与专利引证分析呈现了相互促进、共同发展的互动过程。在这一过程中，两者的实践已经证明该方法原理的科学性、可行性。

2.2 专利引证识别技术演进路径和发展趋势

专利是技术创新的结果，它承载着技术的主要信息；专利引文是专利权人对专利相关技术沿用、审查员对专利相关技术比对的结果，它体现了后技术对前技术的继承信息。专利向后引和专利向前引，将相关分散的技术点连成一条可以追溯的线。国际专利分类表（International Patent Classification，IPC）是目前国际上通用的专利文献分类和检索工具，几乎涵盖了所有的技术内容，被频繁引用的专利具有明显的技术优势和技术影响力。目标专利的后引专利中频繁出现的 IPC 领域，体现的是某一技术领域内的基础技术和原始技术；目标专利的前引专利中频繁出现的 IPC 领域，反映的是某技术领域的技术渗透和发展趋势。另外，选取具有代表性的目标权利人，以每个权利人在某技术领域内的所有专利为对象，对其向后引证和向前引证专利的 IPC 领域进行统计分析，能够体现每个权利人在该技术领域内的技术优势与劣势。因而，专利引证具有识别技术的可行性，诸如专利查新、识别专利技术缺陷、寻找技术问题解决方法、确定技术发展趋势或最新应用，等等。

2.3 专利引证识别技术竞争者及其竞争关系

专利文献具有技术情报价值，而专利引证就是挖掘该技术情报的工具。专利引证工具在挖掘技术情报的同时，能够挖掘出该技术领域的竞争者及其竞争关系。许多新的专利是基于现有专利而进行的改进，而引证信息能最直接地反映专利与专利之间的相关性。具有引证关系的专利权利人分布反映的是竞争者之间的技术依赖性。目标专利的向后引证专利中出现频次最多的权利人，体现的是某一领域内的技术领导者，即该技术领域内原始专利的申请者；目标专利的向前引证专利中出现频次最多的权利人，反映的是某一技术领域内的新兴竞争者，即该技术领域内的活跃者。此外，选取具有代表性的目标权利人，以每个权利人在某个技术领域内的所有专利为对象，对其向后引证和向前引证专利的权利人进行统计分析，能够体现目标权利人对其他权利人的技术渗透和竞争力，进一步确定目标权利人专利战略的制定。因而，专利引证具有识别竞争的可行性，诸如识别竞争对手、筛选竞争对手核心技术、了解竞争对手专利保护策略、掌握竞争对手技术研发方向、评估自身核心技术攻防状态，等等。

3 虚拟化技术竞争态势的分析框架

虚拟化技术主要分为 3 类：①针对计算机和操作系统的平台虚拟化（platform virtualization）；②针对内存、存储、网络资源等特定的系统资源虚拟化（resource virtualization）；③包括仿真、模拟、解释技术等的应用程序虚拟化（application virtualization）[15-16]。C. Straehey 于 1959 年发表的《大型高速计算机中的时间共享》[17]首次提出了虚拟化的基本概念，IBM 公司在 1965 年开发了第一台虚拟机——System/360 Model 40 VM，当前虚拟化技术的研究和应用都已经取得了长足的发展。对全球虚拟化技术的专利年申请量、专利地域分布、权利人排名进行分析，才能够从宏观层面了解全球虚拟化技术的竞争背景。另外，为了给后文的华为虚拟化技术提供分析框架，本节试对中国虚拟化技术的权利人排名进行分析。

3.1 全球虚拟化技术专利年申请量

最早的虚拟技术专利申请是 1968 年；在 1968 – 1972 年的 4 年里，全球虚拟化技术专利每年申请数量不超过 100 件，属于虚拟化技术的萌芽期，而虚拟化技术的概念于 1959 年才被提出；1973 – 1989 年的 16 年中，虚拟化技术专利的年申请数量增长非常缓慢，但是专利的年申请量维持在 100 – 1 000 件之间，属于虚拟化技术的平稳增长期；1989 – 2012 年的 23 年间，虚拟化技术专利的年申请量极速增长，于 2012 年达到峰值（10 513 件）。如图 2 所示：

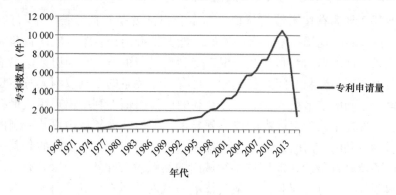

图 2　全球虚拟化技术专利年申请量变化趋势

需要说明的是，该图的有效数据段是 1968 – 2013 年，因为专利申请后须 18 个月才予以公开导致数据不完整，故 2014 年至今的检索数据尚不完整，因此无法进行准确统计分析，故虽然图 2 中 2014 年至今呈现急速下降趋势，但并不能说明虚拟化技术专利在这个时间段内急剧减少。总体上，全球虚拟化技术专利申请数量呈逐年递增趋势。

3.2 全球虚拟化技术专利地域分布

在 Innography 系统中以"abstract, claims & title"作为检索入口，构建虚拟化技术的检索式，以 2015 年 9 月 18 日为截止日进行检索，根据 Organization 筛选项进行权利人排名，选取了虚拟化技术专利数量全球排名 TOP 100 的权利人（企业），并对其按国别进行统计排名（见表 1）。从表 1 呈现的数据来看，虚拟化技术专利数量进入全球 TOP 100 的权利人（企业）主要分布在 13 个国家和地区，即美国（39 家）、日本（20 家）、德国（11 家）、中国（9家）、法国（6 家）、韩国（4 家）、中国台湾地区（4 家）、瑞士（2 家）以及英国（1 家）、荷兰（1 家）、加拿大（1 家）、瑞典（1 家）、芬兰（1 家）。按照数量层级可分为 3 个梯队：第一梯队，包括美国、日本、德国三国，这 3个国家均为创新型大国，其中虚拟化技术专利权利人（企业）数量位居第一名的美国是第二名的日本的 1.95 倍，且是第三名德国的 3.55 倍，足以说明美国在该领域中的领先、主导地位；第二梯队，包括中国、法国、韩国、瑞士四国和中国台湾地区，其中虚拟化技术专利权利人（企业）数量位居第四名的中国是第八名的瑞士的 4.5 倍，这一梯队的虚拟化技术专利权利人（企业）数量均未突破 10 家，但中国台湾地区在这一梯队中值得特别注意；第三梯队，包括：荷兰、加拿大、英国、瑞典、芬兰五国，这一梯队的虚拟化技术专利权利人（企业）均为 1 家。按照大洲来分：美国、加拿大所代表的美洲共计 40 家，日本、中国、韩国、中国台湾地区所代表的亚洲共计 37 家，德国、法国、英国、荷兰、瑞典、瑞士、芬兰所代表的欧洲共计 23 家。

表 1　全球虚拟化技术专利数量 TOP 100 的权利人（企业）分布

排名	国家和地区	虚拟化技术专利数量全球 TOP100 的企业数（家）
1	美国	39
2	日本	20
3	德国	11
4	中国	9
5	法国	6
6	韩国	4
7	中国台湾地区	4

排名	国家和地区	虚拟化技术专利数量全球 TOP100 的企业数（家）
8	瑞士	2
9	荷兰	1
10	加拿大	1
11	瑞典	1
12	英国	1
13	芬兰	1

由此可推知，全球虚拟化技术主要分布在北美州、亚洲、欧洲 3 个地区，亚洲虚拟化技术的专利数量虽然超过了欧洲，但却排在美国之后，而且当前的虚拟化技术主要被美国、日本、德国三国所掌握。

3.3 全球虚拟化技术的权利人排名

表 2 为虚拟化技术专利数量全球 TOP 50 的权利人及其虚拟化技术专利数量分布，排名第一的 IBM 比排名第二的微软在虚拟化技术专利数量上多出一倍多，而分别排名第二、第三和第四的微软、日立、因特尔的专利数量相对接近，说明 IBM 在虚拟化技术领域内占绝对优势地位。全球虚拟化技术专利数量 TOP 50 的权利人中，有 23 家权利人属于美国企业，即 IBM、微软、因特尔、甲骨文、易安信、惠普、思科、红帽、思杰、Net App、安华高、亚马逊、戴尔、苹果、赛门铁克、Alphabet、高通、AT&T（American Telephone & Telegraph）、SAP SE、Pfizr、IVM（Intellectual Ventures Management）、Telec（Electronics And Telecommunications Research Institute）、AMD（Advanced Micro Devices），占比 46%；权利人中有 11 家属于日本企业，即日立、富士通、NEC、松下、东芝、索尼、三菱、佳能、丰田、理光、Nippon Teleg &Telep，占比 22%；有 4 家是中国企业，即华为、联想、中兴、Unisys，占比 8%；有 3 家属于韩国企业，即三星、LG、SK，占比 6%；有 3 家属于德国企业，即西门子、博世、Zeppenli Gmbh，占比 6%；有 2 家权利人属于法国企业，即 Technicolor、阿尔卡特朗讯，占比 4%；飞利浦、诺基亚、黑莓、爱立信是分别属于荷兰、芬兰、加拿大、瑞典的企业，各自占比 2%。其中，值得注意的是中国企业华为，其虚拟化技术专利数量在全球位居第十名，虽然其虚拟化技术专利数量仅为 IBM 的 0.185，但也在一定程度上体现了华为在国际上的虚拟化技术领域内占有不可忽视的地位。具体如表 2 所示：

表 2 全球虚拟化技术专利数量 TOP50 的权利人（企业）

排名	权利人	专利数量（件）	排名	权利人	专利数量（件）
1	IBM	8 851	2	微软	4 275
3	日立	4 050	4	因特尔	3 437
5	甲骨文	3 005	6	易安信	2 469
7	惠普	2 460	8	富士通	2 317
9	NEC	1 935	10	华为	1 640
11	松下	1 451	12	三星	1 174
13	西门子	1 102	14	思科	1 060
15	东芝	923	16	红帽	918
17	思杰	836	18	索尼	819
19	Net App	807	20	联想	708
21	赛门铁克	684	22	亚马逊	673
23	三菱	646	24	飞利浦	617
25	佳能	600	26	Elec & Telec	600
27	IVM	593	28	戴尔	552
29	博世	539	30	爱立信	508
31	高通	502	32	Nippon Teleg &Telep	489
33	阿尔卡特朗讯	496	34	SAP SE	481
35	中兴	472	36	LG	455
37	Alphabet	438	38	诺基亚	414
39	理光	413	40	丰田	392
41	SK	363	41	安华高	340
43	Zeppelin GmbH	329	44	AT&T	322
45	AMD	320	46	苹果	312
47	Unisys	307	48	Pfizer	304
49	黑莓	300	50	Technicolor	296

3.4 中国虚拟化技术的权利人排名

图 3 呈现了中国虚拟化技术专利数量 TOP 10 的权利人（企业、高校）分别为：华为、联想、中兴、华三通信、北京航空航天大学、浪潮、北京大学、华中科技大学、浙江大学、清华大学。从权利人属性来看，中国虚拟化技术研发的主体以企业和大学为主：华为表现最为突出，拥有虚拟化技术专利 1 640 件，其次是联想、中兴、华三通信，分别拥有虚拟化技术专利 708 件、472 件和 201 件；另外，北京航空航天大学、北京大学、华中科技大学和浙江大学等高校也形成了一定的虚拟化技术产出能力。

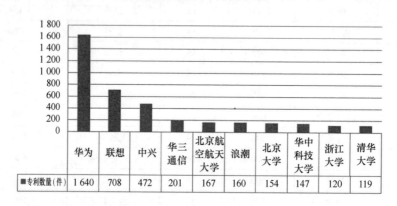

图 3 中国虚拟化技术专利数量 TOP10 的权利人（企业、高校）

Innography 的专利权人综合实力分布气泡分析图能直观体现专利权人之间的技术差距和综合经济实力。如图 4 所示：

从图 4 可以看出：华为气泡最大、最靠右、最靠上，说明其虚拟化技术专利数量最多，且在虚拟化技术领域的综合技术能力最强，其综合经济实力亦非常强；联想的气泡虽然比华为小，但是位置紧靠华为，说明其专利数量较多，虚拟化技术领域的综合技术较强，综合经济实力也较强；中兴的气泡大小第三、位置居中，说明其经济实力与华为和联想相比稍弱，同时其虚拟化技术专利数量及其综合技术强度都不如华为和联想；其余的公司或高校气泡都不大且位置靠下，说明其经济实力和虚拟化技术实力与华为、联想和中兴相比存在较大差距。需要说明的是：由于系统的不完善与不稳定，该图的有效数据仅涉及 7 家企业或高校，因为在 Innography 系统中尚无华三通信、清华大学、浙江大学的相关数据。

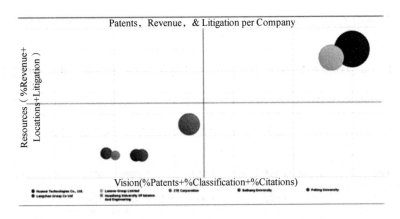

注：图中气泡大小代表专利数量多少，横坐标与专利比重、专利分类、引用情况相关，横坐标越靠右说明专利权人的专利技术性越强；纵坐标与专利权人的收入高低、专利国家分布、专利涉案情况有关，纵坐标越靠上说明专利权人经济实力越强

图 4　中国虚拟化技术专利数量 TOP10 的权利人综合实力分布

4　基于专利引证的虚拟化技术竞争态势

前文对全球虚拟化技术背景的分析，勾勒出中国虚拟化技术发展当前所处的宏观场景，将中国置于全球虚拟化技术发展的格局中，才能在总体上了解中国虚拟化技术水平。因而，在国际竞争大背景下，将对全球虚拟化技术的专利引证情况、技术领域 IPC 分类进行量化分析，并以华为作为重点研究对象分析其虚拟化技术的专利引证情况、向后引证的技术 IPC 分类、向前引证的发明人分布，从而进一步了解中国虚拟化技术发展的态势。向后引证（backward citation）是指目标专利所引用其他专利作为参考，即为开始专利的所有引证；向前引证（forward citation）是指目标专利被其他专利所引用作为参考，即为所有引证开始专利的专利。在 Innography 中，通过提取开始专利集并搜索所有引证专利（向后引证）、所有引证这些专利的专利（向前引证）或同时进行以上两项操作（前＋后引证），按以下步骤操作：①导航至专利集分析菜单，再查找欲分析的专利集（可在列表页面或项目中查找），接着单击分析按钮"analyze"进入列表页面；②在列表页面分析标准字段中，单击后引证、前引证或前＋后引证。在获取的结果集中排除开始专利，因此结果仅为向后引证（向前引证或前后引证）[18]。

4.1　全球虚拟化技术专利引证情况

向后引证专利提供的信息越丰富，其被引用的概率就越高。对于权利人而言，其被引的专利数量越多，说明该权利人的专利在整体上更具有质量。具体如表 3 所示：

表3　TOP10 目标权利人向后引证的虚拟化技术专利 TOP10 的权利人的专利数（企业）

（单位：件）

权利人 ＼ 目标权利人专利数量	IBM	微软	日立	因特尔	甲骨文	易安信	富士通	惠普	NEC	华为
IBM	10 680	3 295	952	1 263	2 119	1 296	377	1 258	185	165
微软	2 351	4 992	151	1 009	801	762	134	465	78	73
日立	1 948	404	3 584	240	224	474	675	264	120	53
因特尔	2 036	1 172	199	2 504	456	425	48	458	56	51
甲骨文	582	375			590					
易安信	687	307	492		160	848		188		
富士通			390			158	446	116	164	39
惠普	2 061	1 292	395	775	688	548	46	1 152	64	
NEC			178				204		315	
华为										265
Sun	1 948	1 054	138	536	1 687	328	74	325		34
思科	590			148	184	240		112		78
Vmvare	558	325		178		555	73	98		43
Macafee				578						
苹果					160					
中兴										51
谷歌		304								
赛门铁克				138						
东芝								77	56	
三菱									43	
Net App			148						42	

注：此表横向表示的是全球虚拟化技术专利数量 TOP 10 的目标权利人，纵向表示的是目标权利人向后引证的虚拟化技术专利中 TOP10 的权利人，表中的数字代表的是 TOP10 的专利数

60

表 3 是对虚拟化技术领域 TOP10 的目标权利人（企业）的所有专利的向后引证 TOP10 的权利人的专利数进行统计的结果，考虑到样本数据量与文章篇幅的问题，根据表 3 所示的方法对虚拟化技术领域 TOP 的目标权利人（企业）的所有专利的向后引证 TOP10 的权利人的专利数进行了统计，形成表 4。在表 4 中呈现了微软、IBM、因特尔、日立、Sun、惠普、思科、Vmvare、富士通、易安信、三星、东芝、NEC、苹果、谷歌、甲骨文、三菱、LG、红帽、索尼、Net App 这 21 家企业在虚拟化技术领域的地位。结合表 3、表 4 可知：IBM、微软、因特尔、Sun、日立、惠普等是向后引证专利的主要权利人，是虚拟技术领域的开拓者，虚拟化技术领域的基础专利主要集中于这些企业，同时也说明了这些企业的虚拟化技术专利质量非常高。

表 4　TOP50 目标权利人向后引证的虚拟化技术专利 TOP10 的权利人频次

权利人	频次	权利人	频次	权利人	频次
微软	47	IBM	46	因特尔	42
日立	41	Sun	40	惠普	31
思科	21	Vmvare	21	富士通	19
易安信	12	三星	12	东芝	11
NEC	11	苹果	10	谷歌	10
甲骨文	7	三菱	7	LG	7
红帽	7	索尼	6	Net App	5

需要说明的是：如表 2，本文选取全球虚拟化技术专利数量 TOP50 的企业作为总体研究样本，在实际的样本分析时也按照表 3 的模式做了全部列举分析，但考虑到篇幅问题，在文中不便像表 3 那样全部列举出来，因此在实际的样本分析表中统计了 TOP50 中每个目标权利人的所有专利向后引证的 TOP10 权利人，再按照其出现的频次列举"TOP50 目标权利人向后引证的虚拟化技术专利 TOP10 的权利人频次"。鉴于频次低于 5 对结果的影响可以忽略，故只取频次为 5（含 5）以上的数据，形成表 4，以此表结合表 3 说明该领域的向后引证关系。例如，表 4 中微软频次为 47，说明在 TOP50 中有 47 个目标权利人都向后引证了微软专利；再如，表 4 中 Net App 频次为 5，说明在 TOP50 中仅有 5 个目标权利人都向后引证了 Net App 的专利。

表 5　TOP10 目标权利人向前引证的虚拟化技术专利 TOP10 的权利人的专利数

（单位：件）

权利人 ＼ 目标权利人专利数量	IBM	微软	日立	因特尔	甲骨文	易安信	富士通	惠普	NEC	华为
IBM	9 904	2 809	1 446	1 987	3 742	2 287	739	2 229	452	169
微软	2 944	3 629	294	1 198	1 934	906	162	949	117	33
日立	1 010		2 680		468	930	358	571	255	
因特尔	1 133	641	144	2 164	847	549	392	838	71	
甲骨文	1 077	542			1 059			355		
易安信		220				936	65	252		
富士通			635	213			406		203	
惠普	933	446	235	500	539	405	113	891	64	
NEC		329					79		278	
华为										308
Sun	1 196	522		479	1 567	314		578	206	
思科				388					53	52
Vmware	654	481	166	311		849	77		54	31
Mcafee				429						
苹果		335						281		
中兴										81
谷歌		371	133				77			
思杰			209							
红帽		320				10				
华三通信										38
SAP SE	820				445					
Commvault Systems	611				530	7		364		
Cleversafe				215						
Broadcom										37
Nicria										33
Tekelec										31

　　注：此表横向表示的是全球虚拟化技术专利数量 TOP 10 的目标权利人，纵向表示的是目标权利人向前引证的虚拟化技术专利中 TOP10 的权利人，表中的数字代表的是 TOP 10 的专利数

62

需要说明的是：如表 2，本文选取全球虚拟化技术专利数量 TOP 50 的企业作为总体研究样本，在实际的样本分析时也按照表 5 那样做了全部列举分析，但考虑到篇幅问题，在文中不便像表 5 那样全部列举出来，因此在实际的样本分析表中统计了 TOP 50 中每个目标权利人的所有专利向前引证的 TOP 10 权利人，再按照其出现的频次列举 "TOP 50 目标权利人向前引证的虚拟化技术专利 TOP 10 的权利人频次"。鉴于频次低于 5 以下对结果的影响可以忽略，故只取频次为 5 及以上的数据，形成表 6，以此表结合表 5 说明该领域的向前引证关系。例如，表 6 中 IBM 频次为 45，说明在 TOP 50 中有 45 个目标权利人都向前引证了 IBM 的专利；再如，表 6 中 LG 频次为 5，说明在 TOP 50 中仅有 5 个目标权利人都向前引证了 LG 的专利。

表 6　TOP 50 目标权利人向前引证的虚拟化技术专利 TOP10 的权利人频次

权利人	频次	权利人	频次	权利人	频次
IBM	45	微软	45	惠普	36
因特尔	28	日立	25	Vmvare	22
富士通	18	甲骨文	17	思科	16
Sun	14	谷歌	13	三星	12
易安信	11	思杰	10	红帽	10
苹果	9	SAP SE	7	Commvault Systems	7
亚马逊	7	Tekelec	5	LG	5

专利向前引证体现的是技术发展趋势以及权利人的研发创新能力。表 5 是对虚拟化技术领域 TOP 10 目标权利人（企业）的所有专利的向前引证 TOP 10 权利人的专利数进行统计的结果，考虑到样本数据量和文章篇幅的问题，根据表 5 所示方法对虚拟化技术领域 TOP 50 的目标权利人（企业）的所有专利的向前引证 TOP 10 的权利人的专利数进行了统计而形成表 6。在表 6 中，除了在表 4 向后引证中涉及的权利人微软、IBM、因特尔、日立、Sun、惠普、思科、Vmvare、富士通、易安信、三星、苹果、谷歌、甲骨文、LG、红帽之外，还有 SAP SE、Commvault Systems、思杰、亚马逊、Tekelec 等新进入向前引证 TOP 10 且频次大于 5 的企业。结合表 5、表 6 中可以看出：IBM、微软、惠普、因特尔、日立、Vmware 等是向前引证专利的主要权利人，说明这些企业积极吸纳虚拟化技术领域内的基础技术并进行拓展研究，进一步增强其在

虚拟化技术领域的地位。

专利强度是体现专利质量的一个重要指标，也是筛选核心专利的一个重要考量因素。专利强度的测量因素包括专利权利要求数量、引用先前技术文献数量、专利被引用次数、专利及专利申请案的家族、专利申请时程、专利年龄和专利诉讼等多个方面。选取虚拟化技术领域内专利强度为 90 - 100 的所有 6 460 项专利进行权利人排名，其中 TOP 20 的权利人见图 5。其中，甲骨文专利共有 572 件，占比 8.9%，微软专利 455 件，占比 7.0%，IBM 专利 442 件，占比 6.8%，因特尔专利 339 件，占比 5.2%，EMC 专利 271 件，占比 4.2%，NetApp 专利 245 件，占比 3.8%，可以看出，图 5 中所示企业拥有较多质量较高的虚拟化技术专利，也在一定程度上反映了各自的竞争优势。

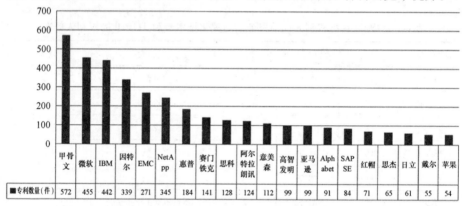

图 5　虚拟化技术领域专利强度（90 - 100）专利权利人分布（TOP 20）

对比表 3 -6 并结合图 5 进行分析可知：

（1）IBM、微软、因特尔和惠普是虚拟化技术领域内的领导者。因为其专利质量都位于行业前列，并远高于其他企业，而且积极进行研发创新活动。另外，这些权利人的虚拟化技术专利之间互相引用，说明它们是虚拟化技术领域内的主要竞争者。

（2）SAP SE、Commvault Systems、思杰、亚马逊、Tekelec 等是虚拟化技术领域内的新兴竞争者。因为在表 4 中，SAP SE、Commvault Systems、思杰、亚马逊、Tekelec 不是频次超过 5 的权利人，说明其在虚拟化技术领域内的基础专利并不多；但是在表 6 中，它们成为了频次大于 5 的公司，说明其各自对他人的虚拟化技术专利积极引用、研发创新。此外，根据图 5 专利强度在 90 -100 的虚拟化专利权利人分布来看，亚马逊、思杰和 SAP SE 位列 TOP 20 之前，说明其专利质量具有了一定优势，因此这些公司具有潜在的竞争力。

（3）华为向后引证和向前引证的权利人中，中兴是华为不可忽视的竞争对手，而且两家企业都属于中国企业，相互之间存在很强的竞争关系，不可忽视；华三通信、Broadcom、Nicria、Tekelec 对华为技术的跟踪非常紧密。对于华为而言，一方面需要高度重视这些企业在虚拟化技术领域的专利技术，及时进行专利布局，以防被专利包围；另一方面可以考虑与这些公司的相关专利技术进行交叉许可，谋求共赢，甚至可以引进具有较强研发能力的发明人。

表 7   目标权利人向后引证的技术领域 IPC 分类

IPC ＼ 目标权利人排名	IBM	微软	日立	因特尔	甲骨文	易安信	富士通	惠普	NEC	华为
G06F09	1	1	3	1	1	1	1	1	1	2
G06F12	2	2	1	2	2	2	2	2	2	5
G06F15	3	4	6	4	4	3	4	4	3	3
G06F11	4	5	5	6	5	4	5	3	4	6
G06F17	5	3	7	9	3	5	9	7	9	8
G06F13	6	9	4	8	8	8	6	8	6	9
G06F03	7	6	2		7	7	3	5	7	7
G06F21	10	10	10	3			10	10	10	
H04L12	8	8	8	7	6	6	7	6	5	1
G06F01	9	7	9	5	10	10	8	9	8	
G06F07						9				
H04L29					9					4
H04L09				10						10

注：此表横向表示的是全球虚拟化技术专利数量 TOP 10 的目标权利人，纵向表示的是目标权利人向后引证的虚拟化技术专利中 TOP 10 的 IPC，表中的数字代表的是排名。其中，下划线标记表示优势技术领域；底纹标记为虚拟化技术主要领域的 IPC 分布

表 8　目标权利人向前引证的技术领域 IPC 分类

IPC ＼ 目标权利人排名	IBM	微软	日立	因特尔	甲骨文	易安信	富士通	惠普	NEC	华为
G06F09	1	1	1	1		1	1	1	1	2
G06F12	2	4	2	2	2	2	2	2	2	1
G06F15	3	2	4	3	1	3	3	3	3	4
G06F11	5	6	5	5	5	5	5	4	4	7
G06F17	4	3	7	7	3	4	7	6	8	8
G06F13	7		6	8	8	6	8	7	6	6
G06F03	6	5	3	10	6	6	4	8	7	6
G06F21		7		4	7	10	9	10	9	
H04L12	8	10	8	9	4	7	8	8	5	5
G06F01		10							10	
G06F07	9	8	9		7	9	9			
H04L29	10	9		8	9		10			3
H04W04										10

注：此表横向表示的是全球虚拟化技术专利数量 TOP 10 的目标权利人，纵向表示的是目标权利人向前引证的虚拟化技术专利中 TOP 10 的 IPC，表中的数字代表的是排名。其中，底纹标记为虚拟化技术主要领域的 IPC 分布

4.2　全球虚拟化技术领域 IPC 分类

根据表 7 的数据来看，目标权利人向后引证专利主要体现的是企业的技术领域，对比 10 个目标权利人（企业）可以发现各企业的技术优势领域。以日立为例，日立虚拟化专利的向后引证在 IPC 的 G06F03 中排名第二，除富士通（排名第三）与之接近外，其他企业在 G06F03 中的排名都比较靠后，甚至没有进入前 10，故可以判断为其在 G06F03 具有较大优势；虽然日立虚拟化专利的向后引证在 IPC 中排名第一的是 G06F12，但是其他企业在 G06F12 也是排名第一或第二，所以可以判断 G06F12 是虚拟化技术的基础技术，不是日立的技术优势。同理，微软在 G06F17 技术领域占优势，因特尔在 G06F21、H04L09 和 G06F01 技术领域占优势，甲骨文在 H04L29 和 G06F17 技术领域占

优势，易安信在 G06F07 技术领域占绝对优势，富士通在 G06F03 技术领域占较大优势，惠普在 G06F11 技术领域占较小优势，NEC 在 H04L12 技术领域占相对优势，华为在 H04L12、H04L29、H04L09 技术领域占较大优势。其中，IBM、微软、日立、富士通、惠普、NEC 在 IPC 中的 TOP10 技术领域都是一样的，只是各自的具体排名不一样，说明这 6 家企业的基础技术综合实力优势突出，除 IBM 以外的 5 家企业都形成了自身新的技术优势领域，而 IBM 仍然只维持着基础技术的优势。需说明的是，虽然专利前引能够在一定程度上反映技术优势，但是因其具有不确定性，不宜做技术优势分析。这种不确定性主要体现在两个方面：①前引的专利有可能继续增加，这是动态变化的过程而导致的不确定性；②因专利检索能力、检索范围或引用意图等因素而导致某技术未被前引，这是个体差异带来的不确定性。故此处并未使用表 8 的数据来进行技术领域优势分析。

通过对表 7 与表 8 进行对比，可以发现虚拟化技术主要领域的 IPC 分布为 G06F09、G06F12、G06F15、G06F11、G06F17、G06F13、G06F03、H04L12。另外，还能进一步挖掘某一类技术在后续发展中的趋势。比如，以 G06F07 为例：在向后引证的 IPC 中，G06F07 只出现在易安信虚拟化专利向后引证 TOP10 的 IPC 中，而在向前引证 IPC 中，G06F07 出现在 IBM、微软、日立、甲骨文、易安信、惠普 6 家企业的虚拟化专利向前引证 TOP10 的 IPC 中，这也就体现了 G06F07 在虚拟化技术领域越来越被重视。循着这一思路可知，虚拟化技术的主要领域在 IPC 的分布没有很大变化，但是能够明显看出 G06F07 和 H04L29、H04W04 的研发力度日渐增强，而 G06F01、H04L09 的研发力度日渐减弱。虚拟化技术主要领域的 IPC 内容对照见表 9。

表 9 虚拟化技术主要领域的 IPC 内容对照

分类号	内　容
G06F12	在存储器系统或体系结构内的存取、寻址或分配
G06F15	通用数字计算机、通用数据处理设备
G06F11	错误检测，错误校正，监控
G06F17	特别适用于特定功能的数字计算设备、数据处理设备或数据处理方法
G06F03	用于将所要处理的数据转变成为计算机能够处理的形式的输入装置；用于将数据从处理机传送到输出设备的输出装置，例如接口装置
H04L12	数据交换网络
G06F13	信息或其他信号在存储器、输入/输出设备或者中央处理机之间的互连或传送

分类号	内　　容
G06F07	不包括在 G06F 3/00 至 G06F 13/00 和 G06F 21/00 各组的数据处理设备的零部件
G06F01	数据处理设备的零部件
G06F21	防止未授权行为的保护计算机及其部件、程序或数据的安全装置
H04L29	装置、设备、电路和系统等
H04W04	专门适用于无线通信网络的业务或设施
G06F09	程序控制装置，例如控制器

4.3 华为虚拟化技术专利引证情况

华为作为中国唯一位列虚拟化技术专利全球 TOP10 的公司，以其作为中国虚拟化技术的重点研究对象，能够了解中国企业在虚拟化技术领域的大致情况，以便为中国虚拟化技术企业指明发展方向。

通过 Innography 系统进行检索，可知华为目前拥有虚拟化技术专利共 1 640 件，其向后引证和向前引证权利人分布见表 10。该表直观地反映了华为的高自引率，说明其在虚拟化技术领域开发了较多的基础专利，并且积极进行专利研发与挖掘；也说明华为对虚拟化技术极为重视，其在基础专利上做了很多的后续研发，并通过申请外围专利等方式进行专利布局，保持了其在该技术领域的优势地位。从竞争对手的维度来看：IBM、中兴、思科、微软、Vmware 是华为的主要竞争对手，从上文可知主要竞争对手中的 IBM 和微软是虚拟化技术领域的领导者，因而对华为而言，更需要的是向 IBM 和微软学习，在相关虚拟化技术领域做到"知己知彼"。

表 10　华为虚拟化技术专利向后引证/向前引证的权利人（企业）分布

排名	向后引证的权利人	专利数量（件）	向前引证的权利人	专利数量（件）
1	华为	265	华为	308
2	IBM	165	IBM	169
3	思科	78	中兴	81
4	微软	73	思科	52
5	日立	53	华三通信	38

排名	向后引证的权利人	专利数量（件）	向前引证的权利人	专利数量（件）
6	因特尔	51	博科	37
7	中兴	51	微软	33
8	Vmware	43	Nicria	33
9	富士通	39	Vmware	31
10	Sun	34	Tekelec	31

4.4 华为虚拟化技术向后引证的技术 IPC 分类

华为的虚拟化技术专利主要集中在 H04L12（占比 27%）、G06F09（占比 24%）、G06F15（占比 11%）、H04L29（占比 10%）等领域（见图 6）；从表 7 中可知，与全球虚拟化技术专利数量 TOP 10 中的其前 9 名相比，华为突出的技术优势领域为 H04L12、H04L29、H04L09。结合和这两组数据可以推知：H04L12、H04L29 可能是华为的传统核心技术，而 G06F09、G06F15、H04L09 可能是新研发的技术。

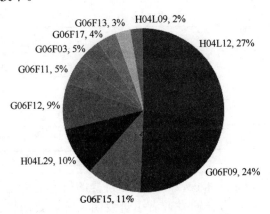

图 6 华为向后引证的技术领域 IPC 分布

4.5 华为虚拟化技术向前引证的发明人分布

表 11 的数据表明，华为虚拟化技术向前引证专利数 TOP10 的发明人中，5 个发明人属于 IBM 公司，3 个属于 Nicira 公司，2 个属于博科公司。该表中

直观体现的是虚拟化技术发明人个体专利数以及其所属权利人，比如 D. R. Leu 一个人的虚拟化技术专利为 30 件，属于 IBM 公司。从该表中可以看出，IBM 公司虚拟化技术的发明人个体专利数最高为 30 件，Nicira 公司、博科公司的发明人个体专利数最高分别为 25 件、19 件。通过 Innography 系统检索可知华为虚拟化专利向前引证中属于华为的发明人有 566 个，如表 10 所示其向前引证专利数共计 308 件，因而华为专利发明人的人均申请量仅为 0.54，而通过 Innography 检索可知在这些专利发明人中 R. Sultan 以 9 件虚拟化技术专利发明位居发明人个体虚拟化技术专利总数第一。但是，其虚拟化技术专利数量最多的单个发明人 R. Sultan 并不能跻身该表的 TOP10。相比之下，个体创新能力不足从侧面说明了华为的整体技术创新竞争力能力有待加强。

表 11 华为虚拟化技术向前引证专利数 TOP10 的发明人分布

发明人	发明人的专利数量（件）	所属权利人（企业）
D. R. Leu	30	IBM
T. Koponen	25	Nicira
M. Casado	21	Nicira
V. Pandey	20	IBM
S. Vobbilisetty	19	博科
K. Kamble	17	IBM
D. Kamath	17	IBM
M. E. Kanode	16	Nicira
J. Kidambi	16	IBM
P. Koganti	16	博科

对于一个创新型企业来说，除了依靠自身的研发能力之外，还可以通过专利许可、企业并购、合作研发或者引进发明人等方式增强企业的技术创新的竞争力。这也提醒我国企业，在收购专利受到的限制太多时，可以从挖掘专利发明人入手，通过引进专利发明人间接提高"增量专利"数量，或者通过与这些公司合作研发来增强企业自身的技术实力。

5 结论

总体上，全球化虚拟化技术一直呈逐步递增趋势，美国和中国分别位居全球虚拟化技术专利数量 TOP100 企业排名的第一和第四，中国仅华为跻身全球虚拟化技术专利数量 TOP10 的第十名，体现了华为在全球虚拟化技术领域内占有不可忽视的地位。虚拟化技术专利数量进入全球 TOP100 的权利人（企业）主要分布在北美洲、亚洲、欧洲的 13 个国家和地区，亚洲虚拟化技术的专利数量虽然超过了欧洲，但却排在美国之后。当前全球的虚拟化技术主要被美国、日本、德国三国所掌控，其中美国占主导地位。

IBM、微软、因特尔、Sun、日立、惠普是虚拟技术领域的开拓者，其中 IBM、微软、因特尔和惠普成为虚拟化技术领域内的领导者；Sap Se、Commvault Systems、思杰、亚马逊、Tekelecs 是虚拟化技术领域内的新兴竞争者，其中亚马逊、思杰和 SAP SE 具有潜在竞争力。虚拟化技术主要领域的 IPC 分布为 G06F09、G06F12、G06F15、G06F11、G06F17、G06F13、G06F03、H04L12。微软在 G06F17 技术领域占优势，日立在 G06F03 技术领域占较大优势，因特尔在 G06F21、H04L09 和 G06F01 技术领域占优势，甲骨文在 H04L29 和 G06F17 技术领域占优势，易安信在 G06F07 技术领域占绝对优势，富士通在 G06F03 技术领域占较大优势，惠普在 G06F11 技术领域占较小优势，NEC 在 H04L12 技术领域占相对优势，华为在 H04L12、H04L29、H04L09 技术领域占较大优势。虚拟化技术的主要领域在 IPC 的分布没有很大变化，但 G06F07 和 H04L29、H04W04 的研发力度日渐加大，而 G06F01、H04L09 的研发力度日渐式微。IBM、微软、因特尔、惠普、Vmware、Sun 等公司积极吸纳虚拟化技术领域内的基础技术并进行拓展研究，进一步增强了其在虚拟化技术领域的地位。

中国虚拟化技术专利数量 TOP10 的权利人以企业和大学为主。其中华为对虚拟化技术极为重视，其虚拟化技术专利申请数量最多，且在虚拟化技术领域的综合技术最强，并在基础专利上做了很多后续研发，通过申请外围专利等方式进行专利布局，保持了其在该技术领域的优势地位。华为的虚拟化技术专利主要集中在 H04L12、G06F09、G06F15、H04L29 等领域，其突出的技术优势领域为 H04L12、H04L29、H04L09。其中，H04L12、H04L29 可能是华为的传统核心技术，而 G06F09、G06F15、H04L09 可能是新研发的技术。华为的主要竞争对手为 IBM、中兴、思科、微软、Vmware，而华三通信、Broadcom、Nicria、Tekelec 对华为技术的跟踪非常紧密。

参考文献：

［1］ 彭爱东. 基于同被引分析的专利分类方法及相关问题探讨［J］. 情报科学，2008
（11）：1676－1679，1684.

［2］ 孙涛涛, 刘云. 基于专利耦合的企业技术竞争情报分析［J］. 科研管理, 2011 (9): 140 – 146, 156.

［3］ 刘桂锋, 王秀红. 基于专利地图的薄膜太阳能领域专利引证分析［J］. 科技管理研究, 2012 (14): 197 – 201.

［4］ 李伟, 刘红光. 国外混合动力汽车领域专利引证分析［J］. 情报杂志, 2011 (9): 6 – 13.

［5］ 安宁, 刘娅. 基于专利引证的我国医药技术领域知识流入研究［J］. 科技管理研究, 2010 (18): 168 – 172.

［6］ 武晓岛, 于鹏, 谢学军. 透过专利看微处理器的技术发展 (三) ——预译码技术专利引证分析［J］. 中国集成电路, 2009 (3): 84 – 88.

［7］ 唐小利, 孙涛涛. 运用专利引证开展技术热点监测的实证研究［J］. 图书情报工作, 2011, 55 (20): 77 – 81.

［8］ 许琦, 顾新建. 基于马尔可夫链的专利产业化概率模型: 专利引证的视角［J］. 科研管理, 2015 (6): 10 – 19.

［9］ 潘颖. 基于专利引证强度的关键技术发展路径研究［J］. 情报理论与实践, 2014 (12): 71 – 75.

［10］ 罗式胜. 引证分析中某些术语在用法上所产生的偏差［J］. 情报科学, 1987, 8 (2): 71, 6.

［11］ Seidel A. A citation system for patent office［J］. Journal of the Patent Office Society, 1949, 31 (9): 714 – 718.

［12］ 缪其浩. 加菲尔德和引文索引［J］. 情报科学, 1981 (1): 77 – 81.

［13］ Price D. Networks of scientific paper［J］. Science, 1965, 149 (3683): 510 – 515.

［14］ 赵黎明, 高杨, 韩宇. 专利引文分析在知识转移机制研究中的应用［J］. 科学学研究, 2002 (3): 297 – 300.

［15］ Virtualization - Wikipedia, the free encyclopedia［EB/OL］. ［2015 – 09 – 12］. https://en.wikipedia.org/wiki/Virtualization#cite_ note-IowaState-1.

［16］ 虚拟化技术漫谈［EB/OL］. ［2015 – 09 – 12］. http://www.ibm.com/developerworks/cn/linux/l-cn-vt/#resources

［17］ 陈建勋. 虚拟化进入应用时代［J］. 软件世界, 2008 (11): 43.

［18］ Analyze citations［EB/OL］. ［2015 – 09 – 12］. http://education.innography.com/zh-cn/analyze-citations.

作者贡献说明:

周婷: 收集、整理虚拟化技术数据, 撰写实证分析部分和英文摘要;

文禹衡: 撰写基础理论部分, 修改论文的研究思路、框架和内容, 审阅并定稿。

作者简介：

周婷（ORCID：0000 – 0002 – 6488 – 0866），硕士研究生；文禹衡（OR-CID：0000 – 0001 – 9716 – 384X），博士研究生，通讯作者，E-mail：jsjmyh@163. com。

方　法　篇

识别核心专利的粗糙集理论模型*

1 引言

根据专利的价值及其重要性可以将其归纳为 4 个层次：一般专利、重要专利、关键专利和核心专利[1]。一般专利是指在结构、技巧等方面进行改进或提高的专利。重要专利是指那些较为独特的、能有效阻止他人非法使用的专利。关键专利是指能够代表某技术领域的关键技术的专利。核心专利是指在某技术领域拥有绝对话语权的数量极少而份量很重的专利。核心专利往往是核心技术的标志，通常都具备领域技术核心和产业经济核心两个显著特征，这些特征也是识别核心专利的主要依据。

核心专利识别方法是专利情报研究热点之一。其中，国外学者 M. B. Alberta 等[2]和 D. Harhoff 等[3]提出提出将专利被引频次作为确认企业重要专利的指标，专利施引计数越高，说明该发明创造是一项比较核心的技术；F. Yoshikane[4]等对专利自引次数和专利他引次数的专利引用关系进行分类，研究表明那些基于各种基础技术的专利往往是本技术领域的重要专利；Lee Changyong 等[5]考虑技术领域对核心专利识别的影响，构建了专利引文矩阵用于识别核心技术，并以显示技术为实证研究，研究表明上述专利引文分析方法可以用于专利评估并识别不同技术领域的核心技术；R. Bekkers 等[6]采用专利组合方法构建专利引文网络识别关键专利；S. Yasukawa[7]等提出专利前向引用次数可以作为分析专利潜在价值的指标；M. Karvonen[8]等利用专利引文和非专利引文两个指标评估技术的重要性，通过对射频识别领域的实证研究表明专利引文可以用于评估专利技术的重要性，从而评估产业的创新度；F. Schettino[9]等的研究也表明专利族大小可以反映发明的技术重要性；Su Fangpei[10]等提出利用同族专利构建专利家族优先权网络来寻求关键专利；

* 本文系国家社会科学基金项目"图书馆知识发现服务的功能定位和建设策略研究"（项目编号：14BTQ018）和江苏省哲学社会科学规划基金重点项目"数字环境下图书馆生态与服务变革研究"（项目编号：12TQA002）研究成果之一。

Ouyang Kuang 等[11]提出了产品设计过程中一种新的专利分析模型，即结合专利引文和同族专利分析，在产品设计过程中涉及 5 个阶段，其中一个阶段是通过建立行业基本专利家族成员，过滤同族专利，获得关键专利，研究结果表明这一分析模型提高了新产品设计的整体效率；T. Miyazawa 等[12]研究了不同技术阶段专利权利要求数量的变化，并以日本数码相机技术领域为实证研究，研究表明在技术萌芽阶段，专利的独立权利要求数量较多，这样能够覆盖一个较大的范围，在技术成熟阶段，独立权利要求所对应的从属权利要求数量较多，这样能够从不同层次来保护领先技术，打击竞争对手，这也预示着技术成熟、质量较高的专利权利要求数量往往往较多；R. Bekkers 等[13]提出核心专利是设计和制造产品时不可缺少的标准专利，并且权利要求是衡量核心专利的决定因素，并以 W－CDMA 移动通信标准为实证研究，研究表明权利要求数量在衡量专利价值和确定专利标准中起关键作用；F. Berger 等[14]研究发现必要专利的权利要求数量比普通专利的权利要求数量多，通过权利要求数量可以识别必要专利。

国内学者也开展了核心专利的相关研究。庞景安等[15]对国内外专利引文数据的发展进行研究与分析，指出通过专利引文，协助科研人员识别核心专利；彭爱东[16]指出施引专利计数反映了该专利的重要程度，高被引的专利往往专利许可的机会较大，通过专利被引频次可以找出某公司的重要专利；杨祖国等[17]阐述了高被引专利是指那些被引用次数很多的专利，通过高被引频次这一指标可以找出具有较大影响力及高价值的发明专利；王庆稳等[18]指出高频引用专利是该领域关键的核心技术；孙立冰[19]指出专利权人的同族专利具有较高的技术水平和经济价值，因此，通过同族专利的检索可以找出某一公司具有高技术水平和经济价值的专利；胡元佳等[20]构建专利价值评估模型，采用了引用次数、被引用次数、同族专利数和权利要求数等作为专利价值的评价指标，构建了综合专利价值指数，指数值越大，专利价值越大，通过该模型可以评估有价值的专利；李清海等[21]通过专利族大小可识别出重要专利；唐春[22]指出通过同族专利大小可识别有价值的专利。

此外，国内学者采用多指标识别核心专利，如王雷等[23]通过多指标识别 TD－SCDMA 系统的核心专利；韩志华[24]构建了核心专利综合评价指标体系，选取的表征核心指标较多，采用专家打分确定各指标权重；张娴等[25]从专利的技术、法律、经济角度出发，构建了专利文献价值评价模型，借助上述专利价值评价模型来识别核心专利；霍翠婷[26]对核心专利的定义进行了概述，并列举了核心专利的特征，构建了核心专利评价指标体系，选择多个能表征

78

企业核心专利的指标，通过主观分析法确定指标权重；孙涛涛等[27]对核心专利进行定义，采用专利被引频次、专利家族大小和专利权利要求数量3种方法来识别核心专利；罗天雨[28]构建了核心专利识别指标体系，同样采用专家打分法确定各指标权重，识别风力发电控制领域核心专利；袁润等[29]完善了核心专利的识别方法，构建了核心专利识别框架图，识别了风能领域的核心专利。

这些方法各具特点，有时需要综合运用多种方法，交叉印证识别结果，识别效率及其精准率一直是业内学者努力追求的目标。国内外大量研究文献表明，核心专利识别研究尚存在以下不足：①国外学者核心专利识别方法比较单一，未采用综合指标来识别核心专利；②国内部分学者采用综合指标识别核心专利，但指标体系中主观因素较为明显，多采用层次分析法或专家打分法确定指标权重；③国内学者所构建的核心专利识别的指标体系，未对其所选择的指标效力进行研究；④缺乏识别模型。为此，笔者[30]提出了核心专利综合指数（Composite Index of Core Patent，以下简称CICP）的概念，在已有研究[30]的基础上，继续采用综合指标识别核心专利，构建核心专利识别模型，在量化定义核心专利的基础上，采用客观方法，即粗糙集理论确定指标体系中各个指标的权重系数，精确计算CICP值，并按其大小倒序排列，从而识别核心专利。

粗糙集（rough set，RS）理论作为一种处理不精确（imprecise）、不一致（inconsistent）、不完整（incomplete）等各种不完备信息的有效工具，一方面得益于其数学基础成熟、不需要先验知识；另一方面得益于其具有易用性。根据粗糙集理论能够直接对数据进行分析和推理，从中发现隐含的知识，揭示潜在的规律，是一种天然的数据挖掘或知识发现方法。

2 核心专利识别的指标体系

专利信息的可计量指标较多，哪些指标有助于核心专利识别？国内外学者对此开展了大量研究工作。P. F. Burke[31]、D. Guellec[32]等学者认为发明人数量能够在一定程度上反映专利的技术质量，其理由是专利发明人数是参与完成发明创造的人数，专利发明人数越多，代表创造能力越强，完成发明创造所凝聚的科学力量越多，创新能力也越强，专利的技术质量有可能越高。

P. F. Burke[31]、D. Guellec[32]等学者还提出申请人数量能够反映专利的技术质量。专利权人是提交专利申请的人，可以是自然人或法人。专利申请人数越多，说明该专利合作的机构越多，凝聚的科学知识也越多，专利的技术价值也就有可能越高。

F. Narin[33]认为大量引用专利文献的专利有可能包含高质量技术。专利引用专利文献数指的是一件专利引用其他专利文献的篇数，该指标很大程度上决定了专利的改进程度。引用专利文献数越多，代表其改进越大。在众多专利文献基础上所做的改进越多，某种程度上反映了技术的先进性，也可能意味着专利的创造性高，专利的发明点多，专利技术质量高。

F. Narin[34]还认为引用的非专利文献数越多，说明科学研究对专利的贡献越多，与科学的关联度越高，专利的创新能力强的可能性越大，专利的技术质量越高。

施引专利次数指的是本专利被其他专利所引用的次数。施引专利次数越多，说明该专利对后续专利的研究做出了很大的贡献，在先专利对在后专利的技术创新具有参考价值。被引次数越多，说明其对越多的发明创造产生了影响，其技术有可能处于该领域的关键地位，甚至处于核心地位。Lee Changqong 等[5]考虑技术领域对核心专利识别的影响，构建了专利引文矩阵用于识别核心技术。

同族专利成员计数是指同一个专利在不同国家获取专利或提交专利申请的数量。同族专利成员数越多，专利成本越高，申请人更加愿意为经济价值高、技术质量高的发明这样做。同族专利成员计数的大小，反映出专利经济价值的大小，Ouyang Kuang 等[11]结合专利引文和同族专利分析识别关键专利。

专利权利要求书是代表专利所要求保护范围的法律文件，记载了专利的创新点。可以认为权利要求项目数越多，该专利的技术特征就越多，该专利的改进也越多，专利的创新能力也有可能越强。R. Bekkers 等[13]提出核心专利是设计和制造产品时不可缺少的标准专利，并且权利要求是衡量核心专利的决定因素。

同族专利国家/地区数越多，代表了该专利的市场价值越高。该指标和同族专利成员计数类似，申请人更愿意为了具有国际前沿水平，质量较高的专利在更多国家申请获得保护，这一指标可以用于遴选市场经济价值高的专利。

综合上述指标形成本文的核心专利识别指标体系，见表1。需说明的是，表征核心专利的指标很多，本文所选取的 8 个指标均为可计量指标，同时探讨了粗糙集理论在核心专利识别上的可行性及科学性，后续会引入更多指标开展核心专利识别研究。

3　核心专利综合指数及其计算方法

核心专利识别是一种专利情报分析方法，其本质是按照核心专利识别指标体系中的某一种指标或多种指标的加权组合对专利信息进行序化处理。

3.1 核心专利综合指数

一般地，核心专利识别就是通过排序的方式从 n 条具有 m 项专利指标的专利信息序列 P_{nm} 中寻找目标对象，可以按照 m 项专利指标中的某一项排序，还可以按照 m 项指标加权计算的结果排序。本文将这种加权计算值称为核心专利综合指数[30]，并定义：

表1 核心专利识别指标体系

指标	标识	含义
专利发明人数	C1	发明人数越多，专利研发投入的人力越多，专利质量越高
专利权人数	C2	专利申请人数越多，合作机构越多，合作开发的专利价值越高
专利引用非专利文献数	C3	专利引用非专利文献数越多，与科学的关联性越高
施引专利计数	C4	专利被后续专利引用次数越多，专利技术价值越高
专利引用专利文献数	C5	专利引用的专利文献数越多，表明对同类专利的改进越大，专利质量越高
同族专利成员计数	C6	同族专利数代表同一件专利寻求国际保护的国家数，同族专利数越多，说明此专利的专利质量越高
权利要求计数	C7	揭示技术保护范围大小，权利要求计数越多，专利技术保护范围越大
同族专利国家/地区数	C8	同族专利国家/地区越多，代表专利的经济市场越好，专利的经济价值越高

$$CICP = \sum_{k=1}^{m} \alpha_k \cdot \omega_k \tag{1}$$

其中 α 表示专利信息序列 P_{nm} 的某项指标值 a 的归一化值，即：

$$\alpha = \frac{a}{a_{max}} \tag{2}$$

ωk 是相应指标的权重系数，本文将通过粗糙集理论确定组合权重系数。

3.2 核心专利的量化定义

按照 CICP 计算值的大小倒序排列，可以得到一个新的序列，其曲线大致如图1所示。横坐标表示序号，纵坐标表示 CICP 值。CICP 曲线与坐标轴围成的面积是 $\sum_{i=1}^{n} CICP_i$。根据核心专利概念及其特征，一是数量极少的专利，二是份量很重的专利，用数学语言表达如公式（3）所示：

$$\sum_{i=1}^{r} CICP_i = (1 - \tau)^k \cdot \sum_{i=1}^{n} CICP_i \tag{3}$$

其中，τ 取值 0.618，$i = 1 \sim n$，$k = 1$，2，3。由 $k = 1$ 计算得到 r_1，这就将专利信息序列一分为二，右边区域为一般专利，左边区域（序号小于 r_1）为重要专利；由 $k = 2$ 计算得到 r_2，这又将重要专利一分为二，序号介于 $r_1 \sim r_2$ 之间的专利为重要专利，序号小于 r_2 的专利为关键专利；由 $k = 3$ 计算得到 r_3，序号介于 $r_2 \sim r_3$ 之间的专利为关键专利，序号小于 r_3 的专利为核心专利。

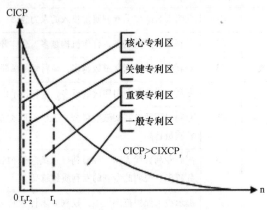

图1　核心专利定义示意

公式（3）中的常量 $\tau = 0.618$ 是黄金分割系数，表示一般专利与重要专利相比属于多数，关键专利更少，核心专利极少。这一取值带有主观性，虽不能从理论上证明，但符合二八定律的基本思想。

接下来，只要确定了权重系数，就可以计算 CICP 值，从而识别出专利信息序列 P_{nm} 中的核心专利集合。

3.3　基于粗糙集理论确定权重系数

指标定权方法大致分为依赖主观判断的主观赋值法和注重数据分析的客观赋值法[35]。层次分析法是情报分析中常用的主观赋值法，它用 1 - 9 之间的整数及其倒数表示每个指标之间重要性关系结构，通过构造判断矩阵来计算指标权重系数。粗糙集理论用一个四元组 $S = (U, A, V, f)$ 来描述一个知识系统，用该知识系统及其属性分别与评价对象及其指标对应关联[36]，通过属性和属性值来描述评价对象，最后通过粗糙集运算，来计算各指标权重。

82

具体操作步骤如下：

（1）构建决策表。将核心专利识别指标视为决策表的条件属性 $C = \{c_1, c_2, \cdots, c_m\}$，将核心专利综合指数 CICP 视为决策属性，则决策属性集 $D = \{cicp\}$。

（2）计算属性依赖度。若 $K = (U, B)$ 表示一个知识系统，且 P 和 Q 都是 B 的子集，则 Q 对 P 的依赖度表示为：

$$\alpha = \gamma_P(Q) = \frac{\text{pos}_P(Q)}{U}，且\ 0 \leqslant \alpha \leqslant 1 \tag{4}$$

计算决策属性 D 对条件属性 C 的依赖度：

$$\gamma_C(D) = \frac{|\text{pos}_C(D)|}{U} = \frac{\sum_{i=1}^{n} |\text{pos}_C(cicp_i)|}{U} \tag{5}$$

同时还需计算剔除某一属性 C_i 后，决策属性 D 对条件属性集 $C - c_i$ 的依赖度：

$$\gamma_{C-c_i}(D) = \frac{|\text{pos}_{C-c_i}(D)|}{|U|} = \frac{\sum_{i=1}^{n} |\text{pos}_{C-c_i}(cicp_i)|}{U} \tag{6}$$

（3）计算单个属性重要性。若 $c_i \subseteq C$，则 c_i 对决策属性 D 的重要性定义为：

$$\sigma_{CD}(c_i) = \gamma_C(D) - \gamma_{C-c_i}(D)，其中\ i = 1,2,\cdots,m \tag{7}$$

（4）归一化处理。通过归一化运算得出第 i 个条件属性的权重系数，即为所求权重：

$$\omega_i = \frac{\gamma_C(D) - \gamma_{C-c_i}(D)}{\sum_{i=1}^{m} [\gamma_C(D) - \gamma_{C-c_i}(D)]} \tag{8}$$

本文将主观赋值法和客观赋值法两种方法综合起来。设 ω_i 是通过两两比较优先矩阵计算得到的指标权重系数，ω_j 是将核心专利识别指标作为知识系统的属性，通过粗糙集运算计算得到的指标权重系数，ω_k 为两者的组合权重系数，则有：

$$\sum_{i=1}^{m} \omega_i = \sum_{j=1}^{m} \omega_j = \sum_{k=1}^{m} \omega_k = 1,$$

其中 $0 \leqslant \omega_i \leqslant 1, 0 \leqslant \omega_j \leqslant 1, 0 \leqslant \omega_k \leqslant 1, k = 1,2,\cdots,m$

建立最优化模型：

$$\min\left\{ \sum_{i=1}^{m} \left[\mu \left[\frac{1}{2} (\omega_k - \omega_i)^2 \right] + (1 - \mu) \left[\frac{1}{2} (\omega_k - \omega_j)^2 \right] \right] \right\} \tag{9}$$

最优化模型（9）在可行域 Ω 上有唯一解，其解为：

$$\omega_k = \mu\omega_i + (1-\mu)\omega_j, k = 1,2,\cdots,m \qquad (10)$$

ω_k 为综合权重，ω_i 为主观权重，ω_j 为客观权重，μ 为经验因子。当主客观权重确定的指标排序一致时，取 μ 为 0.5，当排序不一致时，则采用黄金分割数确定，$\mu = 0.382$。

4 核心专利识别

核心专利通常具备领域技术核心和产业经济核心两个显著特征，所以在识别核心专利时，除了明确技术领域之外，还需要明确时间范围。这一点可以根据技术生命周期理论得到较好的解释，也从大量数据分析中得到了一定程度的验证。

4.1 核心专利识别流程

根据本文提出的核心专利的量化定义及其综合指数，核心专利识别可以按照图 2 所示的流程进行，初步实现了程序化操作，大大地提高了识别工作效率。

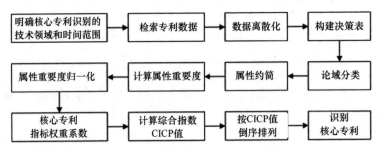

图 2 基于粗糙集理论的核心专利识别流程

从整个流程来看，有 3 个环节特别重要：①准备原始数据；②确定指标权重；③计算 CICP，识别核心专利。其中，第二个环节相对而言最为复杂，涉及较为繁杂的数据运算，需要编制计算程序。

4.2 核心专利识别举例

Thomson Innovation（以下简称 TI）包含德温特专利数据库，美国、德国、英国、中国、日本、韩国、欧洲局等国家和地区的专利数据库。笔者根据图 2 的核心专利识别流程图，开展了核心专利识别实证研究。

（1）明确核心专利识别技术领域和时间范围。利用 TI 为检索和分析工具，以 "LTE – Advanced"、"Wireless MAN – Advanced"、"WiMax"、"HSPA

84

+"、"LTE"等为检索关键词,明确了核心专利识别的技术领域为通信技术领域,检索时间选取 2003 年(由于施引专利计数指标需要一段时间才能体现其施引计数情况,为更好地了解某一专利的施引计数情况,选择时间较远的 2003 年为检索时间节点),最终通过同族专利合并和数据去重处理,检索到 976 件专利。

(2)检索专利数据。根据表 1 所列核心专利识别指标,从 976 件专利信息中提取相关信息,如表 2 所示(其中的 30 件):

表 2　通信领域 2003 年专利数据（单位：件）

编号	C_1	C_2	C_3	C_4	C_5	C_6	C_7	C_8	编号	C_1	C_2	C_3	C_4	C_5	C_6	C_7	C_8
1	2	1	0	101	6	4	9	13	16	1	1	1	99	11	24	9	13
2	3	1	0	102	4	11	9	14	17	1	1	0	31	0	1	4	1
3	3	1	5	98	3	4	7	15	18	1	0	1	101	16	6	41	21
4	1	0	0	10	19	2	1	1	19	1	1	0	38	6	13	33	36
5	2	0	4	103	29	12	79	102	20	1	1	0	27	0	1	65	1
6	1	0	0	92	11	8	161	26	21	1	0	0	16	0	1	30	1
7	1	1	0	100	7	4	3	23	22	0	2	0	28	0	1	20	1
8	0	1	0	10	0	1	1	1	23	4	1	0	40	15	21	3	13
9	1	1	1	101	5	32	4	29	24	1	1	0	26	10	13	27	25
10	3	0	2	32	11	16	9	17	25	1	1	0	13	6	2	5	1
11	1	1	3	31	0	3	38	23	26	1	1	0	21	9	4	19	3
12	3	1	0	10	0	2	10	1	27	1	0	0	20	0	1	9	1
13	4	4	0	99	8	2	1	21	28	1	1	0	62	26	2	19	1
14	2	0	0	101	49	30	18	29	29	5	1	1	35	4	1	10	26
15	1	0	1	93	14	25	9	10	30	3	1	0	26	7	1	14	10

(3)数据离散化。粗糙集只能解决离散数据问题,表 2 中的数据为连续数据,因此,在求属性重要度之前需要对表 2 数据作离散化处理。数据离散化的本质是利用选取的断点来对条件属性构成的空间进行划分,把条件属性划分成有限个区域,使划分区域中对象的决策值相同。本文在现有研究的基

85

础上，结合专利序列数据分布情况，采用表3对专利数据作离散化处理。

表3 专利指标分级标准

分级标准	C_1	C_2	C_3	C_4	C_5	C_6	C_7	C_8
0	<5	<5	<5	<30	<10	<5	<20	<10
1	5－10	5－10	5－10	30－40	10－25	5－20	20－30	10－30
2	10－15	10－15	10－15	40－50	25－40	21－30	30－40	31－40
3	>15	>15	>15	>50	>40	>30	>40	>40

（4）构建决策表。根据表3对表2的数据作离散化处理，得到决策表，如表4所示：

表4 最终决策表

编号	C_1	C_2	C_3	C_4	C_5	C_6	C_7	C_8	编号	C_1	C_2	C_3	C_4	C_5	C_6	C_7	C_8
1	0	0	0	0	0	0	0	3	16	0	0	0	1	1	2	0	3
2	0	0	0	0	0	1	0	3	17	0	0	0	0	0	0	0	0
3	0	0	1	0	0	0	0	3	18	0	0	0	0	1	1	3	3
4	0	0	0	0	1	0	0	0	19	0	0	0	0	0	1	2	2
5	0	0	0	3	2	1	3	3	20	0	0	0	0	0	0	3	0
6	0	0	0	0	0	1	3	3	21	0	0	0	0	0	0	1	0
7	0	0	0	0	0	0	0	3	22	0	0	0	0	0	0	0	0
8	0	0	0	0	0	0	0	0	23	0	0	0	0	1	2	0	2
9	0	0	0	0	0	3	0	3	24	0	0	0	0	0	2	1	1
10	0	0	0	0	1	1	0	2	25	0	0	0	0	0	0	0	0
11	0	0	0	0	0	2	2	26	0	0	0	0	0	0	0	0
12	0	0	0	0	0	0	0	0	27	0	0	0	0	0	0	0	0
13	0	0	0	0	0	0	0	3	28	0	0	0	3	2	0	0	0
14	0	0	0	0	3	2	0	3	29	0	0	0	1	0	0	0	1

（5）论域分类。对表4的数据论域按照条件属性进行分类：

U/IND（C）= ｛｛1，2，15，24，27，28，30｝，｛2，3，4，5，17｝，｛6，11，14｝，｛7，25｝，｛8，26｝，｛9｝，｛10｝，｛13｝，｛16｝，｛18，19，20，21，22｝，｛23｝，｛29｝｝

（6）属性约简。分别去掉一个条件属性后的分类：

U/IND（$C - C_1$）= ｛｛1，2，15，24，27，28，30｝，｛2，3，4，5，17｝，｛6，11，14｝，｛7，25｝，｛8，26｝，｛9｝，｛10｝，｛13｝，｛16｝，｛18，19，20，21，22｝，｛23｝，｛29｝｝

U/IND（$C - C_2$）= ｛｛1，2，15，24，27，28，30｝，｛2，3，4，5，17｝，｛6，11，14｝，｛7，25｝，｛8，26｝，｛9｝，｛10｝，｛13｝，｛16｝，｛18，19，20，21，22｝，｛23｝，｛29｝｝

U/IND（$C - C_3$）= ｛｛1，12，27，28，30｝，｛2，3，4，5，17，29｝，｛6，7，25｝，｛8，13，26｝，｛10｝，｛11，14｝，｛16｝，｛9，15，24｝，｛18，19，20，21，22｝，｛23｝｝

U/IND（$C - C_4$）= ｛｛1，17，24｝，｛2，3，4，7，14｝，｛5，8｝，｛6｝，｛9，10，12，18，19｝，｛11，13，29｝，｛15，25，30｝，｛16，23｝，｛20，21，22，26，27，28｝｝

U/IND（$C - C_5$）= ｛｛1，10｝，｛2，4，5，29｝，｛3，7，17｝，｛6，11，14｝，｛8，13，25，26｝，｛9，15，30｝，｛12，27，28｝，｛16，23｝，｛18，19，20，21，22，24｝｝

U/IND（$C - C_6$）= ｛｛1，8，12，15，24，27，28，30｝，｛2，3，17｝，｛4，5，7，25｝，｛6，11，13｝，｛9｝，｛10｝，｛14｝，｛16｝，｛18，19，20，21，22｝，｛23，29｝，｛26｝｝

U/IND（$C - C_7$）= ｛｛1，5，7，12，15，24，26｝，｛2，8，17，25｝，｛3，4｝，｛6，29｝，｛9，27，28，30｝，｛10，20，21，22｝，｛11，13｝，｛14，23｝，｛16｝，｛18，19｝｝

U/IND（$C - C_8$）= ｛｛1，2，3，4，12，15，24，27，28，30｝，｛5，17｝，｛6，11，14，25｝，｛7，9｝，｛8，18，19，20，21，22｝，｛10｝，｛13，23｝，｛16｝，｛26｝，｛29｝｝

（7）计算属性重要度。分析决策属性的重要性。

POS_C（C）= ｛1，2，3，4，5…29，30｝

POS_{C-C1}（C）= ｛1，2，3，4，5…29，30｝

POS_{C-C2}（C）= ｛1，2，3，4，5…29，30｝

POS_{C-C3} （C） = {1，12，27，28，30，10，11，14，16，18，19，20，21，22，23}

POS_{C-C4} （C） = {6，16，23}

POS_{C-C5} （C） = {6，11，14，12，27，28}

POS_{C-C6} （C） = {2，3，17，9，10，14，16，18，19，20，21，22，26}

POS_{C-C7} （C） = {3，4，16，18，19}

POS_{C-C8} （C） = {5，17，10，16，26，29}

$$\sigma C（Ci）=\gamma C（C）-\gamma C-Ci（C）=1-\frac{30}{30}=0$$

因此，条件属性 C_1、C_2 的重要性为0，C_3 的重要性为 $\frac{15}{30}$，C_4 的重要性为 $\frac{27}{30}$，C_5 的重要性为 $\frac{25}{30}$，C_6 的重要性为 $\frac{17}{30}$，C_7 的重要性为 $\frac{25}{30}$，C_8 的重要性为 $\frac{24}{30}$。

上述结果表明施引专利计数 C_4 是通信领域核心专利识别最重要的指标。

（8）属性重要度归一化处理及确定权重系数。通过对条件属性的重要性作归一化处理，得到相应条件属性的权重系数，如表5所示：

表5　3种方法确定的指标权重

目标	C_1	C_2	C_3	C_4	C_5	C_6	C_7	C_8	AHP 权重	RS 权重	AHP - RS 权重
目标	C1	C2	C3	C4	C5	C6	C7	C8	AHP 权重	RS 权重	AHP - RS 权重
C1	1	1	1/3	1/8	1/3	1/7	1/6	1/7	0.024 2	0	0.009 3
C2	1	1	1/3	1/8	1/3	1/7	1/6	1/7	0.024 2	0	0.009 3
C3	3	3	1	1/5	1	1/4	1/3	1/7	0.051 9	0.112 8	0.089 5
C4	4	8	5	1	5	2	3	2	0.288 0	0.203 0	0.235 5
C5	3	3	1	1/5	1	1/7	1/6	1/7	0.044 4	0.188 0	0.133 2
C6	7	7	4	1/2	7	1	2	1	0.207 1	0.127 8	0.158 0
C7	6	6	1/3	1/3	6	1/2	1	1/2	0.138 2	0.188 0	0.168 9
C8	7	7	7	1/2	7	1	2	1	0.222 0	0.180 4	0.196 3

通过层次分析法和粗糙集理论确定了主观权重、客观权重，再将主客观权重通过经验因子集成，得到组合权重，表5显示组合权重法确定的各指标权重值较为接近，提高了决策即核心专利识别的准确度，基于组合权重的核心专利综合评价模型更具有实用性。

（9）计算 CICP 值并排序。接下来，将根据 AHP - RS 方法确定的权重系数代入公式（1），计算 976 件专利的 CICP 值，再根据公式（3），计算得到当 $k = 1$ 时，$r_1 = 109$，即 CICP 值排名前 109 位的专利为重要专利；当 $k = 2$ 时，$r_2 = 29$，即 CICP 值排名前 29 位的专利为关键专利；当 $k = 3$ 时，$r_3 = 11$，即 CICP 值排名前 11 位的专利为核心专利，如表 6 所示：

表 6　识别出的核心专利（11 件）

专利公开号	C_1	C_2	C_3	C_4	C_5	C_6	C_7	C_8	CICP 值排序
US20130238805A1	15	9	67	91	167	34	201	129	114. 538 2
US20130251129A1	11	9	66	79	163	34	185	129	108. 350 3
US20130246922A1	10	9	65	75	162	34	127	128	97. 183 8
US20130227137A1	10	9	65	71	160	34	112	128	93. 441 9
US20130219476A1	9	8	65	55	160	34	111	127	89. 290 1
US20130297800A1	9	8	62	54	160	34	100	127	86. 928 2
US20130204717A1	9	8	62	50	160	34	91	127	84. 466 1
US20130198009A1	9	8	62	49	160	34	86	127	83. 386 1
US20130166621A1	9	8	62	48	145	34	79	127	79. 970 3
US20130231779A1	9	7	62	45	135	34	79	127	77. 922 5
US20130138504A1	9	7	62	43	135	34	77	127	77. 113 7

4.3　核心专利识别结果分析

核心专利识别结果是评价识别模型和方法最为重要的标准。事实上，评判识别结果离不开技术领域专家的参与。因此，将识别结果称为"情报学意义的核心专利"较为科学合理。本文识别出的 11 件专利均发生了专利权的许可转让。这一现象虽然不能直接说明问题，但或许可间接表明这 11 件专利的价值。此外，根据 CICP 值排序结果还发现排名 21 位、52 位、54 位、82 位和 94 位的专利为中国专利，见表 7。这 5 件专利的申请人为中兴通讯股份有限公司和华为技术有限公司。进一步分析这 5 件专利，发现它们皆获得过中国专利奖。中国专利奖是我国唯一的专门对授予专利权的发明创造给予奖励的政府部门奖，得到联合国世界知识产权组织（WIPO）的认可，在国际上有一定的影响。其评奖标准不仅强调专利技术水平和创新高度，也注重其在市场转化过程中的运用情况，同时还对其保护状况和管理情况提出要求。通过本文的核心专利识别模型识别出了这 5 件专利，这也许可从另一个侧面佐证本方法的正确性。

表 7   重要专利 – 中国专利

专利公开号	C_1	C_2	C_3	C_4	C_5	C_6	C_7	C_8	CICP 值排序
03122892. 5	2	1	7	155	5	13	11	107	63. 404 9
200710106648. 7	4	1	18	1	55	10	22	122	45. 789 4
200710169616. 1	11	1	10	3	32	56	10	123	44. 919 8
200810108466. 8	2	1	39	8	7	26	22	123	39. 235 9
200810142291. 2	3	1	4	4	33	8	11	125	37. 787 8

5   结论

本文在前人研究的基础上，进一步完善了根据专利文献识别核心专利的指标体系和识别方法。采用层次分析法计算了指标的主观权重系数，通过粗糙集理论确定了指标的客观权重系数，再经过严密的逻辑推理，将主客观权重集成为综合权重，既克服了层次分析法中的主观性，又避免了粗糙集理论无法体现各指标自身价值的重要性问题，实现了二者的优势互补，创新了从大量专利文献数据中识别核心专利的方法，结果较为准确。

本文着重研究了利用粗糙集理论识别核心专利方法的可行性，通过核心专利综合指数 CICP 量化定义了一般专利、重要专利、关键专利和核心专利，为专利文献的情报分析提供了一种新的分析手段和方法。本方法克服了时间因素和技术领域因素带来的影响，权重系数的大小完全由专利信息自身的数据所决定，体现了专利信息自身的内在规律。因此，可以将识别结果表述为"情报学意义的核心专利"。

此外，笔者在研究过程中发现，识别不同技术领域的核心专利的权重系数是不一样的，识别同一技术领域不同时间段（时域）核心专利的权重系数也是不一样的。然而，不同技术领域和时域的核心专利指标权重系数的变化是否存在一定的规律？这有待今后进一步研究。

参考文献：

[1]   肖沪卫，顾震宇 . 专利地图方法与应用 ［M］. 上海：上海交通大学出版社

. 2011: 148.

[2]   Albert M B, Avery D, Narin F, et al. Direct validation of citation counts as indicators of industrially important patents [J]. Research Policy, 1991, 20 (3): 251 – 259.

[3]   Harhoff D, Narin F, Scherer F M, et al. Citation frequency and the value of patented inventions [J]. Review of Economics and Statistics, 1999, 81 (3): 511 – 515.

[4]   Yoshikane F, Suzuki Y, Tsuji K. Analysis of the relationship between citation frequency of patents and diversity of their backward citations for Japanese patents [J]. Scientometrics, 2012, 92 (3): 721 – 733.

[5]   Lee Changyong, Cho Y, Seol H, et al. A stochastic patent citation analysis approach to assessing future technological impacts [J]. Technological Forecasting and Social Change, 2012, 79 (1): 16 – 29.

[6]   Bekkers R, Martinelli A. Knowledge positions in high – tech markets: Trajectories, standards, strategies and true innovators [J]. Technological Forecasting and Social Change, 2012, 79 (7): 1192 – 1216.

[7]   Yasukawa S, Kano S. Validating the usefulness of examiners' forward citations from the viewpoint of applicants' self – selection during the patent application procedure [J]. Scientometrics, 2014, 99 (3): 895 – 909.

[8]   Karvonen M, Kässi T. Patent citations as a tool for analysing the early stages of convergence [J]. Technological Forecasting and Social Change, 2013, 80 (6): 1094 – 1107.

[9]   Schettino F, Sterlacchini A, Venturini F. Inventive productivity and patent quality: Evidence from Italian inventors [J]. Journal of Policy Modeling , 2013, 35 (6): 1043 – 1056.

[10]   Su Fangpei, Yang Wengoang, Lai Kueikuei. A heuristic procedure to identify the most valuable chain of patent priority network [J]. Technological Forecasting and Social Change, 2011, 78 (2): 319 – 331.

[11]   Ouyang Kuang, Weng Calvin-s. A new comprehensive patent analysis approach for new product design in mechanical engineering [J]. Technological Forecasting and Social Change, 2011, 78 (7): 1183 – 1199.

[12]   Miyazawa T, Osada H. Change of claim structures of market leaders' Japanese published unexamined patent applications according to the degree of technology maturity [J]. World Patent Information, 2011, 33 (2): 180 – 187.

[13]   Bekkers R, Bongard R, Nuvolari A. An empirical study on the determinants of essential patent claims in compatibility standards [J]. Research Policy, 2011, 40 (7): 1001 – 1015.

[14]   Berger F, Blind K, Thumm N. Filing behaviour regarding essential patents in industry standards [J]. Research Policy, 2012, 41 (1): 216 – 225.

[15]   庞景安, 黄迎燕. 国内外专利引文数据库的研究与发展 [J]. 情报科学, 2004

(2)：182 – 187.

[16] 彭爱东. 专利引文分析在企业竞争情报中的应用 [J]. 情报理论与实践，2004
     (3)：276 – 278.

[17] 杨祖国，李文兰. 中国专利引文分析研究 [J]. 情报科学，2005 (5)：700 –
     703，70.

[18] 王庆稳，邓小昭. 专利引文分析及其应用研究 [J]. 现代情报，2008 (4)：189
     – 192.

[19] 孙立冰. 新药研究中专利文献的利用 [J]. 中国药科大学学报，2002 (6)：96
     – 98.

[20] 胡元佳，卞鹰，王一涛. Lanjouw – Schankerman 专利价值评估模型在制药企业品
     种选择中的应用 [J]. 中国医药工业杂志，2007 (2)：148 – 150.

[21] 李清海，钟竞，吴泗宗. 规避专利侵权风险的国际化市场选择——基于汉王绘图
     板案例的研究 [J]. 科学学研究，2009 (10)：1506 – 1517.

[22] 唐春. 基于国际专利制度的同族专利研究 [J]. 情报杂志，2012 (6)：19 –
     23，29.

[23] 王雷，戴妮. 从智能天线入手的 TD—SCDMA 专利评估 [J]. 移动通信，2008，
     32 (17)：18 – 23.

[24] 韩志华. 核心专利判别的综合指标体系研究 [J]. 中国外资，2010 (4)：193
     – 196.

[25] 张娴，方曙，肖国华，等. 专利文献价值评价模型构建及实证分析 [J]. 科技进
     步与对策，2011 (6)：127 – 132.

[26] 霍翠婷. 企业核心专利判定的方法研究 [J]. 情报杂志，2012 (11)：95 – 99.

[27] 孙涛涛，唐小利，李越. 核心专利的识别方法及其实证研究 [J]. 图书情报工作，
     2012，56 (4)：80 – 84.

[28] 罗天雨. 核心专利判别方法及其在风力发电产业中的应用 [J]. 图书情报工作，
     2012，56 (24)：96 – 101.

[29] 袁润，钱过. 战略性新兴产业核心专利的识别 [J]. 情报杂志，2013 (3)：44 –
     50，24.

[30] 钱过，李文娟，袁润. 识别核心专利的综合价值指数 [J]. 情报杂志，2014
     (6)：44 – 48.

[31] Burke P F, Reitzig M. Measuring patent assessment quality—analyzing the degree and
     kind of (in) consistency in patent offices' decision making [J]. Research Policy,
     2007, 36 (9)：1404 – 1430.

[32] Guellec D, van Pottelsberghe de la Potterie B. Applications, grants and the value of pa-
     tent [J]. Economics Letters, 2000, 69 (1)：109 – 114.

[33] Narin F, Noma E, Perry R. Patents as indicators of corporate technological strength [J].
     Research Policy, 1987, 16 (2)：143 – 155.

[34] Narin F, HamilTon K S, Olivastro D. The increasing linkage between US technology and public science [J]. Research Policy, 1997, 26 (3): 317 – 330.

[35] 王洪德, 马云东. 基于粗糙集 – 神经网络的矿井通风系统可靠度评价仿真研究 [J]. 系统工程理论和实践, 2005, 25 (7): 81 – 86.

[36] 周志远, 沈固朝. 粗糙集理论在情报分析指标权重确定中的应用 [J]. 情报理论 与实践, 2012 (9): 61 – 65.

作者贡献说明:

袁润: 提出采用客观方法确定指标权重的研究思路及论文统稿;

钱过: 国内外核心专利识别研究的文献调研及论文的数据处理。

作者简介:

袁润 (ORCID: 0000 – 0003 – 4428 – 874X), 副馆长, 教授, E-mail: yrun@ ujs. edu. cn;

钱过 (ORCID: 0000 – 0001 – 5018 – 2947), 硕士。

运用图示法自动提取中文专利
文本的语义信息

1 引言

近 10 年来，专利文本自动处理技术被广泛地用于专利信息应用的各个层面，包括专利信息检索[1]、专利分类[2]和专利引用分析[3]等。专利文档的平均长度要比新闻长 24 倍[4]，这使得人工进行专利信息的提取成为一项耗时又耗力的任务。传统的专利信息提取方法[5-6]是通过使用模式匹配或模板来实现的，并且集中于利用专利文档中的权利要求书或说明书摘要部分的文本，有少数学者[7-8]从专利说明书的背景技术和具体实施方式部分的文本中进行引用文献自动提取的研究。然而权利要求书包含大量冗长而复杂的句子和技术领域术语，专利说明书除了文字描述更长，还包括图、表、公式、符号等各式各样的信息，而人工撰写的说明书摘要的质量往往不尽如人意，这些特性以及专利文本的无结构性，使得采用传统的、通用意义上的信息提取工具，很难直接从专利文本中提取有价值的信息。

中文专利说明书的发明内容部分的文本完整而清晰地阐述了一项发明的基本特征：①解决的问题；②技术方案；③技术效果，有利于从语义角度与其他相关专利进行基于发明内容的比较和链接，并且此部分的文本长度适中，其所包含的发明内容描述要比说明书摘要更加丰富而全面。为了准确地提取有关中文专利发明内容的语义信息，同时又能降低提取过程的计算复杂性，本文提出针对中文专利说明书的发明内容部分的文本，利用图结构的表示法（graph representation，简称图示法）来自动提取中文专利发明内容的语义信息，而所提取的语义信息则由图来表示。这样在图表示的基础之上，大量的图处理技术（如 graph matching、graph mining）就可以被应用于专利文本的自动处理，如专利摘要[9]、专利比对分析[10]等。与经典的专利文本表示法[11]相比，本文所提出的图示法面向中文专利文本，不仅利用了词语频率，而且还充分考虑到文本中所隐含的句子结构、语言以及语义信息。在应用图示法的背景下，本文提出两种不同的图模型：基于关键词的文本图模型和基于依存关系树的文本图模型，用以提取有价值的语义信息。所提取的信息有助于深

94

入了解专利的发明技术特征，并为后续的基于发明内容的专利文本分析提供语义支撑。

2 相关研究

2.1 专利文本信息提取

文献[6]采用基于规则的分解方法，使得对权利要求书进行语法分析的复杂性有所减小。文献[5]提出利用模式匹配的方法从权利要求书中提取 8 种与领域相关的语义关系，作为比较专利的语义基础。文献[12]使用规则和机器学习的方法，从专利说明书摘要中自动提取专利的特征、组成和用途 3 种信息。然而，此类基于规则的方法需要人工建立规则库，并根据领域的不同而进行更改，是十分耗时的。文献[13]则利用依存关系树把权利要求书转换成概念图，从而有利于权利要求书的自动化比较[10]和概要的研究，但是此概念图的建立需要参考预先建立的领域本体。中文专利信息提取的研究包括基于本体的专利知识提取[14]、基于专利技术特征的聚类分析[15]以及专利引文网络的可视化研究[16]，然而利用图结构自动处理中文专利文本的研究还相对较少。

2.2 图示法

自然语言处理领域中，图示法主要被应用于有助于自然语言理解的技术，如词性标注等。因为传统的文本表示法如"Bag-of-Words（BOW）"只保持词/短语的频率而忽略其语法及词序关系，作为具有更多表达能力的图示法，自然成为 BOW 的一种替代，如 TextRank[17]先使用图结构表达文本集合，然后应用图结点排序算法进行关键词和句子的提取，用以实现文本自动摘要的功能。TextRank 所建立的图模型使用词共现的方法来确定图的结点和边。文献[18]则使用图示法，结合其他数据挖掘技术从领域文本集合中自动创建领域本体。然而，该文献所建立的图模型需要一系列复杂算法，如 random walks 和 markov clustering 等。上述两种图模型仅面向英文文本，并不能处理中文专利文本。

2.3 基于图示法的自动文本分类

基于图示法的自动文本分类研究起始于 Web 文本的分类，如文献[19]提出一系列方法用图模型来表达 Web 文本，并获取 Web 文本的结构信息。文献[20-21]利用词语的组合（collocation）及频率来构建图模型，但忽略了句子的语言结构；文献[22]则利用图模型表达文本的语言信息和词序，用以实现文本分类的目的，然而，该模型只局限于较小规模的文本（即文本的题目）。文献［23］提出基于图的中文文本分类方法，此方法采用与 TextRank 相似的方法构建图模型，然后通过寻求最大公共子图来计算图结构的相似性。然而此类基于图结构相似性的方法[19,23]计算复杂度很高，因为计算任意两个图的最大公共子图是一个公认的 NP hard 问题。文献［24］利用基于图结构的混合方法来表达文本，并进行分类，然而该混合策略同样面临计算复杂度高的问题。

本文提出的研究方法旨在将图示法应用于中文专利文本处理领域，在一定的程度上，既能利用图示法表达丰富的优势，又能减少构建图模型所面临的计算复杂性。与前述研究所提出的图模型相比，本文所提出的两种图模型构建方法的不同之处在于：①使用文本单元间的相似性关系或语法关系来定义图模型的边和结点，因而结点和边的数量可根据应用需求来控制；②所建图模型不仅含有专利文本的语言及语义信息，还包含结构化信息。

3　应用图示法构建图模型的方法

本文中，图被定义为由结点集 V = $\{v_1, v_2, \cdots, v_n\}$、边集 E = $\{e_1, e_2, \cdots, e_m\}$、结点和边的标签集 β 以及映射函数 $\xi_{v/e}$：β → V/E 所构成的一种有限结构。

3.1　基于关键词的文本图模型

利用关键词的文本图模型同时考虑专利文本中的关键词及关键词之间的关系，其具体构建方法如下：①首先，对专利文本数据进行分词，并统计出每个词语在文本集中的出现次数，然后经过停用词表的过滤，所有出现次数大于或等于 3 次以上的词语被选为关键词；②在每篇专利文本中，如果任意两个关键词之间的相似性关系大于特定的阈值，那么这两个关键词被看作专利文本图的结点，它们之间的关系作为专利文本图的边，相似性值则作为边的标记；③根据②的思路，为专利文本集中的每篇专利文本构建相应的专利文本图，则整个专利文本集就转换成专利文本图集。在图模型中，关键词 w1、w2 之间的相似性关系 R（w1，w2），在本文中用 pointwise mutual information（点间互信息）指标[25]来计算：

$$R(w1, w2) = log \frac{p(w1, w2)}{p(21). p(w2)} \tag{1}$$

其中，p（w1，w2）为关键词 w1 和 w2 在专利文本集中共同出现的概率，p（w1）/p（w2）则为关键词 w1/w2 在专利文本集中出现的概率。也可由其他相似性函数如 Chi-square coefficient（卡方分布系数）来定义，感兴趣的读者可参考文献［26］，这里不再赘述。

图 1 显示了针对专利 CN200610161064．的 5 说明书中发明内容部分的文本所提取的文本图。其中，椭圆形表示文本图的顶点，并用关键词作为标记，连接椭圆形顶点之间的线则作为文本图的边，用 R（$w1$，$w2$）的值来标记。

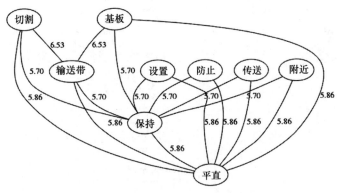

图 1　基于关键词的文本提取

3.2　基于依存关系树的文本图模型

依存关系树[27]是表示句子的有向树。在依存关系树中，每个结点可由句子中的文本单元来表达，而每条边则由两个文本单元之间的语法关系来表达。图 2 显示出，针对专利 CN201110287420.9 的发明内容部分的文本，由使用语法分析工具 Stanford Dependency Parser 所提取的依存关系树而构建的基于依存关系树的文本图。

笔者从语言学的角度，借助依存关系树，从专利的文本中提取语言和语义信息，用以构建基于语法依存关系的图模型。根据研究文献［27］对中文依存关系树中的中文语法关系的定义，结合各种语法关系在汉语语料库出现的比率，笔者选取了 15 种对描述专利发明内容有益的语法关系，由表 1 来描述。

使用依存关系树提取表 1 所示的语法关系所构建的图模型由以下步骤构成：①对专利文本集中的每一篇专利的文本进行分句、分词，然后利用依存关系树工具对每个句子提取语法关系；②在所提取的语法关系中，如果构成语法关系的两个词语都不是停用词，且属于表 1 所描述的关系之一，则此关系被存入有效关系集中，构成有效关系的两个词语则被存入有效结点集中；③按照②所描述的方式对每篇专利文本的每个句子进行同样的处理，并过滤

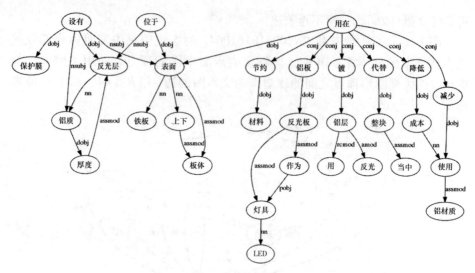

图2　依存关系树

掉相同的语法关系，这样每篇专利的文本可以转化成对应的语法关系图。本文中，上述图模型构建方法假设所建立的图是无向图（即图的边是无方向的），如果出现同一对词语之间存在不同的依存关系的情况，则可以使用有向图来表示。

表1　依存关系树中定义的中文语法关系

语法关系	说明	语法关系	说明
nn	复合名词	nsubj	名词主语
conj	连接副词	dobj	直接宾语
amod	形容词修饰	top	主题词
rcmod	从句修饰	rcomp	结果补语
xsubj	控制主语	comod	复合动词
pobj	介词宾语	attr	定语
cc	并列连词	assmod	关联修饰
nsubjpass	名词性被动主语		

4 案例研究

本案例在专利文本自动分类的背景下，通过使用不同的专利文本表达法，进行专利自动分类结果的比较，来证明使用图模型来表达专利文本，并结合图挖掘技术所提取的信息，对于专利文本自动分析是有效的，同时该信息的丰富性、语义性、结构性都要优于传统的文本表达法。

4.1 基于频繁子图挖掘的专利文本分类

假设 $GD = \{G_1, G_2, \cdots, G_N\}$ 为由图组成的数据库，那么图 g 在 GD 中的支持集则可被定义为 $\delta_{GD}(g) = \{t \mid g \subseteq Gt\}$，即包含 Gt 的集合，并且在此集合中 g 是 Gt 的子图；而支持集的基数 $\mid \delta_{GD}(g) \mid$，则被定义为图 g 的支持度。由此，频繁子图挖掘（frequent subgraph mining）的任务可被定义为：给出一个图数据库 GD、图 g 和最小支持度阈值 $\tau \in (0, 1]$，当 $\mid \delta_{GD}(g) \mid \geqslant \tau \times N$，图 g 则被认为在图数据库 GD 中是频繁的，频繁子图挖掘的任务即是在 GD 中寻找所有这样的频繁子图 g。

典型的基于文本内容的专利分类方法[11]，主要借鉴传统文本分类方法 Vector Space Model（VSM）[28]，的思路，利用专利文件的内容来构建特征向量，并使用 TF. IDF[29]权重方法，对特征向量中的每个特征赋予不同的权重，然后两个专利文件之间的相似性即可通过计算它们对应的特征向量的 Cosine 值来获取。为了与 VSM 进行分类性能的比较，笔者先利用频繁子图挖掘算法与图模型表示的专利文本数据，挖掘频繁子图；然后用所挖掘的频繁子图作为特征，构建文本特征向量，用以表示由图表示的文本数据，特征向量的特征值则由频繁子图是否在图中出现来决定（即如出现，则特征值为 1，反之则为 0）；最后利用经典文本分类算法（如支持向量机[30]）与如上所述的文本特征向量，即可获取专利文本的分类结果。

4.2 专利文本数据

针对专利信息处理的任务中，专利文本主要包括：专利名称、说明书摘要、权利要求书、说明书这 4 部分的文字描述，国内外学者主要利用前 3 部分的文本作为数据，而对于使用说明书部分的文本作为数据源的研究还相对较少。根据国家知识产权局所提出的专利文献数据规范，说明书的文本大体包括技术领域、背景技术、发明内容、附图说明以及具体实施方式 5 部分。在本案例研究中，笔者选取说明书的发明内容部分作为专利文本数据。此外，在笔者进行的专利自动分类的先期试验中，使用发明内容的文本所获取的分类效果要明显优于分别使用专利名称、说明书摘要、权利要求书以及它们之间组合的文本。

IPC（国际专利分类）是针对专利的一种层次性的人工技术分类，其目的是建立有效的专利检索工具。IPC 共分 5 级层，其层次由高到低，由概括到具体，依次为 Section（部）、Class（类）、Subclass（子类）、Group（组）、Sub-group（子组）。根据本中心的业务需求，笔者选取了 1990 – 2014 年 F21、B66、D04、C03 4 种不同 IPC 类（即技术领域）的专利，并分别从每个技术领域选择专利数目相近且从属于不同组别的专利文件作为数据源。其中，这些专利文件所属的组类别由笔者提取，作为人工的类标记。笔者所采用的数据具体分布见表 2 和表 3。其中，表 3 中的第 2 – 5 列中的值"X：Y"表示 X 为所属的组类，Y 为相应的专利数目。

4.3 测试结果

本文的实验结果是在 CPU 为 Intel Core i5 – 3470 3.2GHz、内存 4GB 的机器上实现的，使用的操作系统为 Fedora Linux 20，编程语言为 Oracle Java 8。

4.3.1 由图示法表示的专利文本图

笔者对表 2 所述的专利文本数据，应用上文 2 节提出的两种图示法模型，将其由纯文本转换为图。对于应用基于关键词的文本图模型（本文表示为'keyGR'），笔者先使用分词工具 Stanford Word Segmenter 对专利文本进行分词；然后编制程序，针对分词结果自动统计每个词语在文本集中发生的次数，并选取发生次数大于或等于 3 且通过停用词过滤的词作为关键词；最后建立基于关键词的文本图模型。其中，点间互信息的阈值选为 0.5。对于应用基于依存关系树的文本图模型（本文表示为'depGR'），笔者同样先使用分词工具 Stanford Word Segmenter 对专利文本进行分词，然后利用语法分析工具 Stanford Dependency Parser，建立基于依存关系树的文本图模型。本文中，笔者所构建的两种图模型默认为无向图，其统计信息如表 4 和 5 所示：

表 2　专利数据分布

数据集	技术领域	#专利	#类
PD1	B66（卷扬/提升/牵引）	1 398	2
PD2	C03（玻璃/矿棉/渣棉等）	285	3
PD3	D04（编织/针织/饰带等）	733	3
PD4	F21（照明）	277	4

表 3 专利数据组类分布

数据集	类 1	类 2	类 3	类 4
PD1	B11：670	C1：728	–	–
PD2	B9：104	B18：112	C13：69	–
PD3	B21：239	B27：234	B35：260	–
PD4	S4：64	S6：78	V7：64	V8：71

表 4 keyGR 图模型的统计信息

keyGR	PD1	PD2	PD3	PD4
#图	1 398	285	733	277
最大边数	2 506	15 025	2 880	2 715
平均边数	204	618	367	309
最大结点数	488	552	330	236
平均结点数	68	77	61	50
结点标签数	4 313	2 354	3 742	1 544
边标签数	8	901	853	650

表 5 depGR 图模型的统计信息

depGR	PD1	PD2	PD3	PD4
#图	1 398	285	733	277
最大边数	1 622	2 163	1 682	1 145
平均边数	124	216	159	134
最大结点数	936	882	750	568
平均结点数	90	142	113	96
结点标签数	14 338	9 197	12 976	6 305
边标签数	15	15	15	15

由表 4 和表 5 可知：keyGR 所建的图的结点数要平均小于 depGR 所建的图的结点数，因为 keyGR 要求结点所代表的词语在文本集发生的次数要大于特

101

定的阈值；keyGR 所建的图的边数要远大于由 depGR 所建的图的边数，因为 depGR 只考虑 15 种语法关系。

4.3.2 应用频繁子图挖掘

本节对已建立的两种图模型——keyGR 和 depGR 应用频繁子图挖掘算法[31]，提取有益的语义信息。笔者通过选取不同的支持度阈值，来记录挖掘所得到的子图数及所花费的计算时间。针对 keyGR，图 3 和图 4 分别显示了对于数据集 PD1-PD4 挖掘所得的子图数和运行时间随不同支持度阈值（从 4 到 15）而变化的曲线。由图 3 可知：①挖掘所得的子图数是随着数据规模的扩大而增加的；②挖掘所得的子图数是随着支持度阈值的逐渐减少而骤然增加的，特别是当支持度阈值很小时。此外，为了便于比较，笔者没有在图 3 中显示出挖掘子图数大于 10 000 的结果。图 4 则进一步显示出为了获取图 3 所得的结果挖掘算法所花费的计算时间。因为 4 种数据的规模都相对较小，所使用的运行时间都控制在 3.5 秒之内。

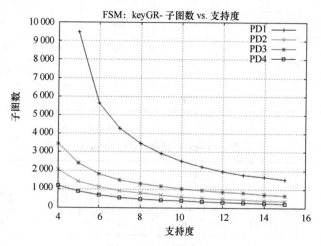

图 3　基于 keyGR 模型挖掘所获的子图数

针对 depGR，笔者采用支持度阈值 5－15 来记录频繁子图挖掘算法的挖掘结果，并由图 5 和图 6 来展现。图 5 展示了随支持度阈值变化而获得的子图数变化的曲线，与图 3 所示的挖掘特性十分类似；图 6 则展示了对应不同支持度阈值，挖掘计算所用时间的变化曲线。与图 4 相比较，图 6 清晰地表明了：尽管从 PD1 到 PD4 所需要的时间都在 1 秒之内，挖掘计算所耗费的时间都是由数据规模的增大而增加的。同样，当支持度阈值低于 5 时，挖掘计算

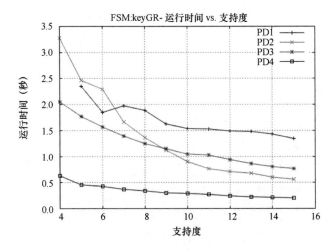

图 4　基于 keyGR 模型挖掘所需的时间

所获的子图数显著增加，为了比较方便，图 5 和图 6 并没有显示支持度阈值低于 5 的结果。

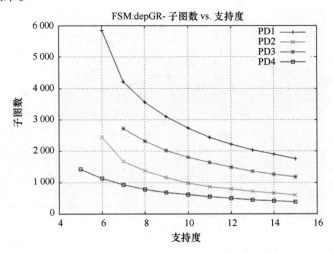

图 5　基于 depGR 模型挖掘所获的子图数

根据图 3 - 图 6 的挖掘结果，笔者选择特定的支持度阈值，获取相应的子图集合，并从中选取一部分语义子图，见图 7。图 7 从左至右，依次显示了对于数据集 PD1 - PD4 而建立的文本图进行挖掘所获取的子图结果片段：其中，第一行为针对 keyGR 挖掘的结果，第二行则为针对 depGR 挖掘的结果；每行

103

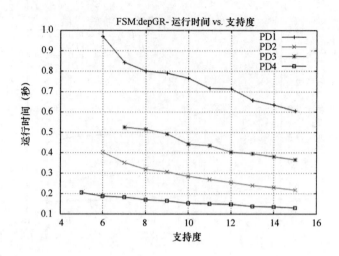

图6 基于 depGR 模型挖掘所需的时间

所示的子图下方的'sup = n'表示支持度阈值为 n。

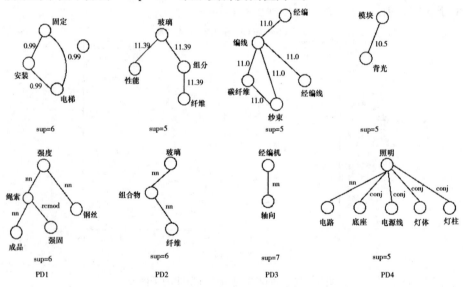

图7 利用频繁子图挖掘算法所获取的语义信息片段

4.3.3 专利自动分类

笔者利用第 3.3.2 节中对 keyGR 和 depGR 的挖掘结果，建立相应的基于频繁子图挖掘的专利文本分类模型，分别表示为 'keyGR-fsm' 和 'depGR-

104

fsm'，同时还建立使用传统方法的专利文本分类模型，表示为'VSM'。笔者进一步使用开源软件工具包 WEKA[32] 的分类算法 Naïve Bayesian Classifier（NBC）和线性支持向量机 LibLinear Classifier[33]（LibLinear）于前述 3 种专利文本分类模型，并进行分类结果的比较。笔者同时使用 precision（精确度）、recall（查全度）及 f-measure（f 度量）来衡量分类结果，其定义如下：

$$precision = \frac{正确分类标签的数目}{分类模型得到的分类标签的数目} \quad (2)$$

$$recall = \frac{正确分类标签的数目}{人工标记获取的分类标签的数目} \quad (3)$$

$$f\text{-}measure = \frac{2 \times precision \times recall}{precision + recall} \quad (4)$$

因为所使用的数据含有 2 – 4 个类别，笔者分别使用上述 3 种衡量标准的宏平均（macro mean）值来表示分类结果。

采用 NBC 分类算法，基于 10 – fold cross validation（10 折交叉验证）的分类结果见表 6。在表 6 中，'AP''AR''AF'分别表示精确度、查全度和 f 度量的宏平均值，AF 值最高的则以黑体显示。为挖掘出相应的子图特征数，将 keyGR-fsm 应用于 PD1、PD2、PD3、PD4 使用的支持度阈值分别为 8、5、5、5，而应用 depGR-fsm 所使用的支持度阈值则分别为 8、6、7、5。由表 6 可知，使用 NBC 分类算法时，在使用数量较少的特征数的情况下，keyGR-fsm 和 depGR-fsm 所获取的 f 度量要比 VSM 高 2.1% – 10.5%。此外，从表 6 还可以看出：当使用 VSM 的性能很好时（如 PD1、PD2），使用 keyGR 和 depGR 的 f 度量提升为 2.1% – 2.8%；而当使用 VSM 的性能较差时（如 PD3、PD4），使用 keyGR 和 depGR 的 f 度量提升为 10.1% – 10.5%，优势十分明显。

表 6　采用 NBC 分类算法的结果

类	模型	#特征	AP（%）	AR（%）	AF（%）
PD1	VSM	4 972	95.4	95.5	95.5
	keyGR-fsm	3 475	97.5	97.6	**97.6**
	depGR-fsm	3 568	96.7	96.8	96.8
PD2	VSM	2775	91.7	93.2	92.4
	keyGR-fsm	1 408	95.5	95.1	**95.2**
	depGR-fsm	2 434	95.4	95.1	**95.2**
	VSM	4322	79.2	79.4	79.2

类	模型	#特征	AP（%）	AR（%）	AF（%）
PD3	keyGR-fsm	2 396	89.3	86.0	82.7
	depGR-fsm	2 726	86.7	86.0	**89.7**
	VSM	1 803	77.3	73.3	73.3
PD4	keyGR-fsm	878	81.9	83.4	**83.4**
	depGR-fsm	1 432	81.9	81.9	81.9

同样使用 10 折交叉验证的 LibLinear 分类结果见表 7。由表 7 可知：与 NBC 相比，采用 LibLinear 的分类算法，VSM 对 PD1 – PD4 的分类结果要更加准确。然而，keyGR 和 depGR 的 f 度量仍然在 PD1、PD2、PD4 上要比 VSM 高 0.6% – 1%，只是在 PD3 上略低于 VSM，并且前两者使用的特征数要远远小于后者。当数据规模增加到一定程度时，特征数的多少对训练文本分类模型所需的时间有决定性的作用；在分类性能相似的前提下，使用特征数较少的训练模型往往是一种更好的选择。因而，由表 6 – 表 7 所显示的结果来看，使用基于图模型的文本分类方法，在分类性能、使用特征数方面要明显优于使用 VSM 模型的方法。这也从另一个角度证实采用图模型来表达专利文本是有效且有价值的。

表 7 采用 LibLinear 分类算法的结果

类	模型	#特征	AP（%）	AR（%）	AF（%）
PD1	VSM	4 972	97.5	97.4	97.5
	keyGR-fsm	51	98.2	98.1	**98.1**
	depGR-fsm	53	97.5	97.5	97.5
PD2	VSM	2 775	93.7	93.4	93.5
	keyGR-fsm	27	94.8	94.2	94.4
	depGR-fsm	28	94.4	95.0	**94.5**
PD3	VSM	4 322	85.1	85.1	**85.1**
	keyGR-fsm	48	84.7	84.2	84.3
	depGR-fsm	53	85.1	84.8	85.0
	VSM	1 803	82.6	82.6	82.6

类	模型	#特征	AP（%）	AR（%）	AF（%）
PD4	keyGR-fsm	27	83.4	83.1	**83.3**
	depGR-fsm	29	80.8	80.7	80.8

4.3.4 讨论

使用图示法来表达专利文本，并结合图挖掘技术提取语义信息也存在着一定的缺陷：当所建图模型的规模（以结点数或边数表示）增大，使用图挖掘算法的复杂度也会以幂指数方式增长，进而导致挖掘过程因为计算资源耗尽而终止。在实际应用中，减少计算复杂度的关键取决于如何控制所建图的规模和密度，这通常是根据应用需求而进行"try and error analysis（试误分析）"来调控的。如对于 keyGR，可以使用 TF.IDF[30] 权重的方法来进一步限制结点的数目，而边的定义则可以利用其他相似性关系方法如 Jaccard Similarity；对于 depGR，其结点数目是由所选定的语法关系来确定的，因此如何结合应用点而选择恰当的语法关系决定了所建图模型的清晰度和有效度。此外，本文所选的 15 种语法关系是基于汉语新闻语料库出现的频率/比率的，考虑到新闻和专利文本在书写形式、用词、句法等方面的不同，这是一个需要深入探索的问题。

5 结语

本文提出应用图示法建立两种图模型——keyGR 和 depGR，并结合图挖掘技术，从中文专利说明书的发明内容文本中自动提取所隐含的语义信息。在案例研究中，笔者利用所提取的语义信息建立基于图的专利文本分类模型，在 4 种不同技术领域的专利数据集上与经典模型 VSM 进行了分类结果的比较。由实验结果可知，使用 keyGR 和 depGR，在分类性能、使用特征数方面要明显优于 VSM。由此可见，采用图示法自动提取专利文本的语义信息是有效的。然而，笔者提出的两种图模型也有其局限性：①针对 keyGR，对于不同技术领域的专利文本，如何定义合适的边关系函数来捕捉结点之间的关系并选取适合的阈值，是需要深入研究的；②对于 depGR，因为提取依存关系所花费的计算时间较长，当数据规模增加时，如何减少构建图模型的时间，也是一个需要继续探讨的问题。

参考文献：

［1］ Jurgens J, Christa W H. Limitations of automatic patent IR ［J］. Datenbank-Spektrum, 2014, 14 (1): 5 – 17.

［2］ Lai Kuei-kuei, Wu Shiao-jun. Using the patent co-citation approach to establish a new patent classification system ［J］. Information Processing and Management, 2005, 41 (2): 313 – 330.

［3］ Lee C, Cho Y, Seol H, et al. A stochastic patent citation analysis approach to assessing future technological impacts ［J］. Technological Forecasting & Social Change, 2012, 79 (1): 16 – 29.

［4］ Kang I S, Na S H, Kim J, et al. Cluster-based patent retrieval ［J］. Information Processing & Management, 2007, 43 (5): 1173 – 1182.

［5］ Yang Shih-Yao, Lin Szu-Yin, Lin Shin-Neng, et al. Automatic extraction of semantic relations from patent claims ［J］. International Journal of Electronic Business Management, 2008, 6 (1): 45 – 54.

［6］ Parapatics P, Dittenbach M. Patent claim decomposition for improved information extraction ［A］//Lupu M, Mayer K, Tait J, et al. Current Challenges in Patent Information Retrieval ［M］. Berlin: Springer, 2011: 197 – 216.

［7］ Nanba H, Anzen N, Okumura M. Automatic extraction of citation information in Japanese patent applications ［J］. International Journal of Digital Library, 2008, 9 (2): 151 – 161.

［8］ Lopez P. Automatic extraction and resolution of bibliographical references in patent documents: Advances in multidisciplinary retrieval ［C］//Berlin: Springer, 2010: 120 – 135.

［9］ Trappey A J C, Trappey C, Wu Chun-Yi. Automatic patent document summarization for collaborative knowledge systems and services ［J］. Jounral of Systems Science and Systems Engineering, 2009, 18 (1): 71 – 94.

［10］ Yang Shih-Yao, Soo V W. Comparing the conceptual graphs extracted from patent claims ［C］//Proceedings of the 2008 IEEE International Conference on Sensor Networks, Ubiquitous, and Trustworthy Computing. 2008: 394 – 399.

［11］ Tseng Y H, Lin C J, Lin Y I. Text mining techniques for patent analysis ［J］. Information Processing and Management, 2007, 43: 1216 – 1247.

［12］ Feng G, Chen X, Peng Z. A rules and statistical learning based method for Chinese patent information extraction ［C］//Proceedings of the 8th Web Information Systems and Applications Conference. IEEE, 2011: 114 – 118.

［13］ Yang S Y, Soo V W. Extract conceptual graphs from plain texts in patent claims ［J］. Engineering Applications of Artificial Intelligence, 2012, 25 (4): 874 – 887.

［14］ 姜彩红, 乔晓东, 朱礼军. 基于本体的专利摘要知识抽取 ［J］. 现代图书情报技术, 2009 （2）: 23 – 28.

［15］ 王曰芬, 徐丹丹, 李飞. 专利信息内容挖掘及其实验研究 ［J］. 现代图书情报技术, 2008 （12）: 59 – 65.

［16］ 于霜. 基于专利引文网络的空间关系可视化研究 ［D］. 大连: 大连理工大学, 2010.

［17］ Mihalcea R, Tarau P. TextRank: Bringing order into texts ［C］ //Proceedings of the 2004 Conference on Empirical Methods in Natural Language Processing. 2004.

［18］ Hou Xin, Ong S K, Nee A Y C, et al. Graonto: A graph-based approach for automatic construction of domain ontology ［J］. Expert Systems with Applications, 2011, 38 （9）: 11958 – 11975.

［19］ Schenker A. Graph theorectic techniques for Web content mining ［D］. Florida: University of South Florida, 2003.

［20］ Wang Wei, Do D B, Lin Xuemin. Term raph model for text classification ［A］ //Li Xue, Wang Shuliang, Dong Zhaoyang. Advanced data mining and applications. 2005, 3584: 19 – 30.

［21］ Markov A, Last M, Kandel A. Fast categorization of Web documents represented by graphs: Advances in Web mining and Web usage analysis ［A］ //Nasraoui O, Spiliopoulou M, Srivastava J, et al. Advances in Web Mining and Web Usage Analysis. Berlin: Springer, 2007, 4811: 56 – 71.

［22］ Gee K R, Cook D J. Text classification using graph-encoded linguistic elements: FLAIRS Conference ［C］ //Proceedings of the 18th International Florida Artificial Intelligence Research Society Conference. AAAI Press, 2005: 487 – 492.

［23］ 王少龙. 基于图结构的中文文本分类研究 ［D］. 西安: 西安电子科技大学, 2012.

［24］ Markov A, Last M. Efficient graph-based representation of Web documents ［C］ //Proceedings of the 3rd International Workshop on Mining Graphs, Trees and Sequences. Portugal, 2005: 52 – 62.

［25］ Church K, Hanks K. Word association norms, mutual information and lexicography ［J］. Computational Linguistics, 1990, 16 （1）: 22 – 29.

［26］ Dunning T. Accurate methods for the statistic of suprise and coincidence ［J］. Association for Computational Linguistics, 1993, 19 （1）: 61 – 76.

［27］ Chang Pi-chuan, Tseng Huihsin, Jurafsky D, et al. Discriminative reordering with Chinese grammatical relations features ［C］ //Proceedings of the Third Workshop on Syntax and Structure in Statistical Translation. Hongkong:, 2009.

［28］ Salton G, Wong A, Yang Chunshu. A Vector Space Model for automatic indexing ［J］. Communications of the ACM, 1975, 18 （11）: 613 – 620.

[29] Salton G, Buckley C. Term-weighting approaches in automatic text retrieval [J]. Information Process Management, 1998, 24 (4): 323 –328.

[30] Vapnik V. The nature of statistical learning theory [M]. 2nd ed. New York: Springer, 1999.

[31] Yan Xifeng, Han Jiawei. gSpan: Graph-based substructure pattern mining [C] //Proceedings of the 2002 International Conference on Data Mining. IEEE, 2002: 721 –724.

[32] Hall M, Frank E, Holmes G, et al. The weka data mining software: An update [J]. SIGKDD Explorations, 2009, 11 (1): 10 –18.

[33] Fan R E, Chang K W, Hsien C J, et al. Liblinear: A library for large linear classification [J]. Journal of Machine Learning Research, 2008 (9): 1871 –1874.

作者简介：

姜春涛 （ORCID：0000 –0001 –8332 –7858），博士后研究者，博士，E-mail：spring_ surge@ 126. com。

一种基于专利文本的技术系统
构成识别方法*

1 引 言

技术具有整体性、层次性和连锁性特征，不同技术之间通过相互协作、配合以系统的形式存在和工作。如果从系统角度出发而不再将视野局限在特定技术的发展变化来研究技术演化，那么研究者可以站在整体层面上来深化对技术演化过程的认识和理解。

然而，当前技术系统构成的识别方法主要是通过领域专家以人工判读的方式获得，难以对技术演化过程中技术系统的发展变化进行量化和深入分析，虽然有学者通过聚类方法形成技术聚簇以反映技术间关联的紧密程度，然而由于技术系统中不同组件的创新活跃程度不同，这些技术聚簇虽然可以反映创新活跃区域内技术间的相互关联，却并不能真正体现出技术系统构成。有鉴于此，本文在对专利文献与技术系统之间关系进行探讨的基础上，提出基于专利摘要的技术系统构成提取方法。

2 技术系统构成的研究现状

虽然有关技术系统构成的探讨由来已久，然而至今尚未形成统一定义，本文将技术系统构成的概念界定如下，技术通常以系统的形式存在，也即不同技术部件通过构架技术组合在一起以完成特定功能，本文将由主要部件整合而成的技术系统整体称为技术系统构成。

当前技术系统构成的识别方法以人工识别为主，如价值网络法（valued network），通过专家对技术系统构成及其变化情况进行识别，以期对破坏性创新现象进行研究[1]，然而人工方法无法对技术演化过程中技术系统构成的发展变化进行量化，从而限制了其应用范围。近年来，文本挖掘技术快速发展，逐步成为技术挖掘的有效工具，B. Yoon[2]等从专利文献中抽取关键词并统计

* 本文系科学技术部项目"面向科技创新的专利信息加工与服务关键技术研究与应用规范"（项目编号：2013BAH21B00）研究成果之一。

这些关键词的出现频率，从而将专利文献转化为关键词向量，进而计算专利之间的距离以建立专利关系网络，并通过网络计量指标来分析技术的发展阶段和规律；Chang Paolong 等[3]对该方法进行改进，他们使用领域专家获取关键词，以更精确地定位专业术语和术语词组，同时对专利网络进行聚类，来分析每个聚类的特点及重要技术；2008 年，Y. G. Kim 等[4]通过抽取专利文本的关键词创建反映专利集合中关键词出现情况的 0 - 1 矩阵，然后以关键词所在专利的最早申请日期为横轴，以出现频次为纵轴创建专利网络图，以揭示技术主题随时间变化的演变趋势。然而当前大多数文本挖掘方法是通过某项技术或者技术集合在数量上的变化来进行技术分析，并没有重视技术之间的相互关系，实际上技术之间并非相互孤立，而是以技术系统结构的形式存在，技术间强度相异的关联关系对技术演化发展态势具有重要影响。

3 技术系统构成的识别方法

3.1 概况

技术在其演化过程中最典型的特征是变化，包括技术部件的变化以及由技术部件组装而成的技术结构的变化，从专利文本角度来说，具体表现在两个方面：①不同阶段术语的变化，包括新术语的产生和旧术语的消亡；②不同阶段术语在专利文本中出现频次以及共现频次的变化。

然而直接对不同阶段专利的术语进行分析却难以识别隐藏其中的技术系统构成，其原因在于：①所有术语并非处于同一水平线上，而是存在上下位关系，直接使用术语共现网络进行聚类，同一聚簇内的节点间可能存在大量上下位关系，从而难以揭示技术系统构成的完整结构；②更重要的是，技术系统构成中各部件的创新活跃程度并不均匀，部分创新活跃区域的突出往往会掩盖处于非活跃区域的系统构成部件，从而使术语共现网络的聚类结果只得到部分技术片段，而无法得到技术系统构成。

因而，本文所提方法着眼于不同时间段之间技术的改变（包括新旧技术更替以及技术间关系的增强减弱），试图对技术变化情况进行聚类，从而识别技术系统构成，该方法具体流程如图 1 所示：

3.2 方法步骤详情

3.2.1 获取专利集合并进行术语抽取

首先确定研究领域并制定检索策略，以获取相关专利的文本信息，并在此基础上进行术语抽取。鉴于专利摘要是对专利创新内容的高度概括，本文选用它作为待挖掘的文本信息；术语抽取方法选用常用的 c - value 方法，该

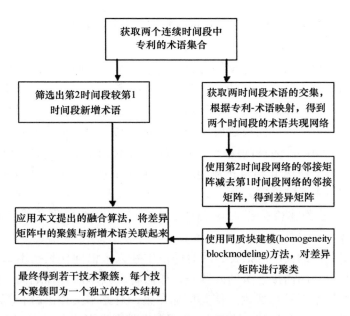

图1 技术系统构成识别方法流程

方法采用规则、统计相结合的策略进行术语抽取，在通过构词规则得到候选术语的基础上，根据术语的 4 个特征（出现频次、包含词汇数量、候选术语作为其他候选术语组成部分的出现频次以及其他候选术语的数量）对候选术语打分，以量化其是真正术语的概率[5]。在具体实现上，本文调用曼彻斯特生物技术学院（Manchester Institute of Biotechnology）所提供的 Web Service 接口对每个专利摘要进行术语抽取，最终得到专利－术语映射，通过术语汇总得到术语集合。

3.2.2　获取连续时间段术语交集的共现网络

选择两个连续时间段，分别汇总其中的专利术语以形成术语集合，对这两个集合求交后，反向投影到这两个时间段的专利－术语映射关系上，得到过滤后的专利－术语映射关系，并基于此形成这两个时间段的术语共现网络。

3.2.3　获得连续时间段术语交集共现网络的差异矩阵

通常使用邻接矩阵表示共现网络，在这里对其加以修正，将术语出现频次作为邻接矩阵对角线元素存放于矩阵中，从而使相邻时间段邻接矩阵的差值不仅反映了术语相互关系的变化情况，也反映了术语自身的频次变化情况。

3.2.4 使用同质块建模（homogeneity blockmodeling）方法，对差异矩阵进行聚类

同质块建模方法是块建模聚类方法的推广，相比原有方法，其在聚类过程中不仅考虑网络节点之间的关联关系，同时考虑关联关系的权重大小。同质块建模方法的聚类思想是：划分到同一块内的节点集合，其相互之间的关系权重彼此接近[6]。同质块建模方法并不要求网络的权重数值必须为正，所以适合对差异矩阵所表征的网络变化情况进行聚类。在同质块建模方法的具体实现上，本文使用 R 语言扩展包 Blockmodeling 所提供的函数进行计算[7]，以初步抽取技术系统构成。

3.2.5 应用本文提出的融合算法，将差异矩阵中的聚簇与新增术语关联起来

除两时间段的共同术语外，后时间段中新兴术语同样是技术系统构成的重要组成部分，因而接下来的问题是，如何将新兴术语合理地插入前面步骤所识别出的技术系统构成内，使其更加完整，对此本文提出融合算法，该算法依据后时间段共现网络中与新兴术语有直接关联的共同术语所处的分块，将新兴术语放入这个分块中。具体实现伪码如下：

将各个划分块序号存入队列 queue

while queue 不为空

   blockID←从 queue 队头取出元素

   blockID_ terms_ queue←查找 blockID 对应块的全部术语

   while blockID_ terms_ queue 不为空

      term←从 blockID_ terms_ queue 取出队头元素

      Result_ set←术语共现网络中与 Term 相连的新节点

blockID 对应块←Result_ set

将 Result_ set 清空

返回

3.2.6 得到由若干术语聚簇所形成的技术系统构成

经过融合算法处理后所得到的术语聚簇，呈核心 – 边缘结构，处于核心位置的聚簇所包含的术语之间关联紧密，反映了某一技术部件及其组成部分，处于边缘位置的聚簇所包含的术语之间关系稀疏，意义不大。将处于核心位置的若干技术聚簇取出，我们可以得到由每个术语聚簇所代表的重要技术部件，所组成了整个技术系统。

4　实证分析

美国是硬盘驱动器技术的发源地和主要技术推动国，美国专利商标局所涵盖的专利信息具有代表性，本文采用美国专利商标局所提供的专利数据，选择硬盘驱动器的薄膜磁头技术为例进行实证分析是基于以下考虑：①薄膜磁头自 20 世纪 80 年代出现以来，一直在磁头技术中占据重要地位，对磁头技术的发展轨迹影响巨大；②该领域的技术生命周期较短，可以在有限时间内充分了解其技术的演化规律；③硬盘驱动器领域历来强调技术保护，重视专利申请，专利信息能够充分反映该领域的技术发展趋势。

4.1　数据获取和处理流程

经文献调研得知，1996 年以后，随着金属薄膜磁头技术的逐渐衰退，新磁头技术及其子技术所形成的技术系统构成日渐崛起[1]，因而研究这一阶段的技术演化过程，对人们深入研究新、旧技术更替过程及其内在规律极具价值。本文选择 1996 – 1999 年、2000 – 2003 年作为第 1、2 时间段，使用美国专利与商标局所提供的专利数据作为实证分析的样本数据，检索策略采用关键词和专利引文相结合的方式，并辅以人工判读，具体过程如下：

第一步，以 ABST/" thin film head" AND APD/1/1/1976 – ＞31/12/2003 作为检索式得到专利 125 项。

第二步，搜索 1976 – 2003 年间与这 125 项专利存在引用或者被引关系的专利，得到专利 1 416 项，最终得到总专利 1 543 项。

第三步，分析 1 543 项专利所形成的专利引文网络，得到 12 个独立元组，其中巨元组包含专利 1 369 项，经判读知其涵盖薄膜磁头及其后续技术的主要演化过程，从这 1 369 项专利中选取申请时间在 1996 – 1999 年、2000 – 2003 年时间段内的专利。

第四步，使用 c – value 方法从专利摘要中抽取术语。经过预处理后得到第 1 时间段术语 191 个，第 2 时间段术语 195 个，两个时间段闭频繁项集交集 101 个，并集 285 个。最终得到第 1、2 时间段术语共现网络见图 2 和图 3，其中节点大小表示术语出现频次，连线粗细表示术语共现频次。

4.2　技术系统构成识别过程

在 4.1 小节工作的基础上，分别抽取两时间段节点交集所组成的子网，并使用第 2 时间段子网的邻接矩阵减去第 1 时间段子网的邻接矩阵，得到差异矩阵，接下来使用同质块建模方法对差异矩阵进行聚类，最终共形成 7 个聚簇，之后使用融合算法将第 2 时间段新兴术语与差异矩阵聚类结果合并，

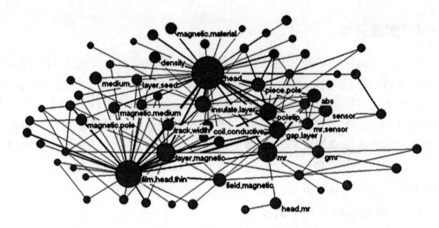

图2　1996－1999 年间术语共现网络

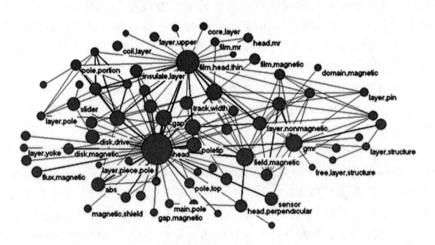

图3　2000－2003 年间术语共现网络

最终得到较完整的技术系统构成，见表1。

4.3　结果分析

事实上，4.2 小节的结果较全面地展现出这一时期磁头技术中的关键技术系统构成，以第 3 聚簇—巨磁阻技术为例，主要由 4 类薄膜材料构成[8]：

（1）自由层（free layer）：作为感应层：它的磁场方向可以根据磁盘的磁模式自由转动。

（2）间隔层（spacer layer）：通常由铜构成，是无磁层（nonmagnetic laye），用于将自由层和钉扎层的磁化分开。

116

（3）钉扎层（pinned layer）：由钴材料构成，通过其邻近的交换层，可以保持固定的磁场方向。

表1　使用融合算法后得到的技术系统构成

聚簇	包含术语		分析结论
1	head pole layer magnetic shield main pole	RIE perpendicular head slider	第2时间段中新出现的关于磁头的重要创新
2	bottom layer pole top layer pole pole portion	thin film coil yoke portion pole layer	磁头技术结构发生变化
3	disk drive ferromagnetic layer magnetic field free lay	spacer layer AP CPP perpendicular head pin layer	巨磁阻磁头（gmr）的核心技术和关键构成
4	省略		半边缘位置组件，无结构
5	insulate layer magnetic layer piece pole	poletip thin film head slider	薄膜磁头及相关组件
6	gap layer	pole layer	创新最活跃区域
7	省略		边缘位置组件，无结构

（4）交换层（exchange layer）：是一个反铁磁材料层，用于修复钉扎层的磁性取向。

同时，在第2时间段关于巨磁阻出现了若干重大技术突破：其一是巨磁阻磁头结构中一种反平行钉扎层技术，也即 AP（antiparallel pinned layer），是用以改进自由层的纵向偏磁，以实现非常高的记录密度；其二是垂直平面电流模式技术，也即 CPP（current-perpendicular-to-plane），应用该技术的巨磁阻磁头可以将磁盘存储密度提升到超过 300G/英寸^2，同时具有高输出、高信噪比和低电阻的特点，因而成为高密度存储的必备技术[9]。

由表1可知，从第3聚簇可以识别出这一时期巨磁阻磁头的重要技术系统构成以及发生在这一技术系统构成内的重大技术突破。然而该方法所识别

117

技术系统构成并不完整，同样以第 3 聚簇为例，其中并不包含交换层组件（exchange layer），经调研发现，两个时间段仅包含两件交换层组件相关专利，从这两件专利的摘要内容得知，它们虽然涉及交换层，但并非对其加以改进，由此可知该组件虽然不可或缺但结构简单、创新空间有限。

5　总结与前瞻

本文基于如下假设——在某技术系统上，经过一定时间的持续创新所累积的专利集合文本中，蕴含着该技术系统构成，提出一套基于专利文本的技术系统构成识别方法，该方法借助专利文本中所包含的术语，通过不同时间段术语间的共现关系和频次变化情况来识别技术系统构成。从实证结果来看，它能够较好地识别出技术演化过程中所产生的重要技术系统及其构成要素。

然而，该方法亦存在局限性，从根本上来说，它是一套基于统计的技术演化研究方法，它以专利摘要作为信息源进行文本挖掘，这就要求体现技术系统构成的术语具有一定的出现频次，术语首先必须出现在专利文本中，其次这些术语需要与技术系统构成的其他部分在专利中存在共现关系，当这两个条件不满足时，就会导致识别结果的不完整，比如巨磁阻技术体系中的交换层，由于它几乎不存在于专利信息中，导致其作为技术系统构成的一个要素无法识别，这也说明基于专利文本信息的技术系统构成识别方法虽然有效，但并不能完全替代专家知识。

此外，本方法具有一定的改进空间，同质块建模方法是一个依据同一分块内的节点连线权重彼此接近的标准，最优化网络中节点划分的过程。然而，对于抽取技术系统构成，更合适的节点划分方法是尽可能将符合同一变化趋势的连线所依附的节点划归为同一分块之中，因而从这一角度来说，该方法仍然有优化空间，这也是笔者下一阶段的研究内容。

参考文献：

[1]　Christensen C. 创新者的窘境［M］. 胡建桥，译. 北京：中信出版社，2010.

[2]　Yoon B. A text – mining – based patent network：Analytical tool for high – technology trend［J］. The Journal of High Technology Management Research，2004，15（1）：37 – 50.

[3]　Chang Paolong，Wu Chaochan，Leu Hoang-Jyh．Using patent analyses to monitor the technological trends in an emerging field of technology：A case of carbon nanotube field e-mission display［J］. Scientometrics，2010（82）：5 – 19.

[4]　Kim Y G. Visualization of patent analysis for emerging technology［J］. Expert System with

118

Application, 2008, 34 (3): 1804 – 1812.

[5] Frantzi K, Ananiadou S, Mima H. Automatic recognition of multi – word terms ［J］. International Journal of Digital Libraries, 2000, 3 (2): 117 – 132.

[6] Ales Z. Generalized blockmodeling of valued networks ［J］. Social Networks, 2007, 29 (1): 105 – 126.

[7] Package 'blockmodeling' ［EB/OL］. ［2014 – 04 – 05］. http: //cran. r – project. org/web/packages/blockmodeling/blockmodeling. pdf

[8] GMR ［EB/OL］. ［2013 – 08 – 05］. http: //www. webopedia. com/TERM/G/GMR. html.

[9] Keiichi N, Arata J, Takahiro I, et al. CPP – GMR technology for future high – density magnetic recording ［EB/OL］. ［2013 – 08 – 05］. http: //www. fujitsu. com/downloads/MAG/vol42 – 1/paper17. pdf.

作者简介：

陈亮，中国科学技术信息研究所助理研究员，博士，E-mail：chenl@ istic. ac. cn；

张志强，中国科学院资源环境科学信息中心主任，研究员，博士生导师。

基于专利技术功效主题词与专利引文共现的核心专利挖掘[*]

1 引 言

随着信息技术的不断进步，对专利文献的简单统计分析不再满足人们的需求，而是需要对专利名称、摘要以及权利说明书等这些信息进行分析和挖掘来获得更深层次的技术知识[1]。尽管全球专利产出量呈飞速增长态势，但M. Schankerman 等通过对欧洲国家 20 世纪 50 年代后的专利价值评估发现专利文献的价值分布并不均衡，约 5% – 10% 的专利文献的价值占据了专利文献总价值的一半[2]。因此，可以通过对专利内容的计量分析，挖掘某一技术领域的核心专利文献，为相关机构或个人的创新活动提供更有针对性的背景技术支撑，同时，也有助于把握技术发展水平，准确预见技术的突破方向与应用领域。

2 核心专利主题挖掘方式和方法

2.1 基于专利外部特征的核心专利挖掘

核心专利是指在某一技术领域中处于关键地位、对技术发展具有突出贡献、对其他专利或者技术具有重大影响且有重要经济价值的专利[3]，通常在一段时间内制造某个技术领域的产品很难规避核心专利。正因为如此，在数量众多的专利之中发掘出核心专利具有重要意义，目前已有不少识别和评价核心专利的方法：①基于专利被引频次的识别方法。D. Harhoff 和 M. B. Albert 等[4-5]很早就指出高被引专利具有更高的价值，可以直接作为识别重要专利的指标。②基于同族专利大小的评价方法。随着寻求专利保护国家数量的增加，专利保护的成本也急剧增加，申请人更愿意为具有经济价值的、高技术质量的发明申请更多的专利保护国家。所以，如果一项技术申请了大量同族

 ＊ 本文系中国科学院西部之光 – 西部博士资助项目"基于内容分析的领域核心专利挖掘及专利权人竞合态势分析方法研究"（项目编号：Y4C0011001）研究成果之一。

专利，可反映出这项技术的重要程度，因此，可借助专利族的大小来确定技术领域的核心专利[6]。③基于权利要求数量的识别方法。专利权利要求书中记载了发明或实用新型的技术特征，是用于确定发明或者实用新型保护范围的法律文件。权利要求书中的每一项权利要求，都是由若干技术特征组合而成的。因此，J. O. Lanjouw 等[7]认为专利权利要求可作为评价专利质量的指标，即专利要求保护的权利要求项越多，专利的技术特征就越多，专利也就相应地越先进或重要。④其他判别方法。美国汤森路透科技集团[8]利用专利诉讼信息来判断专利价值，认为在美国，专利诉讼往往花费大量财力和时间，如果一件专利背后没有巨大的利益冲突，企业不会贸然进行专利诉讼。另外，汤森路透公司还利用美国政府的投资背景和欧洲专利的许可信息来鉴别专利价值。

2.2 基于专利内容的核心专利挖掘

从专利数据中抽取的技术术语能够反映产业技术的概念和特征，简单的统计分析可粗略地反映产业中的主要技术及各技术研究的程度，但是无法反映这些技术之间的关系。随着信息技术的不断进步，人们不再满足于简单的统计分析，希望通过对专利名称、摘要和权利说明书等文本信息进行分析和挖掘来获得更深层次的技术知识[1]。在科学计量领域，对文献内容进行分析的常用方法就是共现分析。共现分析是将各种信息载体中的共现信息定量化的分析方法，以揭示信息在内容上的关联，从中识别和抽取有价值的信息，通常包括共词分析和共引分析两种方式[9]。

1973 年，H. Small 和 I. V. Marshakova 分别提出共被引分析方法[10-11]，其基本定义为：当两篇文献同时被第三篇文献引用时，这两篇文献就存在共被引关系。共词分析采用单个词或词组的共现来描述概念之间的关系[12]。共词分析的原理主要是对一组词两两统计它们在同一篇文献中出现的次数，以此为基础对这些主题词进行聚类分析，从而反映出这些词之间的亲疏关系[13]。经过许多学者的研究，词共现模型被广泛地应用到文本分类、聚类、主题词抽取、文本查重及自动摘要等领域[14]。A. H. Seidel[15] 早在 1949 年就阐述了专利引用的思想，随后 E. Garfield[16] 对专利引用指标进行了研究。J. Michel 等[17]从专利检索报告撰写的角度对专利引用情况进行了深入分析。共引分析更多地应用于探寻科学技术发展的脉络以及利用引用进行各种评价，而共词分析则更多地用于主题挖掘方面。目前，文本聚类方法的不断进步可以使得基于主题词的技术主题挖掘更加合理，得到的结果让没有专利知识背景的专业技术人员和决策人员更容易理解。

2.3 已有研究存在的问题

通过相关研究可看出统计高频技术特征项的方法是简洁有效的技术主题挖掘方法，但在主题聚类过程中，采用高频特征项的共现分析方法，导致相对低频的主题所组成的类团在聚类中被忽略，但这些低支持度、高置信度的技术主题有时会隐含重要的信息。另外，目前常选用关键词、国际专利分类法（IPC）以及其他分类体系（德温特手工代码）作为专利文献的技术特征项，通过聚类分析挖掘技术主题和技术关联，但 IPC 和德温特手工代码这些分类方法具有滞后性，并不能完全满足快速发展的科技主题分类需求，且不易被没有专利分类背景的人员所理解。

M. Callon 等提出等价系数[18]来计算关键词间的关联，等价系数同等地对待高频词汇和低频词汇，反映二者之间的对称关联，但等价系数的共词分析的特征项是同质的，因此无法区分技术主题词和功效主题词，因此并非是最适合于专利的技术功效主题及关联关系挖掘的方法。

3 技术功效主题词与引文共现分析

通过文献同被引分析能够将相同研究主题的文献聚集在一起，发现某领域的热点研究主题，进一步结合社会网络分析方法还可以研究主题之间的关系。文献同被引网络虽然可以发现知识关联和结构的存在，却不能直接反映关联的内容和主题。如果能在文献同被引网络中融入主题词的因素，则通过引文与主题词的交叉共现就能够识别被引网络的研究主题[19]，同时识别相同研究主题的关键专利簇。

专利功效矩阵是专利技术主题分类的常用方法，由于其制作方法和过程深入专利文献内容，因此成为专利技术主题挖掘的有效工具。功效主题词的抽取是动态的，可以克服 IPC 和手工代码分类的滞后性。专利技术功效矩阵是微观分析最常用的一种分析方法，通过专利的阅读将一篇篇专利归入技术手段和功能效果分类中，实现对专利的重新分类。分析专利技术（包括方法、设备和操作原理）及其功效间的对应关系，通过专利数量来有效衡量为提升技术功效而投入的技术力量，从而更明确地揭示提升某一技术功效所必需的技术投入[20]。专利技术功效分析也能通过专利文献反映的技术内容和技术方案的主要技术功能之间的特征研究来揭示技术和功效二者之间的关系，较好地解析专利中较隐晦的信息内容和技术特征，便于人们掌握技术重点或空白点，规避技术雷区[21]。因此，专利技术功效矩阵是涵盖专利技术主题内容的独特形式，通过对专利技术功效主题的深入分析，可以更有效的获取技术与

122

功效以及技术之间的关联度。

由于专利文献不像科技论文那样具有作者给出的关键词，故只能通过文本处理手段获取技术主题词，但通过这种过于专业化的主题词不容易把握总体技术特征及其关联。本文尝试采用技术功效主题词与专利引文的交叉共现挖掘领域核心专利，并进一步与技术主题词－专利引文共现以及专利引文同被引做对比分析，归纳不同核心专利挖掘方法的特征和优缺点。具体实施过程可分为 6 个步骤：①获取专利文献的题名和摘要，并抽取技术主题词；②深入调研技术主题，结合领域专家指导，得到专利功效矩阵框架；③制作技术主题与技术功效矩阵的对照词表，进一步得到技术功效矩阵；④技术功效主题词与专利引文共现分析；⑤技术特征主题词与专利引文共现分析；⑥专利同被引网络分析。

4 实证分析

选取医用显微内窥镜技术与系统领域的专利作为分析对象。首先通过 DII 数据库[22]构造检索式获取分析数据，检索日期为 2012 年 6 月，共得到 2 697 项专利。对专利的题名和摘要进行文本处理，抽取技术主题词，并在此基础上编写词表将主题词进行清洗，最终得到能较好反映领域技术特征的主题词。

4.1 技术功效主题词与专利引文共现

在获取主题词基础上，通过对专利题名和摘要的人工阅读判别以及与领域内专家沟通，将专利数据进行主题划分，将医用显微内窥镜分为 32 个技术及功效主题，其中技术主题词共 20 个，包含一个其他类（Others），功效主题词 12 个，详见表 1。图 1 为利用 Netdraw 软件所做 32 个技术功效主题间的关系，节点大小代表该主题专利数量的多少，连线的粗细表征主题间关系的紧密程度，线越粗代表主题间关系越紧密。从图 1 可看出医用显微内窥镜的技术功效主题分布较为不均匀，image camera（成像镜头）、imaging methods（成像方法）、light/source（光源）和 high-resolution（高清成像）是该领域的核心技术主题，且彼此间有着较强的关系。而 signal/image transmission pipelines（信号传输管道）、manufacturing method（制造方法）、operation methods（操作方法）、energy efficiency（节省能源）和 good color-reduction degree（高色彩还原度）在网络中形成了孤立节点。

表1 显微内窥镜的技术功效主题词

技术功效主题词	频次	技术功效主题词	频次	技术功效主题词	频次
Image Camera	765	Cost Reduction	88	Display Device	25
Imaging Methods	461	S/N Enhancing	81	Position/Distance Measurement	22
Light/Source	452	Image Display	72	Miniaturization	20
High-resolution	435	Convenient Structure	67	Reduce Trauma	20
Magnification	285	Sight-View Improving	47	Signal/Image Transmission Pipelines	19
Work Station	194	General Structures	45	Manufacturing Method	12
Picking up Circuits	188	Others	41	Operation Methods	10
Probe	152	Mannufacturing Materials	39	Long Working Distance	7
Imaging Sensors	146	Easy Accessibility	33	Energy Efficiency	5
Image Processing	136	SurgicalInstruments	32	Good Color-reduction Degree	3
Fast Imaging	125	Optical Properties Improving			

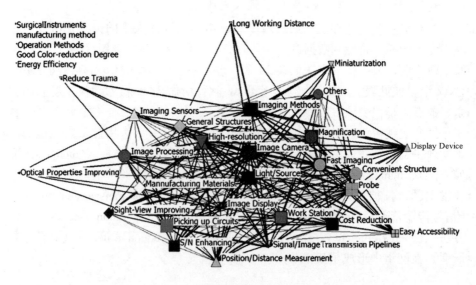

图1 技术功效主题共现网络

高被引专利通常被认为具有更大的创新性，因此也是选取核心专利的途径之一。取被引频次≥6的182篇专利引文作为分析对象。表2列出了专利与标引主题词共现频次≥7的共现对，共有18个，随着共现频次的递减，有着相同共现值的共现对数量迅速增加。从表2中可以看到，被引专利和标引主题词共现频次与专利被引频次、技术功效主题词频次有直接的关系，高被引专利和高频技术功效主题词容易形成较高的共现频次，在共现频次≥7的18个共现对中，排名前27位的被引专利有15个，技术功效主题词共5个，且均为排名前5的主题词，但共现主题词频次与主题词的绝对频次排序有所改变。

表2 技术功效主题词－专利引文共现

序号	专利引文	技术功效主题词	共现频次	引文频次	词频
1	JP 9090244	high Resolution	13	14	435
2	US 4312572	Image Camera	9	11	765
3	US 6485413	Imaging Methods	8	22	461
4	US 5120953	Imaging Methods	8	20	461
5	US 4841977	High Resolution	8	10	435
6	US 4951677	High Resolution	8	10	435
7	US 4312572	Magnification	8	11	285
8	US 5120953	Image Camera	7	20	765
9	US 4781448	Image Camera	7	10	765
10	US 5321501	Imaging Methods	7	15	461
11	US 5459570	Imaging Methods	7	15	461
12	US 6485413	Light/Source	7	22	452
13	US 5120953	High Resolution	7	20	435
14	US 4917097	High Resolution	7	11	435
15	US 5000185	High Resolution	7	10	435
16	US 3938502	High Resolution	7	10	435
17	US 4494549	High Resolution	7	10	435
18	US 4587972	High Resolution	7	10	435

为展示交叉共现和同被引共被引分析的差异，对 182 篇专利引文获取其共现矩阵，表 3 列出了共现频次 ≥7 的共现对中的 20 项高被引专利。

表 3 TOP20 高被引专利

序号	引文	频次	序号	引文	频次
1	US 6485413	22	15	US 4917097	11
2	US 5120953	20	16	US 4312572	11
3	US 6294775	16	17	US 4841977	10
4	US 5321501	15	18	WO 9838907	10
5	US 5459570	15	19	US 4951677	10
6	US 6069698	15	20	US 5000185	10
7	JP 9090244	14	21	US 5295477	10
8	US 5034613	13	22	US 5603687	10
9	US 6134003	13	23	US 5749830	10
10	US 6370422	13	24	US 3938502	10
11	US 4364629	13	25	US 4494549	10
12	US 2001055462	12	26	US 4587972	10
13	US 5742419	12	27	US 4781448	10
14	US 4862873	11			

获取 182 * 32 的技术功效主题词－专利引文交叉共现 2 模矩阵，并利用 Netdraw 软件对其进行可视化展示，将技术功效主题词－专利引文矩阵生成二部 2 模图，见图 2。其中圆点是标引主题词，方点是专利文献。

图 2 形成以 high-resolution、imaging methods、image camera、picking up circuits、light/source、probe、magnification、fast imaging、work station 和 image processing 这 10 个主题词为类团的专利共现，很大程度上代表了当前医用显微内窥镜技术和系统的专利保护的主题。其中，主题词 high-resolution 有着最高的网络度数，说明明 high-resolution 是医用显微内窥镜领域最要功效主题。技术主题词 maging methods 和 image camera 也具有较高的网络度，说明成像方法和成像镜头是医用显微内窥镜重要的技术主题。同时可以看到 high-resolution，imaging methods、image camera 之间存在为数不少的连接这 3 个技术功效的专

126

利。不难理解，imaging methods 的提高及 image camera 制作材料及工艺的提高是 high-resolution 功效提高的前提。除去叶子节点，位于主题词间的专利节点都是具备两个或多主题的专利文献。由此可见，通过分析连接功效和技术的重要专利文献，可以有效发掘功效对应的技术主题或者技术主题达成的功效，同时可以找到具备相同专利功效的专利簇。

专利 US 6294775 不是引用次数最高的专利，但在交叉共现网络的专利中具有最大的网络度，该专利与 high-resolution、imaging methods、image camera 以及 picking up circuits 都有较强的共现强度，说明该专利的内容涉及这几个主题词的权重较大，也可看出，除了 imaging methods 和 image camera 外，picking up circuits 技术和系统的改良也可以提高 high-resolution。被引次数最高的专利 US 6485413 与主题词，high-resolution，imaging methods，image camera probe 以及 light/source 有着强度较大的共现关系，可见该专利文献涉及 imaging methods，image camera probe 以及 light/source 技术主题，同时这几个主题对提高 high-resolution 功效有重要意义。

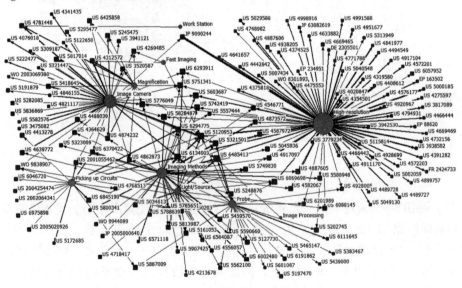

图 2　技术功效主题词 – 专利引文共现（共现频次 ≥4）

4.2　技术特征主题词与专利引文共现

由于技术功效主题词的数量有限，并不能详细展示专利的技术特征，因此需进一步对从专利文献直接抽取的技术主题词与专利引文的共现做对比分

127

析，见图3。在专利－技术特征主题词共现生成的2模网络图中，被引专利通过技术主题词的传递形成了间接的专利同被引网络，技术主题词既是某些专利文献间接同被引的连结点也是某些专利文献的过滤器。方点为专利号，圆点为专利技术主题词，节点越大表示相应主题特征的专利数量越多。从图3中可以看出，high-resolution 和 probe（成像探头）是众多专利的技术主题词。这种可视化方式可以提供专利较为详细的技术主题词，节点的相互连接，可以反映技术主题间的关联度。

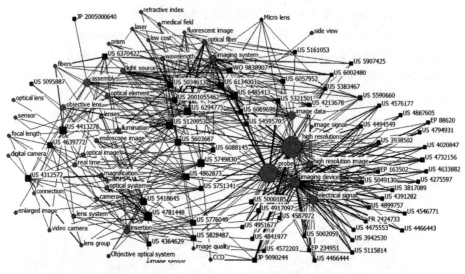

图3　专利－主题词共现网络

4.3　专利同被引网络

利用 Netdraw 对 182 篇专利做同被引共现图（共现频次≥8），见图4。专利共现网络以 US 3938502 为连结点形成两个最大的聚类簇，而专利 US 3938502 并不是被引频次最高的专利（被引频次为10）。换言之，交叉共现提供了与专利同被引不一样的信息，因此有可能没有发现重要的专利文献。在图2中，专利 US 3938502 则仅仅与主题词 high-resolution 形成了强共现关系，在一定的共现阈值下并没有形成网络的中心。其原因可能是，因为主题词的区分和限定，原本在类团间发挥连接作用的专利同被引关系消失或者减弱了。因此，尽管交叉共现的方式可以较好地对核心专利做出分类，且技术主题关联也比较直观，但交叉共现方式与专利同被引相比，由于分析方式的不同，在过滤掉一部分专利引文的同时，也可能遗漏了重要的核心专利类团。

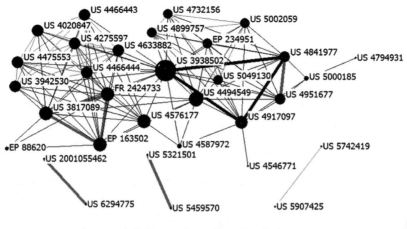

图4 专利引文共现网络（共现频次≥8）

5 结 论

本文在对当前专利计量和核心专利挖掘方法进行分析的基础上，通过专利技术功效主题词与被引专利的共现分析，挖掘核心专利簇。以医用显微内窥镜领域专利为例做实证分析，以可视化的形式比较3种方式在挖掘核心专利方面的不同点和各自的优势、不足。分析表明：技术功效主题词与专利引文的共现方法与直接共现相比，增加了主题标识，可以直观识别被引专利的技术功效特征。同时，使得具有相同标引主题词的被引专利具备相似的技术特征和达成功效，从而得到价值更大的核心专利簇，而不是单一的专利文献。另外，不同的技术功效主题词通过专利引文交叉共现，可以识别不同技术主题的关联度以及技术领域内的功效特征。但与技术主题词共现相比，技术功效与引文共现的聚类效果更明显，但技术特征不够详细。与引文共现相比，主题特征更为明显，但在过滤掉部分专利引文的同时，也可能遗漏了重要的隐形核心专利类团。因此，采用直接共现和交叉共现的双重分析方式，能使核心专利主题挖掘更为完整。

参考文献：

［1］ 邱洪华，余翔. 基于 k-means 聚类算法的专利地图制作方法研究［J］. 科研管理，2009，30（2）：70 - 76.

［2］ Schankerman M, Pakes A. Estimates of the value of patent rights in European countries during the post-1950 period［J］. The National Burrau of Economic Research, 1985

（7）：1 - 35.

［3］ 韩志华. 核心专利判别的综合指标体系研究［J］. 中国外资，2010（4）：193 - 196.

［4］ Harhoff D, Narin F, Scherer F M, et al. Citation frequency and the value of patented inventions［J］. Review of Economics and Statistics, 1999, 81（3）：511 - 515.

［5］ Albert M B, Avery D, Narin F, et al. Direct validation of citation counts as indicators of industrially important patents［J］. Research Policy, 1991, 20（3）：251 - 259.

［6］ 孙涛涛，唐小利，李越. 核心专利的识别方法及其实证研究［J］. 图书情报工作，2012, 56（4）：80 - 84.

［7］ Lanjouw J O, Schankerman M. Patent quality and research productivity：Measuring innovation with multiple indicators［J］. The Economic Journal, 2004, 114（495）：441 - 465.

［8］ Reuters T. 怎样寻找核心专利? ［EB/OL］.［2013 - 07 - 17］. http://www. thomsonscientific. com. cn/searchtips/tisearchtips/tisearch07/.

［9］ Law J, Bauin S, Courtial J P, et al. Policy and the mapping of scientific change：A co-word analysis of research into environmental acidification［J］. Scientometrics, 1988, 14（3）：251 - 264.

［10］ Small H. Co-citation in the scientific literature：A new measure of the relationship between two documents［J］. Journal of the American Society for Information Science, 1973, 24（4）：265 - 269.

［11］ Marshako I V. System of document connections based on references［J］. Nauchno - Tekhnicheskaya Informatsiya Seriya 2 - Informatsionnye Protsessy I Sistemy, 1973（6）：3 - 8.

［12］ Qin He. Knowledge Discovery through co-word Analysis［J］. Library Trends, 1999, 48（1）：133 - 159.

［13］ 崔雷，郑华川. 关于从 MEDLINE 数据库中进行知识抽取和挖掘的研究进展［J］. 情报学报，2003, 22（4）：425 - 433.

［14］ Matsuo Y, Ishizuka M. Keyword extraction from a single document using word co-occurrence statistical information［J］. International Journal on Artificial Intelligence Tools, 2004, 13（1）：157 - 169.

［15］ Seidel A H. Citation system for patent office［J］. Journal of the Patent Office Society, 1949（31）：554 - 567.

［16］ Garfield E. Patent citation indexing and the notions of novelty, similarity, and relevance［J］. Journal of Chemical Documentation, 1966, 6（2）：63 - 65.

［17］ Michel J, Bettels B. Patent citation analysis：A closer look at the basic input data from patent search reports［J］. Scientometrics, 2001, 51（1）：185 - 201.

［18］ Callon M, Courtial J P, Laville F. Co-word analysis as a tool for describing the network of interactions between basic and technological research：The case of polymer chemsitry

　　　　　　　　[J]. Scientometrics, 1991, 22 (1): 155 – 205.

[19]　王林，冷伏海. 学术论文的关键词与引文共现关系分析及实证研究 [J]. 情报理论与实践, 2012, 35 (2): 82 – 86.

[20]　方曙，张娴，肖国华. 专利情报分析方法及应用研究 [J]. 图书情报知识, 2007 (4): 64 – 69.

[21]　陈颖，张晓林. 专利技术功效矩阵构建研究进展 [J]. 现代图书情报技术, 2011 (11): 1 – 8.

[22]　Derwent innovations index [EB/OL]. [2014 – 01 – 20]. http://wokinfo.com/training_ support/training/derwent-innovations – index/.

作者简介：

　　许海云，中国科学院国家科学图书馆成都分馆助理研究员，博士，E-mail：xuhy@ clas. ac. cn；

　　岳增慧，中国科学院国家科学图书馆成都分馆、中国科学院大学博士研究生；

　　雷炳旭，中国科学院国家科学图书馆成都分馆、中国科学院大学硕士研究生；

　　方曙，中国科学院国家科学图书馆成都分馆研究员，馆长，博士，博士生导师。

多数据源协同下的专利
分析系统构建[*]

1 引 言

专利信息分析离不开高效分析工具的支持。分析方法、分析工具的合理使用是决定信息分析水平、效率以及信息分析质量和效益的重要因素。由于各个国家地区专利制度上的差异，引起专利数据格式、内容、表示上的差异，给企业专利信息的分析利用造成不小的障碍。因此，开展多数据源协同下的专利分析，有利于扩大国内企业专利信息利用的范围，获取更多有效的技术情报。同时，结合智能化的信息处理技术，最大程度地减轻人工处理的复杂度，对于企业开展知识产权管理和应用，推动整个国家知识产权战略的实施具有积极的促进作用。

2 研究背景

目前，国内外较为成熟且商品化的专利分析工具有几十种，分别实现专利数据监测、采集、清洗、加工标引、著录项目统计、文本挖掘和信息可视化等功能。如由国内软件公司设计，面向国内中小企业用户，主要实现专利采集、清洗和标引的专利采集加工工具[1-4]；由国外情报研究机构设计，面向高校和科研院所，主要实现文本挖掘和可视化的专利挖掘工具[5-9]；由国外数据集成服务商提供，主要提供数据检索和在线分析的专利检索平台[10-15]等。

尽管专利分析的软件工具种类多样，功能丰富，但限于国外相关工具在价格、知识产权、出口限制等方面的约束[16]，在一定程度上限制了国内用户的选择范围。为此，近年来国内专利分析工具的研发得到了较快的发展，但仍然存在以下不足：①国内专利分析工具在文本挖掘和可视化方面的功能有限，知识挖掘程度浅；②对于专利著录项目以外的法律状态信息、同族信息、

* 本文系国家自然科学基金项目"基于语义 triz 的新兴技术创新路径预测研究"（项目编号：71373019）和国防科技情报项目（项目编号：Q172011A001）研究成果之一。

引文信息的处理、分析和利用不足，数据融合度不高；③缺乏统一规范的专利加工和分析流程。为此，在国家科技重大专项"高端通用芯片知识产权分析与评估"项目研究基础上，本文构建多数据源协同专利分析系统，针对中国、美国、欧洲、世界知识产权组织的专利著录信息、法律状态信息、同族信息、专利引文信息，实现专利监测、采集、清洗、筛选、智能筛选、分类、智能分类、标引、查询/搜索、统计、文本挖掘、信息可视化和自动报告等功能。

3　系统分析与设计

3.1　系统体系架构

系统采用 C/S 架构，以 C# + Sql Server 组合进行开发设计。系统由专利数据监测、数据清洗、数据加工、数据挖掘等 4 个模块组构成，后台业务数据与元数据独立存储、分别管理。专利数据监测主要实现针对中国、美国、欧洲、世界知识产权组织的专利申请信息、授权信息、法律状态信息、专利权转移信息、同族专利信息、引证信息的监测，发现各类信息的异动，定向采集、定向发布给指定用户；数据清洗引擎基于元数据中各数据源存储特征进行数据的清理，进而提取结构化与非结构化的数据入库；数据加工模块提供给用户对数据进行二次加工的接口，如专利相关性筛选、技术类别划分、专利数据标引等，实现附加信息的二次增值；数据挖掘模块提供基本统计、文本挖掘、可视化等分析手段，并提供分析报告的自动生成功能。业务数据包括用以完成专利分析任务的项目数据、专利采集数据、二次加工数据以及用以进行系统维护和授权的系统设置数据、用户数据，元数据包括各类数据源的存储特征数据、分析用的字典数据等内容。多数据协同专利分析系统架构如图 1 所示：

3.2　多数据源协同机制

多数据源协同专利分析系统，对来源于不同数据源的异形、异构数据的管理和分析利用是基于数据库结构设计与数据库中存储的关于各数据源特征的元数据来实现的。数据库结构关系见图 2。

3.2.1　数据采集协同

• 著录项目与专利原文采集的协同。著录项目与专利原文采集的过程，实际是计算机模拟专利检索人员进行数据检索的过程：即"输入检索条件，向服务器发送检索请求，获取检索结果的专利号列表，依次点击列表中的专利，查看专利详细著录项目，打开专利原文"。模拟过程中，针对不同的数据

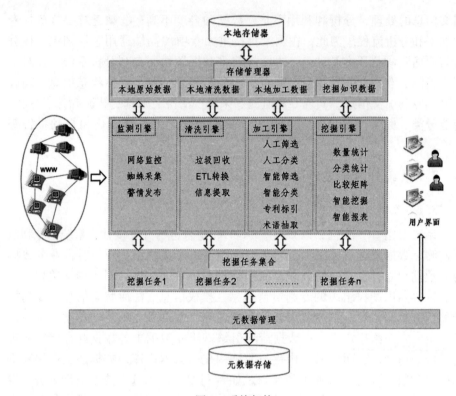

图 1　系统架构

源调用数据库"方案表"中数据源特征信息与服务器进行交互(方案表的设计见图 3)。其中最重要的是各数据源的检索入口地址,与服务器交互的方式(GET 或 POST),以专利号向服务器发送检索请求的入口地址。其中还包括了用于进行专利号、列表页数、原始著录项目提取所使用的正则表达式。

采集下来的原始专利著录项目以 HTML 格式存储,需要对其进行信息提取。首先,计算机根据专利号的书写规则判断数据来自哪个数据源,然后调用数据库中"提取用正则表达式"表中对应数据源信息提取所应用到的正则表达式,进行相关数据的提取,其中包括专利说明书原文所在的网络路径,提取结果统一存储到一个大表中。"提取用正则表达式表"的设计见图 4。

● 专利法律状态采集的协同。各国专利法律状态信息的获取方式不同,中国有专门的法律状态数据库;欧洲专利的法律状态信息通过附加在专利号后面的字符进行区分;美国专利的法律状态在申请库中通过法律状态字符进

134

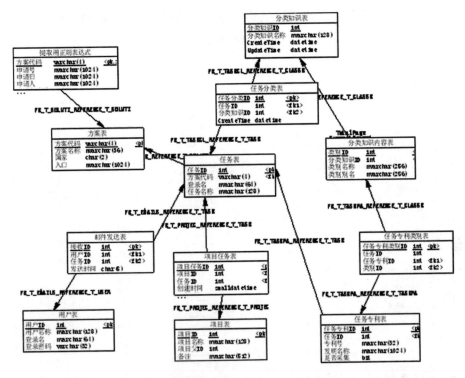

图 2　多数据源协同专利分析系统核心数据表的结构关系

	Name	Code	Data Type	Length	Precision	P	F	M
1	方案代码	SolutionCode	varchar(4)	4		☑		☑
2	方案名称	SolutionName	nvarchar(36)	36				
3	国家	Country	char(2)	2				
4	检索入口	Entrance	nvarchar(1024)	1024				
5	检索条件post地址	UrlUsedForRetrieval	varchar(1024)	1024				
6	检索条件GET或Post	GetOrPostByRetrieval	varchar(1)	1				
7	页码位置	PagePositionRegulation	nvarchar(256)	256				
8	专利号post地址	UrlUsedForPatentNumber	varchar(1024)	1024				
9	专利号GET或Post	GetOrPostByPatentNumber	varchar(1)	1				
10	专利号的位置	PatentPosition	varchar(512)	512				
11	法律状态入口	UrlLawStatus	varchar(1024)	1024				
12	法律状态GET或POST	GetOrPostByLawStatus	varchar(1)	1				
13	法律状态专利号的位置	PatentPositionInLawStatus	varchar(512)	512				
14	总页数正则表达式	TotalPageRegulation	nvarchar(512)	512				
15	总专利数正则表达式	TotalPatentRegulation	nvarchar(512)	512				
16	专利号列表正则表达式	PatentListRegulation	nvarchar(4000)	4000				
17	原始信息提取正则表达式	RawInfoRegulation	nvarchar(4000)	4000				
18	创建时间	CreateTime	smalldatetime					
→	更新时间	UpdateTime	smalldatetime					

图 3　方案表结构

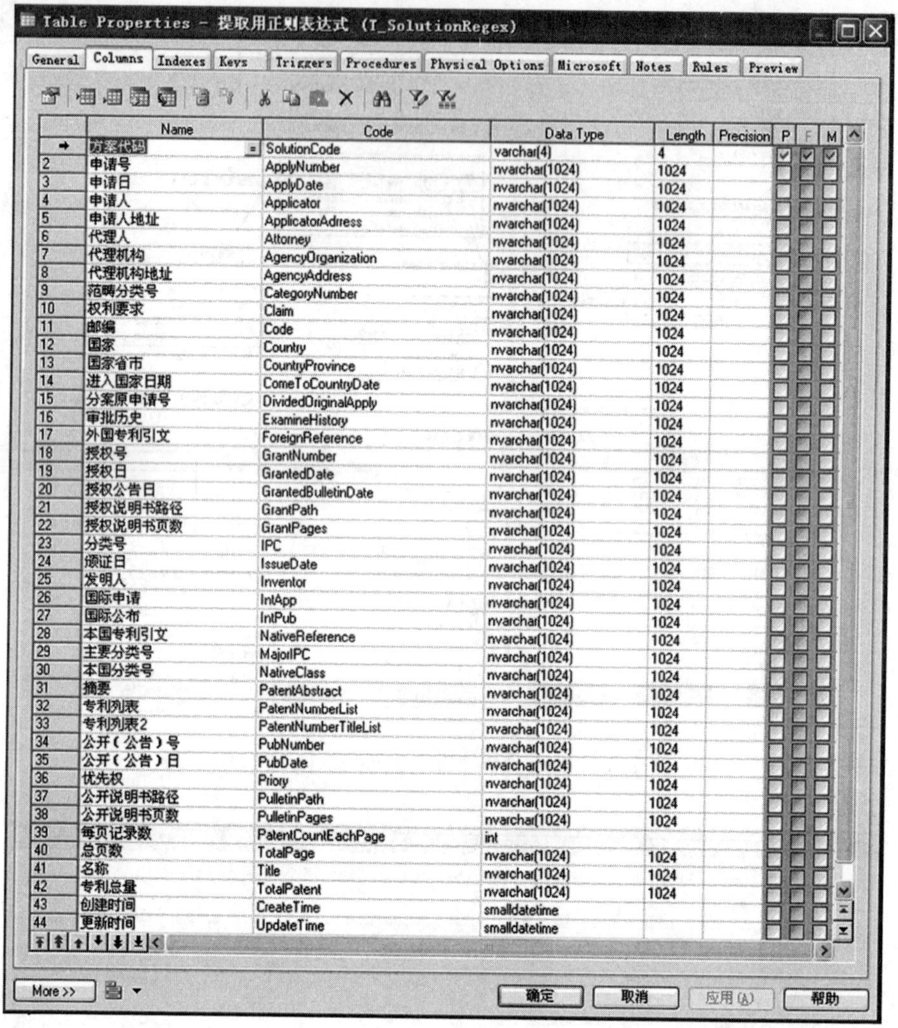

图4　存储各数据源著录项目提取用的正则表达式表结构

行区分，在授权库中则统一为"授权"状态。因此，对法律状态采集的协同不能仅通过著录项目那种统一的采集方案进行，而需要针对各数据源分别编写采集函数。

- 同族专利采集的协同。每一件专利对应若干同族专利，由世界知识产权组织的检索网站提供。因此，同族专利采集的协同，实际上是在专利著录项目采集获取专利号之后，再由计算机到世界知识产权组织的网站进行采集，采集过程与著录项目采集类似，只是数据源唯一，相关参数写入到代码中。

136

• 专利引文采集的协同。除中国专利外，每一件专利对应若干引用专利。在进行专利著录项目采集时，引用专利存储在服务器返回的原始著录项目中，只是提取后的内容存储到单独的专利引文信息表中。

3.2.2 数据分析协同

一个专利分析或专利加工项目，往往涉及多个国家、多种类型的专利数据。因此，系统对于专利数据的利用，以项目为单位，每个项目由若干任务组成，即一对多的关系；任务与检索条件一一对应，每个任务下包含来自一个数据源的任意多个专利，即一对多的关系；每个任务根据其数据的来源设定任务所采用的解决方案，即一对一的关系；同时，每个任务与技术分类体系之间构成一对多的关系，即每个任务下的专利可以分别划分到不同技术分类体系下的不同技术类别里。项目、任务、方案、专利和技术分类等系统核心数据表的结构关系见图2。

3.3 系统业务功能阶层

从业务功能来说，多数据源协同专利分析系统由7个功能组构成，如图5所示。这些功能组中又可以进一步提炼为8个核心功能点，分别为：

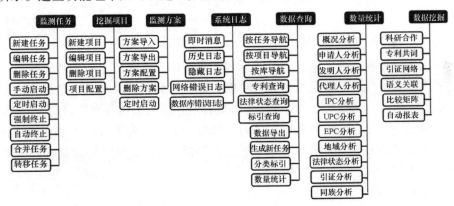

图5 系统业务功能阶层

3.3.1 专利监测与采集

针对中国、美国、欧洲、世界知识产权组织官方网站发布的专利信息，按指定的检索条件生成监测任务，按用户指定的时间对数据变化情况进行监测，发现数据的变化情况，并将监测结果发送到指定的邮箱。对于监测到的专利，按照用户设定的采集内容，如网页、专利著录项目、摘要、专利法律状态、专利同族专利信息、专利引文信息、原文进行采集或更新采集。如图6

所示：

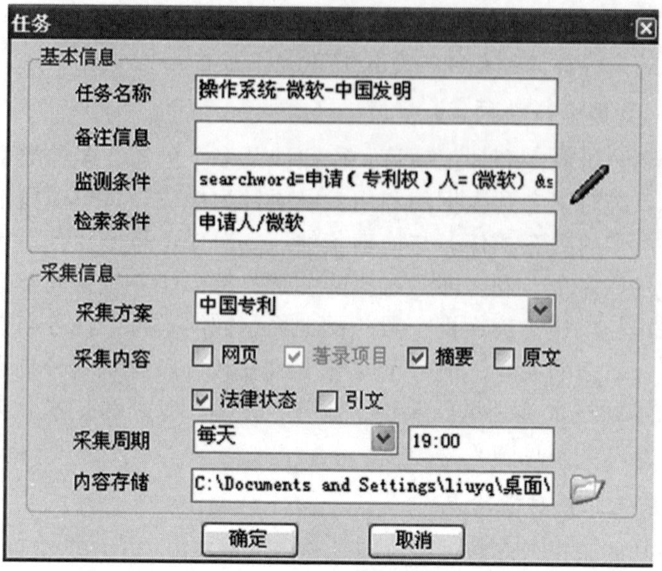

图 6　监测采集任务编辑页面

3.3.2　专利筛选

采集的专利是否是用户想要的专利，或者说，采集的专利是否满足用户的要求，系统专门设置了专利筛选功能，根据专利的著录项目，通过标记专利的已读状态、相关状态进行相关专利的筛选，达到去伪存真的目的。同时，为了减轻专利筛选过程中工作人员的工作量，系统结合了文本聚类算法，通过聚类结果的关键词来辅助确定专利是否为相关专利，从而达到辅助筛选的目的（见图 7）。

3.3.3　专利分类

按照事先设定好的分类标准，建立分类树，形成分类知识，对经过筛选的专利进行分类，把专利划分到某个或某些类别下，同时，为了减轻专利分类过程中工作人员的工作量，系统结合了文本分类算法，利用已经做过分类的专利进行训练，然后利用文本分类算法将某个专利最有可能的分类结果推荐给用户，从而达到辅助分类的目的（见图 7）。

3.3.4　专利标引

由于专利的技术特殊性、表达方式的模糊性，导致对专利数据理解与利用上的困难，专利标引被认为是解决这一问题的行之有效的办法。系统提供

138

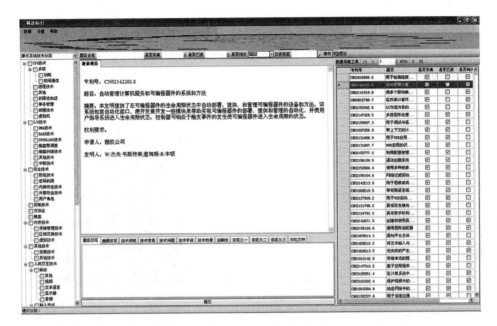

图 7　专利筛选、分类、标引界面

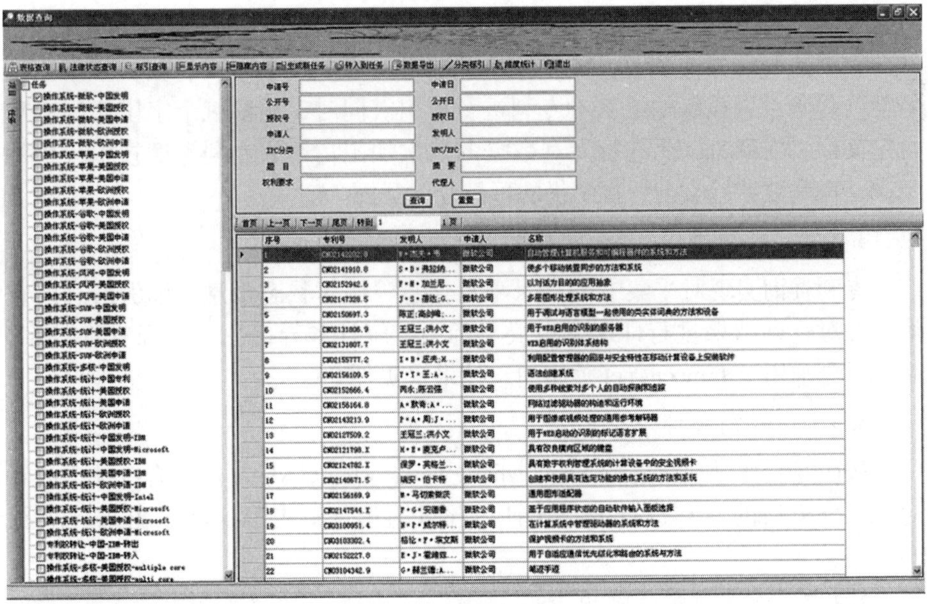

图 8　专利查询界面

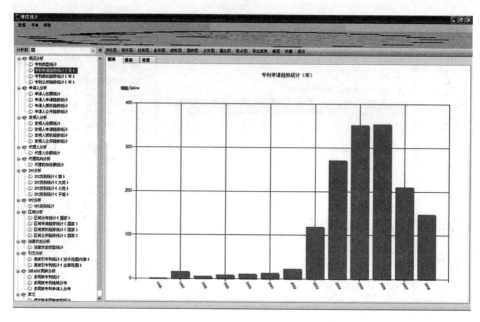

图9　专利统计界面

了人工对专利进行标引的操作接口，在相关技术人员阅读和理解专利内容后，从"题目改写、摘要改写，技术领域、技术问题、技术手段、技术效果、创新性"等角度以简练的语言对专利进行标引。同时，预留三个字段作为专利自定义标引内容，以此进行专利数据的二次加工，作为专利深度技术分析的基础，提高数据检索与分析结果的可靠性（见图7）。

3.3.5　专利查询

专利查询实现对采集专利著录项目信息、法律状态信息、标引信息的查询，并对查询结果进行即时的分类、标引、统计和导出。为增强查询效率，系统后台采用了 Luncen. net 搜索引擎技术（见图8）。

3.3.6　专利统计

按照专利著录项目进行 who、what、how、when、where 的组合统计，或者对手工分类后的专利进行分类统计，并以图形、报表形式展示出来（见图9）。

3.3.7　文本挖掘与可视化

利用文本挖掘技术对专利进行分词，构造专利向量空间模型，从词的角度计算专利申请机构、发明人之间的技术关联强度，进而结合社会网络可视

140

化技术进行关联结果的可视化输出。同时，应用社会网络可视化技术对专利申请机构、发明人、地区的合作关系和引证关系进行可视化。可视化图形简洁，易于理解，可直接生成演示文稿与报告文档。如图 10 所示：

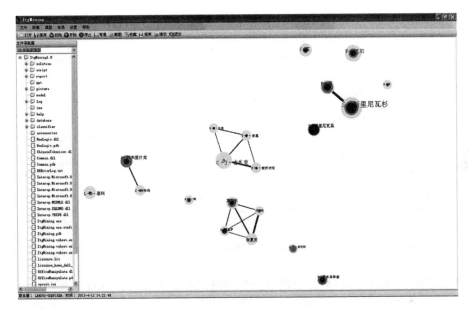

图 10　文本挖掘与可视化界面

3.3.8　自动报告

用户在进行专利统计、文本挖掘和可视化过程中，对感兴趣的图形和表格等分析结果进行"收藏"，后台采用类的序列化将"收藏"结果存储到一个数据文件中，之后用户再进行批处理，系统调用微软 Office VBA 组件，将数据文件中的分析结果直接输入到 Word 和 PowerPoint 中，供用户撰写报告、演示结果等。

4　结　论

本文构建了一个对异形、异构专利数据管理进行和分析利用的软件工具，该工具实现了对中国、美国、欧洲、世界知识产权组织等国家或组织的专利著录信息、法律状态信息、同族信息、专利引文信息进行监测、采集、清洗、筛选、分类、标引、查询、统计、文本挖掘、信息可视化和自动生成报告等功能。该系统具有一定的用户群，而且还在不断地升级与完善，经过海量数据库的测试，系统运行稳定。未来将继续扩大数据源的选择范围，提高数据智能化处理技术，完善系统的整体功能。

参考文献：

［1］ PatentEX 专利信息创新平台［EB/OL］．［2012－01－01］．http：//www. dawei-soft. com/Production/Demo/PatentEX. htm.

［2］ HIT_ 恒库［EB/OL］．［2012－01－01］．http：//www. all－patent. com/product/hit/hit－2. html.

［3］ BizSolution［EB/OL］．［2012－01－01］．http：//www. bizsolution. com. cn/Product/PatentSearch. aspx.

［4］ PatentGuider［EB/OL］．［2012－01－01］．http：//www. csip. org. cn/col/ipzszx/2008/5/9/08590HDKDJK538DI7FJC1. html.

［5］ True－Teller［EB/OL］．［2012－01－01］．http：//www. trueteller. net/textmining/patent/.

［6］ BioWisdom. OminiViz［EB/OL］．［2012－01－01］．http：//www. biowisdom. com/content/omniviz.

［7］ Thomson Data Analyzer［EB/OL］．［2012－01－01］．http：//science. thomsonreu-ters. com. cn/productsservices/TDA/.

［8］ STN AnaVist［EB/OL］．［2012－01－01］．http：//www. cas. org/products/anavist/index. html.

［9］ Davidson G S, Hendrickson B, Johnson D K, et al. Knowledge mining with VxInsight：Discovery through interaction［J］. Journal of Intelligent Information Systems, 1998, 11（3）：259－285.

［10］ 汤姆森开发新的知识产权分析工具 Thomson Innovation［J］. 现代图书情报技术，2008（5）：101.

［11］ 陈燕，邓鹏，李芳. AUREKA 信息平台介绍［J］. 中国发明与专利，2007（5）：63－65.

［12］ 徐勇. Delphion 知识产权网站专利信息检索［J］. 现代图书情报技术，2001（5）：46－47.

［13］ LexisNexis［EB/OL］．［2012－01－01］．http：//www. lexisnexis. com/en-us/prod-ucts/total-patent. page.

［14］ QUESTEL［EB/OL］．［2012－01－01］．http：//www. questel. orbit. com/.

［15］ 赵旭，唐恒. 中外四大专利分析软件的功能概述及综合比较［J］. 图书情报研究，2010，3（4）：50－54.

［16］ 刘玉琴，彭茂祥. 国内外专利分析工具比较研究［J］. 情报理论与实践，2012，35（9）：120－124.

作者简介：

汪雪锋，北京理工大学管理与经济学院副教授，E-mail：wxf5122@gmail.com；

王有国，北京理工大学管理与经济学院博士生，高级政工师；

刘玉琴，北京印刷学院绿色印刷包装产业技术研究院副研究员，博士后。

有效专利失效速率测度方法研究[*]

随着创新型国家建设步伐的不断加快和自主创新能力的日益提升，我国专利申请数量持续增长。专利申请和授权数量迅猛增长的同时，专利质量和价值的考察成为人们关注的问题。有效专利指尚在法律保护范围内的专利。按照各国专利法的规定，专利权人只有缴付年费（且年费金额通常随年份递增）才能维持专利有效，否则将被视为放弃专利权。通常而言，只有当专利权的预期收益大于专利年费成本时，专利权人才会继续缴纳专利年费，或以其他更高成本（如诉讼维权）保持专利的有效性。这种情况下，该专利技术必定具备一定技术水平和市场价值，或者对专利权人的自身发展有战略性影响。因此，有效专利维持水平可以在一定程度上衡量某专利的重要性和技术水平[1-2]。

目前，对于专利权人的有效专利维持水平的分析多采用持有数量、维持年限和失效专利寿命等静态指标。这些指标尚不足以反映有效专利的动态过程，故不能精确反映有效专利的真实存在，不能客观反映出专利权人拥有专利技术的质量及持久性。因此，本文构建了跟踪式有效专利存量变化率计算模型，并在此基础上提出专利失效速率的测度指标——专利失效系数。

1 关于有效专利存量的现有研究

1.1 专利有效性及其动态特征

有效专利是指截至报告期末专利权仍处于维持有效状态的专利[3]。专利的失效有多种情况。以我国为例，根据专利法规定，专利权失效原因包括：①因专利保护期限届满而自然终止；②专利权人未按期缴纳年费致使专利权失效；③获得专利授权后，有人提出专利不符合专利法的规定而被国家知识产权局宣告无效。由此可见，专利权的有效性是动态变化的。因而有效专利

---

　* 本文系中国科学院知识产权专项工作"中国科学院知识产权信息服务"（项目编号：KFJ-EW-STS-032）和中国科学院西部之光-西部博士项目"基于内容分析的领域核心专利挖掘及专利权人竞合态势分析方法研究"（项目编号：Y4C0011001）研究成果之一。

量也是一个随统计时点变化的动态数量：一方面，各种原因导致的专利失效引起了专利有效数量减少；另一方面，新获授权专利带来了有效专利量的增长。

1.2 有效专利存量研究

为反映出有效专利量的动态变化过程，学者们开始关注有效专利存量指标。有效专利存量与知识存量概念类似，但知识存量包含的范围更广，既包括显性知识存量，也包括隐性知识存量。知识存量的测度是一个重要但极其复杂的问题，目前已有不少学者进行了广泛的研究，但大多针对企业的知识存量[4-5]。有效专利存量仅是显性知识存量的一种，且也有学者研究将专利存量作为技术知识指标[6]。

杨中楷等描述了有效专利的存量模型，认为有效专利数量的变化表现为一个连续的"生产-失效"过程，生产包含专利的申请、授权过程，是正向的流量，失效包含着撤销和放弃的过程，是负向的流量。这两个方向的流量决定着有效专利存量的动态变化[7]；杨中楷指出有效专利指标的考察范围由专利申请授予的暂态过程拓展到专利生命周期的尽头，具备一定的时间连续性[8]。李小丽曾将这个过程形象地比作蓄水池，建立了水池模型，水池内流入的有效专利来自专利的授权和到期专利续展量；专利具有时效性，在专利保护期满后将流出水池，若专利制度允许，发明人可以对其进行续展，这些续展的专利重新流入水池[9]。

1.3 现有研究的局限性

严格意义上，当欲考察某专利权人或某专利技术的专利质量价值或维持水平时，当前的"蓄水池模型"存在一定缺陷。由于未区分"流入"、"流出"数据，致使原授权专利的有效维持量与新增授权专利量混为一谈，不能真实反映出已授权专利的有效性的演变过程。另一方面，由于专利法律状态信息更新周期影响和多数专利数据库对法律状态信息收录的缺失，现实操作中要做到准确追踪某一批特定专利的发展演变（尤其是当所考察的比较对象较多的时候），存在一定的难度[10]。这些客观原因致使现有的有效专利存量研究采取了专利蓄水池模型，即在计算某一时间点的有效专利比率时采用该时间点之前所有年份有效专利维持至该时间点的累计数量比率[11]。S. Scotchmer 很早就指出，随着技术进步，"流入量"带来的增幅会逐渐越来越大于"流出量"带来的减幅，这样做的后果是会导致比率计算结果的偏低[12]。专利授权数量相比以往增长速度不再保持一种匀速增长，因此会导致早期年代存量比率的进一步偏低，而近些年的专利存量比率会偏高。

2.1 跟踪式有效专利存量比率计算模型

针对当前研究的上述局限性，本文提出了"有效专利存量比率"指标以及相应的跟踪式计算模型。有效专利存量比率，也可称为专利存活率或有效率，指某授权专利集合在后续某时点的有效专利保有量占该授权专利集合总量的比率，反映该初始授权集合在后续时期的总量衰减程度。与现有研究提出的专利存量相比，跟踪式有效专利存量比率能更精确地揭示某一批专利维持水平的动态变化趋势，通过观察这批授权专利在随后一个时间区间内的有效专利存量比率的变化过程，可以帮助了解该机构在某时期的专利产出的质量及这批技术的老化进程。

具体步骤如下：首先，获取指定年份的专利授权数量及其法律状态信息，视作初始有效集；其次，获取这批授权专利从授权年至统计年之间历年失效的专利数量（由当年专利法律状态公告内容判断是否失效。根据信息公告周期特点，如果某件专利在授权公告后未见有失效相关公告，则视为该件专利仍保持有效状态，以此来精确判断每件专利在统计时点的当前状态）；第三，用初始有效集减去历年累计失效数量，得到该统计年的有效专利存量，进而利用该有效专利存量与初始有效集得到该统计年的有效专利存量比率。

图 1 为跟踪式有效专利存量比率模型示意图，从图 1 中可以看出，对于 t 年获得授权的有效专利在后续历年保持 t 年授权量 = 有效量 + 失效量。随着时间推移，有效专利数量越来越少，失效专利数量越来越多，因此跟踪式有效专利存量比率呈递减趋势。

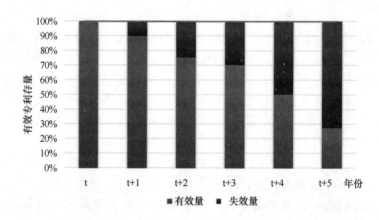

图 1　跟踪式有效专利存量比率模型示意

146

相比当前研究多采用的专利蓄水池模型，跟踪式模型只专注专利失效流出，而不关注新流入的专利，重在跟踪监测某一批授权专利在后续连续区间的有效量保存比率，因而更能反映出该批专利的技术质量、价值衰减和市场淘汰的动态过程。

2.2　有效专利失效速率的测度指标

跟踪式有效专利存量比率可以反映某一批授权专利集合在后续时期的有效存量变化趋势，但对反映有效专利的失效速度还缺乏整体性与全面性。为此，本文进一步构建了一项能直观反映有效专利失效速度的测量指标——有效专利失效系数。专利失效与文献的老化存在类似之处，专利因为到达专利保护年限或者失去技术或市场保护价值而失效，如同科技文献随着科学的不断发展而不断更新，旧的文献由于不能带来更多的信息和知识而老化。

目前已有诸多对书籍、期刊等信息老化的定量化研究指标，其中负指数函数多用于寿命分析，该指标最早由 Q. L. Burrell 提出，运用于图书馆馆藏书籍老化速率测度[13]。目前尚没有针对专利文献的类似测度指标。专利文献在法律状态上的失效影响着专利权人以此专利技术获取经济利益，而图书、期刊等的信息老化致使在读者中失去一定价值，因而二者具有相通之处，这种动态的逐步衰减趋势，均呈现负指数分布特征。

因此，本文采用负指数模型，用于专利失效速率计量评价，并进一步证明其可行性。本文采用负指数函数的指数表征授权发明专利的失效速度，拟合函数为：

$$y = ke^{-\alpha t} \tag{1}$$

其中，y 代表发明专利在授权 t 年后的有效存量比率；α 是授权专利存量的衰减率，即失效系数；k 为常数。失效系数 α 值越大，表示专利失效的速度越快。获取年度专利授权数量和专利失效数量，计算得到有效专利存量比率，并用该存量比率作为观测值，可采用最小二乘法估得到专利失效系数 α。计算过程中根据数据实际情况得到 k 值大小，一般情况下认为该系数远小于失效系数 α 对变量的影响，可设置为 1。

2.3　有效专利存量比率与失效系数的计算

求取 t 年授权专利在后续 {i} 年内的有效专利存量比率的方法，i 的取值根据机构有效专利维持年限特征来选取，一般为 5 年左右。这是因为一般而言，专利质量良莠不齐，技术更新速度以及专利权人的申请保护策略存在差异，导致专利在授权后几年内专利权维持状态的变化比较剧烈，随着时间延长，变化逐步缺乏灵敏度而丧失代表性。因此，5 年左右的有效专利存量比率与失效系数计算最具参考价值。

计算步骤具体如下：

令 S_t 表示 t 年专利授权量，S_{t+i} 表示授权后第 i 年的有效专利存量；

令 F_i 表示授权后第 i 年的专利失效量，则 $F_i = count \{失效年 = (t+i)\}$，在这里 count 函数用来计算满足条件的专利数量，得出：

$$S_{t+i} = S_t - \sum_{i=0}^{i} F_i \tag{2}$$

令 R_{t+i} 为 t 年授权专利在 $t+i$ 年的有效专利存量比率，则

$$R_{t+i} = \frac{s_{t+i}}{s_t} \tag{3}$$

至此，即可得到 t 年授权专利在后续 $\{i\}$ 年内的有效专利存量比率；

进一步，针对失效系数函数 $y = ke^{-\alpha t}$，令 $y_i = R_{t+i}$，利用已得到的 R_{t+i} 值作为样本值，运用极大似然估计方法，得到失效系数 α 的值。

3 实证分析

本文以国内某科研机构作为实证分析对象，获取授权年为 1992－2012 年该机构的有效发明专利20 052件、失效发明专利 8 319 件。结合失效发明专利的专利寿命和有效专利的维持时间，验证上述跟踪式有效专利存量比率、专利失效系数的可行性与应用效果。

3.1 失效专利寿命和有效专利维持时间

失效专利的寿命，即失效专利从申请日开始计算到其失效日的时间。失效专利的最长寿命年限即其最长保护期限。发明专利最长保护期限是 20 年，实用新型专利与外观设计专利的最长保护期限都是 10 年。本研究中，通过统计该科研机构失效专利的寿命，得出该机构发明专利的平均寿命是 7.3 年，达到最长寿命年限的仅占 0.17%，存活年限在 10 年以上的占8.05%，有76.56% 失效专利的存活年限不足 8 年。该机构91% 的失效发明专利的寿命集中在 4－10 年，各年限的分布百分比详见图2（左）。

有效专利维持时间指有效专利自申请日距统计日的时间跨度。维持时间长的专利，通常是技术水平和经济价值较高的专利。该机构有效发明维持时间多集中在 3－8 年，见图2（右）。

3.2 有效专利存量比率和专利失效系数

按照本文设定的专利存量计算方法分别得到各年授权专利在后续 5 年内的有效专利存量比率，即 $i = \{1，2，3，4，5\}$。授权专利在后续历年保持有

148

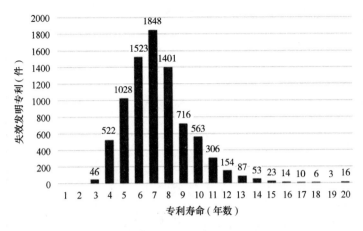

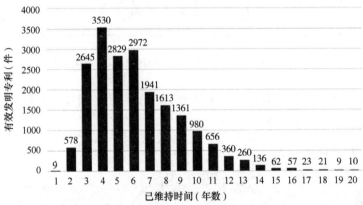

图 2 　某机构失效发明专利寿命 & 有效专利已维持时间分布趋势

效状态的存量比率越小，反映出这批专利的失效速度越快、维持水平越低。图 3 统计了该科研机构 1992 - 2012 年每年获得授权的发明专利在后续 5 年中保持有效状态的存量比率（对 1992 - 2007 年授权发明专利，分别统计了在后续 5 年中的存量比率；对 2008 - 2011 年授权发明专利，分别统计了截至 2012 年的历年有效存量比率）。可以看出自 2004 年授权发明专利开始，该机构发明专利的有效存量比率同比高于历史水平，反映在出该机构的专利维持水平有明显提升。

　　进一步地，采用各授权年之后连续 5 年的专利存量比率作为失效系数的预测数据点（本案例中，2008 年起的专利预测系数的预测点低于 5 个，对预测精准度可能存在少许影响，但仍能反映出大体参考形态），对比计算历年授权发明专利的失效系数。

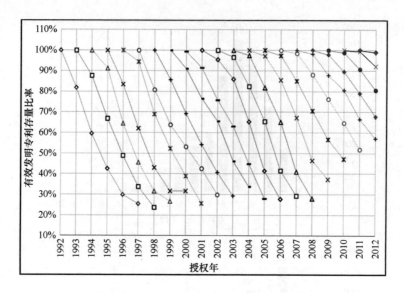

图3　某机构发明专利授权后 5 年内的有效存量比率变化

计算得到该科研机构 1992 – 2011 年逐年的发明专利失效系数，并得到时序变化趋势图，如图 4 所示：

图4　某机构授权发明专利失效系数

从图 4 可看出，该机构发明专利的失效速度在逐步变缓，且这种放缓趋势自 2004 年授权发明开始愈发显著。整体而言，1992 年以后该机构授权发明专利的失效系数呈总体下降趋势，其中，1999 年授权发明专利和 2004 年授权发明专利的失效速度明显放缓，尤其是自 2004 年开始，该机构授权专利的失效速度表现出大幅度的下降趋势。

3.3 结果诠释

根据上述计算结果，该机构专利维持水平有明显提升，1999 年、2004 年是重要节点，尤其 2004 年是该机构授权专利整体质量提升的一个重要时间拐点。

现实情况中，自 1998 年以来，该机构由于政策支持的相对稳定，专利申请和授权数量保持了持续增长。2003 年该机构在相关发展战略的指导意见中，对于机构的专利年度总申请量、发明类型专利申请所占比率、专利实施率等进一步提出了明确的指标要求。2004 年该机构颁布了对下属研究单元的成果实施奖励经费的规定，在下属研究单元中反响较好，引发了 2005 年及至后续时期相关指标的增高。在同一时期的全国大环境中，国家知识产权局于 2004 年向国务院正式呈报了《关于制定和实施国家知识产权战略的请示》，2005 年国务院办公厅正式启动国家知识产权战略制定工作。该科研机构也于 2005 年同步启动了本机构的知识产权战略研究，陆续出台了专利战略规划、规章制度、重大政策与激励措施等，专利政策更具备连续性，相关考核体系更加完善，政策导向更为鲜明。因此，从该科研机构的实际情况来看，1998 年、2003 年是专利工作的重要节点，尤其自 2003 年后更是逐步进入了一个更具战略意义、更稳定、更连续的蓬勃发展时期。

由于专利授权时间与专利申请时间之间存在的差距原因，上述 1998 年、2003 年专利管理政策与机制的变化对专利申请活动造成的影响，与该机构 1999、2004 年授权专利维持水平出现的整体提升，特别是 2004 年起持续出现显著提升的拐点现象，是相互吻合的。当然，后续还应进一步细化具体相关因素，例如政策工具、资源配置、激励杠杆等，深入考察其中的关联机制。但利用跟踪式有效专利存量比率、专利失效系数，确实可以为政策规划者们提供切入点，帮助决策者们结合专利活动周期特点，进一步研究相应的专利创造、保护、管理、运用环节，挖掘专利维持水平提升的深层因素，为调整和优化相应机制提供参考。

因此，上述案例有效验证了跟踪式有效专利存量比率计算模型和专利失效系数在机构有效专利分析评价中的应用价值与可操作性。由于摒除了此间的"流入"量影响，本跟踪式有效专利存量比率模型及专利失效系数指标，与"蓄水池模型"相比，具有更精细、更准确的监测评价效果。

4 有效专利存量比率与失效系数的应用前景

首先，跟踪式有效专利存量比率模型及专利失效系数指标可以与失效专利寿命、有效专利维持时间结合应用，见图5。在该模式下，以失效专利寿命为参照，并结合有效专利存量比率模型及专利失效系数，"动"、"静"结合，可以更客观地了解当前有效专利的真实存有量并预测未来变化趋势，且更能客观反映出专利权人拥有的专利技术的质量及持久性。

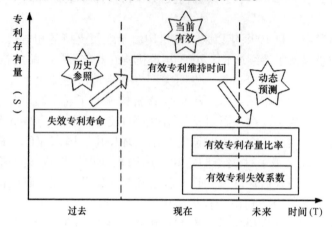

图5　有效专利存量比率和有效专利失效系数的应用前景

　　此外，除应用于机构评价外，该模型与指标还可应用于领域专利技术的动态监测与价值评价中。例如可帮助有效评价某时期某类专利技术产出的质量持久程度、技术老化速度，反映出这一时期该类技术研发的价值衰减与市场淘汰过程。

5　小　结

　　相比于一般专利指标，有效专利指标因其更能反映出专利的质量特征而逐渐呈现出诸多优势，所以有效专利指标的推广和应用，无疑是对传统专利指标的有益补充。本文在总结分析现有有效专利统计分析方法的基础上，针对专利存量理论和专利法律状态信息更新特征，设计了跟踪式有效专利存量比率计算模型。在此基础上，进一步提出利用负指数函数的指数来表征有效专利失效速率的专利失效系数。利用该跟踪式有效专利存量比率和专利失效速率测度模型与指标，本文针对国内某科研机构开展实证分析，验证了所构建的有效专利存量比率和失效系数可以有效地揭示该机构有效专利发展变化的动态特征，从而验证了本文所构建的专利失效系数可作为有效专利分析的重要手段。本文在研究上也存在不尽完善之处，尽管负指数函数可以表征专利的失效速度，但是否所有时间段的有效专利都较好遵循负指数函数，还需要更多数据的统计分析验证，这也是后续需要扩大实证范围以进一步验证之处。

参考文献：

[1] 肖国华，王春，姜禾，等．专利分析评价指标体系的设计与构建［J］．图书情报工作，2009，53（3）：96 - 99.

[2] 吴红，常飞．基于有效专利的我国专利现状分析及对策［J］．图书情报工作，2012，56（4）：85 - 89.

[3] 国家知识产权局．2012 中国有效专利年度报告［EB/OL］．［2014 - 02 - 14］．http：//www. sipo. gov. cn/ghfzs/zltjjb/201310/P020131025653294937912. pdf.

[4] 李长玲．知识存量及其测度［J］．情报杂志，2004，23（7）：65 - 66.

[5] 王秀红，王高平．企业知识存量的模糊多层次评价模型研究［J］．情报杂志，2006，24（8）：8 - 10.

[6] Park G, Park Y. On the measurement of patent stock as knowledge indicators［J］. Technological Forecasting and Social Change, 2006, 73（7）：793 - 812.

[7] 杨中楷，孙玉涛．基于专利持有模型的我国有效专利分析［J］．科技管理研究，2009，29（2）：254 - 257.

[8] 杨中楷，沈露威．基于有效专利指标的区域创新能力评价［J］．科技与经济，2010（1）：30 - 33.

[9] 李小丽．中外在华有效专利存量的比较分析研究［J］．情报杂志，2009（11）：5 - 9.

[10] 杨中楷，沈露威．试论有效专利指标［J］．情报杂志，2010，29（11）：35 - 38.

[11] 沈露威．我国有效专利区域分布与发展对策研究［D］．大连：大连理工大学，2011.

[12] Scotchmer S. On the optimality of the patent renewal system［J］. The RAND Journal of Economics, 1999, 30（2）：181 - 196.

[13] Burrell Q L. A note on ageing in a library circulation model［J］. Journal of Documentation, 1985, 41（2）：100 - 115.

作者简介：

张娴，中国科学院成都文献情报中心情报研究部副主任，副研究员，中国科学院大学博士研究生，E-mail：zhangx@ clas. ac. cn；

许海云，中国科学院成都文献情报中心情报研究部助理研究员；

方曙，中国科学院成都文献情报中心主任，研究员，博士生导师；

刘春江，中国科学院成都文献情报中心信息技术部助理研究员；

曾荣强，中国科学院成都文献情报中心信息技术部助理研究员。

国内外专利挖掘研究（2005－2014）综述[*]

本文就近 10 年（2005－2014 年）专利挖掘的前沿研究进行综述。顾名思义，专利挖掘是使用数据挖掘（含文本挖掘）的方法对专利进行研究。该领域的特点是一个确定的研究主题通常对应于一类特定的研究方法。因此，本文既可以认为是从研究主题的角度，也可以认为是从研究方法的角度对相关研究进行综述。

1　研究范围

专利文献的挖掘研究包括数据挖掘和文本挖掘两个方面。其中，专利文献的数据挖掘是指使用数据挖掘的方法直接处理专利元数据，得到共引或共类统计、时间序列和网络拓扑结构等方面的研究结果。专利文献的文本挖掘是指使用文本挖掘的方法对专利中富含文本内容的题名、摘要和权利要求等字段进行研究，得到在专利术语、分类和聚类等方面的研究结果。这两方面互为补充，共同反映技术发展的现状和趋势。根据对前期调研文献的整理，本文需要确定与以下两个主题内容相近的文章的收录标准：

1.1　专利的文献计量研究

部分专利挖掘研究需要借用文献计量的指标或方法，使本文主题与文献计量研究之间的边界较为模糊。本文规定：具有明确的专利文献计量研究议题的文章不在本文的综述范围之内；具有明确的专利挖掘议题，但是使用了文献计量的指标或方法的文章则在本文的综述范围之内；议题模糊的，以文章对研究对象的评价是否侧重于影响因子等典型的文献计量的视角来判断。

　＊ 本文系中国博士后科学基金特别资助项目"面向信息分析的专利文本挖掘研究"（项目编号：2013T60151）和国际合作项目"面向科技文献的日汉双向实用型机器翻译合作研究"（项目编号：2014DFA11350）研究成果之一。

1.2 专利的竞争情报研究

该领域的特征是选定一个领域，使用成熟的工具（如德温特）、指标和方法分析所选领域的特征和发展趋势，并进一步提出产业发展建议。但是，大部分专利挖掘的研究也需要借用一两个具体的领域展开研究。本文的界定标准有两条：①是否提出了新的指标或方法；②是否对提出的指标或方法进行有针对性的试验检验或例证。满足上述两条标准的文章属于本文的综述范围，否则不在本文的综述范围之内。

本文选择近 10 年（2005 – 2014 年）国内外满足上述主题和判定标准的相关试验和实证研究文章进行综述，以反映领域的最新发展趋势。限于篇幅，本文不涉及一般性的研究文章或综述。

根据上述所设的目标，笔者选取"题名：（专利）＊题名：（挖掘＋分类＋聚类＋术语＋序列＋网络＋遗传）^题名：（计量＋竞争情报）"检索万方数据，"TI ＝'专利'AND TI ＝（'挖掘'＋'分类''＋'聚类'＋'术语'＋'序列'＋'网络'＋'遗传）NOT TI ＝（'计量'＋'竞争情报'）"检索中国知网，"标题：（patent）AND 标题：（mining or class ＊ or categor ＊ or cluster ＊ or term or series or network or genetic）NOT 标题：（＊ metrics or competence intelligence）"检索 Web of Knowledge。通过第一步研读，获得与本综述主题相关的近 10 年研究文章 170 篇，其中中文 72 篇，英文 98 篇。进而，选择其中质量较高、更具有代表性的 66 篇文章进行综述。

2 研究主题

对经过检索和研读得到的文章进行归纳，可将整个领域大致划分为术语抽取、聚类、分类、以网络理论为基础的方法、以时间为基础的数据挖掘和基于专利挖掘的技术研究共 6 个主题。现分别介绍这些领域中的代表性研究。

2.1 术语抽取

术语抽取的研究可以初步归纳为 3 个方面，即一般的抽取方法研究、错误来源分析与纠正以及生僻术语。

一般的专利术语抽取从专利中提取出重要的技术相关词汇。Tseng Yuenhsien 等的短语抽取方法较为简单，主要依靠词频和单词间的包含关系[1]。韩红旗、朱东华和汪雪峰使用 PC-Value 对候选术语进行加权评价[2]，PC-Value 的取值同时参考了 C-Value 和文档频率。其中，C-Value 是一种经典的术语抽取方法[3]。刘豹、张桂平和蔡东风使用 CRF 和规则相结合的方法抽取专利中的科技术语[4]。

在专利的术语抽取研究中，错误抽取通常由一个正确的抽取结果结合错误的左边界或者右边界构成。徐川、施水才和房祥等针对这种错误提出了中文分词结果结合强度的计算方法和正确术语的左右边界的判断方法[5]。刘豹、张桂平和蔡东风也注意对错误的分析，认为错误的主要来源包括缩短、加长、分割、合并、误识和其他等6种[4]。

生僻术语作为一类特别的术语抽取的研究对象，较之一般的术语，抽取难度更大。其原因是既有的基于（高）词频统计的各种统计量在处理低词频的候选生僻术语时会引入大量噪声。谷俊和严明在TF-IDF加权之中纳入了与时间和申请量相关的因子或项[6]。屈鹏和王惠临提出了通过生僻术语与高频术语上下文的相似性寻找候选生僻术语的方法[7]。Li Yanru等提出在TF-IDF的基础上，计算使用一个术语的专利获得者的数量逆相关的指标，以二者的乘积衡量一个术语是否为生僻术语[8]。

2.2 聚类

专利聚类包括聚类方法和通过聚类对技术或专利申请人等进行预测或评价两个主题。

专利聚类使用的主要方法包括层次聚类[9]、改进的k-means聚类[10]、最小最大模块化神经网络[11]、自组织映射[12]和多维尺度分析[13]等。此外，C. V. Trappey等针对一项专利有多个发明和权利要求的特点，提出了非穷尽有重叠的聚类方法，该方法的优化目标是最大化类心距离和每类的数量[14]。除文本内容之外，专利聚类通常还依靠专利间引用[15]、共引[16]和同被引[17]的关系构建专利间的相似度。

聚类方法可用于建立工艺冲突矩阵，寻找工艺冲突[18]，进而从工艺冲突矩阵中发现需要解决的技术问题。S. Jun等使用主成分分析对文档－关键词矩阵降维，进而使用支撑向量聚类的方法[19]或贝叶斯方法[20]聚类，结果中符合一定阈值的项则作为空白技术，以此作为技术预测的基础。P. Erdi等人对每个专利计算来自36个类的引文的数量作为表征该专利的向量，通过计算这些向量之间的相似度进行聚类，根据聚类结果发现新出现的技术组合[21]。J. Yoon等计算SAO网络中三元组之间的相似性，并以此为基础聚类，进而使用度数和指数（degree sum index）和全局中心性（global centrality index, GCI）计算类簇内专利的重要性，进而以GCI为基础定义技术影响指数和技术能力指数，用以评价专利申请人[22]。

2.3 分类

专利文本分类可大致归纳为4个研究主题：①分类器对《国际专利分类

法》（International Patent Classification，IPC）的适应性问题。国际专利分类法的划分标准与文献分类法截然不同，同时又具有很深的层级，分类器能否适应、如何适应在 IPC 类目体系上的分类任务是这一主题的主要关注点。②与专利的使用相结合的分类任务、专利检索和信息分析等实际应用环节均需专利分类提供支持，因此与实际使用的类目体系或者应用领域相结合是这一主题的研究重点。③对专利进行有针对性的特征选择和分类器训练。专利的用词专业化程度高，词语分布较之一般的新闻或科技语料存在较大不同，需要在特征选择时注意参数的选择。同时，专利的特征来源不局限于文本，因此也存在不同来源的特征的效果差异的问题。更宏观地，在此基础上进一步研究何种分类器或分类器的组合能够适用于专利分类。总而言之，这一主题的研究任务是针对专利进行有针对性的训练。④与 TRIZ 结合的分类问题，这是一个小主题，但是很有特色。

分类器对 IPC 的适应性主要依靠分层选择分类器或分层实验的方式实现。蒋健安等人的层次分类法在 IPC 大类水平上使用余弦相似度，小类水平上使用 kNN，数据来自 IPC 三个大类下的各两个小类，分类结果在大类和部分小类上理想，但是在另外一些小类上分准率不高[23]。Chen Yenliang 等采用分步分层的方式将专利分到 IPC 的子组水平，得到 36.07% 的准确率[24]。C. J. Fall 等人使用 SVM、朴素贝叶斯、kNN 和 SNoW 等分类器在 WIPO-alpha 集合上进行试验。该集合包括 114 个大类、451 个小类的 75 250 篇专利。研究结果显示：①在同样的试验设置下，SVM 的效果最好；②IPC 小类分类的结果不如 IPC 大类分类的结果[25]。A. J. C. Trappey 等使用向后传播神经网络进行两个层级的分类研究：第一层级达到 IPC 的小类水平，第二层级在每个 IPC 小类下又人工分为若干二级类，在 IPC 小类水平上能够达到 90% 以上的分准率[26]。在后续的研究中，A. J. C. Trappey 等在神经网络上添加了本体，以优化分类结果[27]。国内的一些研究并未采用分层训练或者实验的方式，但是也深入到了 IPC 组的水平。李生珍等使用 BP 神经网络，其类目体系达到了 IPC 主组的水平[28]。季锋等使用 kNN 及其改进算法，按照 NTCIR-8 的规范进行分类研究，评测深度达到 IPC 子组，在小类上取得了较好的 MAP 值[29]。

在与实际应用相结合的分类研究中，张晓宇使用主动学习和超核融合的方法优化二分 SVM 分类器，其类别与具体的信息分析工作相关[30]。Wu Chih-hung 等将遗传算法和支撑向量机结合起来，提出用于专利分类的 HGA-SVM 分类方法，用于判断一个专利是否符合检索需求，是一种二元的分类法。根据作者所述，这一方法的优点在于可以持续、自动地为支撑向量机选择核函数和相应的参数[31]。梁静、徐亮和程文堂使用朴素贝叶斯、支撑向量机和神经网络三种分类器对药物专利进行分类,结果显示特征的提取对药物专利分类的结果有重要的影响[32]。

专利分类的特征选择与训练问题沿着文本特征→多元特征→分类器这一线索展开。Li Yaoyong 等则以 SVM 为基础完成了 NCTIR-6 的 F 术语专利分类子任务,并认为 F 术语提供的信息有助于分类结果的改善[33]。E. D'Hondt 等人主要研究不同的特征选择方法对分类结果的影响,其结果显示在文档表示中添加词组,尤其是二元词组时,分类器的分类效果有显著改善[34]。Li Xin 等则关注特征的来源,提出基于专利引用网络的标注引用网络核(labeled citation graph kernel)在核框架的分类中能够达到最好的效果,他们同时注意到结合使用内容和引用网络能够达到更好的分准率和一致性[35]。G. Richter 等研究元数据在专利分类中的作用,认为与只使用文本的 kNN 分类相比,引入元数据能够改善专利分类效果[36]。Liu Duenren 等通过引用、共引、发明人、类目和申请人建立专利网络,并与内容、引用和元数据结合在一起构建 kNN 分类器,在 5 个 UPC 类目上进行分类试验[37]。H. Mathiassen 关注不同的分类器及其组合对专利文本分类效果的影响,发现不同分类器的加权组合能够达到最好的分类效果[38]。

Theory of Inventive Problem Solving(俄文拉丁化缩写为 TRIZ)是一种解决发明问题的框架,其对技术的需求与以 prior art search 为基础的专利研究有所不同,He Cong 等人的研究则围绕服务于 TRIZ 的分类,包括用户分类[39]和基于规则的专利分类[40]等方面。

2.4 以复杂网络为基础的方法

社会网络分析技术在专利分析的研究中得到广泛应用,下面选取 5 个具有特色的研究主题予以例说。

2.4.1 社会网络结构随时间的变化

李红和陈少龙将智能手机专利的发展分为初期、成长期和繁荣期 3 个时期,并就发明人合作网络进行研究,绘制其合作网络图谱并进行有针对性的分析研究[41]。同样使用分期进行历时性研究,栾春娟在对太阳能技术网络的研究中则以共词和共类为基础[42]。

2.4.2 合作原因与知识流动

温芳芳就专利合作网络中体现出的亲缘(母公司与子公司)、地缘和业缘3 种合作模式进行研究[43];向希尧、蔡虹和裴云龙对地理接近性、技术接近

158

性和社会接近性3种接近性的作用进行研究[44]。罗立国、余翔和周力虹则选择专利的许可网络考察名牌大学的知识流动性，网络统计指标与许可量、授权率和许可率等指标相配合，反映名牌大学知识向产业流动的概貌[45]。

2.4.3　技术演进路径

技术演进路径是对专利的引用网络的进一步发展——在专利的引用网络的基础上，通过计算每条边的搜索路径连接数（search path link code，SPLC）或搜索路径节点对数（search path node pair，SPNP）来确定一条技术发展的关键路径[46-47]，并以此作为进一步研究的基础。除上述方法外，Lin Yan等使用了搜索路径数（search path count）、主要路径和Hub - Authority值的方法[48]。

2.4.4　SAO 网络

S. Choi等人在句法分析的基础上建立SAO（Subject-Action-Object）网络，并在其上分析度数、中心性和团等指标，借以研究技术发展趋势[49]。H. Park等在SAO网络的基础上构建二维专利地图，进而提出技术水平（technological level）、内部研发能力（internal R&D capability）和潜在技术协同（potential technology synergy）3个指标来衡量企业的技术提升能力[50]。J. Yoon等通过识别专利之中的"动词＋名词"和"形容词＋名词"的词共现，构建发明的属性–功能网络（invention property-function network）并在该网络上展开复杂网络分析[51]。

2.4.5　诉讼网络

H. Kim等对专利的侵权起诉建立网络，并分析不同企业的角色。他们的第一项贡献是对复杂网络中的各种中心性予以合理的解释，进而根据这些解释，将入度中心性视为被动的指标，将出度中心性、邻接中心性、介数中心性和特征中心性视为主动的指标，构建二位坐标系。第二项贡献是根据在坐标系上不同的位置将企业分为关键企业、专利钓鱼者、受害者和旁观者4种角色[52]。

2.5　以时间为基础的方法

专利中与时间有关的字段为使用生存分析和时间序列分析创造了可能。

任声策和尤建新针对中国在美专利的生存期限进行研究，主要使用Kaplan-Meier生存函数，在无删失数据（删失数据是生存分析中的基本概念，右删失数据是指在观测时仍存活的数据，左删失数据是指难以确定起点的数据）的情况下估计生存期限，并使用COX模型进行回归分析[53]，其研究结果显示

159

专利族数量、引用文献数量、合作专利和个人申请专利是延长专利生存期的重要因素。郑贵忠和刘金兰主要使用生命表法对专利的有效性和平均剩余有效期限进行研究[54]。生命表法是生存分析的一种方法，主要建立与生存时间有关的概率分布，进而预测专利的生存（有效）期限。预测的结果显示，在国内申请的专利中，国外专利权人的专利的平均有效期限最长，这也从另外一个方面反映国内专利权人的专利质量问题。

对专利数据进行时间序列研究既有经典的时间序列分析方法，如周瑞芳和禹建丽使用以自回归模型为基础的广义自回归条件异方差模型（Generalized AutoRegressive Conditional Heteroskedasticity，GRACH）[55]预测申请数量，饶旻、林友明和郭红使用起伏型时间序列法预测专利申请和授权数量[56]，A. Hidalgo 等使用指数平滑模型、1 阶自回归模型和差分自回归移动平均模型（Autoregressive Integrated Moving Average Model，ARIMA）预测专利的申请量[57]，也有使用非经典方法，如小波神经网络[58]等的研究。

2.6 基于专利挖掘的技术研究

专利与技术密不可分，一些研究侧重于通过专利挖掘的途径研究技术的现状和发展趋势。因此，有必要将这些研究归入本主题进行介绍。

这一主题常用的研究方法有基于共类构建专利网络的方法[59]，构建专利组合（patent portfolio）并将其应用于竞争检测、技术评估和研发组合等领域[60]，构建技术功效矩阵并依此分析技术发展趋势[61]等。研究者通常根据数据体现出来的特征，选用成熟或自行研究的指标，如 B. Yoon 等提出技术成熟度、专利关系网络的技术中心度和技术周期指数[62]，刘玉琴、朱东华和吕琳根据相似专利数量的多寡定义专利新颖度[63]等。此外，也有侧重于某一数据挖掘或专利分析技术的使用的研究，如专利预警系统[64]、采用地图结合可视化技术分析不同地区的优势[65]和分析专利合作申请人的地域分布发现区域聚集效应以及时间成本在建立合作关系时的影响[66]等方面。

3 存在的问题

尽管本领域研究近 10 年呈现出蓬勃发展、方法各异的局面，但是也存在若干需要解决的问题。

3.1 试验验证不充分

这是制约本领域发展的基础问题，以术语抽取的研究为代表。术语抽取研究的难点不仅在于方法，而且需要采取有效的试验措施进行验证，尤其是构建标准答案的集合。从目前的研究来看，术语抽取研究中标准答案集合，

160

尤其是面向生僻术语识别的标准答案集合非常稀少。这在一定程度上使相关研究不符合一般的文本挖掘研究的规范，成为制约这一领域发展的主要问题。

3.2 研究议题不明确

这是本领域研究所共有的问题，主要表现为强调"应用方法"而忽视"提出问题"。在分类研究中，相当数量的研究只将已有的方法应用于专利数据上，得到一个评测结果即告研究结束。聚类和使用网络方法的研究与分类研究所遇到的问题类似，同样存在所要解决的问题不明确，相当数量的研究停留于在专利数据上应用聚类或复杂网络方法的阶段。

3.3 精度不高或粒度较粗

这一问题通常出现在研究问题或所使用技术相对复杂的研究课题中。例如，在使用 IPC 作为类目体系的分类研究中，分类器在较深的小类和组的水平难以达到理想的效果，成为专利分类研究的一个难点。使用生存分析和时间序列分析方法的专利挖掘研究通常解决十分宏观的问题，尚未沉淀到细粒度的阶段。

4 结 语

从专利分析和使用的角度考察专利挖掘技术，后者可以给前者在 3 种研究课题上予以支持：基础、确定性的课题，描述、评估性的课题，以及探索、预测性的课题。基础、确定性的课题主要使用术语抽取、自动分类等技术，这是专利挖掘研究一直予以重视的课题。描述、评估性的课题主要使用以复杂网络为基础的方法，部分结合使用文献计量的方法，这是目前的热点领域。探索、预测性的课题主要使用聚类、以时间为基础的方法。也即，目前专利分析的主要领域基本都有相应的专利挖掘技术予以支持。但是，专利挖掘也存在自身的问题。专利挖掘研究的关键，在于模型或者指标的计算结果与专利的研究对象之间建立合理的联系。如，聚类结果与工艺冲突、空白技术、技术组合等；再如，网络拓扑结构与知识流动、关键路径，网络中心性与企业的竞争地位等。本文选择的文章中，一些给人耳目一新的文章，其特点在于在技术指标与专利分析对象之间建立了恰当联系。

通过对专利挖掘研究的综述和对这些研究主题中存在问题的讨论，可以得出如下两点结论：①专利挖掘是一项应用性较强的研究，研究的关键在于提出有价值的研究问题。②在开展研究时，应深挖专利和使用专利的研究与工作中所遇到的问题，而不是由方法主导研究的内容。从这个意义上讲，实际应用环境提出的问题促使研究者开展专利挖掘的研究，并进一步提出针对专利本身特点的挖掘研究课题。

限于篇幅，本文不可能一一介绍相关研究，只能选择其中具有代表性的进行综述，在选择的过程中可能遗漏了重要的文献。此外，尽管设立了本文选择综述对象的标准，但是在研读过程中，仍难以区分一些论文是否符合本文的标准。笔者尽可能囊括相关研究论文，对可能存在遗漏之处，还请专家和同行不吝赐教。

参考文献：

[1] Tseng Yuenhsien, Lin Chijen, Lin Yui. Text mining techniques for patent analysis [J]. Information Processing and Management, 2007, 43 (5): 1216 – 1247.

[2] 韩红旗, 朱东华, 汪雪峰. 专利技术术语的抽取方法 [J]. 情报学报, 2011, 30 (12): 1280 – 1285.

[3] Frantzi K, Ananiadouk S, Mima H. Automatic recognition of multi-word terms: The C-value/NC-value method [J]. International Journal of Digital Library, 2000, 3 (2): 115 – 130.

[4] 刘豹, 张桂平, 蔡东风. 基于统计和规则相结合的科技术语自动抽取研究 [J]. 计算机工程与应用, 2008, 44 (23): 147 – 150.

[5] 徐川, 施水才, 房祥, 等. 中文专利文献术语抽取 [J]. 计算机工程与设计, 2013, 34 (6): 2175 – 2179.

[6] 谷俊, 严明. 基于中文专利的新技术术语识别研究 [J]. 情报科学, 2013, 31 (1): 144 – 149.

[7] 屈鹏, 王惠临. 面向信息分析的专利术语抽取研究 [J]. 图书情报工作, 2013, 57 (1): 130 – 135.

[8] Li Yanru, Wang Leuohong, Hong Chaofu. Extracting the significant – rare keywords for patent analysis [J]. Expert Systems with Applications, 2009, 36 (3): 5200 – 5204.

[9] 蔡爽, 黄鲁成. 基于聚类分析的专利申请组合研究 [J]. 科技管理研究, 2009 (4): 269 – 271.

[10] Kejzar N, Korenjak-Cerne S, Batagelj V. Clustering of distributions: A case of patent citations [J]. Journal of Classification, 2011, 28 (2): 156 – 183.

[11] 田冬阳. 基于 M3 – DGMF 的专利数据聚类方法研究 [J]. 计算机应用与软件, 2013, 30 (3): 297 – 303.

[12] Huang Suhsien, Ke Haoren, Yang Weipang. Structure clustering for Chinese patent documents [J]. Expert Systems with Applications, 2008, 34 (4): 2290 – 2297.

[13] 郝智勇, 贺明科, 谭文堂, 等. 基于多维标度法的专利文本可视化聚类研究 [J]. 计算机应用研究, 2010, 27 (12): 4606 – 4607.

[14] Trappey C V, Trappey A J C, Wu Chunyi. Clustering patents using non – exhaustive o-

verlaps [J]. Journal of Systems Science and Systems Engineering, 2010, 19 (2): 162 –181.

[15] Chang Shannbin, Lai Kueikuei, Chang Shumin. Exploring technology diffusion and classi-fication of business methods: Using the patent citation network [J]. Technological Fore-casting & Social Change, 2009, 76 (1): 107 –117.

[16] Lai Kueikuei, Wu Shiaojun. Using the patent co-citation approach to establish a new pa-tent classification system [J]. Information Processing and Management, 2005, 41 (2): 313 –330.

[17] 李睿, 张玲玲, 郭世月. 专利同被引聚类与专利引用耦合聚类的对比分析 [J]. 图书情报工作, 2012, 56 (8): 91 –95.

[18] 李道远, 贾晓亮, 田锡天, 等. 基于专利的工艺冲突矩阵挖掘方法研究 [J]. 中国制造业信息化, 2011, 40 (5): 19 –23.

[19] Jun S, Park S S, Jang D S. Technology forecasting using matrix map and patent clustering [J]. Industrial Management & Data Systems, 2012, 112 (5): 786 –807.

[20] Choi S, Jun S. Vacant technology forecasting using new Bayesian patent clustering [J]. Technology Analysis & Strategic Management, 2014, 26 (3): 241 –251.

[21] Erdi P, Makovi K, Somogyvari Z, et al. Prediction of emerging technologies based on a-nalysis of the US patent citation network [J]. Scientometrics, 2013, 95 (1): 225 –242.

[22] Yoon J, Kim K. Identifying rapidly evolving technological trends for R&D planning using SAO – based semantic patent networks [J]. Scientometrics, 2011, 88 (1): 213 –228.

[23] 蒋健安, 陆介平, 倪巍伟, 等. 一种面向专利文献数据的文本自动分类方法 [J]. 计算机应用, 2008, 28 (1): 159 –161.

[24] Chen Yenliang, Chang Yuanche. A three-phase method for patent classification [J]. Information Processing and Management, 2012, 48 (6): 1017 –1030.

[25] Fall C J, Töcsvári A, Benzineb K, et al. Automated categorization in the international pa-tent classification [OL]. [2013 – 03 – 07]. http: //www. sigir. org/forum/S2003/ CJF_ Manuscript_ sigir. pdf.

[26] Trappey A J C, Hsu Fuqiang, Trappey C V, et al. Development of a patent document classification and search platform using a back – propagation network [J]. Expert Sys-tems with Applications, 2006, 31 (4): 755 –765.

[27] Trappey A J C, Trappey C V, Chiang Tzu' an, et al. Ontology – based neural network for patent knowledge management in design collaboration [J]. International Journal of Production Research, 2013, 51 (7): 1992 –2005.

[28] 李生珍, 王建新, 齐建东, 等. 基于 BP 神经网络的专利自动分类法 [J]. 计算机工程与设计, 2010, 31 (23): 5075 –5078.

[29] 季铎，蔡云雷，蔡东风，等. 基于共享最近邻的专利自动分类研究 [J]. 沈阳航空工业学院学报，2010，27 (4)：41－46.

[30] Zhang Xiaoyu. Interactive patent classification based on multi－classifier fusion and active learning [J]. Neurocomputing，2014，127 (Advances in Intelligent Systems：Selected papers from the 2012 Brazilian Symposium on Neural Networks)：200－205.

[31] Wu Chihhung，Ken Yun，Huang Tao. Patent classification system using a new hybrid genetic algorithm support vector machine [J]. Applied Soft Computing，2010，10 (4)：1164－1177.

[32] 梁静，徐亮，程文堂. 机器学习算法在药物专利分类中的应用研究 [J]. 计算机与应用化学，2007，24 (10)：1341－1344.

[33] Li Yaoyong，Bontcheva K，Cunningham H. SVM based learning system for F-term patent classification [C/OL] // Proceedings of the Sixth NTCIR Workshop Meeting on Evaluation of Information Access Technologies：Information Retrieval，Question Answering and Cross Lingual Information Access，2007. [2013－03－07]. http：//research. nii. ac. jp/ntcir/workshop/Online Proceedings6/NTCIR/38. pdf.

[34] D' hondt E，Verberne S，Koster C. Text representations for patent classification [J]. Computational Linguistics，2013，39 (3)：755－775.

[35] Li Xin，Chen Hsinchun，Zhang Zhu，et al. Managing knowledge in light of its evolution process：An empirical study on citation network-based patent classification [J]. Journal of Management Information Systems，2009，26 (1)：129－153.

[36] Richter G，Macfarlane A. The impact of metadata on the accuracy of automated patent classification [J]. World Patent Information，2005，27 (1)：13－26.

[37] Liu Duenren，Shih Mengjung. Hybrid-patent classification based on patent-network analysis [J]. Journal of the American Society for Information Science and Technology，2011，62 (2)：246－256.

[38] Mathiassen H，Ortiz-Arroyo D. Automatic categorization of patent applications using classifier combinations [C] //Proceedings of the 7th International Conference on Intelligent Data Engineering and Automated Learning. Berlin：Springer-Verlag，2006：1039－1047.

[39] Loh H，He Cong，Shen Lixiang. Automatic classification of patent documents for TRIZ users [J]. World Patent Information，2006，28 (1)：6－13.

[40] He Cong，Loh H. Pattern-oriented associative rule-based patent classification [J]. Expert Systems with Applications，2010，37 (3)：2395－2404.

[41] 李红，陈少龙. 基于社会网络分析的智能手机专利发明人合作网络演化研究 [J]. 科技管理研究，2013 (20)：157－160.

[42] 栾春娟. 基于专利共现的全球太阳能技术网络及关键技术演进分析 [J]. 情报学报，2013，32 (1)：68－79.

[43] 温芳芳. 基于社会网络分析的专利合作模式研究 [J]. 情报杂志，2013，32 (7)：

119 – 123.

[44]　向希尧，蔡虹，裴云龙. 跨国专利合作网络中 3 种接近性的作用 [J]. 管理科学，2010，23（5）：43·– 52.

[45]　罗立国，余翔，周力虹. 基于专利许可网络的 985 高校知识流动能力研究 [J]. 管理学报，2013，10（3）：458 – 462.

[46]　Verspagen B. Mapping technological trajectories as patent citation networks：A study on the history of fuel cell research [J]. Advances in Complex Systems，2007，10（1）：93 – 115.

[47]　许琦. 基于专利引证网络的技术范式分析——以半导体制造领域为例 [J]. 图书情报工作，2013，57（4）：112 – 119.

[48]　Lin Yan，Chen Jian，Chen Yan. Backbone of technology evolution in the modern era automobile industry：An analysis by the patents citation network [J]. Journal of Systems Science and Systems Engineering，2011，20（4）：416 – 442.

[49]　Choi S，Yoon Y，Kim K，et al. SAO network analysis of patents for technology trends identification：A case study of polymer electrolyte membrane technology in proton exchange membrane fuel cells [J]. Scientometrics，2011，88（3）：863 – 883.

[50]　Park H，Yoon J，KIM K. Identification and evaluation of corporations for merger and acquisition strategies using patent information and text mining [J]. Scientometrics，2013，97（3）：883 – 909.

[51]　Yoon J，Choi S，KIM K. Invention property-function network analysis of patents：A case of silicon-based thin film solar cells [J]. Scientometrics，2011，86（3）：687 – 703.

[52]　Kim H，Song J. Social network analysis of patent infringement lawsuits [J]. Technological Forecasting & Social Change，2013，80（5）：944 – 955.

[53]　任声策，尤建新. 中国专利生存期：基于中国在美专利数据的实证 [J]. 管理工程学报，2012，26（4）：77 – 83.

[54]　郑贵忠，刘金兰. 基于生存分析的专利有效模型研究 [J]. 科学学研究，2010，28（11）：1677 – 1683.

[55]　周瑞芳，禹建丽. 国内专利申请受理情况时间序列的 GARCH 模型及预测 [J]. 中原工学院学报，2008，19（3）：31 – 35.

[56]　饶旻，林友明，郭红. 专利申请与授权量的时间序列分析 [J]. 运筹与管理，2007，16（6）：157 – 161.

[57]　Hidalgo A，Gabaly S. Use of prediction methods for patent and trademark applications in Spain [J]. World Patent Information，2012，34（1）：19 – 29.

[58]　马军杰，尤建新，卢锐. 改进小波神经网络下的我国发明专利授权数量预测 [J]. 科技进步与对策，2013，30（4）：121 – 123.

[59]　王贤文，徐申萌，彭恋，等. 基于专利共类分析的技术网络结构研究：1971 – 2010 [J]. 情报学报，2013，32（2）：198 – 205.

[60] Ernst H. Patent information for strategic technology management [J]. World Patent Information, 2003, 25 (3): 233 - 242.

[61] 翟东升, 蔡万江, 陈晨, 等. 基于 MapReduce 构建专利技术功效图的研究 [J]. 情报杂志, 2013, 32 (6): 29 - 33.

[62] Yoon B, Park Y. A text-mining-based patent network: Analytical tool for high-technology trend [J]. Journal of High Technology Management Research, 2004, 15 (1): 37 - 50.

[63] 刘玉琴, 朱东华, 吕琳. 基于文本挖掘技术的产品技术成熟度预测 [J]. 计算机集成制造系统, 2008, 14 (3): 506 - 510.

[64] Daim T, Iskin I, Li Xin, et al. Patent analysis of wind energy technology using the patent alert system [J]. World Patent Information, 2012, 34 (1): 37 - 47.

[65] Leydesdorff L, Bornmann L. Mapping (USPTO) patent data using overlays to Google Maps [J]. Journal of the American Society for Information Science and Technology, 2012, 63 (7): 1442 - 1458.

[66] Inoue H, Souma W, Tamada S. Spatial characteristics of joint application networks in Japanese patents [J]. Physica A: Statistical Mechanics and its Applications, 2007, 383 (1): 152 - 157.

作者简介:

屈鹏, 中国科学技术信息研究所助理研究员, 博士, E-mail: pqu @ pku. edu. cn;

张均胜, 中国科学技术信息研究所副研究员, 博士;

曾文, 中国科学技术信息研究所副研究员, 博士;

乔晓东, 中国科学技术信息研究所研究员;

王惠临, 中国科学技术信息研究所研究员。

机构学术型专利识别方法的研究进展

1 引　言

美国国会于 1980 年 12 月 12 日通过了由参议员 B. Bayh 和 R. Dole 提出的《专利和商标法修正案》，即著名的 Bayh-Dole 法案（*Bayh-Dole Act*，PL96 – 517，35 USC. 200 et seq 1980），也称"大学、小企业专利程序法案"，该法案允许大学和小企业拥有联邦基金资助所产出发明的所有权[1]。该法案主要处理联邦政府所资助研究的知识产权问题，根据其规定，大学作为雇主拥有雇员发明的所有权，也即专利不再为发明人个人所有，这在一定程度上有效地驱动了美国大学专利布局的发展。在过去的几年里，很多欧洲国家也纷纷效仿美国，对知识产权体制进行了改革，随之而来各国政府技术转移模式的转变，大学专利活动逐渐活跃，专利发明数量增加，科研成果商业化速度加快，专利许可和产权交易的收入提高，各国学者也正式开始关注大学发明专利的情况。多年的研究实践表明，欧洲决策者迫切想要获得科学和技术的相关指标，J. Raffo 和 S. Lhuiery[2] 就曾提出想要了解欧洲高校在发表论文、发明专利以及技术转移方面与美国高校的差距，同时这也是了解企业和高校技术布局、寻求技术机会和避免竞争对手威胁的重要手段。

2　机构学术型专利的概念

M. Meyer[3] 在梳理大学专利发明的类型时，提出了一个新的概念，即将大学中的发明专利定义为学术型专利（academic patents），并从所有权的角度将它分为两种：第一种是大学拥有所有权的专利（university-owned patents），即大学或其技术转移办公室（Technology Transfer Offices，简称 TTOs）为专利申请人的专利；第二种是大学产生的专利（university-invented patents），即专利发明人为大学所属作者的专利，例如申请人为第三方（个人或私营企业）的专利。笔者认为，学术型专利不仅仅指大学所拥有的且由大学申请的专利，大学、企业或研究机构在研发中都存在发表论文和发明专利的情况，因此，如果该机构在发明专利的过程中发表了与专利相关的论文，那么与该论文相关的专利即为机构的学术型专利。

当前，对学术型专利的识别在各种研究中存在着强烈的需求，但更面临着技术和方法层面的挑战。一方面，正确识别学术型专利非常重要，因为这不仅是开展科学与技术关系的研究、合作网络研究和人力资源管理等方面的数据处理基础，还是进一步完善论文和专利规范文档建设的必要参考。正确识别学术型专利，有利于探求学术型专利合作网络的规律，揭示和挖掘科学与技术潜在的关系，监控和评估公共研究组织的绩效。另一方面，学术型专利由于文献类型的差异而难以识别，A. Geuna 和 L. J. J. Nesta[4] 就表示学术型专利的研究或者缺少相应的数据或者数据质量较差，故此，这方面的研究仍然处于盲点，缺乏可靠且系统的方法来准确识别与计算学术型专利的数量。本文通过调研分析发现：造成学术型专利难以识别的原因主要有 3 个方面：①大学与企业之间是共同合作关系，大学发明专利中有一大部分是由企业申请的；②存在以个人名义申请专利的情况；③当前论文和专利数据库对作者、发明人、机构名称的著录不够规范，使学术型专利的识别较为困难。

本文主要通过文献调研发现当前研究所采用的识别学术型专利的方法，分析各自的利弊，在此基础上提出识别机构学术型专利的步骤，从而从知识组织的角度对机构学术型专利识别方法的未来发展方向和发展中可能遇到的困难进行分析和展望，希望能够在一定程度上提升机构学术型专利识别的效率和正确性，并为相关的研究提供借鉴。

3 学术型专利识别方法研究现状

当前的学术型专利识别方法主要针对大学发明专利的识别上，出发点都是从专利发明人的角度来建立联系，但核心思路还停留在通过专利发明人的教授身份来判断其所发明的专利为学术型专利。世界经济合作与发展组织（Organization for Economic Cooperation and Development，简称 OECD）在 2009 年发表的《专利数据手册（2009）》[5] 中认为将发明人姓名字段与其他数据库中的个人互补数据进行匹配，通过专利申请中发明人的正确识别能够重构个人发明的相关记录。OECD 从一定程度上肯定了发明人字段在学术型专利识别方法中起到的纽带作用，并揭示了发明人字段在实际研究和数据处理中的重要性。

造成发明人信息难以获得和关联的基本原因包括：首先同一发明人的名字在拼写时略有不同，由于习惯各异，中间名和姓氏的位置各不相同；第二，虽然存在两个确切的名字，但也不能确定两个相同名字指代的是同一人，例如，国外人名"John Smith"就比较普遍，容易混淆；第三，将非英语国家名字译为拉丁字母时不够统一，并存在歧义，例如，对中文姓"李"的翻译就有中国大陆和台湾地区两个版本"Li"和"Lee"，但中文中与"李"同音的姓还有"黎"等，如不事先进行规定和统一，后续数据处理时就很容易出错。

针对名字问题，已有研究人员尝试利用计算机匹配算法来统一，但迄今为止也只是适用于特定的专利集合当中。M. Trajtenberg 等[6]就对 USPTO 专利数据进行了实验：首先，对相似的姓名进行分组，在对姓名尽可能地清理和标准化的同时，利用 Soundex 代码系统对谐音的名字进行编码从而统一名字列表；其次，通过对比名字，对疑似同名的姓名按照中间名、地理位置（如邮编、城市等）以及技术领域（例如专利分类）、专利权人、共同发明人等字段进行两两对比，若是两项纪录属于同一地址、同一个专利分类，并拥有共同的合作者，便分别对它们进行赋值，而满足预设阈值的记录则被认为两项纪录是匹配的，即识别出了同一个发明人。

在姓名字段处理的基础上，国内外学者采用了一些方法来识别学术型专利，大体上可以分为以下 3 种类型：①关键词检索的方法。通过对某个领域或机构进行关键词检索，将所检索的专利文献按照数据库中已标识的"教授头衔（PROF 或 UNIV，PROF 或 PROFESSOR 等等）"筛选出来，从而找到学术型专利；②匹配列举。将大学现有教师名单、其他类型文献中的教授姓名或论文数据库中的作者与专利的发明人姓名进行匹配，在不完全匹配的情况下，采用邮编、机构等其他字段对其进行限定再匹配，从而识别出学术型专利；③在前两种方法的基础上，查找论文作者和专利发明人，分别提取论文数据库和专利数据中的字段来建立关系数据库，再通过一系列的匹配与过滤规则来自动地识别出学术型专利。

3.1　基于关键词检索的识别方法

关键词检索（searching for keywords）的基本思想如上文所述是通过数据库中已标明的"教授或博士"的头衔来检索专利文献，从而找到学术型专利。基于关键词检索的识别方法在德国和澳大利亚的研究中较常见，因为来自这两个国家的发明人普遍使用"教授"头衔。但是，识别大学学术型专利重要的问题在于要找到那些不是由大学自身申请的专利，利用"教授"类似的头衔的检索方式难以准确识别学术型专利的情况。

D. Czarnitzki 等[7]通过研究论文作为科学产出和专利之间的关系，调查了德国教授活跃的一些科学领域，发现研究人员的论文产出和专利质量呈现正相关关系。其方法利用德国专利商标局、欧洲专利局的数据库和 Web of Science 数据库，通过"教授或博士（Prof./Dr）"的头衔来识别所有发明人，除了姓名之外还采用地址以核实多个专利发明人同一姓名的情况；将专利中识别的发明人放入论文库中检索，从而得出专利发明人的论文产出。在德国于 2002 年时引入了类似 Bayh-Dole 法案的原则，废除了教授特权（德语 Hochschullehrerprivileg, professor's privilege）之后，上述方法也只能识别出 2002 年以前的德国专利和论文。其次，关键词检索更大的弱点可能在于它只能在专利发明人中间找到标识了"教授"的发明，而不能识别由其他大学教师等（例如助教或博士研究生）申请的专利。再次，教授在专利中未引用头衔的数量是未知的，至少德国的事实证明专利申请中标明教授头衔的情况在减少。

D. Czarnitzki 等[8]基于德国所有科学领域的科学家，调查了学术型专利的重要性。采用 1978－2006 年 EPO/OECD 专利引文数据库每个专利的技术分类、申请日期、题名以及每个申请人和发明人的名字和居住地，抽取至少有一名居住在德国的发明人的专利申请，按照"教授或博士头衔"识别所有德国教授的专利发明，以核实其学术型专利样本的完整性，还将样本数据结果与德国专利商标局类似的检索结果进行了对比，发现有少量的专利无法在 EPO 数据中找到。该方法的缺陷在于识别出的样本中包括了一些在商业领域中兼职的教授，他们的专利可能并不仅仅来自于纯粹的学术环境。另外，该方法还可能漏检一些没有在专利申请中提到头衔的教授。

3.2　基于匹配列举的识别方法

如上文所述，匹配列举（matching lists）的基本思想是将专利文献中的发明人字段与大学或机构中教职员工的名单进行匹配，从而找到学术型专利。其中最具代表性的是由法国、意大利和瑞士等欧洲国家倡导的"知识型创业：创新、网络和系统（knowledge-based entrepreneurship：innovation，networks and systems，简称 KEINS）"项目[9]，它利用匹配列举的方法开发了多个有关学术型发明人的数据库，用以识别两种截然不同的数据集之间的关系，以便更准确地描绘欧洲大学的专利行为。

J. Thursby 等[10]调查了美国采用 Bayh-Dole 法案的情况：美国教师作为发明人的 5 811 个专利中，有 26% 只属于企业，不属于高校。他们以此来研究专利归属权的变化对高校和企业的影响。实证中教师名单来源于美国国家研究委员会 1995 年版的国家教员目录（*National Faculty Directory*），其他采用国家经济研究局的数据。通过建立样本集，他们匹配了 1993 年 87 个美国研究型大学中 34 202 位科学家和拥有博士学位的工程师的姓氏和美国专利发明人的名字，清理了名字和所属机构，消除了姓名和中间名不匹配的情况，还对常用名进行了处理，另计算了发明人所在地邮编和高校教师成员所在地邮编的距离（< =50 m）。但该方法工作量巨大，不适用于当前专利数量膨胀和研究人员剧增的情况，也不便于数据的更新。

王刚波和官建成[11]分析了中国纳米科技领域的论文和专利数据之间的联系，比较了学术发明人和纯学术研究者的研究绩效差异，考察专利活动对科学研究产出数量和质量的影响。专利数据取自 DII 数据库；论文数据取自 ISI 自然科学引文索引（SCI-E）数据库。利用关键词检索 DII（1991–2008），提取至少有 2 项专利的中国高校（剔除重复、将大学中文名称与英文名称对应）数据，将其放到 SCI-E（1991–2008）中用相同关键词检索查询论文数据，按照中文名称（署名单位、署名作者）来匹配专利数据库和论文数据库，利用发明人列表建立查询词检索并标注发明人有哪些论文发表。但该研究只检索了英文论文，其研究对象是中国大学，实证也以清华大学为例，并未涉及相应的中国期刊数据库的论文数据。

基于匹配列举的识别方法的主要弱点在于生成教师名单所需的成本高昂且耗时，因为这种数据常常很难找到。大多数国家并不会综合并及时更新保存大学教师的名单，所以这些都需要花人力和时间进行创建和更新；另一个问题在于如果这些教师的确存在，他们常常仅限于某一特定的群体，例如大学中的终身教授。因此，与关键词检索的方法存在类似的问题：可能漏检某个发明人群体，例如博士研究生、助教和讲师等没有官方公开身份的发明人。

3.3 基于关系数据库的识别方法

基于关系数据库（Crelational database）的学术型专利的识别方法的基本思想是通过提取论文和专利数据库中的数据集字段，分别创建两个表，根据相同的属性建立表与表之间的联系，从而将其整合到一个关系数据库当中，再通过一系列的匹配与过滤规则来自动地识别并更新机构的学术型专利。这种基于科学出版物和专利相同作者和发明人的查找数据集的方法，与之前论述的关键词检索和匹配列举的方法最主要的不同在于：大学雇员和相关人员的名字不再依赖教授头衔，也不单单来自于高校的官方教师名单，而是旨在抓取研究中在学术期刊上发表过文章的每个人。

F. Dornbusch 等[12]首次提出通过建立关系数据库的方法，大规模识别所有大学专利发明人发表论文的情况。首先，专利文献采用 EPO 的 PATSTAT 数据库，论文文献采用 Elsevier 公司提供的 Scopus 数据库，除了 EPO 和 Elsevier 提供的标准信息之外，数据集还应包括其他资源的其他信息，例如需要提供德国专利商标局中发明人的地址信息（欧洲可通过 EPO 获得），手工补充 Scopus 中的数据空白，并利用 SQL 语言进行数据检索。其次，数据集的实现、数据生成和清洗过程：

在解析阶段中，构建适合的数据集，将所需信息解析到关系数据库设计的表格中，并采用不同的解析策略清理数据；在匹配与过滤阶段，匹配发明人和作者的名字，按照过滤标准来进行匹配。这种方法为大范围持续自动识别基于大学的发明专利提供了一种思路，而且也可以因不同的目标进行调整。

该方法通过建立关系数据库，匹配作者和发明人的姓名，检测出了从大学中识别专利申请的普遍可行性，还提出未来的工作在于加强管理标识尽可能多的大学专利，保证尽可能低的错误率。该研究的不足之处在于过于依赖文献计量学数据的质量。

4 机构学术型专利识别方法的实施步骤

综上所述，基于建立关系数据库的方法，结合了关键词检索和匹配列举的优势，从知识组织的角度，筛选、描述、组织、调整专利数据库和论文数据库中的元数据，建立并查找期刊论文的作者和专利发明人相同名字的数据集。借鉴该方法在德国学术型专利识别方面的应用，本文提出了识别机构学术型专利方法的实施步骤。

4.1 对论文和专利数据库的选择

需要寻找适当的专利数据库和论文数据库，两库需能够分别下载数据字段的内容和格式在性质上基本一致的数据集合，另外还需要梳理出从两个数据库均可以获得完整的个人层面信息数据集字段，包括：①所属国别、②机构、③姓名、④地址、⑤时间窗、⑥主题，将这些属性作为联系专利数据表和论文数据表的依据。

4.2 在数据准备阶段

按照已梳理出的个人层面的 6 个属性分别提取论文和专利数据库中对应的数据集字段，创建两个表，并根据相同的属性建立两个表之间的联系，即整合到一个关系数据库当中。其中专利数据库收录的机构发明人的相关信息包括：①发明人所属国家、②专利权人、③发明人姓名、④发明人地址、⑤优先权日、⑥技术分类；论文数据库收录的机构作者的相关信息包括：①作者所属国家②作者机构③作者姓名④机构地址⑤发表时间⑥论文研究方向。见表1。

表1 专利数据库和论文数据库收录的机构发明人的相关数据集合

属性	专利数据库字段	论文数据库字段
所属国别	Inventor Country 发明人所属国家	作者所属国家 Organization Country
机构	Assignee/Applicant 专利权人	作者机构 Author Organization
姓名	Inventor Name 发明人姓名	作者姓名 Author Name
地址	Assignee Address（postcodes）发明人地址（邮编）	机构地址（邮编）Institution Address（postcodes）
时间窗	Priority Date 优先权日	发表时间 Publication Year
主题	Technology Classification 技术分类	论文研究方向 Research Field

4.3 匹配与过滤阶段

本阶段需设计恰当可行的组合匹配原则。在建立关系数据表之后，依据所选取的6个属性依次对两个表进行匹配，针对专利和论文对同一属性的不同字段数据进行组合匹配，并按照相应的匹配算法来执行。

在该阶段，要注意根据所获得数据的特点和各项匹配的情况，设计和调整可行的组合匹配原则。在此以文献[12]在识别德国大学学术型专利的所设计的原则为例，见表2。

表2 专利数据库和论文数据库收录数据组合匹配[12]

组合匹配	第一轮：机构匹配	第二轮：姓名匹配＋时间窗匹配＋地址匹配＋主题匹配			
单项匹配	机构匹配	姓名匹配	时间匹配	地址匹配	主题匹配
专利数据库	Assignee/Applicant 专利权人/申请人	Last and First Name 发明人姓名	Priority Year 优先权日	邮政编码	IPC 分类
论文数据库	Author Organization 作者机构	Last and First Name 作者姓名	Publication Year 发表时间	邮政编码	研究方向

专利数据库和论文数据库收录数据组合匹配原则包括了两轮设计：①先对机构进行匹配，未能匹配的数据集进入第一轮匹配；②利用姓名匹配＋时间窗匹配＋地址匹配＋主题匹配进行组合匹配，各项匹配原则分别如下：①

173

姓名匹配：采用完全字符串匹配算法。②时间窗匹配：专利优先权日和发表时间应考虑时间存在连续性，因此，对比优先权日（首次提出申请时间）和论文发表的时间，其中要注意相对来说论文有 1－2 年的时间延迟。③地址匹配：对邮政编码的前两位进行匹配。④主题匹配：由于技术分类和科学分类遵守不同标准，难以建立索引，需要人工判读。

4.4 验证阶段

此阶段需要对识别出的学术型专利进行核实。将识别出的学术型文献集的作者信息提取出来，并将其通过电子邮件的形式发送给相应的发明人或作者，以确认信息的正确性，若有不准确之处，则及时更新和纠正的同时，完善关系数据库的管理，验证该方法的有效性。此外，将基于关键词检索、基于匹配列举和基于建立关系数据库的 3 种方法的效率进行对比，从而对机构学术型专利识别方法的效率和准确性有更深入的把握。

5 当前机构学术型专利识别方法研究的不足和发展趋势

机构学术型专利的识别问题作为开展论文和专利相关研究之前的数据处理基础，是关联机构专利产出和论文产出的关键环节，在数据清理和实证过程中具有重要的研究意义和实践意义。本文调研了机构学术型专利识别方法在应用过程中存在的种种问题，对当前的各种解决方法进行了对比，并归纳了识别机构学术型专利的实施步骤，笔者认为当前识别机构学术型专利的研究可能存在以下问题和发展趋势：

第一，当前对机构学术型专利的研究范畴还集中于大学，鲜有对研究机构和企业的学术型专利进行研究和实证的情况，这一方面源自于大学在学术型专利上的绝对优势——其数据丰富，实证的效果较好；另一方面也显示出机构层面学术型专利研究缺乏全面性，忽略了不同类型机构在发表论文和发明专利方面的行为特征，例如研究机构对科研和技术的贡献等等，因此，在未来的研究中可以选择更加多元化的机构，从而更全面地解释相关研究的规律。

其次，识别机构学术型专利最基本和最大的挑战在于清理和匹配作者和发明人的姓名字段，对这一问题的研究目前还没有得到学者们的重视。大量学者在实证的过程中，在数据和方法的选择上花费大量的精力，面对海量的姓名字段可能出现的清理错误，鲜有核实的情况，甚至直接选择忽略不计，这是造成后续数据分析结果不可靠的重要隐患。

另外，目前的机构学术型专利识别方法主要是用于辅助某一个研究目标

174

而进行数据清理，不可否认的是这些方法在实际应用过程中难免耗时耗力，但就研究人员的目前需求和实证领域来看，大部分是针对科学与技术联系较为密切的技术领域，或者是某一特定人群（例如大学教授），因此，笔者认为专利数量的爆炸和专利泡沫的产生并不影响对机构学术型专利进行文献计量的意义。

当前3种机构学术型专利的识别方法，分别有各自的适用范围：基于关键词检索的方法适用于姓名字段中已表明类似头衔的数据；基于匹配列举的方法适用于拥有机构职员名单的姓名字段的匹配；基于建立关系数据库的方法适用于大规模抓取发表论文作者和发明专利的发明人而进行组合匹配的情况。然而，无论哪种方法，如果论文和专利数据库对作者、发明人、机构名称的著录存在问题，学术型专利的识别速度、准确性和效率都将直接受到影响，因此规范和整合不同的论文和专利数据库迫在眉睫。

6 结 语

机构学术型专利识别方法是在对人名进行计算机匹配的基础上，对机构的专利产出和论文产出进行关联的识别过程，它的发展在研究上具有重要的实践意义，是利用专利和论文数据开展专利发明人研究、科学与技术研究和技术转移等研究的前提，为进一步规范数据库著录规则提供建议，还有利于监控和评估机构组织绩效。本文通过文献调研，发现当前识别机构学术型专利的方法主要包括了基于关键词检索、匹配列举以及建立关系数据库3种方法，各有利弊，其中建立关系数据库的方法结合了前两种方法的优势，能够大规模定期更新作者名单，在德国大学学术型专利中的成功实施为未来其他国家开展学术型专利的研究提供了借鉴，未来识别机构学术型专利方法的最大挑战在于在处理和匹配大量的作者和发明人的名字时，可能出现同形同音异义词（homonyms）的情况，希望通过不同国家语言的实证，能够寻找出一种更准确、更可行的途径来识别出学术型专利，从而为相关的研究做好准备。

参考文献：

[1]　傅正华. Bayh-Dole 法案出台的背景及启示 [J]. 科技进步与对策, 2009, 26 (3): 32 – 35.

[2]　Raffo J, Lhuillery S. How to play the "Names Game": Patent retrieval comparing different heuristics [J]. Research Policy, 2009, 38: 1617 – 1627.

[3]　Meyer M. Academic patents as an indicator of useful research? A new approach to measure academic inventiveness [J]. Research Evaluation, 2003, 12 (1): 17 – 27.

[4] Geuna A, Nesta L J J. University patenting and its effects on academic research: The e-merging European evidence [J]. Research Policy, 2006, 35 (6): 790 – 807.

[5] OECD. Patent statistics manual [EB/OL]. [2013 – 10 – 06]. http://www.oecd-ili-brary.org/docserver/download/9209021e.pdf? expires = 1378023015&id = id&accname = ocid56017385&checksum = BE8829D28190A307CF761C9B981A030C.

[6] Trajtenberg M, Shiff G, Melamed R. The 'Names Game': Harnessing inventors' patent data for economic research [EB/OL]. [2013 – 10 – 11]. http://www.albany.edu/ ~ marschke/Workshop/NSFNamesGame.pdf.

[7] Czarnitzki D, Glänzel W, Hussinger K. Patent and publication activities of German profes-sors: An empirical assessment of their co-activity [J]. Research Evaluation, 2007, 16 (4): 311 –319.

[8] Czarnitzki D, Hussinger H, Schneidery C. Commercializing academic research: The quali-ty of faculty patenting [J]. Industrial and Corporate Change, 2011, 20 (5): 1403 –1437.

[9] KEINS. Knowledge-based entrepreneurship: Innovation, networks and systems [EB/OL] . [2013 – 10 – 14]. http://ec.europa.eu/research/social-sciences/pdf/policy-briefs-keins-laurila_ en.pdf.

[10] Thursby J, Fuller A W, Thurby M. US faculty patenting: Inside and outside the universi-ty [J]. Research Policy, 2009, 38 (1): 14 –25.

[11] 王刚波, 官建成. 纳米科学与技术之间的联系: 基于学术型发明人的分析 [J]. 中国软科学, 2009 (12): 71 –79.

[12] Dornbusch F, Schmoch U, Schulze N, et al. Identification of university-based patents: A new large-scale approach [C] //Innovation Systems and Policy Analysis No.32. Karlsruhe: Fraunhofer ISI, 2012.

作者简介:

李姝影, 中国科学院国家科学图书馆成都分馆, 中国科学院大学博士研究生, E-mail: lisy@ mail. las. ac. cn;

方曙, 中国科学院国家科学图书馆成都分馆研究员, 博士生导师。

应 用 篇

高校图书馆专利信息服务内容、
模式与趋势*

专利信息集技术、法律、经济信息于一体，它对于科技创新活动、市场竞争、战略决策制定有着重要的价值。世界各国对于如何围绕专利开展创新服务，更好地服务于国家战略和产业发展，都给予了高度重视，形成了由各级政府部门、公共信息服务机构和民间盈利机构组成的多层次专利信息服务体系。高校是国家科技创新体系的重要组成部分，中国知识产权局发布的《2012 年中国有效专利年度报告》[1]指出，2012 年国内高校发明专利拥有量达9.7 万件，占总量的两成多。作为专利的主要产出地之一的高校，其科研人员对专利信息服务的需求一直比较旺盛，而我国的专利信息服务业起步晚，不成熟，加之中国高校大多没有设置专利信息服务部门，图书馆作为文献信息基地，自然而然地承担起了这项服务工作。大多数图书馆提供的与专利相关的信息服务包括：免费专利信息链接、专利相关知识介绍、专利信息服务等。其中专利信息服务的内涵各不相同，大致包含专利知识培训、专利查新、专利检索、专利分析等。但是随着用户群体所处信息环境和科研环境的变化，目前提供的专利信息服务远不能满足用户的需求，具体表现为：专利服务内容简单，缺少深层次的挖掘与分析[2]；专利服务内容分散、随意，缺乏规范化、系统化；图书馆对专利服务缺乏重视，处于被动状态，服务队伍力量薄弱，导致用户认知度低[3]。事实上，高校图书馆作为公共信息服务机构的重要组成部分，具备文献资源优势、人力资源优势、信息服务经验以及学科服务能力，完全能够承担专利信息服务的重任。因此，面对日益增长的用户需求，高校图书馆在专利信息服务方面应该"做什么""怎么做""发展趋势是什么"等问题，正是本文所要研究的主要问题。

* 本文系广东省战略新兴产业专利导航工程项目"环保装备专利分析及预警"（项目编号：2013－IP－07）研究成果之一。

1 研究综述

针对高校图书馆专利信息服务的研究主要出现在 2010 年之后，相关研究主要集中在以下两个方面：一是图书馆专利信息服务体系建设问题。曹湘博等[4]等将专利信息分析与企业的技术创新专利信息需求结合起来，建立了一种面向企业用户的立体化专利信息服务体系；张赟玥等[5]构建了横向上包括研究与应用两大板块、纵向包括基础与深层次服务的高校图书馆专利信息服务体系。二是嵌入科研过程的信息情报服务。邓菲等[6]的研究关注了嵌入科研过程的情报服务内容，包括为科研用户推荐新研究方向、数据挖掘与支撑、课题相关信息推送、研究管理与任务规划、课题推进中的困难解决、预测性或评价性情报研究；辛小萍等[7]研究了嵌入科研过程的服务模式，关注学科馆员角色随着服务内容变化而转化的过程，以及知识服务同科研课题的对接方式；吴鸣等[8]研究了专利技术分析在支持国家重大科技专项学科情报服务的模式，建立了科研全过程的专利技术分析框架，并从团队建设能力提升、服务规范和机制建立等方面，构建了学科情报服务的特色模式。邓仲华[9]从服务主体、服务客体、服务方法和服务内容等角度研究了大数据环境下嵌入科研过程的信息服务模式。

从文献调研看，图书馆专利信息服务已经逐渐成为研究热点，已有的研究对专利服务模式的理解存在各种差异，所建立的专利服务模式同实践存在很大距离，尚不能指导实践；此外目前的研究多数关注嵌入式学科服务模式，具体到嵌入科研团队的专利信息服务及决策支持的专利信息服务研究则较少，而专利信息服务直接服务于科技创新活动，科研范式的转变使用户对嵌入式专利信息服务具有强烈的需求，图书情报界需要对其进行深入的理论和实证研究。本文通过对实践的考察和理论思考，构建了 4 个层级的高校图书馆专利信息服务内容体系：专利信息素养教育、专利信息检索与分析、嵌入科研团队的专利信息服务、决策支持专利信息服务，同时对各个层次的专利信息服务模式展开研究，重点探索基于专利全生命周期和科研过程的端专利信息服务模式，最后依托实证研究探讨专利信息服务的发展趋势。图书馆要提升自身的价值，除了扎实做好传统的基础服务外，还需开展高端信息服务，高端专利信息服务无疑成为提升图书馆价值的又一有效路径。

2 高校图书馆专利信息服务内容体系

通过考察研究高校图书馆专利信息服务的实践，结合高校用户群体需求变化，本文把高校图书馆专利信息服务体系划分为 4 个层次（见图 1）。

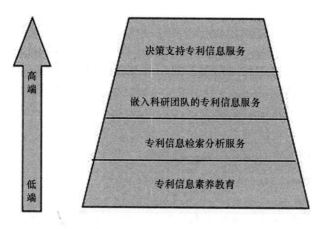

图1　高校图书馆专利信息服务内容体系

图中文字（从上到下）：
决策支持专利信息服务
嵌入科研团队的专利信息服务
专利信息检索分析服务
专利信息素养教育

箭头标注：高端　低端

2.1　第一层：专利信息素养教育

专利信息素养教育是通过多种教学途径，面向用户开展围绕专利基本知识、检索、分析、申请等活动的信息素养教育。专利信息素养教育旨在增强用户的知识产权意识，提高用户的专利文献检索技能，提升用户的创新能力[10]。早在2007年工程硕士教育指导委员会就启动了工程硕士知识产权课程建设工作，并发布《关于加强工程硕士"知识产权"课程建设的通知》，明确要求各高校将"知识产权"课程增列为工程硕士研究生的公共必修课[11]。专利信息素养是知识产权信息素养的重要方面，是基础性教育内容，大多数高校图书馆都开展了针对性的教育与培训，在这个过程中学科馆员扮演着教师的角色。

2.2　第二层：专利信息检索分析服务

专利信息检索分析是根据用户需求，开展专利信息查询、专利定题检索、专利新颖性检索等专利咨询服务。专利信息查询通常包括专利法律状态查询、同族专利信息查询、专利著录项查询等。专利定题检索是针对某机构或某技术进行世界范围的专利检索，出具检索分析报告或技术分析报告，并提供检出专利全文资料，帮助用户掌握最新的专利信息，了解技术发展动向[4]。专利新颖性检索是专利申请前的检索服务，主要针对拟申请专利的新颖性进行检索，使用户在撰写专利申请文件前充分了解已有文献及技术的公开情况，减少盲目申请，提高专利授权的可能性，扩大其法律稳定性。在这个层级，图书馆主要针对具体需求提供检索与分析服务。大多数高校图书馆专利信息服务都包含这个层级的内容，也属于基础服务，学科馆员在服务过程中主要扮演检索专家或查新专家的角色。

2.3　第三层：嵌入科研团队的专利信息服务

嵌入科研团队的专利信息服务是一种基于专利信息的嵌入式学科服务，学科馆员融入科学研究的整个流程中，紧密跟踪科研用户信息需求的产生与发展，在从选题到鉴定结题的整个过程中，提供满足科研人员需要的具有全局性、个性化、预测性的专利信息与知识。在项目选题与立项阶段，学科馆员以专利大数据文献调研作为支撑，为用户进行专利检索、信息跟踪、信息评价，协助科研人员在短时间内锁定技术热点或技术空白点；在项目研发与试验阶段，帮助用户利用专利信息进行领域态势分析、竞争对手分析、专利动态预警分析，协助用户进行专利申请前分析，完成阶段性评估及风险处理；在项目研究结题及鉴定阶段，协助科研团队进行申请专利，形成自主知识产权成果。此外，还可以对科研成果进行质量评估和成果效益分析等。在成果管理与转化阶段，协助科研团队关注和跟踪市场需求信息，为专利技术更新提供信息支持，同时帮助用户进行成果转化前的专利检索，减少专利侵权和诉讼风险。在这个层级，图书馆学科馆员是情报专员，亦是科研人员的合作者[12]，提供合作伙伴式服务。因为这类服务难度大，服务经验匮乏，融入用户存在一定的难度，大多数高校图书馆都没开展嵌入科研全过程的专利信息服务，只有一些研究型高校图书馆在尝试这种服务。学科馆员主要扮演情报专员的角色，嵌入科研团队项目全过程进行高级专利信息服务。

2.4　第四层：决策支持专利信息服务

决策支持专利信息服务是一种面向管理决策的专家咨询式服务，主要通过文献计量学和统计学的方法，运用大数据挖掘技术对专利信息进行加工、整理和分析，将其转化为具有总揽性及预测性的情报，为科研管理决策提供科学依据[7]。首先，可以为高校科研管理部门提供决策支持，如为科研项目资助方向的确定、科技成果奖励政策的制定、产学研合作模式的建立以及科技成果转化等方面提供分析报告和政策建议。其次，可以面向企业开展专利竞争情报分析，通过专利技术竞争力分析、专利技术资产评估、竞争对手的技术分析和监视，帮助企业明确市场定位，确定生产经营策略，合理布局专利战略，为企业进行专利诉讼、技术贸易、企业兼并等提供决策支持；此外，还可以为政府机构的宏观决策提供依据，如提供产业发展评估、技术发展趋势预测、科技实力对比分析等专利情报服务。在这个层级，图书馆学科馆员提供咨询专家式服务。目前，很多研究型图书馆已经开展了不同面向、不同深度的决策支持服务，学科馆员在这个过程中扮演咨询专家的角色。

182

高校图书馆需要构建从基础专利信息服务到高端专利信息服务的内容体系，其中专利信息素养教育和专利信息检索属于基础专利信息服务，而嵌入科研团队的专利信息服务和决策支持服务则是高端专利信息服务。两类服务的主要差别在于服务的深度不同、难度不同，同时学科馆员扮演的角色亦不同——从教师、检索人员跃升到情报专员和咨询专家。图书馆发展成熟完善的专利信息服务内容体系，不仅面向校内科研用户及科研管理部门开展服务，还能够为企业、政府部门提供多层次的专利信息服务。在专利信息服务内容体系中，每个层级的服务不是孤立运行，而是存在交叉互补、相辅相成的关系。4个层次从低端到高端，共同构成了完善的图书馆专利信息服务内容体系。

3 高校图书馆专利信息服务模式

高校图书馆专利信息服务模式主要有4种：融入设计项目的新型专利信息素养教育模式、基于专利生命周期的专利信息检索服务模式、嵌入科研全过程的专利信息服务模式、基于大数据的决策支持专利信息服务模式。其中嵌入式专利信息服务和决策支持专利信息服务模式构成了高端专利信息服务模式。

3.1 融入设计项目的新型专利信息素养教育模式

专利信息素质教育有利于培养学生查找、收集、分析专利文献和专利信息的能力，是提升学生创新能力的有力支撑。专利信息素养教育同一般信息素养教育存在区别，应该围绕创新人才培养，根据不同的专业特点安排教学内容，特别要强化理工科学生的专利信息素养教育，使他们的专利意识伴随着创新意识的培养而形成，达到事半功倍的效果。专利信息素养教育需要以培养学生独立思考、独立操作、独立解决问题、提高创新能力为目标，除了传统的课堂讲授、案例分析及上机实习等教学方式外，还可融入学生的工程设计项目，进行引导式教学，以设计项目的构思、设计、实现、运行过程为依托，将专利信息素养教育贯穿于学生工程设计项目的实践中。专利信息素养教育可配合教育部实施的"卓越工程师"计划，达到较好的教育效果。

3.2 基于专利生命周期的专利信息检索分析服务模式

传统的专利检索服务重在专利申请前的信息检索，事实上，从专利生命周期理论视角看，专利经历创造、保护、运用、管理的过程，应围绕专利生命周期构建专利信息检索与分析服务模式。在专利创造过程中，为避免重复投入，学科馆员需要进行全面的专利查新服务；同时人才培训也是非常重要的环节，学科馆员通过培训科研人员，使科研人员掌握一定的专利检索技巧，在研究过程中便于跟踪信息，确保科研顺利进行。在专利保护阶段，以专利的形式对项目的阶段性成果进行保护，根据专利新颖性、创造性、实用性的三性要求，实时进行专利预警是非常必要的，同时每项专利申请前必须进行专利查新，以保证专利的法律稳定性，并增加授权几率。在专利运用与管理阶段，进行专利检索，跟踪市场动态、判定专利价值，对于专利的转移转化、维持放弃等都至关重要。在整个专利生命周期过程中，为处在不同科研阶段的研究人员提供专利检索培训、检索查新、专利预警、专利挖掘、专利评估等服务，把服务链条延伸到专利全生命周期，是当前高校图书馆正在探索的服务模式。

3.3 嵌入科研全过程的专利信息服务模式

在数字化、网络化学术交流环境下，随着用户信息需求与行为的变化，图书馆员不再是用户和文献信息之间的"中介"，而是用户的合作伙伴，图书馆员不单是为用户解决问题，更多地是嵌入用户环境，将图书馆的专长转化为用户的能力[13]。嵌入科研全过程的专利信息服务模式，意味着学科馆员跟随科研团队的研究节奏，在相应的时间点上提供相应的专利信息服务，甚至是具体解决方案的知识发现。

科学研究通常要经历选题调研、试验研究、结题鉴定、成果管理等过程，专利信息则是最为重要的文献信息资源，为科研团队提供嵌入式专利信息服务是最佳实践。在选题调研过程中，学科馆员要融入科研团队，在互动中深入了解、挖掘、把握用户的需求本质，把科研团队的目标同学科服务的目标相匹配，进行目标嵌入。在试验研究过程中，学科馆员进行物理嵌入与流程嵌入，融入科研团队的物理空间和虚拟空间，成为他们的"成员"，与科研用户进行集体"思考"，参与用户的讨论及学术交流活动，将图书馆的资源与服务同用户的需求相结合，在科研团队的专利信息需求点上，主动提供即时有效的深度专利信息服务与知识服务。试验研究是个长期过程，学科馆员主动嵌入到试验过程中，提供专利动态预警、阶段性评估等服务，使科研团队在试验过程中及时掌握全球专利变化情况，动态调整研究方法和过程，确保研究的顺利进行。在项目结题鉴定阶段，学科馆员已同科研团队经过一段长时间的合作，建立了较强的信任关系，形成了关系嵌入。嵌入式专利信息服务能够提高科研效率，也转变了用户对图书馆员和图书馆服务的认识，彼此在合作中不断加深理解和互信。

3.4 基于大数据的决策支持专利信息服务模式

广义科研过程的最末段是成果管理，科研管理部门需要对科研成果进行整理、转化规划以及资源分析，判断哪些是高价值专利，需要长期维护；哪些是当前市场前景好的专利，需要及时转化，所有这些判断和分析，都离不开大数据及数据挖掘技术的支持。专利文献以结构严谨、内容复杂、文法多样而著称，以往靠人工检索、分析判断进行专利成果管理是非常不可靠、不科学的，而近年涌现的大数据技术，使得成果管理科学化成为可能。大数据技术的战略意义不在于掌握庞大的数据信息，而在于对这些含有意义的数据进行专业化处理、挖掘和分析[14]。专利文献是最原始的数据，通过对这些原始数据进行采集与筛选、组织与整理、压缩与提炼、归类与导航，使数据提升为信息；之后根据用户的实际需求，对专利信息内容进行提炼、概括、判断、归纳和挖掘，将专利信息提升为专有知识。2014 年底，国家知识产权局正式向社会公众免费开放中国、美国、欧洲、日本、韩国 5 个国家的各类专利基础数据资源共计 20 种[15]，为图书馆开展决策支持专利信息服务提供了更为便利的条件。

3.5 高校图书馆高端专利信息服务模式框架

基于上述研究，笔者构建了高校图书馆高端专利信息服务模式框架，如图 2 所示：

为保证高端专利信息服务的正常运作，图书馆需从人才队伍、专利大数据和数据挖掘技术工具 3 个方面构建支撑体系，其中专利信息资源大数据是物质基础，人才队伍是人力资源保障，数据挖掘技术工具是服务手段。图书馆依托现有学科服务部门，组建专利信息服务团队，这个团队在知识水平、基本素质、技术水平、嵌入能力、协作能力等方面应具备更好的素质。目前国内外有许多专利分析工具[16]，如美国的高端专利分析工具 Innography、Thomson Innovation（TI）、Thomson Data Analyzer（TDA）等，它们拥有强大的数据挖掘功能，可以支持全球专利大数据检索、专利统计分析、专利强度分析以及专利预警分析等。

4 高校图书馆专利信息服务的发展趋势

近几年，高校图书馆都意识到专利信息服务是学科服务的重要组成部分，需要大力拓展。下面通过分析专利信息服务的实践案例，探索高校图书馆专利信息服务的发展趋势。

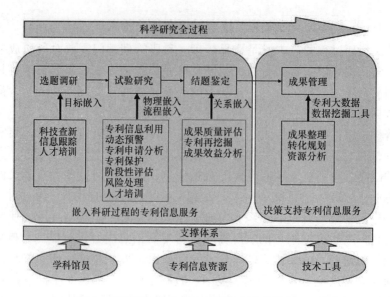

图 2　高校图书馆高端专利信息服务模式框架

4.1　构建符合创新人才培养的新型专利信息素养教育模式

在文献检索课程的建设过程中，专利信息素养教育逐渐正规化、系统化、实践化。通过调研发现，国内众多大学把相关课程列入必修课和选修课中，华南理工大学图书馆于2007年把专利文献检索纳入本科生通识课程和工程硕士必修课程的基本教学内容中；天津大学图书馆近年来每学期面向全校本科生、研究生开设《专利及文献检索》和《实用专利技术讲座》等选修课[17]。通过典型案例教学法，使学生掌握必备的专利知识和法律常识，增强了知识产权保护意识，提高了利用专利信息的能力。此外，为促进师生对专利的重视与应用、提升专利申请质量和促进专利成果转化，上海交通大学图书馆于2012年启动了"专利学堂"[18]，组织学科馆员、资深情报信息专家，并邀请知识产权领域专家，以培训、沙龙、实体和虚拟服务平台相结合的形式，面向全校师生开展专家分享交流、实用工具讲座、专利信息检索专题讲座和专利申请实务讲座等教育活动，强化了专利信息素养教育。

美国大学与研究图书馆协会（The Association of College and Research Libraries，ACRL）在2000年通过美国高等教育信息素养能力标准，提出把信息素养融合到大学课程、学科服务和管理中，从美国高校图书馆信息素养教育的实践看，我国图书馆未来需要发展嵌入工程设计、专业课程、创新实践的嵌入式专利素养教育模式，学科馆员通过嵌入式合作的方式，与专业指导教师共同参与教学及设计指导，在这个过程中培养学生的专利意识、专利能力及专利信息道德。

4.2 延伸专利信息检索分析服务外延，挖掘服务深度

很多高校图书馆正在逐步扩展专利信息检索服务外延，从专利信息检索发展到各种专利信息分析，同时服务深度也在不断加大。清华大学、上海交通大学、同济大学等图书馆为深化专利信息检索服务，开展了很多创新服务。例如清华大学图书馆除了提供专利申请/科研立项前的预检索服务、机构竞争力专利信息服务、定题专利分析服务、专利定期预警服务外，还为国家重大专项提供专利服务，研制《科技重大专项专利战略分析报告》和《科技重大专项专利预警机制报告》，内容主要包括核心技术专利布局分析、专利风险及应对策略[19]。浙江大学图书馆主要开展专利信息检索、专利查新和专利分析服务[20]，其中专利分析包括专利可行性分析、专利有效性分析和侵权/非侵权分析、专利可操作性报告。华中科技大学图书馆提供专利查新、专利检索、重大专项知识产权分析、行业专利现状分析、企业专利布局分析、特定技术领域专利分析、专利预警等服务，其中重大专项知识产权分析同清华大学所提供的略有不同，包括：①重大专项相关领域专利现状分析（包括技术生命周期分析、重点专利技术分析、技术发展趋势分析、竞争对手研究、专利区域分布研究和研发团队分析）；②重大专项知识产权的现状分析；③国外主要竞争对手在我国的专利布局；④重大专项知识产权风险等级判定等[21]。

从上述案例看，深化专利信息检索与分析服务，需要在深度和广度上同时拓展，通过专利信息检索分析服务锻炼队伍，增长学科馆员的专利信息服务能力，为嵌入式服务和决策支持服务积累技术经验。

4.3 嵌入式专利信息服务成为学科服务的创新内容

传统的专利信息服务只根据用户的要求提供专利信息，由于专利信息服务人员未融入到用户的科研过程中，在对技术内容不甚了解的情况下进行专利检索和分析，查全率和查准率不高，降低了检索结果、分析报告的有用性，满足不了用户对深层次专利信息的需求，服务效果差强人意。近几年，华南理工大学图书馆在实践中进行了探索，嵌入该校轻工食品学院的"绿色安全养殖生产"科研团队，在科研项目立项、研究、结题、转化过程中提供全程专利信息服务，协助科研团队确定技术研究方向，进行专利布局和预警分析，助力该科研团队成功申请了 56 项中国发明专利，其中已获得发明授权 34 项，受到了用户的好评。浙江大学图书馆嵌入该校能源系一项目组进行专利服务，为该项目组国家科技支撑计划的一个子项目提供系列专利服务，包括提供系

列具体技术的系列专利态势分析报告，以及课题组团队的专利分析报告等，与用户建立了长期的合作关系，得到了用户的肯定。同济大学图书馆建立了专门的专利服务团队，不仅深入服务科研团队，还为学校的高端人才引进、专利转移转化以及上海市的试点示范提供服务。

嵌入科研团队的专利信息服务，同嵌入式学科服务有很多相似之处，也有其个性化的一面。理论上讲，嵌入式专利信息服务模式框架及学科馆员在其中的角色定位都比较清晰，但具体的服务实践尚在进一步探索中。嵌入式专利信息服务对学科馆员提出了新的挑战，如何融入科研团队，成为科研团队的专利情报专员，高效、快捷地满足科研团队的需求，是摆在学科馆员面前的难题，需要大力探索和积极实践。

4.4 为科研及管理提供决策支持，凸现图书馆价值

专利是学校科研成果的重要组成部分，在学校内部，专利管理多由科技处（科研院）负责，图书馆只是单纯的信息服务机构。近年来，从上海交通大学的实践来看，图书馆已经逐渐参与到专利管理服务行列中，图书馆同科研院、产研院等一起成立知识产权管理办公室，图书馆负责引进专利数据库，建设专利预警平台，并参与专利战略制定和专利人才培训。同济大学图书馆与该校汽车学院合作，承担上海市发改委"关于本市节能与新能源汽车发展思路及政策研究工作"委托课题，完成了《新能源汽车专利分析报告》、《燃料电池汽车专利分析报告》和《混合动力汽车专利分析报告》，为上海市政府推广应用节能与新能源汽车的政策制定提供了科学依据。华南理工大学图书馆自2012年起每年发布《华南理工大学专利分析报告》，2013年受广州市知识产权局的委托，对广州市天河区的专利申请量、授权量、活跃专利权人、专利优势产业进行了详细统计分析，完成了《2007 – 2012年广州市天河区专利分析报告》，为制定区域知识产权战略提供了决策依据。

为科研管理提供决策支持服务，是高校图书馆近两年探索的重要服务内容，也是学科服务发展至今图书馆的必然选择。从目前一些高校图书馆的典型案例来看，这项服务因其解决了科研团队、科研管理部门自身无法解决的难题，发掘了学科服务的潜能，彰显了图书馆价值，非常受欢迎。

从上述多个高校图书馆专利信息服务实践案例可以看出，高校图书馆特别是研究型图书馆已经逐渐形成了全方位、多层次、面向全生命周期的专利信息服务体系。其中决策支持专利信息服务已经形成一定规模，但是在嵌入式专利信息服务方面，多数图书馆尚在尝试过程中，存在较多困难，需要在理念上、方法上、实践上有所突破。

5 结语

开展全方位、立体化、多层次的面向用户的专利信息服务，不仅扩展了图书馆的服务外延，而且突破了学科服务的发展瓶颈，是图书馆探索高层次学科服务的发展方向。高校图书馆在专利信息服务的实践中，逐渐完成了从一般信息素养教育到围绕创新人才培养的专利信息素养教育的深化以及从一般性专利信息检索到嵌入科研团队和决策支持的专利信息服务的转变，在这些过程中，高校图书馆发挥了其在人才培养、科研支持和决策支持中的重要作用，使图书馆学科服务提升到了新的高度，体现了图书馆的价值。

参考文献：

[1] 《2012 年中国有效专利年度报告》 ［EB/OL］．［2014 - 12 - 10］．http：//www. gov. cn/gzdt/2013 - 08/14/content_ 2467013. htm.

[2] 赵慧清．高校图书馆专利咨询服务现状调研分析与发展对策［J］．图书馆理论与实践，2012（6）：59 - 61.

[3] 杨丽．高校专利信息服务调查分析［J］．图书馆论坛，2011（2）：68 - 70.

[4] 曹湘博，曹锦丹．面向技术创新的图书馆专利服务模式及实证研究［J］．情报科学，2010（12）：1876 - 1879.

[5] 张赟玥，肖国华．高校图书馆专利信息服务研究［J］．图书馆，2012（2）：93 - 95.

[6] 邓菲，李宏．嵌入科研的情报研究服务新模式探究［J］．情报理论与实践，2013（7）：10 - 14.

[7] 辛小萍，田晓阳，周钊．嵌入科研过程的服务模式探讨——以服务"复杂网络理论在科技期刊文献分析中的应用"课题研究为例［J］．图书与情报，2010（6）：101 - 104.

[8] 吴鸣，王丽．嵌入式学科情报服务实践——以支持国家重大科技专项科研创新为例［J］．图书情报工作，2013，58（22）：43 - 48，36.

[9] 邓仲华，李立睿，陆颖隽．大数据环境下嵌入科研过程的信息服务模式研究［J］．图书与情报，2014（1）：30 - 34，40.

[10] 王欣，何立民，池晓波．"卓越计划"唤醒工程类学生专利信息素质教育［J］．大学图书馆学报，2011（6）：99 - 102.

[11] 徐升权．全日制工程硕士"知识产权"课程建设研究［J］．学位与研究生教育，2012（11）：17 - 21.

[12] 张晓林．研究图书馆 2020：嵌入式协作化知识实验室？［J］．中国图书馆学报，2012（1）：11 - 20.

[13] 初景利．嵌入式图书馆服务的理论突破［J］．大学图书馆学报，2013（6）：5

　　　　－9.

［14］　专利大数据［EB/OL］.［2015－01－22］. http：//www. sipo. gov. cn/mtjj/2013/
　　　　201308 /t20130821_ 813981. html.

［15］　国家知识产权局开通"专利数据服务试验系统"［EB/OL］.［2015－01－20］ht-
　　　　tp：//ip. people. com. cn/n/2014/1211/c136655－26187693. html

［16］　战玉华，潘乐影，程爱平. 利用 Innography 进行专利情报分析——以 OLED 为例
　　　　［J］. 图书情报工作，2013，57（18）：104－109.

［17］　王玲，李文兰. 市场竞争环境下高校图书馆专利情报服务研究——以天津大学图
　　　　书馆为例［J］. 图书馆工作与研究，2013（1）：67－69.

［18］　上海交通大学图书馆专利学堂［EB/OL］.［2014－12－10］. http：//
　　　　www. lib. sjtu. edu. cn/index. php? m＝content&c＝index&a＝lists&ca tid＝150.

［19］　清华大学图书馆专利服务网页［EB/OL］.［2014－12－11］. http：//
　　　　lib. tsinghua. edu. cn/service/patent. html.

［20］　浙江大学图书馆专利服务网页［EB/OL］.［2014－12－11］. http：//
　　　　libweb. zju. edu. cn/libweb/redir. php? catalog_ id＝157369.

［21］　华中科技大学图书馆专利信息服务网页［EB/OL］.［2014－12－10］. http：//
　　　　202. 114. 9. 224/ArticleChannel. aspx? ChannelID＝184.

　　　　致谢：本文第 4 节引用了浙江大学图书馆沈丽华老师、上海交通大学图
书馆范秀凤老师、同济大学图书馆杨锋老师在内部学术会上交流的 PPT 内容，
在此表示感谢。

作者贡献说明：
　　王丽萍：负责理论研究及第 3 节内容撰写；
　　杨波：负责文献调研、统稿及引言与第 4 节内容撰写；
　　秦霞：负责第 2 节内容撰写；
　　涂颖哲：负责第 1 节内容撰写。

作者简介：
　　王丽萍（ORCID：0000－0002－9605－1181），副馆长，副研究馆员，博
士，E-mail：Amilyw@ scut. edu. cn；
　　杨波（ORCID：0000－0001－7175－1037），馆员，硕士；
　　秦霞（ORCID：0000－0003－19685－672X），馆员，硕士；
　　涂颖哲（ORCID：0000－0001－5900－5509），馆员，硕士。

Innography、WIPS 和 Patentics 专利引文分析比较研究[*]

1 引言：专利引文分析工具的重要性与相关研究综述

专利是一种特殊的信息资源，专利引文则是"沉淀"了专利信息的重要数据资源。从历史视角看，专利发明就是人们的社会活动，专利引文便是这种社会活动"历史片段"的数据记载。如布洛克所言，"通过过去来理解现在，通过现在来理解过去"[1]，那么通过专利引文分析便能"理解"技术演进路径及其发展趋势；再如奥威尔所说"谁掌握现在谁就掌握过去，谁掌握过去谁就掌握未来"[1]，通过专利引文分析能帮助特定的"谁"识别技术竞争者及其竞争关系。然而，在面对海量的"历史片段"时，如何高效、准确地了解历史片段背后的社会活动呢？最好的方法便是利用"史记"。专利引文分析工具就相当于汇集了专利引文数据记载的"史记"，"工欲善其事，必先利其器"，使用检索功能齐全、结果准确的专利引文分析工具，将使分析工作事半功倍，高效获取专利情报。

通过专利引文分析，能够追溯知识流动和技术演进、挖掘核心专利，对专利分析布局、制定专利攻防战略具有重大意义。了解各分析工具的专利引文分析功能，选择恰当的分析工具，是引文分析的基本前提。若工具选择不当，会导致检索出现偏差，分析结果不精确，无法得到正确的技术演进路线，更难以进行专利布局和制定专利战略。在世界范围内，当前的专利引文分析工具种类繁多、功能参差不齐。

2015 年 9 月 1 日，笔者针对"专利分析工具功能比较"这一选题在知网上进行主题检索，剔除不相关文献后，获得 2004 - 2014 年共计 13 篇对专利检索工具比较分析的文献，其中有 9 篇均未提及 Innography、WIPS、Patentics 专利检索系统[2-10]，余下 4 篇中：赵旭等对中外四大专利分析软件的功能进行概述及综合比较，对 WIPS 的专利数据来源、检索方式、分析功能、文件格

---

* 本文系国家社会科学基金重点项目"中国云计算知识产权问题与对策研究"（项目编号：11AZD113）研究成果之一。

式、管理功能等进行了简要介绍[11]；文献［12］对国内外 30 种专利分析工具进行了简单的对比分析，涉及到 Innography 和 WIPS，但未做进一步分析；刘玉琴等从文本挖掘与可视化分析、可视化呈现等角度对包括 Innography 和 WIPS 在内的 26 种国内外专利分析工具进行了对比分析[13]；范圣明分析了 Innography 系统的专利收录范围、可视化效果[14]。

　　此外，以"Patentics"为检索词在中国知网中进行主题检索时，发现 3 篇涉及专利检索工具比较研究的文献：罗立国等从检索功能、检索结果和分析功能角度对包括 Patentics 在内的 9 种专利检索网站进行对比分析[15]；蒋凌等从基本分析指标、组配分析功能、文本挖掘、专利预警、特色分析功能方面对包括 Patentics 在内的 5 个不同类型的专利信息平台进行对比分析[16]；庞德盛等从检索方法、检索结果、统计分析、检索技巧等方面将 Patentics 与中国国家知识产权局网进行比较[17]。然而，这些文献均未系统地介绍各专利分析工具的优劣性，无法有效指导人们正确选择合适的分析工具，也显示出我国几乎没有对 Innography、WIPS、Patentics 三者进行比较研究的成果，且缺乏对专利系统引文分析功能进行系统对比研究的成果。

　　同样，以"Innography"为检索词在中国知网进行主题检索，获得 61 篇相关文献，其中：王旭等从专利强度、专利分类分析与相似专利、专利信息可视化分析服务 3 方面介绍了 Innography 的功能[18]；法雷等介绍了 Innography 的数据源、特色功能及检索与分析服务[19]；赵艳辉等从系统收录范围、检索功能、检索字段、应用结果 4 个方面对 Innography 进行了介绍[20]。其余的 57 篇文献则是关于 Innography 应用的研究成果，如运用 Innography 获取专利无效对比文件[21]或者进行核心专利挖掘、竞争预警、战略布局[22]和专利情报分析[23-24]等。

　　再以"Patentics"为检索词在中国知网进行主题检索获，获得 18 篇相关文献，其中：陈茜茜等对 Patentics 的中文非专利文献检索功能进行了分析介绍[25]；贺秀莲等介绍了 Patentics 的检索字段和检索方式[26]；李娇介绍了 Patentics 的检索字段和检索式的运用[27]；洪兵等以 Patentics 检索系统为例分析了专利智能检索的有效性[28]。其余 11 篇是关于运用 Patentics 研究某一具体技术应用或发展情况的研究成果，如胡静等利用 Patentics 分析了碱金属无机金属材料在我国的研究进展[29]，等等。

　　同时，以"WIPS"为检索词在中国知网进行主题检索，仅获得 1 篇介绍"韩国 WIPS 公司"的文献，并没有其他介绍 WIPS 检索系统及其应用的文献。

　　综上，从相关文献的定量分析可知，对于 Innography 的研究和运用频次最高，Patentics 次之，尚未出现对 WIPS 进行单独研究和运用的成果；从相关文献的定性分析可知，对于 Innography 和 Patentics 的单独研究均主要涉及系统功能介绍与应用两个方面，主要集中在专利检索系统的应用上，而对系统功能的介绍呈现"求全"而不"细化"的状况，对于这二者的专利引文分析功能几乎未曾详细介绍并运用。

基于此，本文拟对 Innography、WIPS、Patentics 3 个专利检索系统的专利引文分析功能进行细化、深入研究，并对其专利引文收录范围、专利引文检索方式和专利前引后引查找功能、专利引文类型区分功能、非专利文献查找功能、可视化呈现功能以及专利引文检索结果等展开对比分析，旨在帮助用户识别满足自己需要的工具，同时给工具的开发者提出进一步完善专利检索系统引文分析功能的建议。

2 专利及其引文收录范围

Innography 是 Dialog 公司推出的专利检索系统，其专利数据涵盖核心专利、异议专利、诉讼专利、公司商标及非专利文献。当前，它已收录了 90 多个国家和地区的同族专利、专利原文、法律状态及部分国家和地区的专利引文信息，此外还收录超过 900 万件覆盖各个学科领域的会议论文、杂志、科技报告、资料集、书籍、期刊、网络信息等科学文献，数据种类齐全、数量可靠[30-31]。

WIPS 是世界知识产权检索株氏会社推出的专利检索系统，涵盖全球 100 多个国家和地区或组织的专利数据，收录最全的韩国专利原文及英文翻译全文，提供中国、美国、日本等 10 个国家和地区的专利全文检索，从系统引文检索界面的"选择国家"中的可选项目来看，该数据库仅提供美国、韩国、欧洲、日本 4 个国家和地区的专利引文数据检索。目前，系韩国知识产权局认定为 Patent Cooperation Treaty（通称 PCT，即专利合作协定）以及韩国专利、商标、外观设计前案检索的指定机构[32-33]。

Patentics 是索易互动（北京）信息技术有限公司开发的专利检索数据库，是集专利信息检索、下载、分析与管理为一体的平台系统，包括 Web 版和客户端版。其世界摘要库，包含 120 多个国家和地区并且与全文库去重的各国摘要数据近 5 000 万条，目前整合了全球各大专利局的专利数据库，包括：①美国申请（英文，2000－2015 年 6 月）、美国专利（英文，1971－2015 年 6 月）和美国外观（英文，2000－2015 年 6 月）；②中国申请（1985－2015 年 6 月）、中国专利（1985－2015 年 6 月）、中国外观（1985－2015 年 6 月）、中国专利（英文，1985－2015 年 6 月）和中国台湾专利（1952－2015 年 6

月）、中国台湾申请（2003－2015年6月）；③日本申请（英文，1993－2015年6月）；④韩国专利（英文，1990－2015年6月）和韩国申请（英文，1992－2015年6月）；⑤欧洲专利（1980－2015年6月）和欧洲申请（1978－2015年6月）；⑥PCT申请（1978－2015年6月）。Patentics收录了以上专利数据库的摘要数据和除中国外观、美国外观专利以外的全文数据，以及除上述PCT申请、日本申请、韩国申请、中国申请、中国台湾申请、中国台湾专利以外的法律数据。此外，Patentics的特色体现在其收录了中国硕博论文库（1981－2015年6月）和中国期刊库（1998－2015年6月）的摘要数据和法律数据，其中中国硕博论文库具有专利IPC分类号，支持专利IPC检索[34-35]。

综上可知，3个专利检索系统涵盖了全球大部分国家和地区的专利。Innography和Patentics提供较多国家和地区的专利引文检索，WIPS只提供4个国家和地区的专利引文检索。如表1所示：

表1　Innography、WIPS、Patentics的专利及其引文收录范围

检索系统名称	专利收录范围	专利引文收录范围
Innography	90多个国家和地区的同族专利、专利原文、法律状态	所收录90多个国家和地区中的部分国家和地区的专利引文信息
WIPS	100多个国家和地区或组织的专利数据	美国、韩国、欧洲、日本的专利引文信息
Patentics	世界摘要库，包含120多个国家和地区并且与全文库去重的各国摘要数据近5 000万条，目前整合了全球各大专利局的专利数据库	所收录专利数据的国家和地区中对该国或该地区专利文献有引文要求的国家和地区的专利引文

3　专利引文检索方式

Innography具备两种引文检索方式：①通过关键字、公开号、申请号、语义检索等方式得到目标专利，专利概述页面标有前引和后引数，并在专利引文分析专栏显示引证地图和引文列表，包括专利文献和非专利文献；②进行非专利文献检索，通过关键字和语义检索，找出具有关联度的科学文献，可阅读相关科学文献获取与目标专利最接近的技术，将专利文献涉及的技术与科学文献记载的技术进行对比，得到同步发展的佐证，并以此寻找专利对比文件和专利无效的证据。

194

WIPS 也具备两种引文检索方式：①通过整合检索、分步检索、表格检索、号码检索、同族专利检索、公司检索等方式得到目标专利，目标专利的著录项页面有引文信息，包括前引、后引、说明书引文和非专利引文等统计列表；②WIPS 有专门的引文检索方式，对国家代码和专利类型进行选择，并输入专利号查找目标专利前引列表。另外，WIPS 提供中文版本界面设置，方便中国用户使用。

Patentics 同样具备两种引文检索方式。①通过简单搜索、高级搜索、表格搜索得到目标专利，其中"参考引用"列明了前引两代和后引两代的统计列表；②非专利文献的检索方式，Patentics 提供中国硕博论文库和中国期刊库的科学文献检索。

综上可知，三者都可通过检索系统本身设置的一般方式检索专利文献。另外，Innography 和 Patentics 具备非专利文献检索方式，而 WIPS 不具备非专利文献检索方式；WIPS 具备中文检索界面，而 Innography 不提供中文检索界面，当然 Patentics 本就是以中文为检索界面的。

4 专利引文分析功能

专利引文分析的功能可以从不同的维度进行描述，下文将从专利前引后引查找功能、专利引文类型区分功能、非专利文献查找功能、可视化呈现功能 4 个主要维度进行分析，同时也会涉及其他功能的阐述。

4.1 前引后引查找功能

Innography 提供前引后引基本分析功能，但在利用引证挖掘功能（Citation Mining）时，可获取目标专利前后各两代引文及前引一二代的后引、后引一二代的前引，这与相关文献笼统描述的"通过目标专利的前后 3 级引证的引证挖掘（Citation Mining）"[18-19] 有所差异。当输出结果数大于 10 000 时，输出目标专利前后两代引文及前引一代的后引、后引一代的前引总和；当输出结果数小于 10 000 时，输出目标专利前后两代引文及前引一二代的后引、后引一二代的前引总和。引证挖掘可进行前后搜索，在目标专利引证链和引证目标专利链中查找专利。该系统中引证挖掘功能是同时向前后追溯两代及其部分引文，而系统中的"无效分析"（Invalidation）是在后引 3 代的基础上，综合考量多因素，以系统既定的算法，通过 Similarity 功能选项来匹配相似度，找到与该专利最为相似的一组在先专利。

WIPS 具备前引后引查找功能，可向前后各扩展 3 代引文，并能标明每一专利所属代数，而且 WIPS 标明目标专利每一引文自身的前引一代数量，从中可以找出前后3代引文中被引用频率最多的专利，挖掘具备核心竞争力的专利来源并点击专利链接，分析其具体情况。

Patentics（Web版）中目标专利引文只向前后各追溯两代。可切换"参考引用"统计列表中引文代数，显示不同代数的引文列表。另外，Patentics可用"cite/目标专利号"查找目标专利后引一代，用"rfe/目标专利号"查找目标专利前引一代。且Patentics（客户端版）的"自动发现"功能下其"自动引证分析"可分别输出前后3代引文数据。

综上可知，WIPS能够获取前后各3代引文，Innography和Patentics（Web版）则只能获取前后各两代引文，但Patentics（客户端版）可分别获取目标专利前后3代引文数据，而Innography还可获取目标专利一二代引文中部分引文。

4.2　引文类型区分功能

Innography可区分审查员引文和非审查员引文。二者虽无区分标记，但可选择引文类型得到相应列表，从而达到区分审查员引文和非审查员引文之目的。同时，Innography有"删除自引"功能，能剔除前后引证中审查员引用该专利权人专利或该专利权人自己引用自己专利的情况，以删除所有来自初始组织的引证，更清晰地呈现引证关系中其他专利权人的专利分布和实力，便于了解同行竞争关系和趋势。

WIPS也能区分审查员引文和非审查员引文，有区分标记，但需人工计数，不便于审查员引文的统计。另外，WIPS设有"说明书引文"功能，将专利权人在说明书、权利要求书、摘要中引用的专利文献分别列出。WIPS不仅可处理非结构化数据，而且对非审查员引文进行了更细致的划分；能够更为准确地判断某技术发展周期、该技术交叉融合过程及其技术地位。

Patentics无审查员引文和非审查员引文区分功能，但对引文中的自引专利和非自引专利进行了区分和统计，并对目标专利引用数、被引用数等数据进行了统计。

综上可知，除Patentics外，Innography、WIPS都具备引文类型区分功能。Innography具备"删除自引"功能，WIPS设有"说明书引文"功能，Patentics可对自引专利和非自引专利进行统计。

4.3　非专利文献查找功能

Innography提供单篇专利的非专利引文，但不能显示该非专利引文是否属于审查员引文。非专利文献检索可通过关键字和语义检索，检索出具有关联度的科学文献。

WIPS 也提供单篇专利的非专利引文，与 Innography 相比，WIPS 可区分非专利文献中的引文类型。另外，在高级检索的"非专利引文"选项中输入关键字，可获得系列专利列表，该列表中所有专利的非专利引文都含有该关键字。

Patentics 未收录专利的非专利引文数据，但提供了中国硕博论文库和中国期刊库的检索，可以通过语义检索和关键字检索等多种方式检索出科学文献，按照相关度的高低排列，以此提供最相关非专利文献。

综上可知，Patentics 未收录专利的非专利引文，Innography 和 WIPS 收录了非专利引文，Innography 和 Patentics 具有非专利文献库，且 WIPS 可区分非专利引文中的引文类型。

4.4 可视化呈现功能

4.4.1 Innography 的可视化呈现功能较为强大

Innography 采用引证地图和列表结合的方式显示其引证关系包括前引后引的具体时间和领域分布（见图 1）。引证地图以时间为横轴，以 IPC 为纵轴，根据时间先后分布，以目标专利公开日为时间轴，后引在左，前引在右，用不同颜色和形状的小点表示不同权属来源专利，可显示其公开日、专利号、标题和 IPC 分类号等具体内容。该地图可将前引后引查找功能、区分引文类型功能、删除自引功能组合使用，较生动形象地展示引证过程中的技术应用分布，小点分布密集区表示该技术主要集中的部类，以此得到该技术的密集区和空白区。

Innography 可对引文所涉及的专利权人、CPC、IPC、USPC、优先权年、专利到期年份、申请年、公开年、发明人、地区、专利来源、强度等进行可视化呈现。呈现方式包括树状图、热力图、饼图、气泡图、条形图、折线图、雷达图、世界地图、列表等。图 2 是目标专利引文所涉专利权人气泡图，纵轴是公司资源轴，考量要素包括：专利权人总收入、诉讼量和发明人区域相对数量；横轴是公司视点轴，考量要素包括：专利权人专利总量、IPC 分类号数量、单篇引用的相对数量[36]。资源轴中气泡的位置越向上，说明该公司利用专利的能力越强。在视点轴中越靠右边，说明目标公司越关注和参与到所检索的技术领域中。气泡大小表示检索结果中该专利权人的专利量。因此，左下方气泡是整体实力较为弱小的专利权人，左上方气泡代表研发能力强大的专利权人，右下方气泡代表专利实力强大的专利权人，右上方气泡代表该领域内综合实力最雄厚的专利权人。

Innography 的专利来源图是以世界地图为背景，通过对地图上的不同国家和地区标注不同的颜色及其色调，来呈现相应专利的分布区域和数量多少。颜色越深表示专利数量越多，颜色越浅表示专利数量越少。专利来源图可清晰地反映目标专利引文所涉专利的来源及其数量，显示出该技术集中发展的国家和地区，便于发现目标专利权人的专利布局地区和趋势，为专利布局战略提供决策信息。

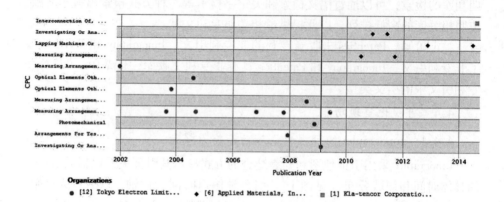

图 1　Innography 专利引证图

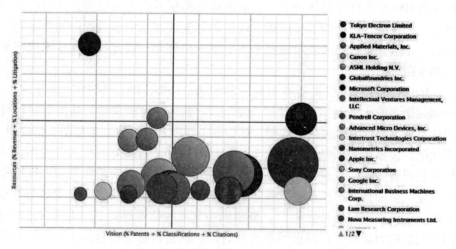

图 2　Innography 目标专利引文的专利权人气泡图

图 3 是批量引文专利强度因素雷达图，共有 7 个轴，轴权重为权利要求、后引、行业、发明人、诉讼、前引、生命周期。从图中可看出这组专利 7 个权重的均值。通过所涉权利要求数、领域广度、生命周期长度、前引后引数

198

量、涉诉情况等，可以估算该批专利强度。

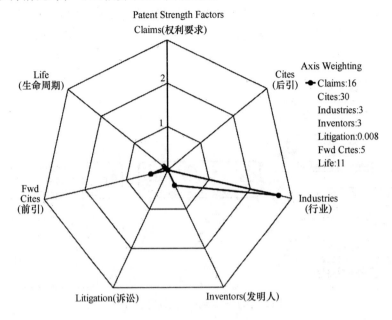

图3　Innography 引文专利强度因素强度

4.4.2　WIPS 可视化呈现功能相对强大

WIPS 通过深度（depth）调整前后3代引文呈现代数。WIPS 引文分析文本模式可对第一申请人、申请人、主分类号、分类号或国家进行表格计数统计，呈现方式包括柱状图、折线图、饼图等形式，可输出表格和效果图。如图4右边饼图呈现了目标专利前后3代引文的国别统计，左边表格展现了各个国家的专利总数以及每代专利引文总数，各国家专利所占比例和份额简洁明了。

✔ 基础专利	US ∨	授权公告的文献	∨	7487053		检索		US 7487053 B2 2009.02.03			引用数 886 / 非WIPS数据 51				

| 按深度 B3 ∨ ∼ F3 ∨ | 统计标准 | | ○第一申请（专利权）人 | ○申请（专利权）人 | ○主分类号 | ○IPC(All) | ●国家 | 分析 | ◌初始化 | 开启过滤 |

▼国家	✗ 输出至XLS	Total 902	Backward (872)				Forward (30)				国家
			sum	B1	B2	B3	sum	F1	F2	F3	
				10	44	818		9	5	16	
US [Rock]		802	0	10	44	718	30	9	5	16	
WO		42	0	0	0	42	0	0	0	0	
EP		31	0	0	0	31	0	0	0	0	
JP		27	0	0	0	27	0	0	0	0	

图4　WIPS 专利引文国家分布情况

在引文图形模式中专利引证关系可通过引用代数或引用时间先后顺序的树状图呈现。图5所示的目标专利双向引证树状图，线段连接表示引用关系，揭示具体技术发展路径，有利于向前寻找无效证据，向后寻找侵权证据。

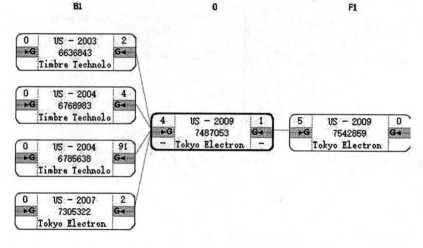

图5 WIPS专利引文引证树状图

图6是目标专利前后3代引文IPC根据年份和专利来源的分布情况，以气泡图和饼图结合方式呈现，纵轴是IPC轴，横轴为时间轴，圆圈的大小显示数量多少，不同颜色表示不同专利来源。从该图中可看出在哪些年份哪些技术领域专利申请最多，以此寻找核心技术领域发展的演进过程和研发高峰期。

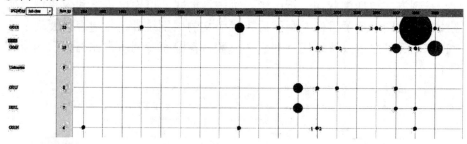

图6 WIPS目标专利前后3代引文IPC分布年度情况

4.4.3 Patentics可视化呈现功能相对较弱

Patentics（Web版）可对目标专利的引文进行可视化呈现，呈现字段包括专利权人、发明人、索引词、USPC、IPC，以条形图加数量和百分比格式辅助

200

说明。图7为引文所涉专利权人和发明人数量及占比情况展示，从中可得到核心专利权人和重要发明人数据。此外，Patentics 的专利地图功能等并不对普通用户开放，仅对 VIP 用户开放。

公司	专利数
东京电子	5 (45.45%)
Timbre Technologies, Inc.	5 (45.45%)

发明人	专利数
Funk; Merritt	5 (45.45%)
Jakatdar; Nickhil	4 (36.36%)
Niu; Xinhui	2 (18.18%)
Prager; Daniel	2 (18.18%)
Vuong; Vi	2 (18.18%)
Deshpande; Sachin	2 (18.18%)
Bao; Junwei	2 (18.18%)
Doddi; Srinivas	2 (18.18%)
Prager; Daniel J	2 (18.18%)
Laughery; Michael	1 (9.09%)

图7　Patentics 目标专利引文分析可视化效果

Patentics（客户端版）的分类器对目标专利的引用数和自引用数、被引用数和被自引用数、引用公司数和被引用公司数、引用国家数和被引用国家数进行统计，当数据样本为批量专利时，统计上述参数的平均值。分类器除了输出目标专利的前引和后引，还可输出目标专利的同族专利及同族专利的前引后引，扩大专利引文分析的范围。Patentics 可以采用检索式加引文分析功能的方式，对批量专利引用数或被引用数进行降序排列，挖掘该组专利中的核心专利。

Patentics 用树状图显示目标专利前引一代，再以前引一代为节点扩展得到前引二代，点击不同节点可做进一步分析，同时通过配套相关统计图表和信息加强对可视化效果图的理解。但是 Patentics 的可视化存在瑕疵，图8中目标专利前引一代数量正确，但专利号错误，显示为同一专利号。

综上可知：Innography 的可视化功能最为直观、形式多样，功能最强大；WIPS 的可视化字段和方式较多，可视化呈现比较符合视觉感受，便于统计，形式也比较多样，最为人性化；Patentics 可视化可选择的分析字段较少，效果不是特别理想，且较为"呆板"，效果呈现功能选择不集中，用户难以快速找到呈现功能选项。如表2所示：

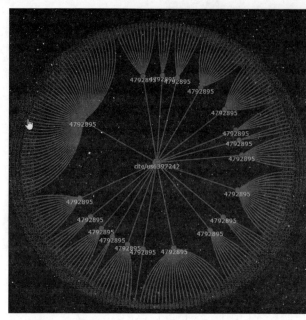

图 8   Patentics 专利引文可视化呈现

表 2   Innography、WIPS、Patentics 可视化呈现功能比较

项目	Innography	WIPS	Patentics
可视化字段	专利权人、CPC、IPC、USPC、优先权年、专利到期年份、申请年、公开年、发明人、地区、专利来源、强度	第一申请人、申请人、主分类号、分类号、分布地域	专利权人、发明人、索引词、USPC、IPC
可视化方式	树状图、热力图、饼图、气泡图、条形图、折线图、雷达图、世界地图、列表	树状图、柱状图、折线图、饼图	条形图、饼图、折线图、树状图

5   专利引文检索结果

上文对比了 Innography、WIPS 和 Patentics 3 个专利检索系统的专利引文分析功能,下文将比较专利检索系统引文分析的单篇专利和批量专利引文检索结果的准确性。

5.1   单篇专利引文检索结果对比

为了检验专利检索系统引文检索的准确性,以 US7487053B2 专利为例,分别在 3 个系统中进行检索,并将检索结果与官方数据进行比对。美国专利

202

商标局公布文本中，该专利前引 7 篇，后引 10 篇，后引都属于自引，前引的审查员引文 4 篇、非审查员引文 3 篇，后引的审查员引文 4 篇、非审查员引文 6 篇、非专利引文 2 篇。Innography 检索结果与官方文件对比，只多出一篇前引，经官方文本查找验证，发现多出的 US8755928B2 专利确实引用了本专利，且属于审查员引文，说明 Innography 对收录的引文数据会根据官方数据及时更新。WIPS 的检索结果与美国专利商标局数据一致，且后引中的说明书引文有 4 篇，其中 1 篇为审查员引文。Patentics 后引和前引各多出 1 篇，经官方文件查找验证，无真正引证关系。

以同样检索方式对系列专利进行检索，专利引文统计情况见表 3。

表 3 Innography、WIPS 和 Patentics 引文检索结果对比

专利号	Innography			WIPS				Patentics			官方文本		
	B1	F1	O	B1	F1	O	B1 f D	B1	F1	O	B1	F1	O
US6397242B1	18	421	7	18	325	7	1	19	507	无	18	323	7
US7877008B2	31	8	3	32	4	3	0	0	3	无	32	4	3
EP1143693A1	2	1	2	0	1	0	0	2	6	无	4	2	无
EP1143693B1	0	1	0	5	0	2	0	1	0	无	0	2	无
JP2008217332A	4	9	2	0	7	0	2	2	6	无	4	9	无
WO2009146311A1	2	5	2	无	无	无	无	2	2	无	4	4	无
KR101015961B1	2	0	0	无	无	无	无	2	1	无	2	1	无
CN201180005957. X	0	0	0	无	无	无	无	329	0	无	4	0	无

注：B1：后引一代；F1：前引一代；O：其他引文（非专利引文）；B1 f D：Reference from Description（B1）即后引中的说明书引文

通过对比可知，3 个专利检索系统的专利引文统计数据与官方数据都存在差距，这与系统收录专利引文的国家数有关。WIPS 只提供 4 国专利引文数据，其他国家引文都属于非 WIPS 数据或不确定文件类别数据，很少被收录到系统中，因为收录范围过小，对引文总数和引文分析正确度有影响，因此 WIPS 系统的适用性存在局限。另外，3 个系统都收录美国专利，WIPS 中收录美国专利引文的数据准确性最高，与官方数据最为接近，但 WIPS 存在同一专利在专利申请不同阶段的不同版本重复计数的问题，导致存在一定误差。In-nography 收录美国专利数据大致与美国专利商标局数据相同，但有时会出现收录的专利数据比各国官方数据多或少的情况。Innography 检索的结果值偏高的原因之一也是同一专利在专利申请的不同阶段有不同版本，而 Innography

未将其合并进行数据清洗，另一原因则是 Innography 会根据官方数据对新增加的前引数据进行收录。Patentics 的检索结果值经常存在较大的差异，如表 3 中的 US7877008B2 专利，Patentics 的后引检索结果为 0 篇，但美国专利商标局的官方数据则为 32 篇。因此，分析美国专利引文宜优先选用 WIPS 和 Innography。

5.2 批量专利引文检索结果对比

Innography、WIPS 和 Patentics 都能够对成批专利的引文进行分析。Innography 可对批量专利引文的专利权人、CPC、IPC、USPC、优先权年、专利到期年份、申请年、公开年、发明人、地区、专利来源、强度等进行分析，并以可视化模式呈现。WIPS 只能分析这批专利存在引用和被引用的专利数量。Patentics 可分析成批专利中存在引用的专利数和不存在引用的专利数，对批量专利的平均引用数、平均自引用数、平均被引用数、平均被自引用数、引用公司数、被引用公司数、引用国家数、被引用国家数、同族专利、同族专利的引用专利、同族专利的被引用专利进行统计。因为数据库收录的范围不同，单篇专利检索结果不同，批量专利的检索结果数值也就不同。

综上可知，3 个系统的引文检索结果与官方数据相比，无法达到百分之百准确，或多或少都存在误差。原因包括数据未清洗、系统目前的引文范围较窄、系统不稳定等，且系统对批量专利的检索结果除了数量总值外，可分析的字段各有不同。Innography 能够分析的字段最多，呈现方式最丰富；WIPS 批量分析功能最弱，只能对批量专利是否拥有引文进行统计；Patentics 比较注重批量专利引文具体指标总数的统计，如平均引用数、平均被引用数等，而没有对每一具体指标下的专利进行列表统计。

6 结论：三者优劣势及建议

通过对 Innography、WIPS、Patentics 的对比可知：①三者的专利及其引文收录范围不同；②都有两种引文检索方式；③都具备基本引文分析功能，但存在较大差别；④三者的检索结果准确性、检索界面舒适度、系统稳定性差异较大（见表 4）。在此基础上，可进一步总结其各自的优劣势，并针对专利系统用户和专利系统开发者提供不同的建议。

表 4 **Innography、WIPS 和 Patentics 优劣势对比**

对比项	Innography	WIPS	Patentics
专利及其引文收录范围	最大	最小	较大
专利引文检索方式	2 种	2 种	2 种
前引后引查找功能	●	●	●
自引标注功能	●	–	●
说明书引文功能	–	●	–
引文类型区分功能	●	●	–
非专利引文查找功能	●	●	–
非专利文献查找功能	●	–	●
可视化功能	强大	较强大	一般
检索结果准确性	准确性较高，需清洗专利引文数据	结果准确性较高，仅限于 4 国专利	准确性较低存在偏差
检索界面舒适度	简单清晰多层嵌套	简单直观有中文设置	复杂臃肿检索功能太多
系统稳定性	较为稳定	最稳定	较不稳定

注："●"表示具备该项功能，"–"表示不具备该项功能

6.1　Innography 的优劣势

6.1.1　优势

收录专利引文数据最为全面，引文分析可视化效果最好，检索分析界面相对较为简单清晰，在专利列表浏览过程可预览每一专利概述、前引后引数基本情况，可在预览后选择是否进入该专利分析界面，节约时间成本。

6.1.2　劣势

同一专利在申请过程中的公开版本和授权版本的引文数据重复计数，使引文检索结果不精确。虽然 Innography 检索分析界面相对较为简单清晰，但是嵌套层数太多，不利于初学者使用。

6.2　WIPS 的优劣势

6.2.1　优势

检索界面简洁；可视化以图形和统计表格相结合呈现，直观清晰；前引

后引中审查员引文标注非常明显，且可以显示引文所属代数；还可区分非专利引文中的审查员引文、非审查员引文。另外，其中文设置便于中国用户使用。

6.2.2 劣势

收录引文数据范围较小，不便于世界范围国家专利引文的检索分析。对批量专利的引文分析功能最弱，只能分析批量专利中存在前引及后引的专利数量，此外，目前没有其他分析功能。

6.3 Patentics 的优劣势

6.3.1 优势

可将引文扩展到同族专利引文，扩大检索范围，获取更多数据；可对专利引文数量进行排序，便于查找重要专利。

6.3.2 劣势

专利引文检索结果准确度较低；系统稳定性较差，前后两次检索结果可能存在差异，专利地图功能无法显示；界面包含太多的检索功能，显得过于复杂，不方便查找所需功能；检索界面设计不太合理，无法显示全部检索字段；可视化呈现过程会出现专利号错误等瑕疵；不收录专利的非专利引文。

6.4 对用户和开发者的建议

对专利检索系统使用者而言，可以根据自身需求和专利引文收录范围等选择不同的专利检索系统。例如，对美国专利引文进行检索，可以选择 Innography 或者 WIPS，因为二者数据和美国专利商标局的官方数据较为接近，只需注意它们对专利不同版本的重复计数问题，就能得到较为准确的数据；对韩国专利引文进行检索，最优选择是 WIPS，其是韩国知识产权局官方指定机构，对韩国本国专利引文分析较有优势，但需要注意韩国专利的引文可能属于非 WIPS 数据，从而 WIPS 不能提供非 WIPS 数据，从而导致目标专利引文漏检的情况；若对中国专利引文进行检索，可采用 Patentics 进行检索，该系统对中国专利数据的更新速度比 Innography 和 WIPS 要快，但需特别注意其中可能会出现较大的误差。

另外，对引文结果可视化要求较高的用户可以选择 Innography——不需要后续做图加工就能得到较为理想的效果图；WIPS 也是较优选方案——不仅有可视化图形的展示，还有详细数据表格可供下载。Patentics 的输出数据则可以针对多个引文参数实现一图多参数同时呈现。对于所需功能的现实需求也会影响到用户对系统的选择，若对自引有要求、除专利文献之外还需要补充非专利文献，则都适合选用 Innography 和 Patentics。用户的外语水平较低和获取解读文献能力较弱时，就适宜选用 Patentics 以及 WIPS。

综上所述，建议用户在进行专利检索分析时结合自身需求等实际情况，互补使用不同系统的不同功能，以便得到最优结果。

对专利检索系统开发者而言，可从以下几个方面完善各自的专利检索系统：Innography 应当对同一专利不同版本的统计数据，并加强数据清洗，使统计数据更为准确，并在具备中文介绍界面的基础上，尽快研发中文检索界面，以便中国用户使用，拓展中国市场。WIPS 需要在现已提供专利引文检索的国家基础上进行扩展，逐步扩大系统提供引文检索的国家数；减少非 WIPS 数据，增加引文数据检索结果准确度；开发批量专利的引文分析功能，使引文分析功能更全面。Patentics 需对系统进行技术革新，以保证系统的稳定性；对检索功能按类别和区域进行划分，使检索界面更为清晰明朗；将检索字段设为可滑动模式，以便显示全部检索字段；加强可视化呈现效果，并解决可视化效果瑕疵问题。另外，Innography、WIPS、Patentics 都需继续提高引文数据的准确性。

参考文献：

［1］ 张世明．法律、资源与时空构建：1644 - 1945 年的中国（第 1 卷）［M］．广州：广东人民出版社，2012：12 - 13.

［2］ 刘佳佳，董旻，方曙．国外专利分析工具的比较研究［J］．现代图书情报技术，2007（2）：67 - 74.

［3］ 张静，刘细文，柯贤能，等．国内外专利分析工具功能比较研究［J］．情报理论与实践，2008（1）：141 - 145.

［4］ 葛小培，孙涌，马玉龙，等．基于文本挖掘的专利分析工具的比较研究［J］．现代情报，2010（4）：8 - 11.

［5］ 陈颖．专利分析工具的引文分析功能比较研究［J］．医学信息学杂志，2011（9）：38 - 42.

［6］ 周成效，孙继林．开放式专利数据库检索分析功能之比较［J］．现代情报，2012（8）：151 - 153.

［7］ 李燕波．两种文献计量可视化工具之功能比较分析：以国外电子政务研究为例［J］．新世纪图书馆，2014（11）：21 - 25.

［8］ 牛晓宏．知识产权搜索引擎分析与设计［D］．哈尔滨：黑龙江大学，2004.

［9］ 王敏，李海存，许培扬．国外专利文本挖掘可视化工具研究［J］．图书情报工作，2009，53（24）：86 - 90.

［10］ 范哲．中外商用专利检索软件的比较研究［J］．现代情报，2007（11）：221

－225.

[11]　赵旭，唐恒．中外四大专利分析软件的功能概述及综合比较［J］．图书情报研
　　　究，2010（4）：50－54.

[12]　专利信息分析方法及分析工具的比较［J］．杭州科技，2011（3）：54－55.

[13]　刘玉琴，彭茂祥．国内外专利分析工具比较研究［J］．情报理论与实践，2012
　　　（9）：120－124.

[14]　范圣明．重组材技术专利分析研究［D］．北京：中国林业科学研究院，2012.

[15]　罗立国，余翔，郑婉婷，等．专利检索网站比较研究［J］．情报杂志，2012
　　　（3）：163－167.

[16]　蒋凌，钟永恒，刘佳．我国专利信息平台分析与增值服务对比研究［J］．情报杂
　　　志，2013（9）：163－166，147.

[17]　庞德盛，王芳，刘瑞娟．Patentics 专利智能检索系统与中国国家知识产权局网比较
　　　研究［J］．农业图书情报学刊，2014（5）：46－49.

[18]　王旭，刘姝，李晓东．快速挖掘核心专利——Innography 专利分析数据库的功能分
　　　析［J］．现代情报，2013（9）：106－110.

[19]　法雷，张延花，杨婧．Innography 专利检索与分析平台的运用［J］．产业与科技论
　　　坛，2014（14）：43－45.

[20]　赵艳辉，李宏利，殷朝晖．利用 Innography 进行专利检索分析与预警［A］//中华
　　　全国专利代理人协会．2015 年中华全国专利代理人协会年会第六届知识产权论坛
　　　论文集［C］．北京：知识产权出版社，2015：13.

[21]　隆瑾．专利无效对比文件及其获取研究［D］．湘潭：大学，2012.

[22]　张曙，张甫，许惠青，等．基于 Innography 平台的核心专利挖掘、竞争预警、战
　　　略布局研究［J］．图书情报工作，2013，57（19）：127－133.

[23]　战玉华，潘乐影，程爱平．利用 Innography 进行专利情报分析——以 OLED 为例
　　　［J］．图书情报工作，2013，57（18）：104－109.

[24]　陈建红．基于 Innography 平台的高校专利情报分析研究［J］．图书情报工作，
　　　2013，57（S2）：201－203.

[25]　陈茜茜，池娟．试析 Patentics 中文非专利文献检索［J］．电视技术，2013（S2）：
　　　256－258.

[26]　贺秀莲，韩雪莲．专利情报检索与分析工具——Patentics［J］．情报探索，2014
　　　（1）：79－81.

[27]　李娇．利用 Patentics 进行专利检索分析与预警［A］//中华全国专利代理人协会．
　　　2014 年中华全国专利代理人协会年会第五届知识产权论坛论文集（第二部分）
　　　［C］．北京：知识产权出版社，2014：5.

[28]　洪兵，杨亚卓，廖丽芳，等．专利智能检索的有效性分析［J］．中国发明与专
　　　利，2015（8）：53－56.

[29]　胡静，唐黎黎，田刚．使用 Patentics 分析碱金属无机金属材料在我国的研究进展

［J］．化工管理，2015（18）：6－7.

［30］ Innography-Login ［EB/OL］．［2015－08－28］．https：//app. innography. com/.

［31］ 奥凯·国际数据库平台·Innography ［EB/OL］．［2015－09－02］．http：// www. ourchem. com/data/54. htm.

［32］ WIPS Global ［EB/OL］．［2015－08－28］．http：//www. wipsglobal. com/service/ mai/main. wips.

［33］ 奥凯·国际数据库平台·WIPS ［EB/OL］．［2015－09－02］．http：// www. ourchem. com/data/183. htm.

［34］ Patentics 数据库 ［EB/OL］．［2015－08－28］．http：//www. patentics. com/web/ data/data. htm.

［35］ Patentics 优势 ［EB/OL］．［2015－09－02］．http：//www. patentics. com/web/ home/Superiority. htm.

［36］ 陈仲伯. 专利信息分析利用与创新 ［M］．北京：知识产权出版社，2012：218.

作者贡献说明：

陈海英：撰写论文；

文禹衡：确定研究结构，审校、修改论文并定稿。

作者简介：

陈海英 （ORCID：0000－0001－9693－7049），硕士研究生；

文禹衡 （ORCID：0000－0001－9716－384X），博士研究生，通讯作者，E-mail：jsjmyh@163. com。

基于 Innography 平台的核心专利挖掘、竞争预警、战略布局研究

专利可以反映技术进步情况和技术创新能力，是衡量创新型国家的重要指标之一。专利技术产业化是建设创新型国家的重要途径。加快专利技术产业化发展对经济社会发展和建设创新型国家具有重要作用，是各国、各地区追求的重要目标。目前，我国专利技术的研发现状是：具有一定量的专利技术积累，具备相关领域的研发能力，但是严重缺乏市场信息导向，缺乏对关键技术的追踪，缺乏对技术雷区的把握和对新技术的前瞻性的发现，乃至于缺乏技术发展的科学布局与规划。

本研究以 3D 打印技术专利情报研究为案例，探索利用 Innography 专利分析平台[1]对该项专利技术进行关键技术挖掘、雷区探测、竞争态势分布等研究，并基于客观、纵观、微观等分析结果，建立科学、有效的专利技术预警机制，并以此进一步制定专利技术的战略布局。

1 Innography 与其他专利工具的对比

1.1 专利工具

1.1.1 Innography

Innography 是一款全新的专利检索与分析工具，是专利价值分析的利器。其数据包括全球 90 个国家和地区的超过 8 000 万件专利数据、美国专利诉讼数据、美国商标数据、组织机构商业数据等。其独特的专利强度指标可以用于挖掘核心专利。它拥有若干可视化专利分析图表，如专利申请人气泡图、IPC 热力图、世界地图、文本聚类环形图等有助于进行深度专利分析的图表工具。

1.1.2 Thomson Data Analyzer（TDA）

是美国 Thomson 公司开发的专利分析软件。通过该软件可以对专利数据进行深度挖掘和分析，并将结果进行可视化展示。作为一款基于德温特世界专利数据开发的专利分析工具，TDA 具有独特的优势，主要特点包括：数据

210

清理、相关矩阵、数据图谱和自动汇总等。

1.1.3 Thomson Innovation（TI）

可提供全面、综合的内容，包括全球专利信息、科技文献以及著名的商业和新闻内容。凭借其分析和可视化工具，TI 允许用户快速、轻松地识别与其工作相关的信息，提供信息资源来帮助用户在知识产权和业务战略方面做出更快、更准确的决策。

1.2 工具对比

1.2.1 数据源

TDA 是纯工具，不涉及到具体数据源，不过其提供多格式数据导入功能较为方便；TI 集成了 90 多个国家的专利数据库，共有 8 000 多万条专利数据；Innography 平台集成了包括 90 多个国家的同族专利、法律状态及专利原文，共有 8 000 多万件专利数据。因此，TI 和 Innography 的专利数据量基本相同，但是，Innography 平台还另外集成了 6 万多条诉讼数据和 D&B（邓白氏）商业数据以及美国证券交易委员会的专利权人财务数据等信息，从而可以为用户提供更多维度的专利分析，如表 1 所示：

表 1 专利工具的数据来源对比

工具	数据源
Innography	包括 90 多个国家的同族专利、法律状态及专利原文、PACER（美国联邦法院电子备案系统）的近 40 年 6 万个专利诉讼数据，以及 D&B（邓白氏）和美国证券交易委员会的专利权人财务数据
TDA	TDA 能接受多种格式的数据文件，可以直接接收多个数据库（最常用的是德温特数据库）中下载的数据文件。符合其要求的 txt、xls 和 dat 等格式的数据都可以导入
TI	包括德温特世界专利索引数据库（1963 −）、美国申请专利（2001 −）、美国授权专利（1836 −）、欧洲申请专利（1978 −）、欧洲授权专利（1980 −）、德国申请与授权专利（1989 −）、WIPO/PCT 专利（1978 −）、英国申请专利（1916 −）、法国申请专利（1971 −）、中国申请与授权专利（1985 −）、日本申请与授权专利（2004 −）、韩国申请与授权专利（1979 −）、DOCdb（INPADOC）数据库等

1.2.2 核心专利挖掘与评价

TDA 和 TI 侧重于对专利情报的宏观分析，没有对单篇专利评价的标准，因此不能够用来评价单篇专利价值。而 Innography 平台可通过特定的算法构造出独特的评分体系，实现对核心专利的挖掘。同时，该系统还提供高价值专利评价，其认为具有高价值专利的特征有：专利权利要求数量多、专利被引次数多、专利家族规模大、专利从申请到授权的时间长、专利技术原创点多、经历再审查/异议/复审、涉及诉讼、发生专利转让等。

1.2.3 检索字段

TDA 可导入数据源的全字段信息，并且在检索到的数据集中进行分析；TI 的检索字段主要来源于专利的原始信息，如标题、摘要、专利权人、发明人、申请日期，IPC 分类等；Innography 除了提供上述传统的专利检索字段之外，还提供专利权人概况、诉讼专利、异议专利的检索和语义检索等。这可以在很大程度上方便用户利用多维的角度查找相关专利信息，从而让检索结果更贴近用户的真实需求。

1.2.4 专利地图制作

TDA 可根据不同的数据生成相关矩阵，将大量数据进行聚类分析和相关分析，并且有多种图表形式予以展示，但是大部分图表的表现形式不够新颖，可调节性差；TI 生成的 ThemeScape 专利地图开辟了有"山脉"、有"海洋"更像地图的可视化展示新模式，但其中蕴含的信息量显然较少；Innography 系统则可以根据用户需求进行专利地图的制作，比如：筛选检索到专利中的申请专利/有效专利/无效专利等进行分析，能够快速制作出专利权人气泡图、IPC 热力图、世界地图、文本聚类环形图等。其中，专利权人气泡图是直观体现专利权人之间技术差距与实例对比的分布图，非常新颖。文本聚类环形图能够对专利中的技术点进行聚类，实现专利技术挖掘。Innography 比 TDA 和 TI 制作的专利地图表达的信息更为丰富，形式也更加多样化。

综上所述，Innography 在数据源、核心专利挖掘、检索字段和专利地图制作等方面都占据一定优势，但是该平台的检索语法较为复杂，专利评价模型的科学性还需要在实践中验证。

2 核心专利挖掘及区域分布

2.1 关键专利技术挖掘

Innography 利用专利强度（patent strength）来度量和挖掘某项技术领域的关键专利，以便判断和发现需重点研发的专利技术。专利强度由一系列客观的度量指标经数学建模及计算得出，专利强度的度量指标主要源自美国斯坦福大学和乔治梅森大学的研究成果[4]，由专利诉讼、专利引用与被引用数量、同族专利数量、专利权利要求数量、专利原创性和普遍性原则等构成，强度高低代表专利价值的大小。

在 Innography 中，专利强度分为三类，如表 2 所示[5]：

表 2 专利强度划分

专利强度	类型划分
80th – 100th	核心专利
30th – 80th	重要专利
0th – 30th	一般专利

在核心专利分析过程中，通常将检索得到的专利结果，按照专利强度高低排序，然后按照表 2 的强度比例进行筛选，保留强度 80th – 100th 的专利文献（即为核心专利）。

以 3D 打印技术为例，通过对特征关键词和工艺关键词的组合，在 Innography 中检索得到相关专利 6 278 件，经过专利强度分析得到专利强度 80th – 100th 的专利文件 478 件，为 3D 打印技术的核心专利。

2.2　区域分布

基于强度分析结果，对核心专利进行技术来源国（location）统计，可进一步发现拥有核心专利技术的主要国家与机构。

以 3D 打印专利技术为例，经过对该项技术发明人的国家统计，发现专利申请者主要来自美国、日本、德国和中国等国家。美国 3D 打印技术专利总量 2 592 件，居世界专利总量之首（见表 3），其中核心专利 330 件，占专利总量的 12.73%，可见美国在该领域的技术研发最为活跃，其次是日本和德国（见图 1）。其中，中国在该领域拥有 249 件专利，没有 80th – 90th 的核心专利。

表 3　3D 打印专利统计

国家/地区	专利总量（件）	80th – 100th 专利总量（件）	核心专利占比
美国	2 592	330	12.73%

国家/地区	专利总量（件）	80th－100th 专利总量（件）	核心专利占比
日本	1 148	35	3.05%
德国	1 085	54	4.98%
以色列	199	21	10.55%

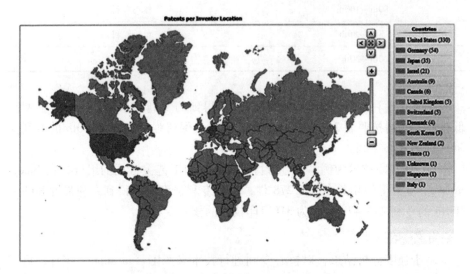

图1　3D打印核心专利区域分布

2.3　核心专利机构

用气泡图统计3D打印技术核心专利的机构分布，发现3D Systems Corporation公司在该技术领域占据绝对的优势，其他掌握核心技术的机构和该公司间隔很长的一段距离。由于拥有核心专利者以企业为主，因此可以判断3D打印已经进入产业化阶段，如图2所示：

3　专利技术壁垒探测及其预警

3.1　专利技术壁垒探测

利用Innography系统的专利诉讼分析、核心专利文本聚类分析、无效专利检索分析，可以清晰地掌握专利技术的雷区、壁垒的分布与构成，从而提前进行技术防范和规避。

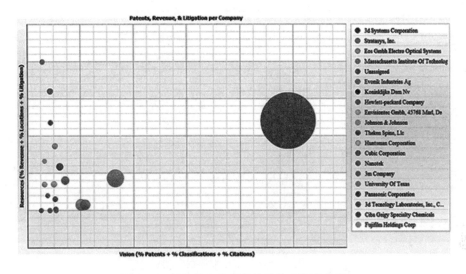

图2　3D打印核心专利掌控机构竞争力分析

注：气泡大小代表专利数量多少；横坐标与专利比重、专利分类、引用情况相关，横坐标越大，说明其专利技术性越强；纵坐标与专利权人的收入高低、专利国家分布、专利涉案情况有关，纵坐标越大，说明专利权人实力越强

3.1.1　专利侵权分析与防护

利用 Innography 系统的专利诉讼或异议筛选功能，从 PACER（美国联邦法院电子备案系统）近40年所收录的6万个专利诉讼数据中，对某技术领域专利进行相关诉讼或异议查询，根据查询结果绘制涉案专利技术及其专利权人统计表，以清晰地列出侵权专利、侵权人、侵权时间列表，以此构建专利被侵防护网。

同时，根据有无涉及诉讼或被异议，可进一步分析出某项技术所处研发阶段与时期。若处于发展初期，则诉讼风险较低，但需要保持关注，建立专利的预警机制，并可以围绕持有的核心专利有针对性地进行专利布局。

图3是3D打印技术核心专利中的涉案专利，共计56件。通过对这些涉案专利进行查找，在 Innography 系统中可以得到3D打印侵权专利诉讼案件，对于这些案件原告和被告的诉讼领域进行分析，可以有效获知技术领域的专利风险，从而为自身避免专利雷区提供有效的预警。

表4列举了3D打印技术领域的侵权专利所涉及的诉讼案件：

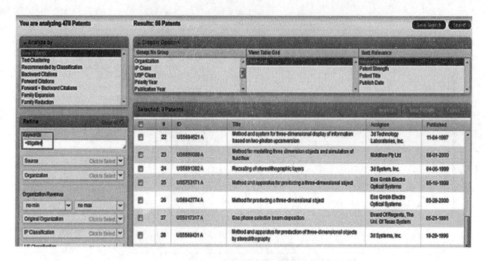

图 3　3D 打印技术涉案专利

表 4　部分 3D 打印侵权专利诉讼案件

序号	原告与被告	案件日期	涉案专利
1	3D Systems Inc v. Formlabs Inc, et al	2012 – 11 – 20	US5597520
2	EOS GmbH Electro Optical Systems v. Phenix Systems	2012 – 03 – 05	US5753274、US6042774、US6767499
3	3Form Inc v. S Joseph Green, et al	2012 – 11 – 28	USD609826、USD609826、USD609826 等
4	Wilson, et al v. Corning Inc	2013 – 01 – 25	US7745209、US7745209、US7745209 等
5	Micoy Corporation v. Falcon´s Treehouse, L. L. C., et al	2013 – 01 – 29	US7872665、US8334895
6	Craik v. The Boeing Company	2013 – 02 – 04	US7076532、US7076532、US7076532

3.1.2　核心专利聚类分析及壁垒设置

利用 Innography 系统中的核心专利文本聚类功能，可对某技术领域的关键技术专利进行技术知识挖掘，以创建关键技术领域布局图，通过布局图全面揭示核心专利技术的所属主题领域及其比例范围（见图 4 环形图中央部分），每个主题领域对应的具体分项技术（见图 4 环形图外环部分），以此了解某项核心专利技术的主要构成及其技术壁垒（雷区）设置。

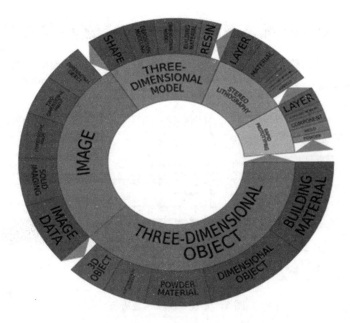

图4　3D打印专利技术文本聚类

通过对关键技术领域布局图的分析，为专利权人提供本专利技术的保护布局和侵权打击的重要参考依据；同时，也为他人专利技术雷区的触犯和侵权提供很好的防范警示。

以3D打印技术为例，该项关键专利技术的文本聚类分析结果表明：三维实体、图像、三维模型、立体光刻和快速成型等相关专利为该领域的主要技术（见图4）。针对以上技术领域，利用聚类图，再做二级关键词聚类挖掘，从而分析专利领域布局，为专利权人做好防范进入专利技术雷区的预警。

3.1.3　无效专利技术分析

利用Innography系统中专利无效（invalidation）检索和相似度（similarity）调节功能，进一步找到无效专利证据，以避免侵权风险，寻找冲破专利壁垒的机会，同时可在此基础上进行专利产品开发，减少研发投入。图5是对3D打印技术中某篇核心专利进行的专利无效检索：

3.2　专利技术预警机制的建立

建立专利预警机制，通过在专利技术研发全过程中进行专利情报分析，对专利风险进行警示和主动防范，以有效地防止专利侵权和专利无效纠纷等"专利争端"发生。

217

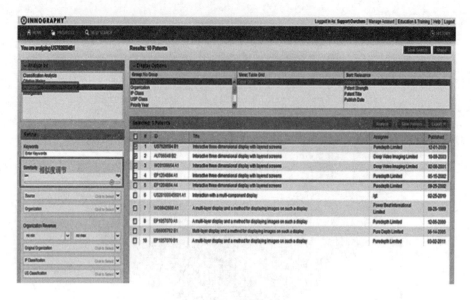

图 5　无效专利检索及查证

专利预警机制的主要内容：

● 密切跟踪竞争对手的技术信息。从两个方面展开：①专利检索：从专利数据库中检索竞争对手的专利技术信息以及专利的法律状态，包括专利申请、撤回、授权、驳回、终止或无效等情况；②非专利检索：从非专利数据库中检索竞争对手技术研发信息，包括企业出版物、会议资料、项目发布、招投标、融资、广告、合作、访问等。

● 绘制专利技术壁垒预警图表。根据核心专利聚类、侵权专利和无效专利分析结果，采用折线图可全面绘制某技术领域核心专利技术、无效专利、诉讼专利分布图表，并定期跟踪这些专利信息的发展变化情况，实时地在预警图表中清晰地标识出来，如图 6 所示：

图 6 表明 3D 打印专利技术领域的核心专利、诉讼专利以及无效专利的现状及其发展趋势。图中以横坐标表示年份，以纵坐标表示专利件数。蓝色三角表示该领域的核心专利技术；红色警示图标表示诉讼专利；绿色十字表示无效专利。

利用专利技术预警报表详细记录和描绘某领域的技术壁垒区域核心专利信息，以及该领域区内诉讼专利和无效专利的情况（表 5 列举了部分专利），以清晰地揭示雷区专利和侵权专利以及无效专利的详细信息，为技术研发过程中的技术触雷规避、侵权或被侵权提供可靠的参考数据，同时，也可为新

218

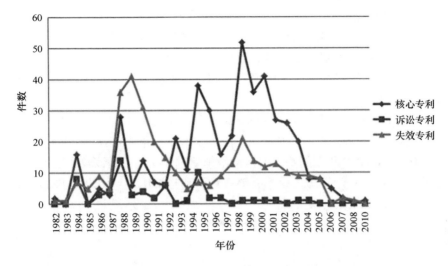

图 6   3D 打印领域专利技术预警趋势

技术点或技术方向提供由"无效专利"带来的技术突破空隙。

表 5   3D 打印技术预警报表

领域	类目	核心专利	诉讼专利	无效专利
3D 打印	专利号	US7626594 B1	US5870220 A	US6600965 B1
	专利权人	Puredepth Limited	Enliven Marketing Technologies Corporation	3d Systems, Inc.
	公开日	2009 – 12 – 01	1999 – 02 – 09	2003 – 07 – 29
	专利号	US6108005 A	US6441338 B1	US6733267 B2
	专利权人	Phoenix 3d, Inc.	Rabinovich Joshua E.	Dsm Desotech, Inc.
	公开日	2000 – 08 – 22	2002 – 08 – 27	2004 – 05 – 11

4   技术战略规划及布局

利用 Innography 的专利申请趋势分析、专利气泡图和主 IPC 分析,可清晰地展示专利技术的宏观发展趋向,直观地表征出专利技术的竞争态势,发现专利研发热点领域,为科技研发机构与科研人员的专利技术的发展和战略布局提供翔实的参考信息与依据。

4.1   专利申请趋势分析与技术生命周期

通过 Innography 系统的对某专利技术领域进行检索,将检索结果按照专利优先权年份（priority year）统计，得到该领域的专利技术申请趋势图。通过图中每个年段柱状杆的高低和不同颜色表示某项专利技术在世界范围内的研发走向，以此可以了解某项专利技术的始发时期、发展轨迹、起伏情况、研发国的分布及其发展情况，从中得到专利技术的研发兴衰状况，可为战略发展和投入提供宏观参考依据。

以3D打印技术为例，经过Innography系统的专利申请趋势分析得到趋势图（见图7）。趋势图表明：整个3D打印技术专利申请起源于20世纪90年代，2000年至2010年期间每年的申请量都超过300件，是该技术发展的成熟期。由于专利申请在公开之后才能够查询，所以2011年和2012年的申请数据还不全面，不能作为参考源。

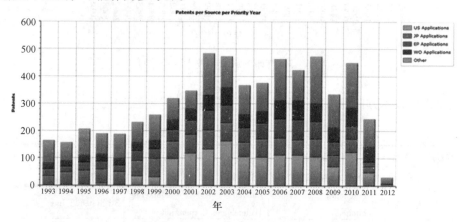

图7　3D打印技术专利申请趋势

通过对专利申请量和专利申请人数量变化绘制3D打印的技术生命周期图（见图8）可以看出，1990年之前是3D打印技术萌芽期，专利权人和专利申请量都不多；1990 – 2007年是3D打印技术的发展期，技术应用取得进展，市场扩大，介入的专利权人增多，专利申请量与专利申请人数量都急剧上升；2007 – 2011年，3D打印技术有成熟期初期的表现：技术趋于成熟，专利申请量和专利权人的增速减慢。由此可见，3D打印技术会继续在技术成熟期中发展。

4.2　专利权人技术竞争力分析

通过Innography专利气泡图分析（见图9），可直观地揭示出专利技术间差异和研发能力的差距情况。气泡分析图列出专利权人的技术差距与实例对比分布，通过图中气泡的大小表示专利的多少。横坐标与专利比重、专利分

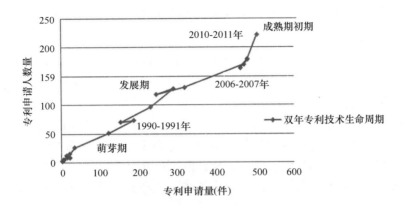

图 8 双年专利技术生命周期（1953 – 2011）

类引用情况相关，横坐标越大，说明其专利技术性越强；纵坐标与专利权人的收入高低、专利国家分布、专利涉案情况有关，纵坐标越大，说明专利权人实力越强。

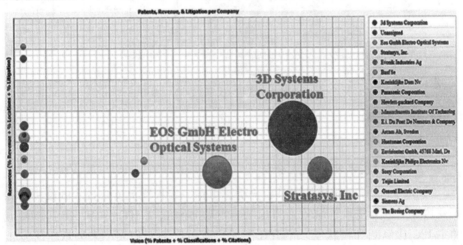

图 9　3D 打印专利技术专利权人竞争气泡

从图 9 可全面了解专利竞争对手的分布、技术实力和专利投入，重点选择位高泡小的技术领域进行战略布局和技术渗透。

以 3D 打印技术为例，将检索得到的相关专利进行竞争力分析，得到"专利权人气泡图"（见图 9），图中的气泡尺寸、位置高度等都表明 3D Systems Corporation 在 3D 打印技术领域具有较强的技术水平和开发能力，具有较强竞争实力的机构还有 Stratasys Inc 和 EOS GmbH Electro Optical Systems。

4.3 技术功效分析

通过 Innography 平台提取关键技术点和用途功效词汇，制作专利技术功效分析图（见图10）。技术功效图是一种对专利技术内容进行深层次分析的有效方法。通过技术功效图的研究，可以一目了然地掌握"专利雷区"和"专利空白区"的分布情况，有效加强"专利部署"，在了解技术现状、分析竞争对手和协助制定技术发展战略方面具有重要作用。从图10可得出，3D打印技术的三维实体成型、喷墨、合成模拟等方面的专利雷区已经较多，但当前仍有不少技术空白点，如在光源/光束和光学元器件方面的技术空白点还比较多。

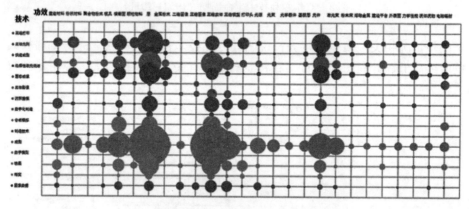

图10　技术功效分析

4.4 专利技术研究热点分析

用 Innography 系统中的主 IPC 分析，可在一定程度上反映技术的聚焦点和研究热点。将某技术领域检索得出的专利数据经过主 IPC 分析，得到该领域的主 IPC 比例图和树状图。主 IPC 图通过所占比例面积大小来揭示出研发重点和热点技术。

将3D打印技术专利检索结果进行 IPC 分类统计，再经过 IPC 树状图分析，发现该领域专利研发技术主要集中在制备方法和和测量测试等应用领域，如图11 – 12 所示：

4.5 高引频专利技术分析

专利的引证数据可衡量专利技术的价值与质量。通过 Innography 系统专利文献的引证分析，可进一步发现被引频次高的专利技术，从而准确锁定关

222

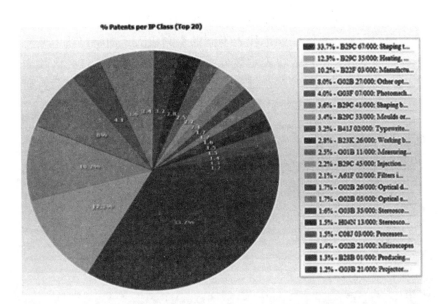

图 11　3D 打印专利技术 IPC 比例分布饼状图

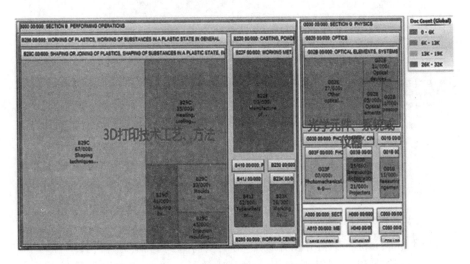

图 12　3D 打印专利技术矩形树图

键技术。通过对这些关键专利的内容进行分析，掌握技术要点和发明机构及人员信息。

　　Innography 的引证分析图是判断专利重要性的手段之一。图 13 是 3D Systems Corporation 公司的一篇高价值专利 US6660209B2，被引用高达 49 次。图

13 中横坐标代表专利申请公开的时间，纵坐标代表不同的技术领域，不同的点代表不同的专利，不同的颜色代表不同的专利权人，加粗竖线上蓝色的点代表被分析的专利，绿色区块表示被分析专利引用的情况，红色区块表示被引的情况。结合新增被引情况，进一步了解技术的应用走向，可为科研人员未来的研究方向提供建议。

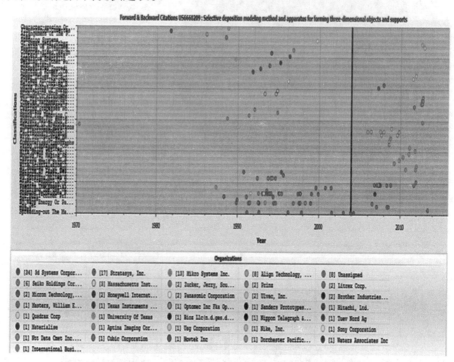

图 13   US6660209B2 专利技术引证分析

4.6   专利战略规划与布局策略

4.6.1   专利技术发展规划

利用 Innography 专利分析系统，在立项前针对待研发的科技产品项目进行专利信息检索和专利发展趋势、主 IPC 学科、专利文本聚类等情报分析，进而全面了解待研发项目的技术研发现状和发展趋向；明确潜在的竞争对手或合作者；发现竞争的前沿技术；找到技术创新的突破口，从而明确地制定出创新项目的研发方向、计划和步骤。

4.6.2   专利技术发展布局

• 核心专利技术研发布局。通过专利分析工具的核心专利技术分析、技

224

术竞争气泡图分析和专利引证分析，综合其分析结果，可准确、可靠地锁定某领域的关键、热点技术，持续进行研究，通过专利自引等手段进行技术布局，从而有针对性地进行快速有效的开发和部署工作，以利占领技术制高点或填补空白。

- 核心专利技术保护。利用专利分析系统的专利技术以及专利权人气泡图分析，在充分掌握竞争对手在不同国家的专利布局的基础上，有效地决定研发项目的专利申请的时机、公开的内容、保护范围和保护地域。

- 核心专利技术壁垒预警与防护。通过专利分析系统的侵权专利和无效专利检索与分析，建立专利技术预警机制，并利用专利技术预警报表，全面掌握研发技术的涉案专利和无效专利范围，在技术空白区制定进攻型的专利保护策略，快、全、准地进行技术布点和专利申请；在技术壁垒较多的区域实施防御型的专利保护策略，减少、停止不利的研发项目。

- 核心专利技术保护。重视专利审查意见的答复和保护范围的调整。专利审查员通过检索后会根据《专利法》的要求提出审查意见，针对审查意见进行答复和相应的修改会使获得的专利权更为稳定，最大限度地减少专利失效的可能。

4.6.3 专利权和技术秘密管理

要建立周密的专利技术保密制度及其管理办法。《专利技术保密制度及其管理办法》主要包括：对专利技术的许可与生产许可的规定；对专利申请、专利权的转让规定；对企业职工发明创造的申请权和专利权归属的规定；对发明人奖励的规定，以防止技术的转移；防止商业秘密（包括技术秘密）泄露的规定；启动临时措施与边境措施的时机选择；防止政府奖励申报文件及统计数据泄露的规定等。

5 结 语

Innography 专利分析平台可以对技术领域的核心专利技术进行挖掘，对专利雷区、领域竞争态势进行分析，从而帮助专利权人进行科学、有效的专利技术监测，建立有效的专利技术预警机制，并且以此进一步制定专利技术的战略规划和发展布局。因此，Innography 专利分析平台是进行核心专利技术知识挖掘、竞争预警、战略布局研究的有效工具。但是，该平台也存在数据源字段部分缺失、中国专利的引用数据不全面等缺陷[6]。另外，该平台的检索语法较为复杂，专利价值模型对于国外专利价值有较好的识别，对国内的专利价值判断还需要经过实践的不断证明，只有这样，才能够更好地进行国内专利的价值挖掘、专利预警和布局。

参考文献：

［1］　广州奥凯信息咨询有限公司．国际数据库平台 Innography［EB/OL］．［2013 – 07 –
　　　19］．http：//www. ourchem. com/data/54. htm.

［2］　肖沪卫，顾震宇．专利地图方法与应用［M］．上海：上海交通大学出版社，2011：
　　　281 – 304.

［3］　汤 森 路 透．Thomson innovation［EB/OL］．［2013 – 09 – 12］． http：//
　　　www. thomsonscientific. com. cn/productsservices/thomsoninnovation/

［4］　Allison J R, Lemley M A, Moore K A, et al. Valuable patents［J/OL］．［2013 – 09 –
　　　12］．http：//papers. ssrn. com. /abstract = 426020.

［5］　余敏杰，田稷．海洋生物产业专利情报分析［J］．情报杂志，2012（9）：11 –
　　　14，42.

［6］　陆萍，柯岚馨．Innography 在学科核心专利挖掘中的应用研究［J］．图书馆工作与
　　　研究．2012（8）：122 – 125.

作者简介：

张曙，中国科学院合肥物质科学研究院信息中心副主任，高级工程师；

张甫，中国科学院合肥物质科学研究院信息中心助理馆员，通讯作者，
E-mail：zhangf@ hfcas. ac. cn；

许惠青，中国科学院合肥物质科学研究院信息中心副研究馆员；

代恩梅，中国科学院合肥物质科学研究院信息中心馆员；

周丹丹，中国科学院合肥物质科学研究院信息中心副研究馆员。

利用 Innography 进行专利情报分析

——以 OLED 为例

1 引　言

专利作为特殊的一类文献，在科技研发、情报分析等工作中起着重要的作用。对相关领域的专利进行分析，可以了解技术的发展概况和发展趋势，获知重要的研究机构、发明人，找到核心的技术，为科技创新、知识产权保护等提供参考。因此，专业的情报咨询机构，高等院校的图书馆、科研处，跨国公司的研发、情报等部门，对专利的获取、分析及利用都极为重视。近年来，部分高校图书馆相继开展了情报咨询服务，为学校、院系、重大项目组等提供知识产权等方面的分析报告，推动学校的科研创新。

国内外有许多专利分析工具，如 Thomson Reuters 公司的 Thomson Innova-tion、Aureka、Thomson Data Analyzer（TDA）[1]，Dialog 公司的 Innography[2]，日本野村研究所的 True – Teller，北京理工大学的 ItgMining，保定大为软件公司的 PatentEx 等[3]。这些分析工具既有类似的功能，也各有其特点。如 TDA，其数据挖掘功能非常强大，但需要导入数据，而 Thomson Innovation、Innography 则本身包含海量专利数据，可以检索和分析，但缺乏数据的二次加工功能，情报分析人员可根据需要选择或组合使用。

Innography 是 Dialog 公司 2007 年推出的专利检索与分析平台，包含来自全球 90 多个国家和地区的 8 000 多万件专利信息以及美国专利诉讼信息、美国注册商标信息等，还包含来源于邓白氏公司等途径的商业数据。Innography 既包含专利信息，又包含与专利信息相关的公司财务、诉讼、商标等商业信息，可对竞争者进行技术实力、公司实力的多指标对比分析，而绝大多数专利数据库缺乏商业数据。此外，Innography 还有独特的专利强度指标，可以挖掘核心专利。

Innography 在内容、分析等方面的诸多功能及特点，使之可在科研、专利情报分析中发挥重要作用，部分高校和科研院所相继开始探索利用 Innography 开展专利情报服务。以笔者所在的清华大学图书馆为例，我们利用 Innography

为校内的部分重点项目进行专利情报分析，所作分析报告得到了清华大学科研院和课题组老师的一致认可和好评，促进了学校的教学、科研和知识产权保护工作。

　　调研发现，关于 Innography 的研究论文数量很少，只有几篇。其中：中国科学院国家科学图书馆的王玉婷等作者，对 Innography、DII、Thomson Innovation、CNIPR、中国科学院专利在线分析系统等五大专利数据库从专利数据收录范围、加工方式、清洗程度以及引文数据、同族数据和法律状态数据等方面进行对比研究，分析了它们各自在适用于专利情报工作时的优劣势[4]；南开大学图书馆的陆萍等作者，研究利用 Innography 挖掘南开大学高产出学科领域的核心专利[5]；浙江大学的余敏杰、湘潭大学的邱洪华等作者，分别利用 Innography 对海洋生物产业、循环流化床锅炉、中美航空发动机进行了专利情报分析[6-8]。这些论文或者是对 Innography 的功能进行分析，或者是对其实践应用进行介绍，未深入研究其在专业情报分析中的价值。

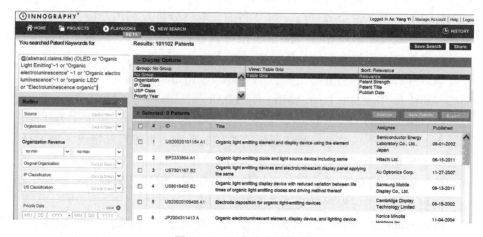

图 1　OLED 全球专利信息

　　本文试图挖掘 Innography 的功能，特别是其在专业情报分析中的价值，并以有机电致发光二极管（Organic Light Emitting Diode，OLED）为例，对 Innography 的功能及应用进行深入研究和实践。OLED 具有自发光性、广视角、全彩化等优点，应用广泛，全球很多机构致力于 OLED 的研发和制造，我国在此领域也有较快的发展[9]，其中清华大学的邱勇教授在此方面技术实力很强，申请专利约 200 件。本文研究利用 Innography，获取相关专利，通过分析获知技术的发展趋势、主要竞争者及其差距、核心技术分布等信息，找到高价值专利，促进我国 OLED 领域的发展。

2 全球专利检索

要全面了解国内外对相关课题的研究情况，尤其是专利申请和保护情况，首先需要获取其全球专利信息，而情报分析也必须保证分析对象的准确性和全面性。为此，要选择收录内容全、范围广的专利资源，采用合适的检索策略，获取全面准确的专利信息。

包含世界多个国家和地区专利文献的资源有很多，如 Derwent Innovations Index（DII）、Espacenet[10]、PATENTSCOPE[11]、TotalPatent[12]、Innography、Orbit 等都包含了几千万篇专利。不同专利资源由于所含内容、检索方式的不同，检索到的结果会有所差异。如 DII，对专利的题名和摘要进行了改写，并可进行化学结构检索，应用很广泛，但其仅收录 1963 年以后的专利，分析功能也稍弱。

Innography 包含 8 000 多万篇专利，并有专利诉讼、商标等商业信息，提供机构名称（company name）、诉讼关键词（litigation keywords）、专利关键词（patent keywords）、专利号码（patent numbers）、语义检索（patent semantics）等多种检索方式。对于 OLED 课题，选用关键词：OLED、Organic Light Emitting、Organic electroluminescence、Organic LED 等在专利标题、摘要、权利要求项中检索，得到专利 101 102 篇（见图 1），其中申请公开的专利 68 979 篇，已授权专利 13 902 篇。

从检索结果可以看出，OLED 领域的专利数量是比较多的，研究比较活跃。对于检索到的专利，可以按照专利申请地区、公开日期、失效日期、专利权人等进行精炼，如通过失效日期精炼可以分别获取依然有效或在审（active）的专利以及已经失效（expired）的专利，OLED 失效专利为 26 812 篇，约占 26%，近年来失效专利的利用也受到越来越多科研人员及机构的重视[13]。

3 相关专利的统计分析

对课题相关专利进行宏观统计分析，可以全方位了解技术的发展历程、专利的国家/地区分布、重要专利权人的竞争态势等信息，从而为制定相关战略提供决策参考。

几乎每个专利分析工具都有统计、分析功能，如专利权人、发明人、年度分布等，其中有些功能类似，而有些功能则是独特的，如 Thomson Innovation 的 Themescape 专利地图，Innography 的全球竞争态势图等。利用 Innogra-

229

phy，可对专利申请量的年度变化、专利申请的区域分布、技术来源的区域分布、全球竞争态势、发明人、专利分类等进行统计分析。

3.1　专利申请量的年度趋势分析

对专利的年度申请量进行分析，可以了解该技术的发展和变化情况。将68 979篇OLED专利按照优先权年份（priority year）进行统计，得到申请趋势图（见图2）。从由图2可见，OLED的专利申请量在2000年之后迅速上升，2004年以来年申请量均在4 000篇以上，呈高位稳定状态。这说明该领域最近10年来发展很快，进入了高速发展期。

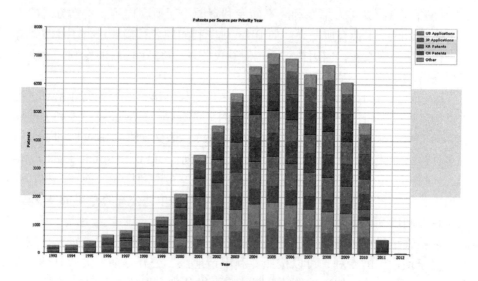

图2　OLED专利申请量的年度分析

3.2　专利申请地区分布

专利的申请地区（source jurisdiction），是指专利权人申请专利保护的国家或地区，对应的是专利号中的国家代码。对申请地区进行分析，可以看出专利权人想在哪些国家或地区保护和实施其发明。

对于专利申请地区的统计分析结果，Innography提供表格、地图等多种格式。地图格式可以直观显示排名前20的地区分布，其中绿色、淡绿色的为专利申请数量较多地区，橙色地区专利申请数量则相对较少。

将68 979篇专利按照申请地区进行统计分析（见图3），发现OLED的专利申请主要集中在美国（16 637篇）、日本（15 555篇）、韩国（14 010篇）

和中国（大陆和台湾地区共 10 184 篇），法国、英国、德国等国家稍次之。

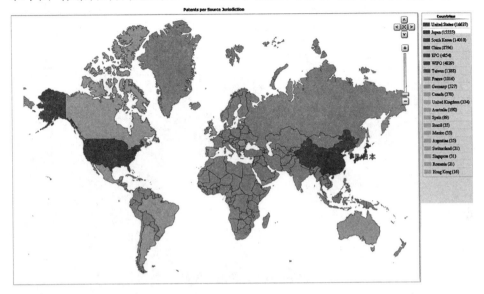

图 3　专利申请地区分布

3.3　技术来源地区分布

专利发明人的国别（location）可以体现专利技术的来源地。对 68 979 篇专利的第一发明人国别进行统计分析，可以发现 OLED 的发明人主要来自日本和韩国这两个国家（专利量分别为 2 万篇左右），占绝对优势；美国稍次之；中国、德国、法国则紧随其后。说明来自这几个国家和地区的发明人占据了该领域专利的主导地位，技术实力较强（见图 4）。

将图 4 和图 3 进行对比，可以发现，虽然日本和韩国是 OLED 的主要技术来源地区，但美国才是最主要的 OLED 专利申请地区。由此可以看出，技术来源地区和专利申请地区的排序并不完全一致，要想得到全面、准确的结论，必须从多个方面进行分析。

3.4　全球竞争态势

全球竞争态势即专利权人的对比分析，对于了解研究领域的整体状况非常重要。许多专利数据库、专利分析工具都有专利权人的分析功能，但大多仅依据专利数量这一唯一指标进行统计分析，未考虑专利的重要程度、机构的实力等其他因素。实际上，专利数量这一表面化指标很难准确反映真实的竞争态势，因为一件核心专利的价值往往会超过几十篇一般专利的价值，因

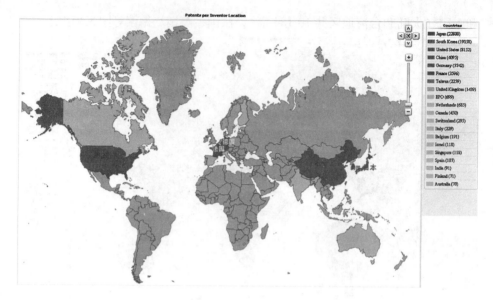

图4　技术来源地区分布

此对竞争者应进行综合对比分析。

　　Innography 除包含专利信息外，还包含来自邓白氏公可等途径的商业信息，在对专利权人的对比分析中充分考虑专利数量、专利技术实力、公司整体实力等多个指标，采用气泡图直观体现专利权人之间的技术差距及综合实力对比：①气泡的颜色代表不同的专利权人。②气泡的大小代表专利数量的多少。③横坐标代表技术综合指标，与专利比重、专利分类、引用情况等相关。横坐标越大，说明专利的技术性越强。④纵坐标代表机构实力指标，与专利权人的收入、专利的国家分布、专利涉案情况等有关。纵坐标越大，说明专利权人的综合实力越强。

　　将 68 979 篇专利按照专利权人进行分析（见图 5），可以发现 OLED 领域不同专利权人的专利拥有量、技术实力、综合实力差距悬殊。其中：

　　• 韩国三星集团公司（包括三星电子、三星 SDI）以 9 225 篇专利在数量上遥遥领先，且该公司的技术水平也远远领先于其他机构，公司实力也很强：①三星电子的气泡最大，说明其专利数量最多；②三星电子的气泡最靠右，说明其 OLED 的专利技术最强；③三星电子的气泡高度略低于索尼公司，略高于 LG 公司，说明三星电子的综合实力略低于索尼公司，略高于 LG 公司。

　　• LG 公司（包括 LG display）以 5 149 篇专利位居其次，其公司实力与

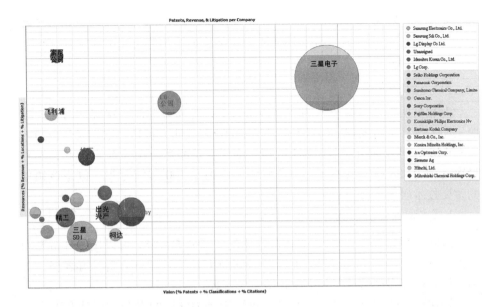

图 5　全球竞争态势

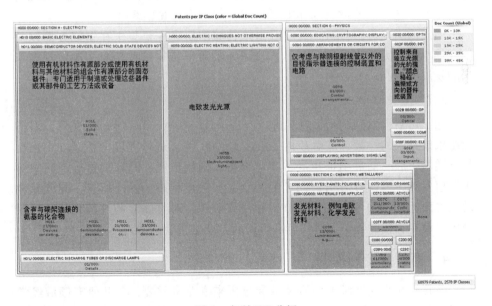

图 6　专利 IPC 分析

三星电子不差上下，OLED 专利技术稍逊于三星电子，是三星的强有力竞争者。

• 作为最早研究 OLED 技术的伊士曼柯达（Eastman Kodak）公司，其技术实力仅次于三星、LG 公司，技术实力较强，但公司综合实力非常低（已经申请破产保护）。

3.5 重要发明人

专利发明人是掌握技术的重要科研人员，是需要关注、跟踪的对象。按照发明人统计分析发现，OLED 研究领域的重要发明人包括：出光兴产公司的 H. Chishio，其专利量最多，为 752 篇；柯尼卡美能达公司的 K. Hiroshi，专利量次之，为 338 篇；另外还有多位发明人申请了 200 多篇专利，也是该领域的重要技术研发人员。

3.6 专利主题分布

国际专利分类号（IPC）是国际通用的专利分类系统，可以用于分析专利的主题分布。利用 Innography 可以对专利的主分类号进行分析，有表格、饼图、树状图等多种形式，其中树状图尤为直观。

按照专利的主分类号进行统计，可以看到 OLED 的专利主要涉及电致发光光源（H05B 33/00）、使用有机材料作有源部分的固态器件和制造/处理这些器件的工艺方法或设备（H01L 51/00）等方面（见图 6）。

通过对 IPC 进行分析，可以看出该领域的研究主要集中在哪些方面以及研究热点和研究重点分别是什么。科研人员可以依据这些信息，制定规划未来的发展方向和研究方案。

3.7 其他分析

除了可对检索到的相关专利进行宏观统计分析外，Innography 还可以对检索结果或其中的一篇、多篇专利（最多 15 000 篇）进行深度分析（analyze），如分类号扩展、前后引证扩展、文本聚类、同族扩展、同族去重等。其中对于单篇专利，可以查看引证图、专利全文、法律状态、诉讼信息、同族专利及相关商标等，并可进行无效分析和侵权分析。对具体专利进行无效、侵权分析，对专利权的保护尤其在专利诉讼时是非常重要的。

4 高价值专利挖掘

核心专利的挖掘对于科研及专利分析来说非常重要，一些研究领域经常会有几万甚至几十万篇专利，如果不加区分地进行研究和阅读，会花费相当长的时间，耗费若干精力。而如果能从众多专利文献中找到高价值的核心专利加以利用，对于科技研发、专利申请、专利诉讼等事务可以起到事半功倍的作用。

Innography 具有独特的专利强度工具，能够挖掘核心专利。其采用的"专利强度"是与专利的权利要求数量、引用与被引用次数、是否涉案、同族专利数量等多个因素有关的综合指标，利用"专利强度"挖掘核心专利，比仅用被引用次数等单个指标更为准确。利用 Innography，还可以找到有过诉讼、异议的专利，这些都是重要的专利。

4.1 诉讼专利

Innography 提供诉讼专利筛选工具，将 101 102 篇 OLED 专利按照诉讼与否进行筛选（＋litigated），发现 64 篇专利有过诉讼，可以看到 OLED 的诉讼数量较多。Innography 提供诉讼专利的专利号、案件编号、原被告、诉讼日期、结案日期、法院归档记录等信息，这些信息有助于我们全面评价专利的价值。

4.2 异议专利

Innography 提供异议专利筛选工具，将 101 102 篇专利按照异议与否进行筛选（＋opposition），发现 261 篇专利有过被异议，说明异议专利很多，可以关注和研究这些专利。

4.3 核心专利

专利的引用次数是判断专利价值的一个重要指标，许多专利分析工具利用专利引用次数挖掘核心专利。但实际上，除了引用次数，还有一些信息能够体现专利的价值，如诉讼信息、专利权转让信息等，为此，一些专利分析工具采用综合指标判断专利价值。

Innography 采用美国加州大学伯克利分校与乔治梅森大学共同研究的"专利强度（patent strength）"指标[14]，"专利强度"与专利的权利要求数量、引用与被引用次数、是否涉案、专利时间跨度、同族专利数量等多个因素有关，是专利价值判断的综合指标，其强度的高低可以综合代表该专利的价值大小。一般来说，强度超过 80% 的为核心专利。

4.3.1 核心专利挖掘

将 101 102 篇专利按照专利强度进行筛选，得到强度 >80% 的核心专利 2 333 篇，同族扩增后核心专利共计 14 330 篇；强度 >90% 的核心专利 870 篇，同族扩增后核心专利共计 6 533 篇。

4.3.2 核心专利技术聚类分析

Innography 具有文本聚类（text clustering）功能，可对专利标题、摘要和权利要求项的前 10 000 个单词进行扫描和聚类。将强度超过 90% 的 870 篇专利进行文本聚类，发现 OLED 核心专利的研究主要集中在发光元件（light e-mitting element）和传输层（transporting layer）这两大核心领域。

4.3.3 核心技术竞争态势

将 14 330 篇核心专利按照专利权人进行统计分析，发现：①作为最早研究 OLED 的柯达公司，拥有的核心专利数量最多，但公司实力、技术已远远落后其他机构；②普林斯顿大学拥有的 OLED 核心专利数量虽处于第三梯队，但技术实力最强，远远超出其他机构（见图7）。

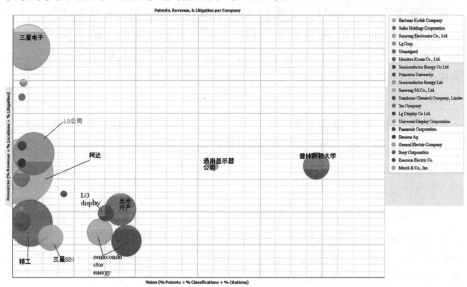

图 7　核心技术竞争态势

对比全球竞争态势图（图5）和核心技术竞争态势图（图7），可以看出，依据拥有 OLED 专利的总量和拥有 OLED 核心专利的数量分析，排名前 20 位的机构及其技术实力、公司实力对比结果并不完全相同，图 7 中技术实力最强的普林斯顿大学未出现在图5 中（即普林斯顿大学拥有的 OLED 专利总量排名在 20 名以下）。由此再次说明，只有进行多方位分析，才有可能得出比较科学的结论。

5　Innography 的不足

每个专利分析工具都有各自的特点，但仍存在需要加强或改进之处。

就 Innography 而言，由于只显示第一专利权人，而某些专利的专利权人不止一个，因此用专利权人名称检索时会有一定的遗漏，对检索到的专利进行专利权人分析时，也会造成一定的误差。同样，由于 Innography 仅对第一发明人的国籍进行分析，而当今社会国际间合作越来越广泛，来自两个以上国家的发明人合作申请的专利量有所增多，因此会影响这些专利的分析结果。当然，对于几万甚至几十万篇专利的分析来说，些许误差不至于影响结论的准确性，但如果能够做到底层数据更完整、分析数据更准确就更好了。

一些专利数据库如 DII、Thomson Innovation 等对一些重要的专利权人进行了标准化处理，如 DII 用专利权人代码 SMSU 将三星集团所有的分支机构归一化，对检索到的专利则既可以按专利权人名称（单个机构）分析，也可以按专利权人代码（整体）分析。Innography 虽然对全球 1 000 多万家机构的专利、诉讼等信息以公司树的形式进行了整合处理，但针对某一课题的专利，如要进行专利权人分析，则只能按照单个机构分析，不能归一化为整个集团。以全球竞争态势示意图（图 5 为例），同属三星集团的三星电子、三星 SDI 是作为两个专利权人分别分析的。对于分析工具来说，如能提供更多的选项，得出的结论会更加全面。

6 结 语

在科技快速发展的今天，相关专利的检索、分析及利用越来越受到人们的重视，包括 Innography 在内的众多专利检索平台及分析工具为研究者提供了便利。

Innography 既包含全球专利信息，还包含与专利相关的诉讼信息以及注册商标、公司财务等商业信息，并采用独特的"专利强度"综合指标，在情报分析中作用显著。

充分挖掘 Innography 的功能进行专业情报分析，可以获取所选领域的全球专利，了解技术的发展态势、专利申请区域和技术来源区域的分布，找到重要的发明人、研究热点/重点以及高价值专利等。利用 Innography，还可以直观展现竞争者之间的技术差距及综合实力对比，这是很多专利分析工具难以做到的。

专利情报分析涉及专利资源/分析工具的选择、相关专利的获取、专利的分析等诸多方面，必须保证全面和准确，实证研究表明，仅从一个或几个方面分析很难得到科学的结论。

参考文献：

［1］　Thomson Reuters. Patent research and analysis［EB/OL］.［2013 - 08 - 21］. http：//

thomsonreuters. com/intellectual – property/patent – research – and – analysis/.

［2］ Innography ［EB/OL］. ［2013 –08 –21］. http：//www. innography. com/.

［3］ 刘玉琴，彭茂祥. 国内外专利分析工具比较研究 ［J］. 情报理论与实践，2012 (9)：120 – 124.

［4］ 王玉婷，赵亚娟，李慧美. 专利情报研究工作中专利数据源的选择研究 ［J］. 情报杂志，2012 (11)：83 – 87，76.

［5］ 陆萍，柯岚馨. Innography 在学科核心专利挖掘中的应用研究 ［J］. 图书馆工作与研究，2012 (8)：122 – 125.

［6］ 余敏杰，田稷. 海洋生物产业专利情报分析 ［J］. 情报杂志，2012 (9)：11 – 14，42.

［7］ 蔡毅，程乐鸣，邱坤赞，等. 循环流化床锅炉专利现状与趋势分析 ［J］. 能源工程，2013 (1)：1 – 6.

［8］ 邱洪华. 中美航空发动机专利信息比较分析 ［J］. 湘潭大学学报（哲学社会科学版），2013 (1)：42 – 47.

［9］ 罗佳秀，司玉锋，杨飞. OLED 重点公司美国专利分析 ［J］. 中国集成电路，2011 (5)：87 – 93.

［10］ Espacenet home page ［EB/OL］. ［2013 – 08 – 19］. http：//worldwide. espacenet. com.

［11］ PATENTSCOPE ［EB/OL］. ［2013 – 08 – 20］. http：//patentscope. wipo. int/search/en/search. jsf.

［12］ LexisNexis TotalPatent ［EB/OL］. ［2013 – 07 – 20］. http：//www. lexisnexis. com/totalpatent.

［13］ 姜丽芙. 失效专利的检索与利用 ［J］. 图书馆工作与研究，2010 (7)：71 – 73.

［14］ Allison J R, Lemley M A, Moore K A, et al. Valuable patents ［J］. Georgetown Law Journal, 2004, 92 (3)：435 – 479.

作者简介：

战玉华，清华大学图书馆馆员，E-mail：zhanyh@ lib. tsinghua. edu. cn；

潘乐影，清华大学图书馆助理馆员；

程爱平，清华大学图书馆副研究馆员。

纯电动汽车产业关键技术演进分析
——专利引文分析视角[*]

1 引 言

在全球能源日趋紧张、生态环境日益恶化，特别是近年来节能减排压力日益严峻的背景下，纯电动汽车产业无疑是实现节能环保、发展低碳经济的重要选择。纯电动汽车因其具有零排放、低噪音、能效高、多样化等优点而成为各国争相发展的低碳环保产业，尤其是美国、欧洲、日本、中国等国家和地区都将其视为优先发展的战略性新兴产业之一。同时，纯电动汽车产业也是国内外学术界广泛关注的焦点[1]。

根据全球各大汽车公司相继发布的有关纯电动汽车产品上市的计划，预计2020年前后全球将迎来纯电动汽车产业化发展的一次高潮[2]。多国和地区先后出台一系列政策法规文件，投入大量资金，推进纯电动汽车技术的研发，扶持纯电动汽车产业发展。但由于纯电动汽车技术面临诸多瓶颈，技术路线图尚不明确，没有统一的技术标准，产业规模小，重复研发和盲目投资将导致创新效率低下和社会资源的浪费[3]。因此，分析纯电动汽车产业的关键技术及其演进规律，可以把握产业发展重点，聚焦研发目标，优化资源配置，提高研发效率。

本文在构建基于专利引文分析的产业关键技术演进分析流程的基础上，采用 Thomson Innovation（TI）专利信息分析平台中 DWPI 和 DPCI 数据库为分析数据源，对纯电动汽车产业不同时间段的关键技术专利进行引文分析和多元统计分析，识别纯电动汽车产业的关键技术并分析其演变。

* 本文系北京市财政资金项目"北京战略性新兴产业情报实时跟踪预警服务体系建设"（项目编号：PXM2013_ 178214_ 000008）和"北京城市交通情报服务模式构建与应用示范"（项目编号：PXM2014_ 178214_ 000005）研究成果之一。

2 基于专利引文分析的产业关键技术挖掘理论来源与流程

2.1 专利引文与产业关键技术挖掘的理论来源

引文是一种重要的信息源，广泛应用于信息检索、竞争对手研究，技术评估与预测等信息分析领域。与科技论文一样，专利文献之间也存在引用与被引用的关系，反映了技术思想的传承和技术发展的演化。

一般来说专利文献之间的引用分布是不对称的，相对专利总量而言，大约有2/3的专利很少被引用[4]，但少数重要专利一旦公开，立即备受关注，被后来的专利连续引用，出现大量的改进专利。一旦这些改进的专利形成集群效应，则往往对后续的技术创新具有重大促进作用，给整个产业带来巨大发展。事实表明，凡是与创新性相关的发明，与新技术、新产品有关的专利均被频繁引用[5]。被频繁引用的专利具有明显的技术优势，往往是具有较大的技术影响力和较高价值的重要专利[6-7]。据此，本文采用专利引文分析的基本思想：当一个早期的专利被后来的众多专利引用时，则表明该成果具有很大的先进性和重要性，这种具有先进性和重要性的专利往往是该产业技术领域的关键技术[8]。

"同被引"（co-citation 又称共引）是指两篇或多篇文献同时被别的文献所引用，则这两篇或多篇文献就具有"同被引"关系，并且以引用它们的文献数量表示其相关的程度，称为同被引频次（co-citation frequency）或同被引强度（co-citation strength）。同被引强度越大，说明他们在内容上越相似。

如果某技术领域的专利 A 和专利 B 都同时被专利 C 所引用，且在一段时间内 A 和 B 还同时被其他新专利所引用的趋势不断上升，即 A 和 B 的同被引强度越来越高，可以说明技术 C 是在技术 A 和技术 B 的基础上发展起来的。技术 A 和 B 是技术 C 的技术源泉，其技术不断向 C 渗透。因此，认为技术 A 和 B 是支撑技术 C 发展的基础性关键技术，可以将其聚成一类，形成一个关键技术子领域。

本文基于专利同被引原理，首先按不同时间段筛选出被引频次高的专利，其次对这些高被引专利构建同被引矩阵，并根据研究需要设定同被引强度阈值，然后对同被引矩阵元素进行聚类、多维尺度分析（MDS）等多元统计分析，挖掘产业关键技术并比较不同时间段产业关键技术群的演进规律。

2.2 基于专利引文的产业关键技术演进分析流程

为了更直接便利地将专利引文分析应用于产业关键技术演进分析中，特绘制出方案实施的流程图，如图 1 所示：

240

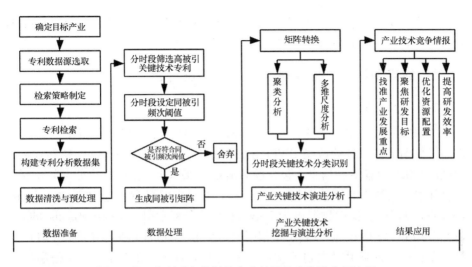

图1 基于专利引文分析的产业关键技术演进分析流程

2.2.1 数据准备

在明确目标分析产业的基础上，选取符合研究需要的分析数据源，制定和优化检索策略，从源数据库中检索、下载原始专利数据，围绕分析目标构建专利分析数据集，并进行数据清洗和预处理，为后续统计、分析工作做好准备。

2.2.2 数据处理

按产业发展状况和产业专利公开特征，选取合适的分析时间段，筛选出不同时间段的高被引关键技术专利。考虑时间因素对专利被引频次的影响和分析的需要，对不同时间段设定关键技术专利同被引频次阈值，剔除不符合同被引频次阈值的专利，生成不同时间段产业关键技术专利同被引矩阵。

2.2.3 产业关键技术挖掘与演进分析

根据同被引的关键技术专利的内在相似性，将产业关键技术专利同被引矩阵转换为相关系数矩阵，然后进行聚类分析和多维尺度分析，绘制不同时间段产业关键技术专利同被引可视化图谱。结合聚类分析树状图和产业相关背景知识，对不同时段产业关键技术专利进行分类和识别，并比较不同时间段产业关键技术的演进规律。

2.2.4 分析结果应用

产业关键技术及其演进分析的结果可以为相关机构和人员提供有价值的

产业技术竞争情报，从而更好地找准产业发展重点，聚焦研发目标，优化创新资源配置，提高研发效率，以提高产业竞争优势。

3 纯电动汽车产业关键技术及其演进分析

3.1 数据准备

本研究的数据来源于 Thomson Innovation（TI）专利信息分析平台，由汤森路透集团提供。TI 除收录 DWPI 数据以外，还收录来自全球 90 多个国家和地区的 8 000 万篇专利信息，包含题录信息、PDF 全文，法律状态信息等专利信息深加工的数据和原始数据，另外还有 INPADOC 法律状态和美国 Re - assignment 数据库。检索数据库为 Derwent 世界专利索引（World Patents Index，简称 DWPI）与 Derwent 专利引文索引（Patents Citation Index，简称 DPCI）[9]。

专利检索策略由"主题关键词 * 领域限定词 *（IPC 分类号 + 德温特手工代码）"组成。德温特手工代码（MC）是由德温特的专业技术人员为专利标引的代码，该代码可用于显示一个发明中的技术新颖特点及其应用领域。笔者检索下载了 1963 - 2013 年含有纯电动汽车技术及相关主题的世界范围内纯电动汽车技术专利30 958条记录，数据下载日期为 2014 年 2 月 20 日。

运用文本挖掘软件 Thomson Data Analyzer（简称 TDA）初步分析，发现从 1979 年开始有纯电动汽车相关技术专利公开，且 1993 年以前每年专利公开量均较少。另外，由于 2010 年以后的专利数据公开时间相对较短，被引用的次数较少，很多专利尚未被引用，这部分专利对纯电动汽车技术发展的基础性支撑作用尚未发挥出来，且因被引次数较少而影响同被引分析的效果，所以本文抽取专利公开年份为 1993 - 2010 年的纯电动汽车技术专利记录 17 229 条，每条记录代表一族专利，共包含39 559条家族专利（family member numbers）。

3.2 数据处理

3.2.1 筛选产业高被引关键技术专利构建同被引分析数据集

从抽取的 17 229 条专利中按时间段筛选出关键技术专利。1993 - 2010 年纯电动汽车技术专利共有 17 229 条，包含了 47 695 条施引记录（citing patent numbers）。由于专利数量非常大，不能对数据集内每件专利都进行分析，因此需要筛选出对纯电动汽车产业发展有重要支撑作用的关键技术专利。

一般来说，一项专利从公开到引起同行的关注并对其引用，需要一段时间。显然先公开的专利比后公开的专利能得到更多的引用机会。另外，在研究关键技术的演进规律时，将专利申请时间 1993 - 2010 年分为 3 个时间段，需要保证每个时间段内关键技术专利的选取相对均匀，因此本研究采取分段抽样的方法，最大限度地保证每个时间段内数据选取均匀。

按被引频次排名，具体选取的专利数量见表1，3个时间段共选取了高被引的关键技术专利931件。

表1　3个时间段高被引专利选取情况

时间段（年）	被引频次排名	被引频次最高（次）	被引频次最低（次）	平均被引（次）
1993－1998	TOP310	202	18	39.17
1999－2004	TOP307	125	18	29.22
2005－2010	TOP314	66	13	20.2

3.2.2　构建高被引关键技术专利同被引矩阵

（1）同被引矩阵构建方法。一个专利的施引专利可以用向量表示为：$Citing\ p_{ij} = \{p_{i1}\ p_{i2}\cdots p_{in}\}$。其中，$Citing\ p_{ij}$表示一个专利的施引（Citing）专利，$i$表示施引（Citing）专利序号，$j$表示第$i$个专利的施引专利的专利序号。将上述施引专利的数据集形成非对称的专利初始被引矩阵 M，其数学表达式为：

$$M = \begin{pmatrix} P_1\ p_{11} & p_{12} & \cdots & p_{1i} \\ P_2\ p_{21} & p_{22} & \cdots & p_{2j} \\ \cdots & \cdots & \cdots & \cdots \\ P_n\ p_{n1} & p_{n2} & \cdots & p_{nk} \end{pmatrix} \tag{1}$$

其中，i是P_1的施引专利的个数，j是P_2的施引专利的个数，k是P_n的施引专利的个数。

通过P_i之间共有的施引专利的个数构建对称的专利同被引矩阵M'：

$$M' = \begin{pmatrix} P_1\ f_{11} & f_{12} & \cdots & f_{1n} \\ P_2\ f_{21} & f_{22} & \cdots & f_{2n} \\ \cdots & \cdots & \cdots & \cdots \\ P_n\ f_{n1} & f_{n2} & \cdots & f_{nn} \end{pmatrix} \tag{2}$$

其中，f_{ij}表示专利同被引的次数，即专利i和专利j共同拥有的施引专利的个数，$i = 1，2\cdots n$；$j = 1，2\cdots n$。

（2）纯电动汽车产业技术专利同被引矩阵。在筛选出关键技术专利后，接下来是构建不同时间段的产业关键技术同被引矩阵。同被引频次为行列交叉的关键技术专利对被其他专利共同引用的次数。

通过分析发现，矩阵中有较多的零元素块，这将影响后来矩阵变换得到的相似矩阵，从而影响聚类的效果和分析结果的准确性。因此，尽可能地将有研究价值的关键技术专利（被引专利）纳入分析范畴，同时剔除对研究帮助不大的干扰数据，同被引频次阈值的选取尤为重要。由于数据样本按 3 个时间段选取，早期的专利获得了较多的被引机会，因此为了便于分析，对 3 个时间段设定不同的同被引频次阈值。

通过对 3 个时间段设定不同的同被引频次阈值，剔除相关性较弱的干扰数据，得到 3 个时间段的纯电动汽车产业关键技术专利同被引矩阵。这些矩阵均为对称矩阵，单元格中的数值为行列交叉的两项专利的同被引频次。

3.3 产业关键技术挖掘与演进分析

专利同被引的多元统计分析通常包括因子分析、聚类分析和多维尺度分析等。运用这些分析方法可以对同被引的专利进行有效聚类，绘制知识图谱，确定主要的关键技术群。

本研究主要采用聚类分析（cluster analysis）和多维尺度分析（multi-dimensional scaling，MDS）。聚类分析是将研究对象划分为相对同质的群组（cluster）的一种统计分析方法[10]。本研究使用聚类分析是按照内在的相似度将同被引的关键技术专利划分成不同类别。这样就可以将不同时间段的关键技术专利划分为不同的关键技术子领域，为后续在多维尺度分析中准确把握关键技术的分类情况奠定基础。MDS 分析方法能将高维空间数据映射到低维空间（二维或三维）并保持数据之间的全局结构，通常是将对象之间的关系在一个二维平面上显示，关系密切的对象在二维平面上的距离较近，反之则较远，从而可以通过观测平面上对象点的分布情况，直观了解对象之间的关系[11]。本研究中利用 MDS 分析的结果，判断关键技术专利之间的亲疏关系和关键技术专利群的分类情况。

研究中聚类分析采用的软件是 SPSS（PASW Statistics 18），由于聚类分析是按对象间的相似性进行分类，因此首先将关键技术同被引矩阵转换为相似矩阵，研究采用 Pearson 相关性，得到 Pearson 相关系数矩阵。其次，采用层次聚类（hierarchical clustering analysis），聚类方法采用"组间联接"，将平均距离最小的两类合并成一类，度量标准选用"区间—平方 Euclidean 距离"。多维尺度分析选择 Ucinet 软件中的 NetDraw 绘制关键技术专利同被引可视化图谱。

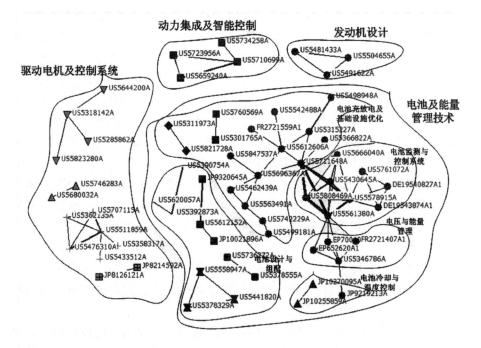

图2　1993-1998年纯电动汽车关键技术专利多维尺度分析

3.3.1　1993-1998年纯电动汽车产业关键技术挖掘与分析

按照数据筛选规则和同被引频次阈值的设定，最终获得的1993-1998年间同被引矩阵的维度为64，即最后进行聚类和多维尺度分析的矩阵维度为64*64的对称矩阵，一共包含关键技术专利64件。根据MDS分析的结果（见图2），结合层次聚类树状图和领域相关知识，将1993-1998年纯电动汽车产业关键技术划分为四大类。

从图中可以看出，1993-1998年纯电动汽车产业关键技术子领域分别为电池及能量管理技术、驱动电机及控制系统、动力集成与智能控制、发动机设计。

电池及能量管理技术是占有关键技术专利最多的一类，包含了64件关键技术专利中的43件，平均被引68次，且集中度较高。主要涉及以下方面：①电池监测与控制系统（US5808469、US5666040、US5430645、US5561380、DE19540827、DE19543874等），包括电池监测与控制、故障监测、自动测试、老化监测、电量监测等；②电压与能量存储管理（EP652620、FR2721407、EP700109等）；③电池充放电及基础设施优化（US5711648、US5696367、

US5462439、US5563491、FR2721559、US5315227等）；④电池冷却与温度控制（JP10270095、JP10255859、JP9219213）；⑤电池设计与组配（US5378555、US5736272、JP10021896、US5612152、JP9320645等）。这些技术通过对纯电动汽车电池及其能量管理与控制，提高电池能量的利用效率。

驱动电机及控制系统共包含14件关键技术专利，平均被引70.8次。主要涉及刹车和牵引控制系统（US5358317、US5511859、US5433512、US5362135等），驱动电机（JP8214592、JP8126121）和电推进与驱动控制系统（US5746283、US5680032、US5823280、US5318142等）。

动力集成与智能控制技术共包含4件关键技术专利（US5723956A、US5659240A、US5710699A、US5734258A），平均被引113次。主要包括双向升降压转换、超级电容能量传输等技术的设计与改进，提高纯电动汽车的整体使用效率。

发动机设计共包含3件关键技术专利（US5481433A、US5504655A、US5491622A），平均被引57次，主要包括发动机散热、发动机能量分布与转换等技术。

从分析结果可以看出，1993－1998年纯电动汽车产业关键技术群中，电池及能量管理技术占据了较大部分，在这一时期研发相对比较热。其次是驱动电机及控制系统，也拥有14件关键技术专利，是当时研发的热门技术之一。动力集成与智能控制技术、发动机设计分别有4件和3件专利，其技术主要表现在提高整车使用效率。

3.3.2 1999－2004年纯电动汽车产业关键技术挖掘与分析

受数据筛选规则和同被引频次阈值的限制，1999－2004年间最终获得的同被引矩阵的维度为56，即最后进行聚类和多维尺度分析的矩阵维度为56 * 56的对称矩阵，一共包含56件关键技术专利。多维尺度分析的结果见图3，结合层次聚类图和领域相关知识，将1999－2004年纯电动汽车产业关键技术划分为四大类。

从图中可以看出，1999－2004年纯电动汽车产业关键技术子领域分别为电池及能量管理技术、整车设计与控制技术、电力发生集成与控制技术、驱动电机及电机控制技术。

与1993－1998年相似，电池及能量管理技术仍然占据了重要位置，这一关键技术子领域中拥有了这一时期56件关键技术专利中的31件，平均被引37.26，但这一时期的集中度较前一时期低。从图中可以看出，这一时段的电池及能量管理技术又可分为：①电池制造技术（JP2004071305、US6372383、

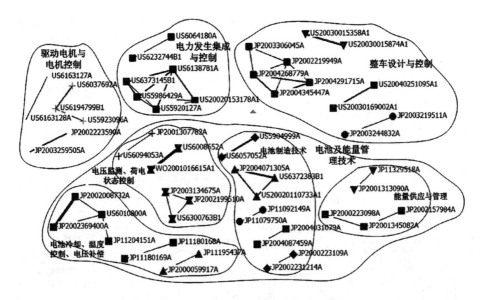

图 3 1999 - 2004 年纯电动汽车关键技术专利多维尺度分析

US20020110733 等）；② 电压监测、荷电状态控制（JP2003134675、
JP2002199510、US6300763 等）；③ 电池冷却、温度控制、电压补偿
（JP2002008732、JP2002369400、US6010800、JP11204151 等）；④能量供应与
管理（JP2000223098、JP2002157984、JP2001345082 等）。

与前一时期不同的是，整车设计与控制技术在这期间得到较快发展，相
关专利在 56 件关键技术专利中达 11 件，平均被引 32 次，包括电力设备车载
结构（JP2004345447）、整车部件配置（P2004291715、JP2004268779、
JP2002219949、JP2003306045）等。

驱动电机与电机控制技术共包含 7 件关键技术专利，平均被引 37 次。包
括电动汽车控制系统（US5923096），高功率低转速直流电机（US6194799、
US6037692），电机控制（JP2003259505、JP2002223590、US6163127、
US6163128）。

电力发生集成控制技术共包含 7 件关键技术专利，平均被引 52 次。包括
电力产生系统（US6138781、US5920127、US6373145 等），电池状态控制
（US6232744、US6064180）等关键技术。

从以上分析可以发现，1999 - 2004 年纯电动汽车产业关键技术领域仍然
以电池及管理技术为主，但总体比例有所下降，且集中度较前一时期低。除
了对传统技术进行改进外，本阶段在电池的电极材料（如 Ni - MH 电池、锂

电池)、能量供应等方面出现了一些新的研发趋势。另外，整车设计与控制技术在这一阶段发展迅速，其关键技术专利量占据近20%，受到广泛关注。

3.3.3　2005 - 2010年纯电动汽车产业关键技术挖掘与分析

受数据筛选规则和同被引频次阈值的限制，2005 - 2010年之间最终获得的同被引矩阵的维度为49，即最后进行聚类和多维尺度分析的矩阵维度为49＊49的对称矩阵，一共包含49件关键技术专利。多维尺度分析的结果见图4。

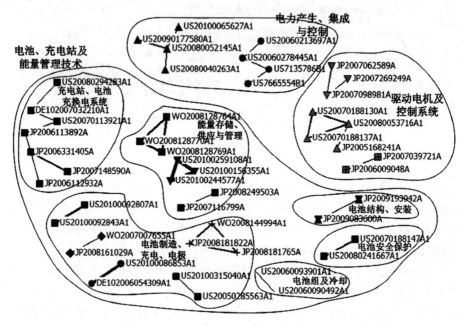

图4　2005 - 2010年纯电动汽车关键技术专利多维尺度分析

由于专利公开年限较短，2005 - 2010年之间纯电动汽车产业关键技术专利的被引频次相对前两个时期的关键技术专利明显降低，生成的关键技术专利同被引矩阵的数据相对稀疏，其相关矩阵的相关系数也偏小，导致进行MDS分析结果的对象点较前两个时间段分散，尤其相比第一个时间段更加明显。但从图4的分析结果来看，结合层次聚类树状图和对入围专利的研究，仍然可以将2005 - 2010年纯电动汽车产业关键技术划分为三大类，分别为电池、充电站及能量管理技术，驱动电机及控制技术，电力产生、集成与控制技术。

与前两个时间段相似，电池、充电站技术能量管理术又可以分为6个不

248

同的小类，分别对应着电池及能量管理技术在这一时期的主要研发方向。与前两个时期相比，能量存储、供应和能量管理技术（WO2008128764、WO2008128770、WO2008128769 等）的研发相对突出，并且出现无线能量传输技术（US20100259108A1、US20100156355A1、US20100244577A1）等新的研发态势，而电池状态监测在这一时期较为薄弱，在 MDS 图中没有表现出来。另外，充电站电池充换电技术（US20080294283、DE102007032210、US20070113921、JP2006113892、JP2006331405、JP2007148590 等）和电池安全保护技术（US20070188147、US20080241667）是这一时期出现的新的研发趋势，尤其是充电站电池充换电技术拥有 7 件关键技术专利，且集中度较高。

第二类关键技术子领域——驱动电机及控制技术在这一时期共包含了 9 件关键技术专利，平均被引 23.6 次。主要包括用于电机转子的无向电磁钢板的制造技术（JP2007039721、JP2006009048），动力转换控制技术（JP2007062589、JP2007098981、JP2007269249），智能电力供应和换流技术（US20070188130、US20070188137、JP2005168241 等）。

第三类关键技术子领域——电力产生集成与控制技术共包含了 8 件关键技术专利，平均被引 31.4 次。主要包括风力发电可充电技术（US20060213697、US20060278445、US7135786、US7665554）和电力集成控制技术（US20100065627、US20090177580、US20080052145、US20080040263）。

从以上分析可知，本阶段电池及能量管理技术仍占据主要位置，但出现了充电站电池充换电、电池安全保护等新的发展趋势。驱动电机及控制技术、电力产生集成与控制技术较前一阶段关键专利技术占有量相差不大。而整车技术在这一阶段表现较弱，在 MDS 分析图中并未显示出来。

3.3.4 三阶段纯电动汽车产业关键技术分析

从 3 个阶段的分析结果来看，不同时间段纯电动汽车产业关键技术有所不同，但电池及能量管理技术在 3 个阶段均占据重要地位，只是其子技术领域研发侧重点有所不同，主要研发侧重点集中在电压监测与控制，电池设计与制造，能量存储、供应与管理，电池充放电及充电基础设施，电池冷却与温度控制等技术。

驱动电机及控制技术、电力产生集成与控制技术也是 3 个阶段研发的重点。从 1993－2010 年整个时间段来看，纯电动汽车产业关键技术主要集中在电池及能量管理技术、驱动电机及控制技术、电力产生集成与智能控制技术、整车设计和发动机设计等方面。发动机设计技术在第一个阶段 MDS 图上表现出来，而在第二阶段和第三阶段表现相对较弱，未在关键技术 MDS 图中显示。整车设计与控制技术在第二阶段表现较强，而在第一和第三阶段相对较弱。

需要说明的是，有关资料将驱动电机及控制技术、电力产生集成与控制技术归为一大类技术，即电力驱动与控制技术，本文在咨询相关领域专家和结合研究需要的基础上，将其分开，各自成为一类。

4　结　论

专利引文中蕴藏了丰富的技术传承与发展的信息，运用多元统计分析从专利引文中获取有价值的技术情报简单易行、可操作性强，便于信息分析人员从海量专利数据中挖掘到相关技术竞争情报，使得基于专利引文的产业关键技术挖掘在企业技术创新决策支持中发挥更好的作用。

本文基于专利引文分析中的同被引理论，将专利引文分析中的同被引分析与聚类分析及多维尺度分析等方法相结合，构建了基于专利引文的关键技术演进分析流程框架，包括数据准备、数据处理、产业关键技术挖掘与研究分析、结果应用 4 个环节。并且，以纯电动汽车产业专利技术为例进行实证研究，揭示了纯电动汽车产业在 1993 - 1998 年、1999 - 2004 年和 2005 - 2010 年 3 个时间段内关键技术领域、不同阶段关键技术领域的变化情况及变化趋势。

基于专利引文对产业关键技术进行挖掘，是一个不断改进、不断完善的动态过程。其局限性在所难免，主要体现在：①专利引文分析法是基于被引专利的高被引频次进行选取的，选取的技术往往是较早出现的技术。因此难以挖掘当前新出现的产业关键技术，这也是专利文献本身的局限性所决定的。②对于某些不适合申请专利的领域关键技术，专利引文分析法显得无能为力。③对于某些跨领域的关键技术，专利引文分析法的选取效果和可靠性还有待进一步提高。

由此可见，从专利引文分析的视角进行产业关键技术挖掘，通常适用于申请专利的技术领域。在具体实践过程中，为了达到理想的选择效果，应根据具体的资源和约束条件，采用结合专家权重的定性与定量相结合的方法，弥补单一的定性或定量方法的不足，这在关键技术挖掘和分析过程中，对寻求技术领域的新突破具有重大的实践意义和理论价值。

参考文献：

[1]　栾春娟. 全球电动汽车产业专利计量分析 [J]. 技术与创新管理，2011，32 (2)：250

114 – 116.

[2]　蒋海龙，魏瑞斌．国内电动汽车专利计量分析［J］．现代情报，2013，33（3）：168 – 172.

[3]　刘云，周友富，安菁，等．基于专利共引的电动汽车核心技术领域分析［J］．情报学报，2013，32（3）：328 – 336.

[4]　陈燕，黄迎燕，方建国，等．专利信息采集与分析［M］．北京：清华大学出版社，2006：21.

[5]　孙涛涛，金碧辉．关键技术挖掘与企业技术竞争情报——以 DVD 激光头技术为例［J］．图书情报工作，2008，52（5）：129 – 132.

[6]　Narin F，Noma E，Perry R．Patents as indicators of corporate technological strength［J］．Research Policy，1987，16（2 – 4）：143 – 155.

[7]　Julia F．Valuing patents：Assessing the merit of patent citation analysis［D］．Virginia：University of Virginia，2003.

[8]　Wang Jianmei，Jin Xuehui，Meng Hong．Application and best practice of competitive technical intelligence［C］//Proceedings of International Conference on Technological Innovation and Competitive Technical Intelligence ' 2010．Beijing：Peking University Press，2012：82 – 93.

[9]　知识产权与科技：Thomson Innovation［OL］．［2014 – 02 – 20］．http：//www.thomsonscientific.com.cn/productsservices/thomsoninnovation/.

[10]　薛薇．SPSS 统计分析方法及应用［M］．2 版．北京：电子工业出版社，2010.

[11]　吕一博，康宇航．基于可视化的专利布局研究及其应用［J］．情报学报，2010，29（2）：300 – 304.

作者简介：

王健美，北京市科学技术情报研究所、北京市科学技术研究院竞争情报与创新评估重点实验室助理研究员，硕士，hwjm2008@ sina. com；

刘志芳，北京市科学技术情报研究所、北京市科学技术研究院竞争情报与创新评估重点实验室助理研究员，硕士；

戴爱兵，北京市科学技术情报研究所网络工程师。

专利引文三种关键技术挖掘
方法比较分析

——以全息摄影技术为例

1 引 言

专利制度是技术创新的源泉，专利文献则是技术创新的记录，世界上90%以上的发明能在专利文献中检索到并且大部分技术信息只出现在专利文献当中，因此专利文献成为最最重要的技术竞争情报源，利用专利文献挖掘领域中的关键技术及其发展趋势可以帮助技术创新企业确定研发重点和研发方向，缩短研发时间并节省研究费用，而了解关键技术被哪些竞争对手掌握也是技术创新企业制定技术竞争策略的必要前提，因此基于专利分析的关键技术挖掘是技术竞争情报的主要内容。面对日益频繁的专利活动和迅速增长的海量专利数据，需要找到合理的指标和有效的方法来衡量专利的重要程度并以此为依据进行关键技术的识别和筛选。

目前确定关键技术的主要方法是通过专利引文分析进行高被引专利识别：高被引专利在全部专利中所占比例很小，近70%的专利从未被引用或仅被引用1–2次，F. Narin 等的研究表明只有不到 10% 的专利被引超过 6 次[1]，A. B. Jaffe 等人的研究也证明专利技术的重要程度与其被引次数呈正相关[2]，因此专利被引次数是技术重要程度的主要指标。但在实际应用中，高被引专利受时间累积效应的影响，越早出现的专利有越多的被引年度，从而更可能得到更多引用，在不进行引用年限修正的情况下识别出的专利技术通常出现在领域发展历史的早期，不太能够反映近期技术发展趋势或挖掘最新关键技术。在这样的认识上，本研究拟将基于专利引文网络的关键路径（CPM – Critical Path Method）方法和岛群方法（Island）应用到关键技术的挖掘中来：按照技术发展的轨道理论，复杂的专利引文网络中存在着一条或几条主要的技术路径，它们能够概括该领域的主要发展，位于主要技术路径上的专利其被引频次不一定最高，但的确能给未来的技术创新开辟道路，关键路径识别算法能够找出这样的主要技术发展路径，而岛群方法能在此基础上将重要的

252

技术主题和技术旁支识别出来。在实际应用中，国外学者 V. Batagelj 等人对 1999 年前美国专利引文网络进行了关键路径分析，用岛群方法识别出 1999 年前美国三大技术领域：液晶显示、泡沫生产材料、光纤领域[3]；N. Kejžar 等检索并收集了 *Journal of Classification* 期刊的所有引文信息，分别利用 CPM 方法和 Island 方法识别了该期刊的核心作者和重要研究领域[4]；M. Epicoco 则同时用 CPM 方法和 Island 方法研究微型半导体技术领域的知识范式和行业带头组织、地区[5]，以上研究均取得了较好的效果。国内学者韩毅等人针对期刊论文引文网络做过类似研究，他们识别出"引文网络"这一学术领域的主路径和核心主题岛[6]，但将 CPM 方法和 Island 方法同时运用于专利引文网络进行关键技术和技术主题挖掘的研究在国内还比较少。本研究将通过全息摄影这一技术领域的实证研究对高被引方法、CPM 方法和 Island 方法进行关键技术挖掘的优缺点对比，并探讨将这三种方法相结合进行关键技术挖掘的可行性。

2 理论与方法

2.1 关键技术与专利引文网络

关键技术是指在某一技术领域中处于关键地位、对技术发展具有突出贡献、对其他技术具有重大影响或者本身具有重要经济价值的技术，在企业中关键技术是能给企业产品带来升级换代或具有巨大市场潜力的全新产品的根植技术[7]。

专利引文网络是专利之间通过引用与被引用关系形成的复杂网络，专利是网络节点，引用关系是节点间的连线，专利引文网络中的节点在时间上反映了知识在原有基础上的产生过程、早期技术被逐步改进以及孕育新技术的过程，从整个网络的角度考虑专利节点在整体结构形成过程中的地位和作用，有助于挖掘在技术发展过程中起到承上启下作用或者决定技术发展方向的关键技术。

2.2 基于专利引文网络的关键技术挖掘方法

高被引专利方法、关键路径方法和岛群方法都以专利引文数据为基础，高被引方法主要是统计专利节点的被引频次，关键路径方法和岛群方法则需要通过算法对复杂的专利引文网络进行简化。

关键路径方法从技术积累的角度出发，考虑技术发展完整时间段内的技术演进过程，利用算法得到时间线上对后续技术产生重要影响的专利节点，这些专利组合成技术发展路径的脊柱。2003 年，V. Batagelj 在 G. Dosi 技术演化路径理论[8]基础上创建了搜索路径计数（Search Path Count，简称SPC）算法并进一步提出了基于专利引文网络的CPM算法[3]：先利用SPC算法计算出专利引文网络中所有弧的遍历权重值，得到新的有权值的专利引文网络，在此基础上计算新的有权专利引文网络中源点（只被后续专利引用过而没有引用其他专利的专利节点）到终点（只引用过其他专利而没有被其他专利引用过的专利节点）各连线的"带权路径和"，"带权路径和"最大的路径即为关键路径[9]。M. Epicoco指出，CPM比主路径更能体现技术知识的积累，与主路径偏重于技术在时间线上的演化进程相比，CPM计算了所有的技术知识积累，选择了最早和最近年代范围内对技术发展最为重要的技术集合形成一条骨干[5]。

岛群方法计算的是非重叠顶点与其子集的遍历权重和，与CPM方法一样，也是先利用SPC算法计算所有弧的遍历权重值，再根据权值分类网络结点[10-11]。岛群能够标识技术领域的主要集群，从而绘制以重要技术为核心的专利引用关系岛。V. Bategelj等证明了每个岛拥有相近的主题[3]，在技术领域中表现为某一专业技术，岛越大说明某一技术发展越多、越集中、重要性越高。岛群方法适于挖掘内部连通性优于外部联通性的网络中的簇，尤其能识别数据中变化大的部分和近期潜在的重要技术[12]。这类潜在的重要技术在引用网络中因为距离观察点时间较近，不能通过引用次数直接识别，岛群方法通过计算其内部联系来识别这些潜在的重要簇。

表1总结了三种方法的逻辑基点、算法原理和处理方式，并在此基础上归纳了这三种方法在关键技术挖掘中的作用和存在的主要问题。笔者将以IPC分类中的G03H大类为例开展实证研究，利用关键路径方法、岛群方法和高被引专利方法挖掘全息摄影技术领域的关键技术，并对结果进行对比。

表1 专利引文三种关键技术挖掘方法的对比

挖掘方法	高被引专利方法	关键路径方法	岛群方法
逻辑基点	专利的被引用次数与其重要性程度呈正相关关系	技术领域演化是由历史发展过程起关键作用的连接点决定的	相似的技术被引用，聚集在一起形成集群，规模大小与重要性程度呈正相关关系
算法原理	统计被引频次	从源点到终点的遍历权重和	非重叠顶点与其子集的遍历权重和

挖掘方法	高被引专利方法	关键路径方法	岛群方法
处理方式	自上而下的海量数据降维处理	自下而上的少量数据渐次扩展	自下而上的少量数据渐次扩展
作用	识别重要专利	识别技术演进路径的脊柱（骨干）	聚合技术子群，预测近期重要技术
主要问题	难以确定高被引阈值，阈值确定缺乏标准；不能反映近期技术趋势；无法反映演化全局	受技术终点影响，大的技术旁支会被剪掉	难以确定阈值；无法反映演化过程

3 实证研究

3.1 技术领域选择与数据获取

为了研究特定领域的技术发展情况，本研究以 IPC 类中专指性比较强、技术比较集中的类目 G03H——全息摄影的工艺过程或设备（以下简称"全息摄影技术"）为例。全息摄影是利用波的相干特性产生干涉图形的原理，记录被摄物体发出光波的振幅和相位的全部信息的一种成像技术[13]。1949 年 D. Gabor 提出全息照相概念，而 1960 年激光器的问世给全息摄影带来很好的相干光源，更开启了全息摄影技术研究和发展的新纪元。另外，它和多个学科交叉融合，形成全息显示、全息干涉记录、全息显微、全息储存、全息模压、数字全息等子领域，它们在防伪技术、军事信息化建设、医疗、商业以及文物保护展览等领域都有广泛应用[14]。

在美国专利授权库中利用 IPC 分类号 G03H 检索 1976 年到 2012 年 12 月 31 日的所有授权专利，利用自编软件抓取各专利的专利引文数据并进行清洗。数据清洗后，共搜集到来源专利 2 745 条，专利引文 25 709 对。

3.2 全息摄影领域关键技术挖掘

3.2.1 基于技术演化的关键路径方法（CPM）

CPM 方法运用了比较复杂的数学公式和运筹学原理，其算法已经集成到社会网络分析软件 Pajek 中，利用 Pajek 工具对全息摄影技术领域专利引文网络进行处理和计算，并加入时间信息，得到全息摄影技术的关键演化路径（见图 1）。分析专利节点信息，得到关键演化路径所代表的关键技术，见表 2。

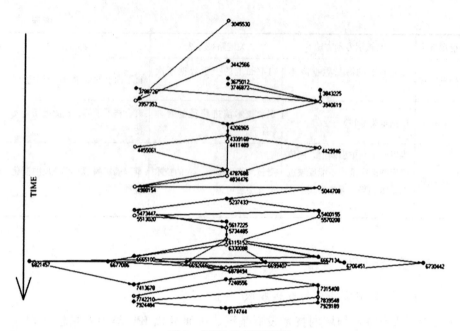

图 1 C03H 的 CPM 路径

表 2 全息摄影技术的关键演化路径

时间段（年）	关键技术	对应专利号
1962 – 1980	实验阶段	3045530、 3442566、 3675012、 3746872、 3788726、 3843225、3940619、3957353
1980 – 1987	复用全息图的复用方法和装置	4206965、4339168、4411489、4429946、4455061
1987 – 1995	全息干涉、凹凸全息技术	4787688、 4834476、 4988154、 5044708、 5237433、5400155
1995 – 1999	立体、大屏幕全息	5473447、5513020、5570208、5617225、5734485
1999 – 2003	三维立体显示技术	6115152、6330088、6665100
2003 – 2007	快速记录技术	6667134、 6677086、 6692666、 6699407、 6706451、 6730442、6821457、6878494、7248556
2007 – 2012	视频全息技术	7315408、 7413678、 7742210、 7839548、 7924484、 7929189、8174744

注：新技术的产生时间与旧技术的消退时间可能发生在相同年份，因此表中的时间段为开区间。

从表 2 可以看出，全息摄影技术的关键演化路径共有 43 个专利节点，包括复用全息图的复用方法、全息干涉、凹凸全息技术，立体大屏幕全息，三维立体显示技术，快速记录技术，视频全息技术等多个阶段，每个技术阶段包含若干关键技术：在 1962 年到 1980 年间，全息摄影技术进入实验阶段，对后来技术影响最为关键的是专利 3045530、3442566、3675012、3746872、3788726、3843225、3940619、3957353，以上专利主要与彩色全息、全息记录、三维全息技术以及全息显示有关，对应的专利权人有休斯飞机公司、美国海军部、飞利浦公司、爱荷华州立大学研究基金会和利兰斯坦福大学信托董事会等。1980 年 M. G. Stephen 发明了带状复用全息图的合成系统（专利 4206965、4411489），此项技术引领全息摄影技术走向第二阶段——复用全息图的复用方法和装置。M. G. Stephen 首次尝试将全息摄影技术运用于防伪标志的制造，并被大量企业运用于其商标中，随后的专利 4339168、4429946、4455061 分别表示三种不同的复用全息图元件和装置，分别来自 Eidetic 影像公司和美国明尼苏达大学。1987 年后，柯达公司和麻省理工学院发明的利用全息干涉和凹凸全息技术制造全息摄影装置使全息摄影进入了第三阶段，在此期间，数字化技术的快速发展使得全息摄影朝数字化方向发展，专利 5237433、5400155 是利用计算机处理或生成全息图像的方法，是一种数字全息技术。1995 年到 1999 年是全息摄影技术进入立体、大屏幕全息设备和方法研究的阶段，富士通公司有三项关于立体显示的技术出现在关键路径中。1999 年到 2003 年则主要是三维立体显示技术发展阶段，Zebra Imaging 公司发明的真彩色、大视场、数字化的全息图（专利 6330088、6665100），大大推动了三维显示全息技术的发展。2003 年 Science Applications International Corporation 发明了一种新的光聚合材料，这种材料允许单步、快速的记录全息摄影的属性，此后，该公司接连申请了 7 项相关专利，开启了全息技术的快速记录时代。2007 年，Research Investment Network 公司发明了一个主存储移动设备，可以通过衍射方法快速重复地记录信息。因此，2003 年到 2007 年是全息显示用于快速记录技术的发展阶段。2007 年到 2012 年是视频全息技术发展阶段。其中，Seereal Technologies GmbH 公司关于视频全息技术的发明至关重要，有 6 个专利都在关键路径中，主要用于高清视频显示以及重建或重构视频全息图设备。

3.2.2 基于技术主题的岛群方法

根据岛群方法计算全息摄影技术领域专利引文数据的岛群集。通过不断调整阈值，最后选择阈值为（2，50），表示岛中每个结点的连线数至少大于

2，小于50。此算法共聚出351个簇，其中最大的三个岛群如图2所示：

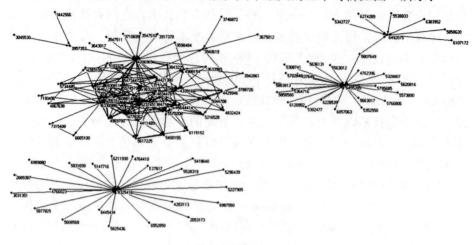

图2　全息摄影技术领域岛群

对图2进行主题分析，最大岛群包括52个专利节点，这52个节点完全涵盖了CPM路径上的节点，但由于呈现方式的问题，最大岛群的网络结构比较复杂，区分度较低，不利于进行关键技术的选择及分析。其他两个岛群结构简单清晰，形成了以专利8325416为主的显示装置技术集群和以专利5807649、6455205、6492075为主的相移、修剪掩膜技术集群，这两个子技术领域集中度较高。可推测全息摄影的工艺或设备领域中，激光显示研究始终是一种趋势，相移、修剪掩膜技术是全息摄影设备制造中应用较多的技术。

3.2.3　基于被引频次的高被引专利方法

在高被引专利分析中，高被引阈值选取是一个难题，为了便于对比，笔者在将专利按被引频次排序后，选取与CPM路径专利节点数相同的专利数作为高被引专利，这时的截取频次为25，共44个被引频次大于等于25次的专利被选为研究对象，见表3。本文中的被引频次指专利被本领域内的专利所引用的总次数，这样可以排除其他领域专利引用的干扰。

表3　全息摄影技术领域高被引专利

专利号	被引次数	年份	专利号	被引次数	年份	专利号	被引次数	年份
4856857	72	1989	4411489	34	1983	5339305	28	1994
4778262	59	1988	4758296	33	1988	5874187	28	1999

专利号	被引次数	年份	专利号	被引次数	年份	专利号	被引次数	年份
4206965	52	1980	4857425	33	1989	4959283	27	1990
4834476	49	1989	4728377	32	1988	5083850	27	1992
4969700	46	1990	4908285	32	1990	5119214	27	1992
5138471	46	1992	5182180	32	1993	5191449	27	1993
5194971	45	1993	6482551	32	2002	4339168	26	1982
5719691	44	1998	4364627	31	1982	5759721	26	1998
5237433	42	1993	5128779	31	1992	4416540	25	1983
4942102	40	1990	5734485	30	1998	4832445	25	1989
6103454	37	2000	4498740	29	1985	4964684	25	1990
4568141	36	1986	5440669	29	1995	5272550	25	1993
5145212	36	1992	5499118	29	1996	5777760	25	1998
5291317	36	1994	6330088	29	2001	5942157	25	1999
4421380	35	1983	4933120	28	1990			

从专利授权年代来看，表 2 中的高被引专利分布的授权时间区间为 (1980，2002)，其中 20 世纪 80 年代授权的专利为 15 个，20 世纪 90 年代授权的专利为 26 个，2000 年以后授权的专利只有 3 个；结合高被引专利的内容信息，发现高被引专利反映的关键技术主要是数字全息、实时全息、复用全息、全息介质、全息图的制作方法等，从时间和内容上都可以看出高被引专利反映的是较早的关键技术。

3.3 关键路径方法、岛群方法和高被引专利方法的对比分析

对比表 2 和表 3，同时出现在高被引专利和 CPM 中的节点共 7 个，占 CPM 专利数量的 15.9%，共同专利在 CPM 路径中大部分出现在中心路径中，即出现在 CPM 中树干部分，这些节点在 Pajek 中用 SPC 遍历权重算法计算出来的节点权重也相对较高，说明高被引专利不仅本身的重要性较高，而且部分高被引专利在技术发展过程中也起到了承上启下的作用，但高被引专利不能反映技术发展的全局。反观 CPM 上专利节点的被引频次，最高被引 52 次，最低被引 0 次（终点），被引次数较低的 CPM 专利节点都是比较新的技术，

如 7742210、8174744 等用于高清视频显示以及重构视频全息图设备等。从技术内容来看，CPM 得到的关键技术比高被引得到的更为详细和系统，增加了三维立体显示技术、快速记录技术和视频全息技术。如果要在高被引专利集合中包含全部的 CPM 节点，以 CPM 的平均被引次数作为阈值，那么高被引频次的阈值必须降为 11 次，这样一来，高被引集合的专利数量将上升到 219 个。

将 CPM 和岛群方法进行对比，可以看出：从时间上看，岛群得到的关键技术授权时间较晚，年代较新，更能代表近期关键技术；从技术内容看，岛群除了将 CPM 上的关键节点以集群方式显示以外，还寻找到了被关键路径忽略的技术范式所带来的关键技术集群。CPM 得到的关键路径是基于时间线的技术累积和演化，是一条完整的技术骨干，在 CPM 算法剪掉技术领域中的旁枝末节时，可能会忽略掉某些重要的技术子领域，它们虽然不在技术骨干上，却是由某个技术骨干延伸出来代表这个领域的新兴技术，岛群方法部分弥补了 CPM 方法的这一局限。

4　结　论

笔者运用基于专利引文分析的关键路径方法、岛群方法和高被引分析方法对全息摄影技术领域进行了关键技术挖掘的实证研究，通过对比可以看出三种关键技术挖掘方法虽然由于逻辑基点的差异和算法原理的不同导致了在处理方式上的差别，但在进行关键技术识别过程中可以相互补充共同进行。

高被引方法能够识别部分最关键的技术，但时间滞后且不能反映技术演化全局，所以在实际分析过程中，那些出现在 CPM 关键路径上的高被引专利及其专利权人应该获得技术情报人员更多的关注，在高被引阈值的选取上，可以考虑将 CPM 路径上较新专利节点的年代和被引频次作为参考。高被引方法能识别出孤立的专利技术，CPM 方法和岛群方法则可以识别出技术子群，其中 CPM 得到的是技术发展的基本骨干，反映的是技术累积性高的那些技术主题和关键技术，而岛群方法得到的是具有一定集中度和专指度的技术子群，它们可能是历史上曾出现过但没有得到充分重视的研究热点，也可能是近期出现将引领学科发展的新的突变结果，因此 CPM 方法和岛群方法具有互补性，结合起来应用可以展现较为完整的技术主题。总的看来，CPM 方法弥补了高被引专利分析方法的局限，岛群方法则可以补充 CPM 方法，所以将三种方法同时运用到关键技术的挖掘中并将结果进行对比和整合，可以从点到面、从过去到未来地展示某一技术领域的全面镜像，帮助技术情报人员更全面准确地挖掘关键技术，明确技术主题并在此基础上对专利权人的技术实力、技术策略等进行更为全面的对比与分析。

参考文献：

[1]   Narin F, David O. Technology indicators based on patents and patent citations ［C］//
       Handbook of Quantitative Studies of Science and Technology. North Holland：Elsevier Pub-
       lishers, 1988：465 – 507.

[2]   Jaffe A B, Trajtenberg M. Patents, citations, and innovations：A window on the knowl-
       edge economy ［M］. Cambridge：The MIT Press, 2005.

[3]   Batagelj V. Efficient algorithms for citation network analysis ［EB/OL］. ［2003 – 09 –
       14］. http：//arxiv, org/abs/cs/0309023.

[4]   Kejžar N, Černe S K, Batagelj V. Network analysis of works on clustering and classifica-
       tion from Web of science ［C］//Classification as a Tool for Research：Proceedings of the
       9th Annual Meeting of the Classification Society. Dresden：Springer, 2010：525 – 536.

[5]   Epicoco M. Knowledge patterns and sources of leadership：Mapping the semiconductor min-
       iaturization trajectory ［J］. Research Policy, 2013, 1（42）：185 – 190.

[6]   韩毅, 周畅, 刘佳. 以主路径为种子文献的领域演化脉络及凝聚子群识别 ［J］. 图
       书情报工作, 2013, 57（3）：22 – 26.

[7]   孙涛涛, 金碧辉. 关键技术挖掘与企业技术竞争情报——以 DVD 激光头技术为例
       ［J］. 图书情报工作, 2008, 52（5）：129 – 132.

[8]   Dosi G. Sources procedures and microeconomics of innovation ［J］. Journal of Economic
       Literature, 1988, 26（3）：1127 – 1128.

[9]   李学光, 张树仁, 苗立琴. 关键路径法（CPM）在制造业中的应用 ［J］. 机械设计
       与研究, 2007, 23（6）：86 – 88.

[10]   Wouter De N, Mrvar A, Batagelj V. Exploratory social network analysis with Pajek ［M］
       . New York：Cambridge University Press, 2005.

[11]   Brandes U, Willhalm T. Visualization of bibliographic networks with a reshaped landscape
       metaphor ［C］//Proceedings of the Symposium on Data Visualisation 2002. Switzerland：
       ACM Press, 2002：159 – 164.

[12]   Mina A, Ramlogan R, Tampubolon G, et al. Mapping evolutionary trajectories：Applica-
       tions to the growth and transformation of medical knowledge ［J］. Research Policy,
       2007, 36（5）：789 – 806.

[13]   王国志. 全息摄影技术及其应用的一些新发展 ［J］. 高速摄影与光子学, 1984
       （2）：2 – 8.

[14]   崔璐, 杨君顺. 浅析全息影像技术及其应用 ［J］. 美与时代, 2009（9）：115
       – 117.

作者简介：

　　黎欢，南京农业大学信息科技学院硕士研究生；

　　彭爱东，南京农业大学信息科技学院副教授，通讯作者，E-mail：pengad @ njau. edu. cn。

评 价 篇

国内外专利产业化潜力
评价指标研究[*]

1 引言

专利产业化是通过专利技术的一定规模生产经营活动获取一定规模经济价值的过程[1]。它以技术研究成果为起点，以市场为终点，经过技术开发、产品开发、生产能力开发和市场开发 4 个不同特征阶段，使知识形态的科研成果转化为物质财富，其最终目的是使技术产品打入国内外市场，获得高经济效益[2]。多年来，国内外机构和学者从宏观、中观、微观层面不断探索对专利产业化的评价，构建了一些指标体系，但较多研究仅停留在理论阶段，指标数据不可获取，因此缺乏可操作性；在对国内专利进行评价时，仅简单地引入国外的一些评价指标，未考虑国内申请人撰写和申请专利的特点，也未对指标体系是否适用国内专利的评价进行验证，构建的评价指标缺乏可信度。

本文在对国内外专利产业化评价指标进行系统调研和梳理的基础上，遴选出具可操作性且对专利价值评价具备重要影响因素的指标。当前这些指标能否用于专利产业化潜力的评价，特别是国内专利的评价尚具争议性，因此本文利用计量的方法对指标是否适用于国外、国内专利的产业化潜力评价进行验证，针对中国专利的特点，分析与国外专利在产业化潜力评价指标上的异同点。

2 专利产业化潜力评价指标国内外现状调研

2.1 国外研究进展

美国 Pantros IP 公司出版的专利因子指标报告（Patent Factor Index Report）[1]主要从法律、商业和技术 3 个层面对单件专利的价值进行全面的评估。

＊ 本文系中国科学院文献情报中心青年人才领域前沿项目"基于专利组合的专利产业化潜力评价指标研究"（项目编号：Y4C0111001）研究成果之一。

其中法律层面的指标包括新颖性、创新的范围、是否能抵御无效等几个方面；商业层面的指标包括专利被引数量、许可实施的可能性、申请人的竞争地位等；技术层面的指标包括技术的先进程度、技术的复杂程度等。欧盟未来技术联合研究中心[4]开发了一个用于评估新技术市场潜力的软件（IPTS-TIM），其最主要的两个模块分别为技术及市场评估模块和经济及财务评估模块。技术及市场评估模块主要依据技术发展水平、市场潜力、创新潜力和社会与经济战略重要性4个评价准则进行评估，而经济及财务评估模块则主要分析技术商业化和技术转移可能带来的经济前景。这两个指标体系设置较全面，但多数指标如技术的先进程度、技术的复杂程度等均为定性度量，不易评判，可操作性较欠缺。

国外一些学者也积极开展专利产业化评价指标相关研究。D. Harhoff 等[5]对如何通过公开的数据评估专利的价值进行了比较全面的分析，利用一套指标建立专利价值模型估计专利价值。Li Yung-Ta 等[6]基于专利文献确定特定产业的专利技术重点及其变化，采用的指标包括技术重点生产力（productivity of technology focus）、技术重点的质量（quality of technology focus）和某产业专利技术重点的综合指数（integrated measurement）。这些指标体系能够有效评价特定产业的专利技术重点，指标可操作性强，但在是实证中仅考虑了美国专利，其他国家专利数据的可获取性和有效性待验证。

2.2 国内研究进展

国家知识产权局专利产业化推进问题研究子课题组[7]对中国专利产业化现状、中介服务体系、推进产业化的政策体系进行了详细的分析，同时从专利技术价值、专利市场价值、经济效益3个角度构建了定性与定量相结合的专利产业化评价体系，但未对指标的有效性进行验证。

江苏省科技情报研究所唐宝莲等[8]从技术性能、经济效益、社会效益、市场因素、产业化开发和生产能力等几个方面考虑，构建了一套发明专利产业化筛选评价指标体系。上海理工大学管理学院马慧民等[9]通过专家咨询构建了专利技术产业化筛选评价指标体系。以上两个评价体系较全面，考虑了多方面的因素，但大多仅涉及概念层面，可量化的专利指标有限，可操作性不强。

韩金柱[10]为了发现专利在技术发展过程中的价值分布及其决定因素，从系统角度探讨技术生命周期各个阶段专利潜在价值，采用了向后专利引用、非专利引用、合作数量以及专利族大小作为分析专利价值的变量，该指标体系涉及较多引用相关指标，难以应用于国内专利的评价。

266

叶春明等[11]运用多元性回归分析法，从众多影响因素中筛选出与专利技术产业化水平存在线性关系的解释变量，即技术适用性、技术受知识保护程度、投资回收期、内部收益率、投资利润率、国内外市场需求份额、市场进入障碍、有关法律法规对此市场的影响、对自然和生态环境的影响程度、对社会和经济发展的促进作用等因素，构建评价技术产业化水平的多元线性回归模型，该指标体系更多从技术本身的角度进行评估。

2.3 研究现状总结

总体来看，大多数指标体系仅仅是提出了概念，对于解决实际问题，可操作性上有所欠缺。某些专利产业化潜力评价方法需专家参与打分和评价，存在较大的主观性。某些研究缺乏针对性，一套指标体系不能解决宏观、中观、微观产业化测度等所有问题。

本文在对国内外专利产业化评价指标进行系统调研和梳理的基础上，针对调研中发现的问题，拟遴选出一系列专利产业化潜力评价指标，并通过计量方法对这些指标进行效力验证，从而对这些指标进一步筛选，便于专利产业化潜力评价。

3 专利产业化潜力评价指标遴选

专利产业化影响因素众多，有时产业化潜力是由市场因素决定的，而不单纯由技术本身决定。因此，本文在前人研究的基础上，主要基于专利的内生价值，从考察专利本身的可转化潜力的角度遴选相关指标，如表1所示：

表1 国内外专利产业化潜力评价指标遴选

维度	评价指标	国内专利替代指标
技术	相对被引次数	是否中介代理
	非专利参考文献数量	专利类型
	IPC分类号个数（前4位）	
法律	权利要求数量	
	独立权利要求字数	
	专利年龄	
市场	专利族大小	
	授权后第8年是否维持	授权后第5年是否维持

3.1 从技术潜力角度遴选

从专利特点来看，一件高质量、具可转化前景的专利必须在技术上具有一定的先进性和影响力。

（1）相对被引次数：一般认为，一项专利的被引次数越多，表明该专利对后续发明创造的影响越大，专利蕴含的知识越多，因而具有越高的价值。然而专利被引次数受时间因素的影响较大，通常时间越久，专利被引次数越高。为了消除时间、技术领域等各种因素的影响，B. H. Hall 等[12]提出了相对被引次数的指标。

（2）非专利参考文献数量：用一项专利引用的非专利参考文献数量来评估某专利技术创新和科学研究的关系，非专利参考文献数量越大，表明该专利与科学研究的关系越紧密，技术上越具有先进性。

（3）IPC 分类号个数：用一项专利的 IPC 分类号个数表征专利所涉及的技术领域范围，IPC 分类号个数越多，表明涉及的技术领域范围越广。J. Lerner[13]指出专利范畴越广的专利越有价值，因为在同一产品分类中有更多可能的替代品。

中国专利由于缺乏引证数据，因此用是否中介代理、专利类型分别代替相对被引次数、非专利参考文献数量指标。从专利申请文件撰写水平的角度考虑，由于代理机构的专业性，可能委托中介代理的专利质量更高。中国专利类型包括发明、实用新型和外观设计，由于实用新型和外观设计不经过实质审查，因此通常认为发明具有更高的技术含量。

3.2 从法律价值角度遴选

主要从法律层面考察一项专利技术的稳定性和保护范围。

（1）权利要求数量：权利要求的数量越多，表明对技术的保护越全面，权利越稳定，保护范围也越大。从另一个角度分析，各国都对权利要求超过一定项数的专利收取额外的费用，因此，权利要求数量越多，表明权利人认为该技术越重要。

（2）独立权利要求字数：从专利的保护范围来看，独立权利要求的技术特征越少，专利的保护范围越大，而独立权利要求字数越少，可能意味着技术特征更少。J. Barney[14]研究发现权利要求数量越多，权利要求越短，详细说明越长，专利价值越高。

（3）专利年龄：一般来说，只有专利权人认为对其有价值的专利才会缴纳年费，继续维持专利的有效性，因此专利年龄越大，价值越高。

3.3 从市场潜力角度遴选

（1）专利族大小：用于表征专利保护的地域范围。专利族越大，专利保护的地域范围越宽，价值越大，也表明权利人认为该技术的市场潜力越大。

（2）授权后第8年是否维持：美国通常每4年缴纳一次年费，万小丽[15]研究表明授权后第8年是否维持更能准确区分美国专利质量。而中国专利的年费是每年缴纳，使用授权后第5年是否维持，更能准确区分中国专利质量。

4 专利产业化潜力评价指标效力验证

4.1 验证方法

因国内专利与国外专利在专利保护的环境、申请专利的目的、专利撰写水平等方面存在差异，分别选取国内专利样本和国外专利样本，对遴选的专利产业化潜力评价指标进行验证，得出可用于评价国内和国外专利的评价指标，并比较二者之间的异同。针对国内专利样本和国外专利样本分别设立实验组和对照组，其中实验组采用已发生转移或许可的专利，因为这类专利是实践证明更具产业化前景的。在此将专利流氓（patent troll，也称为 NPE（non-practicing entities，非执业实体），指那些本身不进行专利产品制造，而以获得专利侵权赔偿金或和解费为商业模式的专业公司或团体）收购的专利作为国外实验组，将国内转移许可的专利作为国内实验组；对照组则由国内和国外分别随机选取的专利组成。若实验组和对照组评价指标值存在显著性差异，则说明这些指标可用于评价专利产业化潜力。

专利产业化潜力评价指标的验证方法为：首先用均值差异检验法对实验组和对照组个别指标的效力进行初步验证，从中筛选出效力较高的指标，然后采用独立样本T检验的方法，发现实验组和对照组之间具有显著差异性的指标，最终确定有效的评价指标，判断依据为若实验组和对照组在某指标的数值上存在显著性差异，则证明该指标可用于判断专利产业化潜力。

在样本数据的选择上，M. Hirschey 和 V. J. Richardson[16]认为专利引证指数（citation index）、引用非专利文献数量（non-patent references）和技术循环周期（technology cycle time）等专利评价指标均具有产业依附性，针对不同的技术领域差异很大。而对国内转移许可专利进行分析也同样发现，不同领域的转移许可率差别很大。因此，分析时必须分领域进行，且在同一个技术领域遴选样本数据。

4.2 数据来源

慕尼黑工业大学 T. Fischer 等[17]研究发现，专利流氓收购的专利具有更高

269

的价值和产业化前景，国外样本实验组数据源于专利流氓收购的专利。数据来收集方法为：从专利流氓提出诉讼的美国专利中排除其中专利流氓自身申请的专利，筛选出专利流氓收购的专利，其中技术领域限定在通信方面（美国专利分类号为379电话通信和455电信）。对照组则随机选取来自同一技术领域的美国授权专利，并从中排除发生过转让和诉讼的数据。

国内样本实验组数据随机选择技术性较强的芯片微冷却领域，将已发生转移或许可的专利作为实验组，将未发生转移或许可的专利作为对照组。另外，由于国内申请人在专利撰写、专利申请与维持的选择方面与国外申请人有较大不同，因此，本次国内专利样本数据仅选择国内申请人相关专利作为研究对象。

其中，国外样本实验组为104件专利，对照组为297件专利；国内样本实验组为46件专利，对照组为487件专利。满足独立样本T检验对样本数量的要求，结果具备可信度。

4.3 专利流氓购买专利数据分析

利用SPSS 17.0软件对数据进行处理。首先采用均值差异检验法初步验证指标的效力。如表2所示，专利族大小、相对被引次数、非专利参考文献数量、IPC分类号个数、权利要求数量平均值差异较大，尤其是相对被引次数、非专利参考文献数量平均值差异非常显著。这5个指标均呈现出实验组大于对照组的态势，初步表明可以区分专利产业化潜力，而且与专利产业化潜力正相关。而独立权利要求数量、专利年龄、授权后第8年是否维持则平均值差异较小。

进一步采用独立样本T检验以获得更准确的验证结果。如表3所示，专利族大小、相对被引次数、非专利参考文献数量、IPC分类号个数、权利要求数量、授权后第8年是否维持这6个指标，方差齐性假设检验Sig均小于0.05，表明不满足方差齐性，因此选择"假设方差不相等"条件下的检验结果，Sig（双侧）值均小于0.05，表明实验组、对照组在这6个指标下存在显著性差异，专利族大小、相对被引次数、非专利参考文献数量、IPC分类号个数、权利要求数量、授权后第8年可用于评价国外专利的产业化潜力；独立权利要求字数、专利年龄这两个指标的方差齐性假设检验Sig为0.247、0.886，均大于0.05，表明满足方差齐性，因此选择"假设方差相等"条件下的检验结果，其中独立权利要求字数的Sig（双侧）未达到0.05的显著性水平，说明实验组、对照组在独立权利要求字数上不存在显著差异；专利年龄的Sig（双侧）为0，达到0.05的显著性水平，说明实验组、对照组在专利年龄上存在显著差异。

表2　专利流氓购买专利实验组、对照组指标数据描述性统计

指标	分组	N	均值	标准差	均值的标准误
专利族大小	实验组	104	7.80	9.560	.937
	对照组	279	4.32	7.691	.460
相对被引次数	实验组	104	9.40	17.439	1.710
	对照组	279	1.22	2.540	.152
非专利参考文献数量	实验组	104	22.93	76.869	7.538
	对照组	279	2.42	11.650	.697
IPC 分类号个数	实验组	104	2.29	1.377	.135
	对照组	279	1.68	.990	.059
权利要求数量	实验组	104	29.98	19.984	1.960
	对照组	279	18.73	13.494	.808
独立权利要求字数	实验组	104	162.16	63.995	6.275
	对照组	279	149.97	71.841	4.301
专利年龄	实验组	104	13.89	4.744	.465
	对照组	279	11.39	4.569	.274
授权后第8年是否维持	实验组	104	2.69	.504	.049
	对照组	279	2.20	.738	.044

表3　专利流氓购买专利指标数据独立样本 T 检验结果

指标		方差方程的 Levene 检验		均值方程的 t 检验					差分的95%置信区间	
		F	Sig.	t	df	Sig.（双侧）	均值差值	标准误差值	下限	上限
专利族大小	假设方差相等	12.352	.000	3.680	381	.000	3.483	.946	1.622	5.344
	假设方差不相等			3.335	155.342	.001	3.483	1.044	1.420	5.546
相对被引次数	假设方差相等	92.157	.000	7.645	381	.000	8.189	1.071	6.083	10.295
	假设方差不相等			4.770	104.633	.000	8.189	1.717	4.785	11.593

指标		方差方程的 Levene 检验		均值方程的 t 检验						
		F	Sig.	t	df	Sig.（双侧）	均值差值	标准误差值	差分的95%置信区间	
									下限	上限
非专利参考文献数量	假设方差相等	52.956	.000	4.335	381	.000	20.513	4.732	11.209	29.818
	假设方差不相等			2.710	104.768	.008	20.513	7.570	5.503	35.523
IPC 分类号个数	假设方差相等	9.097	.003	4.771	381	.000	.607	.127	.357	.858
	假设方差不相等			4.119	144.540	.000	.607	.147	.316	.899
权利要求数量	假设方差相等	27.915	.000	6.308	381	.000	11.246	1.783	7.740	14.752
	假设方差不相等			5.306	139.494	.000	11.246	2.120	7.055	15.437
独立权利要求字数	假设方差相等	1.347	.247	1.521	381	.129	12.196	8.020	-3.574	27.965
	假设方差不相等			1.603	205.685	.110	12.196	7.608	-2.803	27.195
专利年龄	假设方差相等	.021	.886	4.720	381	.000	2.504	.530	1.461	3.547
	假设方差不相等			4.639	178.650	.000	2.504	.540	1.439	3.568
授权后第8年是否维持	假设方差相等	21.729	.000	6.223	381	.000	.488	.078	.334	.642
	假设方差不相等			7.363	269.627	.000	.488	.066	.358	.618

4.4 国内转移许可专利数据分析

对国内样本处理结果表4 – 表5所示。是否中介代理、专利类型、IPC 分类号个数、权利要求数量、独立权利要求字数、专利年龄、专利族大小、授权后第8年是否维持8个指标的平均值差异均较小。

使用相同的方法分析可知专利类型、专利族大小、授权后第5年是否维持在实验组、对照组样本中存在显著性差异。但从均值差异来看，专利家族的实验组平均值小于对照组，与"专利家族越大，市场潜力越大"的假设不符，因此尚不能确定专利家族能否用于评价国内专利的产业化潜力；是否中介代理、IPC 分类号个数、权利要求数量、独立权利要求字数、专利年龄则不存在显著性差异。

表 4　国内转移许可专利实验组、对照组指标
数据描述性统计

指标	分组	N	均值	标准差	均值的标准误
专利类型	实验组	46	1.46	.504	.074
	对照组	487	1.67	.471	.021
是否中介代理	实验组	46	1.83	.383	.057
	对照组	487	1.73	.443	.020
IPC 分类号个数	实验组	46	1.83	1.102	.162
	对照组	487	1.74	1.033	.047
权利要求数量	实验组	39	7.41	5.739	.919
	对照组	401	7.48	4.905	.245
独立权利要求字数	实验组	39	130.03	75.861	12.148
	对照组	401	139.76	107.114	5.349
专利年龄	实验组	46	5.91	2.771	.409
	对照组	487	5.68	3.247	.147
专利族大小	实验组	46	1.28	.502	.074
	对照组	487	1.55	1.037	.047
授权后第 5 年是否维持	实验组	46	2.26	.612	.090
	对照组	487	1.91	.670	.030

表 5　国内转移许可专利指标数据独立样本 T 检验结果

指标		方差方程的 Levene 检验		均值方程的 t 检验					差分的 95% 置信区间	
		F	Sig.	t	df	Sig. (双侧)	均值差值	标准误差值	下限	上限
专利类型	假设方差相等	5.150	.024	−2.913	531	.004	−.213	.073	−.356	−.069
	假设方差不相等			−2.755	52.707	.008	−.213	.077	−.368	−.058
是否中介代理	假设方差相等	10.271	.001	1.377	531	.169	.093	.068	−.040	.226
	假设方差不相等			1.551	56.982	.126	.093	.060	−.027	.213
IPC 分类号个数	假设方差相等	.756	.385	.555	531	.579	.089	.160	−.226	.404
	假设方差不相等			.526	52.748	.601	.089	.169	−.250	.428

指标		方差方程的 Levene 检验		均值方程的 t 检验						
		F	Sig.	t	df	Sig.（双侧）	均值差值	标准误差值	差分的95%置信区间	
									下限	上限
权利要求数量	假设方差相等	.039	.844	−.079	438	.937	−.066	.836	−1.709	1.576
	假设方差不相等			−.069	43.570	.945	−.066	.951	−1.983	1.851
独立权利要求字数	假设方差相等	.478	.490	−.554	438	.580	−9.735	17.574	−44.275	24.805
	假设方差不相等			−.733	53.972	.466	−9.735	13.273	−36.346	16.876
专利年龄	假设方差相等	1.777	.183	.471	531	.638	.233	.495	−.739	1.206
	假设方差不相等			.537	57.336	.593	.233	.434	−.636	1.103
专利族大小	假设方差相等	6.544	.011	−1.758	531	.079	−.272	.155	−.576	.032
	假设方差不相等			−3.102	87.304	.003	−.272	.088	−.446	−.098
授权后第5年是否维持	假设方差相等	.065	.798	3.423	531	.001	.351	.103	.150	.553
	假设方差不相等			3.688	55.682	.001	.351	.095	.160	.542

5 结论

通过专利流氓购买专利和国内转移许可专利对指标体系进行验证，结果可知：国内外专利产业化潜力评价指标存在较大差异。

专利流氓购买专利实验组和对照组在相对被引次数、非专利参考文献数量、IPC 分类号个数、权利要求数量、专利族大小、专利年龄、授权后第 8 年是否维持这些指标上均具有显著性差异。也就是说，这些指标可用于评价国外专利的产业化潜力，指标数值越大，代表产业化潜力越大。而国内转移许可专利实验组和对照组仅在专利类型、授权后第 5 年是否维持这两个指标上具有显著性差异，IPC 分类号个数、权利要求数量等大部分指标都不能用于国内专利的产业化潜力评价。因此，不能简单地将国外常见的评价指标移植到国内专利产业化潜力评价上。

产生这些差异的原因可能有以下两个方面：

（1）与国内申请人申请专利的特点有关。国外申请人面对重要技术，为获得全方位的保护，会撰写上百项权利要求；国内申请人或代理人，由于水平和经验不足，或不想花费过多的权利要求附加费，权利要求项数通常很少，因此很难从权利要求数量去区分专利产业化潜力。

（2）与国内申请人缺乏全球专利布局意识相关。国内申请人通常仅在国内进行专利保护，国外布局的比例非常少，因此，无法利用专利家族区分专利产业化潜力。

本文根据当前国内外对专利产业化潜力的研究，结合专利内生特点，遴选了一系列专利产业化潜力评价指标，并通过实证研究确定了一部分可用于评价国外专利产业化潜力的指标，包括相对被引次数、非专利参考文献数量、IPC 分类号个数、权利要求数量、专利族大小、专利年龄、授权后第 8 年是否维持。由于国内外专利在保护环境、申请专利目的、专利撰写等方面存在一定的差距，从实证研究情况看，仅有少数指标可用于评价国内专利产业化潜力。随着中国专利环境的不断改善以及专利撰写水平的不断提高，预计这些指标也能逐步应用于评价国内专利潜力。

参考文献：

［1］ 黄洪波，宋河发，曲婉．专利产业化及其评价指标体系与测度方法研究［J］．科技进步与对策，2011，28（15）：110－114.

［2］ 冯昌扬．国内外技术研究文献综述：2003－2012 年［J］．知识管理论坛，2013，64（3）：52－63.

［3］ Pantros IP. Patent Factor Index Report［EB/OL］．［2013－10－10］. http：// ip. com/ip-analytics/patent-factor-index-report/.

［4］ Sohn So Young, Moon Tae Hee. Structural equation model for predicting techno logy commercialization success index（TCSI）［J］. Technological Forecasting and Social Change, 2003, 70（9）：885－899.

［5］ Harhoff D, Scherer F M, Vopel K. Citations, family size, opposition and the value of patent rights［J］. Research Policy, 2003, 32（8）：1343－1363.

［6］ Li Yung-Ta, Huang Mu-Hsuan, Chen Dar-Zen. Positioning and shifting of technology focus for integrated device manufacturers by patent perspectives［J］. Technological Forecasting & Social Change 2014, 81：363－375.

［7］ 专利产业化推进问题研究子课题组．专利产业化推进问题研究［EB/OL］．［2013－10－10］. http：//www. sipo. gov. cn/ztzl/ywzt/qgzlsyfzzltjgz/reserchps/201311/t20131113_ 879458. html.

［8］ 唐宝莲，潘卫．发明专利产业化筛选评价指标体系研究［J］．情报杂志，2003（1）：27－30.

［9］ 马慧民，张爽，叶春明．专利技术产业化筛选评估指标体系研究［J］．中国科技论坛，2005（5）：65－68.

［10］ 韩金柱．专利价值在技术生命周期中的分布及其决定因素分析［D］．哈尔滨：哈

尔滨工业大学, 2008.

[11] 叶春明, 齐静. 基于多元线性回归模型的专利技术产业化评价研究 [J]. 科技管理研究, 2010 (21): 54 – 58.

[12] Hall B H, Jaffe A B, Trajtenberg M. The NBER patent citations data file: Lessons, insights and methodological tools [EB/OL]. [2013 – 10 – 10]. http://users. nber. org/ ~ edegan/w/images/0/03/Hall_ Jaffe_ Tratjenberg_ (2000) _ –_ The_ NBER_ Patent_ Citations_ Data_ File. pdf.

[13] Lerner J. The importance of patent scope: An empirical analysis [J]. RAND Journal ofEconomics, 1994, 25 (2): 319 –333.

[14] Barney J. Comparative patent quality analysis: A statistical approach for rating and valuing patents [EB/OL]. [2013 – 10 – 10]. www. patentratings. com.

[15] 万小丽. 专利质量指标研究 [D]. 武汉: 华中科技大学, 2009.

[16] Hirschey M, Richardson V J. Are scientific indicators of patent quality useful to investors? [J]. Journal of Empirical Finance, 2004, 11 (1): 91 – 107

[17] Fischer T, Henkel J. Patent trolls on markets for technology- An empirical analysis of NPEs' patent acquisitions [J]. Research Policy, 2012, 41 (9): 1519 – 1553.

作者贡献说明:

朱月仙: 选题、研究方法设计、指标遴选、数据统计与分析;

张娴: 参与选题、研究方法设计、指标遴选讨论;

李姝影: 参与现状调研、指标遴选讨论、数据统计;

许轶: 参与指标遴选讨论、数据统计;

许海云: 参与指标遴选讨论、数据统计。

作者简介:

朱月仙 (ORCID: 0000 – 0002 – 3854 – 1916), 副研究员, E-mail: zhuyx @ clas. ac. cn;

张娴, 副研究员, 博士研究生;

李姝影 (ORCID: 0000 – 0002 – 3070 – 3757), 博士研究生;

许轶 (ORCID: 0000 – 0001 – 7556 – 6875), 助理研究员;

许海云 (ORCID: 0000 – 0002 – 7453 – 3331), 副研究员。

基于专利的技术预测评价指标体系及其实证研究[*]

侯剑华　朱晓清

（大连大学人文学部科学技术与社会研究中心）

1 引　言

随着全球化进程的不断深入，技术的生命周期逐渐缩短，技术预测日显重要，近年来在国内外引起了广泛关注。技术预测分为两大类——探测性预测和规范性预测。探测性预测立足于现有技术，对未来技术发展做出预测；规范性预测是在探测性预测成立的前提下，研究实现这些技术的方式或方法[1]。目前技术预测更加偏重于德尔菲法等定性的预测，缺乏定量的数据分析[2]，这大大降低了技术预测的客观性和有效性。本研究立足于客观的专利数据，进行定量的探测性预测。技术预测不仅能为政府职能部门制定科技政策和发展战略，指导国家的研发活动并提供客观依据，也为产业升级和企业制定发展战略提供技术基础，促进社会各方面的合作和交流，最终形成充满活力的技术创新网络。

2 技术预测模型设计

专利作为技术信息最有效的载体，囊括了全球九成以上的最新技术情报，相比其他平台所提供的信息早 5－6 年，而且内容准确翔实，因此成为技术预测所依赖的核心指标。Chen Darzen 等[3]利用专利申请量与授权量的比率以及平均滞后期构建两个模型，对磁阻式随机存取记忆体和有机发光二极管进行了技术预测，结果显示其所构建的算法对技术预测显示出明显的优越性。T. H. Ramos 等[4]通过建立核心技术预测模型，利用社会网络图谱揭示技术节

* 本文系国家自然科学基金项目"战略性新兴能源技术辨识与产业发展对策研究"（项目编号：71103022）和辽宁省高校杰出青年学者成长计划项目"新能源领域新兴技术的专利计量与产业发展对策研究"（项目编号：WJQ2012030）研究成果之一。

点之间的关系，并通过纳米技术的专利数据进行实证研究。其后，S. H. Jun 又与 S. S. Park、D. S. Jang[5] 通过专利文献分析，利用矩阵映射和 KM－SVC 算法对技术空白领域进行定量且客观的预测，并用此方法比较了美国、欧洲、中国等的技术发展趋势以及相应的技术空白领域。C. Y. Lee 等[6] 提出利用随机专利引文分析的方法来评估技术未来影响力，其核心是一个帕累托/NBO（负二项分布）模型，用以考量专利动态特质的影响，并证明此方法适用于专利价值、技术预测和规划等各种研究领域。Y. H. Chen 等[7] 运用技术生命周期理论对燃料电池和氢能源技术进行预测分析，根据对 USPTO 的相关专利数据的分析，发现燃料电池整体处于技术成熟阶段，而制氢和储氢的技术尚未成熟。Lee S J 等[8] 利用专利数据绘制专利地图，重点关注专利地图中密度低但面积大的技术空白区，并对其进行有效性测试，以此作为识别新技术机会的依据。

近年来，通过专利信息对相关技术领域进行预测分析越来越成为技术预测研究的重要手段和方法。分析的视角和使用的指标等日益增加，有较大的针对性和有效性，然而大多数的研究都是通过单一指标进行分析，这就降低了技术预测分析的有效性和客观性。本研究综合运用多种专利指标和辅助技术手段，以专利指标评价为主体，构建多层次综合指标评价体系，从技术发展趋势、技术成熟度以及技术演化方向 3 个方面建立技术预测模型（如图 1 所示），并以 SOFC 为例进行实证研究以验证基于专利指标综合评价体系的技术预测模型的可行性。

确定技术领域所对应的专利检索式是进行技术预测分析的基础工作，其次对检索的专利数据进行分析处理，进而从技术发展趋势和技术成熟两个角度进行分析，若所预测技术进入衰退期，说明该技术已经趋于陈旧，对其进行技术预测已无较大意义，故不将其纳入本研究的技术预测范畴之内；若该技术处于生命周期的萌芽期，说明技术尚未成型，未来有巨大的发展空间和不确定性，不是技术预测的最佳时期，因此也不在本研究的技术预测范畴之内。当技术整体发展趋势良好且处于成长阶段或成熟阶段，表示在未来一段时间内拥有较大的发展潜力，并且现有技术信息足以支撑技术预测活动的开展。本研究将处于成长期或成熟期的技术项目纳入技术预测范畴，并提交下一阶段进行分析，即技术演化方向分析。技术演化方向分析主要是研究该技术领域核心（关键）技术的发展轨道和演化趋势，据此预测该技术的未来发展趋势和发展机会。

通过技术预测，捕获相应技术的发展水平、动态、发展趋势等情报，以发现技术空白区以及技术密集领域的技术发展机会点作为最终目标，为国家

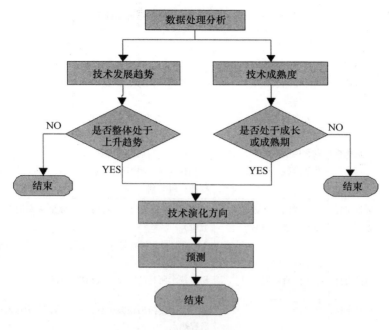

图1　基于专利指标的技术预测分析流程

或企业制定科学技术发展规划、专利战略、选定开发目标等提供参考。

3　基于专利的技术预测评价指标体系

在构建的技术预测模型基础上，设计技术预测的具体评价指标，包括技术发展趋势、成熟度和演化方向3个方面。本文设计了评价的一级指标和二级指标：一级指标采用的是最基础、也是使用最广泛的数量指标和质量指标；二级指标的选取主要以评价项目为基础，根据一级指标分类，考虑到数据获取的难易程度，二级指标还参考了DII和USPTO（美国专利商标局）等权威数据库所能提供的数据源。由于技术演化方向分析主要通过相关的社会网络分析软件（SNA）实现，所以指标以软件提供的专利网络指标为主，本文采用的是CiteSpace信息可视化软件。具体内容如表1所示：

表1 基于专利的技术预测评价指标体系

评价项目	评价指标		表征意义
	一级指标	二级指标	
技术发展趋势	数量指标	历年专利授权量	各技术领域国家、企业、个人每年获得授权的专利数量
		三方专利数量	在美国、欧洲和日本三方中任何两方以上都申请的专利数
	质量指标	专利他引率	专利他引率＝他引量/被引总量
		专利家族	专利权人在不同国家或地区申请公布的具有共同优先权的一组专利
技术成熟度	数量指标	技术成熟度系数 α 技术衰老系数 β	α＝发明专利数量/（发明专利数量＋实用新型专利数量） β＝（发明专利数量＋实用新型专利数量）/所有专利数量
		技术成长曲线	
	质量指标	技术生命周期	衡量技术所处的阶段以及相应的性能
技术演化方向	数量指标	高频词	某一时间段内出现频次高的关键词，多为该时间段的研究热点
		专利权人 IPC（MC）	呈现某一技术的时间和空间分布 技术研究热点
	质量指标	聚类分析	技术机会发现
		凝聚子群分析	技术群体及其内部联系
		结构洞分析	技术密集区与空白区
		网络位置分析	技术所处位置
		层次分析	技术体系中具体技术的重要性
		神经网络分析	技术发展规律

3.1 技术发展趋势分析

对于专利技术的发展趋势分析，数量评价指标主要通过历年专利授权数量和三方专利数量进行。其中，历年专利授权数量包括总体数量、主要国家和企业的授权数量，反映整个技术的时间和空间分布趋势。三方专利数量反映该专利属于高技术含量的专利，若数量在增加，则表明该技术领域依旧是企业或国家关注的重点[9]。质量评价指标主要包括专利他引率和专利家族。专利他引率代表某一技术被后来申请的专利所引用的次数，他引率越高说明此专利在该领域内占有的位置越重要，对后续的技术研究越具有较高的参考价值。若某项专利的他引率处于不断上升的趋势，则表明该技术正得到广泛的关注，并且会逐渐成为相关领域研究的热点问题。专利家族指专利权人在不同国家或地区申请公布的具有共同优先权的一组专利，专利家族成员数越多，说明企业越重视该专利，从而能反映出该企业在国际上的专利布局情况[10]。专利家族成员数不断增加，则意味着企业越重视该技术的发展，同时也从侧面反映出该技术在市场上处于扩张趋势，具有较大的发展潜力。通过以上 4 项指标的分析，可以初步判断某一技术是否处于技术发展的上升期。

3.2 技术成熟度分析

技术成熟度的分析主要依据技术成熟度系数 α、衰老系数 β、技术成长曲线和技术生命周期等进行衡量。在数量评价指标方面，技术成熟度系数 α 表示当年发明专利数量占发明专利和实用新型专利数量的比重，若 α 逐年递减，说明该技术正趋于成熟。技术衰老系数 β 表示当年发明专利和实用新型专利数量在所有专利中所占的比重，若 β 逐年递增，则表明该技术正日趋陈旧。在质量评价指标方面，根据技术成长曲线，在技术发展初期，性能改进速度相对缓慢；随着技术越来越易于理解、控制和扩散，技术改进速度加快；到成熟期，技术逐渐逼近物理极限，获得改进就需要更长的时间或更多的技术投入。技术的生命周期主要分为 4 个阶段，萌芽阶段专利数量较少，发展阶段数量激增，其中发明专利比例增大，成熟期专利数量增速减缓，实用新型比例增加，衰退期则专利出现负增长[11]。结合 4 个指标对技术的成熟度进行分析，可以探测技术是否处于成长阶段或成熟阶段。

3.3 技术演化方向分析

技术的演化方向主要通过专利共现网络指标进行分析，本研究使用 CiteSpace 信息可视化软件实现，评价指标以该软件提供的网络指标为主。在数量评价指标中，依据高频词、专利权人代码和 IPC（MC）代码可以初步确定该技术领域的研究热点、重点以及该技术在各个国家和地区以及企业的分布情况。质量评价指标主要通过软件对 IPC（MC）代码进行加工，结合聚类分析，便可以明确其重点技术的演化方向[12]。凝聚子群分析展现了技术体系内部的关系以及对应的专利权人的合作情况，如果技术网络存在凝聚子群，并且凝聚子群的密度较高，说明处于这个凝聚子群内部的这部分技术和机构之间联系紧密，在信息分享和科研合作方面交往频繁，而处于子群外部的成员则不能得到足够的信息和科研合作机会，边缘技术也容易被忽视。而结构洞分析则明确了该技术体系的密集区和空白区，二者结合有利于发现技术密集区新的发展机会以及如何弥补空白区。网络位置分析即核心 – 边缘位置分析法，主要是分析技术所处的位置，通过对核心和边缘技术的筛选，探求核心技术的改进方法以及边缘技术的发展战略。再配合层次分析，可以清晰地展现整个技术体系中各项技术发展所处的位置和重要性[13]。神经网络分析是一种具有高度并行计算能力、自学能力和容错能力的处理方法。其结构由一个输入层、若干个中间隐含层和一个输出层组成。神经网络分析法能够从未知模式的大量的复杂数据中发现技术演化过程的规律，从而为技术预测奠定基础。综合运用各项指标的分析结果，进行客观的技术预测，可以为技术演化方向提供科学有效的预测分析。

4　实证研究——以固体氧化物燃料电池为例

固体氧化物燃料电池（Solid Oxide Fuel Cell，简称 SOFC），以氧化物陶瓷膜为电解质，所以也称陶瓷膜燃料电池，是一种直接将化学能转化为电能的环境友好型发电装置。固体氧化物燃料电池的开发始于 20 世纪 40 年代，但是在 80 年代以后才得到蓬勃发展。被普遍认为是在未来会与质子交换膜燃料电池（PEMFC）一样得到广泛普及应用的一种燃料电池。目前，SOFC 主要应用于固定电站、车用辅助电源、社区供电等方面。本研究使用的数据源于德温特世界专利创新索引数据库（Derwent Innovation Index，简称 DII），检索时间段为 2003 – 2012 年。以德温特手工代码 X16 – C01A 检索共得 4 504 条数据，然后根据所需的专利指标对原始数据进行筛选、整理和标准化等处理。

4.1　SOFC 发展趋势分析

4.1.1　SOFC 历年专利分布图

整理出主要国家的 SOFC 历年专利分布情况，包括世界整体趋势以及在日本、美国、韩国、中国和德国 5 个主要国家的分布情况，如图 2 所示：

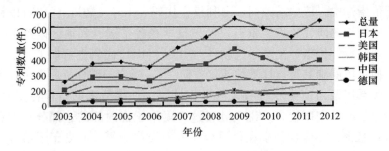

图 2　SOFC 历年专利分布

由图 2 可知，近 10 年来 SOFC 专利授权数量整体上呈上升趋势，且各国具体分布情况与总体发展趋势基本一致。2003 – 2005 年处于缓慢增加的状态，2006 年呈现出明显的增势，在 2009 年到达一个峰值，即 652 件专利，随即有

282

回落的迹象，但仍然保持了较高的发展水平。

在研究领域方面，根据国际专利分类号（International Patent Classification，简称IPC），整理出5国在固体氧化物燃料电池方面的主要研究方向（见表2）。整体来看，5国的研究侧重点大体一致，除中国是以研究固体电解质的燃料电池为主外，德、日、美、韩4国的技术重心都为高温工作的具有稳定性的电解质，这主要是因为SOFC在运作过程中产生的高温环境。此外，5国的专利数量差异较大。日本作为技术强国，专利高达2 815件，居世界首位。美国以总量1 555件紧随其后，但较之日本差距较大。近几年韩国电子产业迅猛发展，其规模效应也带动了相关技术的研发热潮，专利数量一直处于上升状态。中国燃料电池技术整体积累不足，但得力于国家对新兴技术产业发展的大力扶持，中国SOFC方面的专利有了较大提升，而"十二五"规划的出台无疑给固体氧化物燃料电池带来了新的发展契机。燃料电池行业在德国兴起较早，技术成熟且一直处于世界尖端位置，但是专利数量近年来整体处于下降趋势，专利技术布局重心倾向于海外。

表2　中德日美韩5国SOFC主要研究领域IPC对照

国别	主要IPC代码	IPC注释
中国	HO1M – 008/10	固体电解质的燃料电池
	HO1M – 008/02	零部件
	HO1M – 008/12	高温工作的具有稳定性的电解质
德国	HO1M – 008/12	高温工作的具有稳定性的电解质
	HO1M – 008/02	零部件
	HO1M – 008/04	辅助装置或方法
日本	HO1M – 008/12	高温工作的具有稳定性的电解质
	HO1M – 008/02	零部件
	HO1M – 008/04	辅助装置或方法
美国	HO1M – 008/12	高温工作的具有稳定性的电解质
	HO1M – 008/10	固体电解质的燃料电池
	HO1M – 008/02	零部件
韩国	HO1M – 008/12	高温工作的具有稳定性的电解质
	HO1M – 008/02	零部件
	HO1M – 008/04	辅助装置或方法

4.1.2 SOFC 主要竞争企业分布图

根据专利权人的数据分析，统计数量排在前 5 的所属机构如图 3 所示：

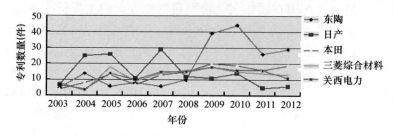

图 3　SOFC 主要竞争企业专利分布

　　SOFC 专利拥有量排名前 5 的企业分别是东陶公司、日产汽车公司、本田汽车公司、三菱综合材料和关西电力。5 家企业全部来自日本，可见日本企业在固体氧化物燃料电池技术发展方面的超强实力。本田、三菱和关西电力发展趋势整体一致，呈现出稳中有升的态势。东陶公司 2006 年设立了研究中心，2009 年又登陆欧洲市场，这些都为其在 2008 年后专利数量的突增奠定了基础。卡洛斯·戈恩在 2001 年出任日产汽车公司 CEO，进而实行了一系列改革，使日产一跃成为全球第四大汽车巨头，对于注重技术的日产来说，随之迅速增长的就是专利数量。受金融危机的影响，2008 年之后其专利数量不断下降。

　　从表 3 可知，SOFC 专利授权量排名前 20 位的机构中有 80% 来自日本，15% 是美国企业，韩国有一家企业上榜。技术水平一直处于世界前列的德国没有企业上榜，而日本企业几乎垄断了整个 SOFC 技术领域。纵观美国企业，近 3 年专利的比例均未超过全部专利的 50%，发展略显颓势，后起之秀韩国的浦项制铁公司在 SOFC 领域的专利始于 2006 年，近 3 年的专利比例也高达 80%，所以未来几年会有良好的发展势头。近几年注重发展 SOFC 技术的企业还有东陶公司、碍子株式会社和日本电报电话公司。2008 年，NTT 已成功研发出了高效且持久的 SOFC，能量效率达 54%，运行超过 1 000 小时，并计划在 2 - 5 年内研发出能运行上万小时的电池，而专利数据也表明了 NTT 这几年持续研究的成果。日本碍子株式会社在 2009 年成功研发出发电效率全球最高的（63%）SOFC，此款电池使用氢气燃料，工作温度 800℃，输出功率仅 700W，已在便利店、购物中心等商业设施及家庭用电方面得到广泛推广。

表3 SOFC主要研发机构专利信息

企业	国别	专利数量（件）	近三年专利所占比例（%）
东陶公司	日本	187	52.94
日产公司	日本	156	16.03
本田汽车公司	日本	134	41.04
三菱综合材料	日本	128	32.81
关西电力	日本	126	34.13
日本印刷	日本	125	31.20
丰田株式会社	日本	125	43.20
京瓷株式会社	日本	113	43.36
三菱重工业株式会社	日本	99	32.32
碍子株式会社	日本	95	68.42
东京煤气公司	日本	93	34.41
NGK SPARK PLUG	日本	92	46.74
BLOOM ENERGY	美国	85	36.47
日本电报电话公司	日本	83	56.63
德尔福技术有限公司	美国	73	27.40
日本石油公司	日本	70	38.57
日本触媒化学公司	日本	61	47.54
浦项制铁公司	韩国	58	81.03
通用电气	美国	54	5.56
日立制作所	日本	49	26.53

综上所述，SOFC 技术整体处于上升阶段，主要国家和核心竞争企业呈现良好发展势头，其中在排名前 20 的研发机构中有近 50%的机构近三年的专利数量占总数的 40%以上，表明 SOFC 技术具有巨大的发展潜力，未来仍是市场关注的热点。由此可得，SOFC 技术符合此预测模型研究范围。

4.2 SOFC 技术成熟度分析

根据全部专利数量和专利权人数量，按时间顺序统计绘制 SOFC 技术生命

周期图,如图 4 所示:

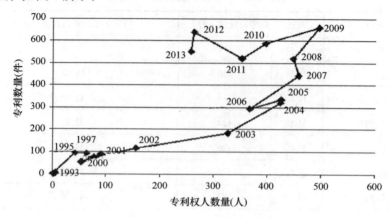

图 4　SOFC 技术生命周期

由于考量的是技术的生命周期,所以数据的时间范围是 1983 - 2013 年,另外,专利申请到授权有大约 18 个月的滞后期,所以 2013 年数据尚不完整,只供参考。

从图 4 可以看到,1995 年以前,曲线变化非常小,专利申请量和申请人数量一直在原点附近徘徊,没有明显变化,说明技术处于萌芽期。1995 年以后,专利申请量和申请人数量都有明显的增加,特别是从 2003 年开始,增长的趋势非常明显,整体来说是专利申请人数量的增速高于申请量的增速。但是从 2009 年后,专利申请量和专利申请人数量都有所减少,这并不意味着技术进入了衰退期。对应技术生命周期的 4 阶段,可看出 SOFC 在 2009 年前后进入了成熟期,之后几年的专利数量没有太大的变化,而专利申请人数量则骤降,所以技术进入成熟期后,核心技术会聚集到少数有实力的大企业,进而推进产业化的进程。因此,进入成熟期的 SOFC 技术符合此预测模型的研究范围,可以进行下一步的技术演进分析。

4.3　SOFC 技术演进分析

4.3.1　SOFC 专利的聚类分析图

为了更清晰地展现 SOFC 技术的演化过程,将利用 CiteSpace 软件对 SOFC 在 2003 - 2012 年的专利数据绘制可视化图谱(见图 5),在专利共现网络的基础上进行聚类分析,按照 TF * IDF 算法获取聚类标识词,整理前 10 个研究热点主题如表 4 所示:

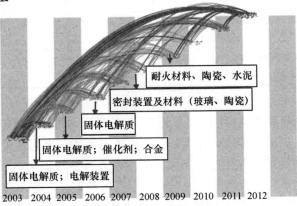

CiteSpace, v. 3.8.R1 (32-bit)
March 22, 2014 9:16:06 AM CST
C:\Users\Administrator\Desktop\1
Timespan: 2003-2012 (Slice Length=1)
Selection Criteria: Top 100 per slice
Network: N=304, E=742 (Density=0.0161)
Pruning: Pathfinder
Modularity Q=0.6103
Mean Silhouette=0.3224

耐火材料、陶瓷、水泥

密封装置及材料（玻璃、陶瓷）

固体电解质

固体电解质；催化剂；合金

固体电解质；电解装置

2003 2004 2005 2006 2007 2008 2009 2010 2011 2012

图 5　SOFC 领域的关键技术发展时间序列

表 4　SOFC 专利的 MC 代码聚类分析结果

聚类号	节点数	纯度	年份	主题标识 MC 代码（TF * IDF）	核心研究主题
0	39	0.748	2004	(20.37) x16 − c01a l03 − e04；(20.14) x16 − c01a l03 − e04a；(19.98) x16 − c01a l03 − e04a1；(19.59) x16 − c01a x16 − c；(19.58) x16 − c01a x16 − c01	燃料电池及其组成（固体电解质）
1	34	0.679	2005	(13.56) e34；(13.26) j04 − e；(12.62) j04 − e04；(11.7) e34 − e；(11.13) h04 − f	催化剂
2	33	0.695	2006	(22.48) x16 − c01a l03 − e04；(22.26) x16 − c01a l03 − e04a；(22.1) x16 − c01a l03 − e04a1；(21.71) x16 − c01a x16 − c；(21.69) x16 − c01a x16 − c01	燃料电池及其组成（固体电解质）
3	32	0.762	2005	(27.07) x16 − c01a l03 − e04；(26.84) x16 − c01a l03 − e04a；(26.68) x16 − c01a l03 − e04a1；(26.29) x16 − c01a x16 − c；(26.28) x16 − c01a x16 − c01	燃料电池及其组成（固体电解质）
4	28	0.657	2005	(20.37) x16 − c01a l03 − e04；(20.14) x16 − c01a l03 − e04a；(19.98) x16 − c01a l03 − e04a1；(19.59) x16 − c01a x16 − c；(19.58) x16 − c01a x16 − c01	燃料电池及其组成（固体电解质）
5	25	0.76	2008	(10.8) l01 − h09c；(10.76) l01 − h09a；(10.1) l01 − l04；(9.68) l04 − c20b；(9.15) x16 − f01a	密封装置及材料（玻璃、陶瓷）
6	25	0.654	2004	(11.42) v01 − b01；(11.16) x21 − a01f；(10.86) x12 − d01e；(10.53) s03 − e03c；(9.87) l03 − a02c	电解装置

287

聚类号	节点数	纯度	年份	主题标识 MC 代码（TF * IDF）	核心研究主题
7	22	0.643	2005	(9.76) l03 − h03a；(9.53) w01 − c01e；(9.53) w01 − c01d3c；(9.53) w01 − c01e5b；(9.45) a12 − m	数据存储单元以及电源供应
8	20	0.092	2009	(10.45) l02 − g；(10.02) l02 − a03；(9.87) l02 − g12；(9.5) l02 − j02b；(9.5) l02 − g12a	耐火材料、陶瓷、水泥
9	14	0.782	2005	(11.54) m27 − a04；(9.97) m27 − a；(9) m27 − b04；(8.36) m27 − a04c；(8.22) m27 − a04m	合金

从图 5 和表 4 可知 SOFC 近 10 年的研究侧重于固体电解质、催化剂和密封材料等方面。2004 年主要以研究固体电解质和电解装置为主；2005 年固体电解质则受到更广泛的关注和研究，成为当年的研究热点，同时合金材料和数据存储单元以及电源供应也引起了大家的关注；2006 年固体电解质的研究热潮依旧持续；直到 2008 年燃料电池材料这个新的研究主题出现，该领域主要聚焦于玻璃和陶瓷两种密封材料，其中日本陶瓷技术研究处于世界领先地位，早在 2005 年日本就启动了"先进陶瓷反应器"项目，研发 650℃ 或更低温度的陶瓷反应系统，用作辅助电源，2009 年延续了上一年的研究方向，但具体的主题是耐火材料、陶瓷、水泥，其中陶瓷复合材料备受关注，但是其属于脆性材料，所以有很大的改良空间。在国内，陶瓷缝合材料的研制备受"十二五"规划的重视，所以未来几年陶瓷复合材料会受到广泛的关注。

4.3.2　SOFC 关键技术分析

Sigma 指标是 CiteSpace 信息可视化软件中的一个综合度量指标，代表了网络中同时具备高中心度和高突现值的节点。这些点在网络中具有重要的战略位置，反映在专利计量中，突现值高说明该技术是某一段时间内的热点研究问题，中心度越高表示该专利技术的重要性越高，所以 Sigma 值越高，该专利技术越是研究者关注的焦点。计算公式：$Sigma = (Centrality + 1)^{burst}$，整理出 SOFC 专利共现网络中 Sigma 值前 10 位的专利信息，如表 5 所示：

表 5　SOFC 专利共现网络中高 Sigma 值专利信息列

序号	MC 代码	突现值	中心度	Sigma 值
1	x16 − j01c：无机电解质	41.26	0.16	467.56
2	l03 − e04：燃料电池（通用）	12.22	0.29	22.47
3	x16 − c09：控制	17.08	0.18	16.05

序号	MC 代码	突现值	中心度	Sigma 值
4	x16 - c18：外壳、堆、密封装置	16.35	0.14	8.46
5	NSMO：国家科技组织	17.42	0.1	4.9
6	x16 - e06a1：电极材料	8.85	0.16	3.69
7	a10 - e05b：化学改质和碳化	10.57	0.13	3.6
8	x16 - c17a1：制氢	9.55	0.13	3.22
9	l03 - e04a1：固体电解质	9.01	0.12	2.83
10	a12 - m01：丙烯酸聚合电解质	9.51	0.12	2.82

近 10 年来，SOFC 技术的研究主要集中在电解质、材料、装置等方面。其中 Sigma 值前 3 的依次是 x16 - j01c：无机电解质，l03 - e04：燃料电池（通用），x16 - c09：控制。其中 x16 - j01c 在 2003 年的突现值达到 41.26，Sigma 值高达 467.56 且中心度也较高，说明无机电解质在整个技术网络中占有重要位置，并且未来一段时间内仍是研究者关注的重点。

5 研究结论

专利已经成为技术发展最重要的信息源，专利承载的信息也是对技术进行预测分析的重要来源和基础。本文分别从技术发展趋势、技术成熟度以及技术演化方向 3 个方面构建技术预测模型和综合评价指标体系。通过对 SOFC 技术进行实证研究，验证了模型和评价指标体系的可行性和有效性，根据选用的指标对检索的专利数据进行分析，发现 SOFC 技术当前处于技术成熟阶段，未来技术研究重点主要是固体电解质和密封材料（玻璃、陶瓷为主）技术。由于实证研究中指标的选取问题，对于技术空白区的分析尚不到位，导致预测结果侧重于技术密集区域。此外，技术预测是一项复杂的系统分析，本研究主要是基于专利数据指标的层面进行的，客观性较强，然而影响技术预测的因素却十分复杂，如国家的政策导向、市场产品导向等因素尚未被纳入预测模型中，因此预测结果和实际情况会有一定的偏差，而减小这种误差，构建更为系统和有效的评价指标体系是未来研究的重点。

参考文献：

[1] 王瑞祥，穆荣平. 从技术预测到技术预见：理论与方法 [J]. 世界科学，2003

(4)：49 – 51.

[2] 赵莉晓. 基于专利分析的 RFID 技术预测和专利战略研究 ——从技术生命周期角度
[J]. 科学学与科学技术管理, 2012, 33 (11)：24 – 30.

[3] Chen Darzen, Lin Changpin, Mu Hsuan. Technology forecasting via published patent ap-
plications and patent grants [J]. Journal of Marine Science and Technology – Taiwan,
2012, 20 (4)：345 – 356.

[4] Ramos T H , Kim H K. Communications in Computer and Information Science [C] //In-
ternational Conference on Advanced Software Engineering and Its Applications/International
Conference on Disaster Recovery and Business Continuity. Jeju, South Korea, 2012：1 –
8.

[5] Jun S H, Park S S, Jang D S. Technology forecasting using matrix map and patent cluste-
ring [J]. Industrial Management & Data Systerms, 2012, 112 (5)：786 – 807.

[6] Lee C Y, Cho Y R, Seol H J. A stochastic patent citation analysis approach to assessing
future technological impacts [J]. Technological Forecasting and Social Change , 2012,
79 (1)：16 – 29.

[7] Chen Y H, Chen C Y, Lee S C. Technology forecasting and patent strategy of hydrogen en-
ergy and fuel cell technologies [J]. International Journal Hydrogen Energy , 2011, 36
(12)：6957 – 6969.

[8] Lee S J, Yoon B G, Park Y R. An approach to discovering new technology opportunities：
Keyword – based patent map approach [J]. Technovation, 2009, 29 (6)：481 – 497.

[9] 高继平, 丁堃. 专利计量指标研究述评 [J]. 情报研究, 2011, 55 (20)：40 – 43.

[10] 王凌燕, 方曙, 季培培. 利用专利文献识别新兴技术主题的技术框架研究 [J].
竞争情报, 2011, 55 (18)：74 – 78.

[11] 吴贵生, 王毅. 技术创新管理 [M]. 北京：清华大学出版社, 2009.

[12] 历研. 基于专利的技术发展趋势研究 [D]. 北京：北京工业大学, 2011.

[13] 王陆. 典型的社会网络分析软件工具及分析方法 [J]. 中国电化教育, 2009
(4)：95 – 100.

作者简介：

侯剑华, 大连大学人文学部科学技术与社会研究中心副教授, 管理学博
士, 硕士生导师, E-mail：houjianhua@ dlu. edu. cn；

朱晓清, 大连大学人文学部科学技术与社会研究中心、大连大学经济管
理学院本科生。

面向产业竞争力评价的专利
指标体系构建及应用[*]

区域产业竞争力的成长是技术创新绩效的一种表现形式。技术创新绩效主要体现于技术创新能力——专利的获取与保护[1]，因此可以通过专利来深化对产业竞争力的研究。而专利指标对于专利信息量化的衡量大有益处，在这方面，国内外学者大量的研究指出，专利指标可将专利概念性意义的信息转化成实质性意义的信息，并认为专利指标对于产业竞争力评价分析有相当大的帮助。

1 专利指标在产业竞争力评价中的功能

1.1 较客观、可靠、全面地反映竞争力

专利指标是基于专利文献分析出来的。专利文献的内容真实性、新颖性、统一规范及同时含技术、法律、经济信息等特点决定了专利指标能客观、可靠、全面地反映区域、机构等以技术创新为核心的产业竞争力[2]。王燕玲[3]指出专利可反映行业技术创新活动特征：技术扩散、研发方向、技术集中度等内容的技术创新活动信息；创新主体的发明人或专利权人信息；技术关联、技术扩散、评估专利价值等内容的专利引证信息；权利要求、优先权、公开（告）日期等内容的权利相关信息。龚关[4]认为专利信息中包含了评价产业技术创新能力所需的绝大部分信息，如技术创新投入能力、支持能力及产出能力均有专利信息与之相对应。Z. J. Acs 等[5]也证明，在衡量创新产出时，专利指标虽称不上完美，但却是相当可靠的，因为专利与创新活动一样，都随着R&D、科技人员等知识指标的变化而变化。因此，在研究创新活动和考察核心竞争力时，使用专利数据是合理的。

1.2 优化现有竞争力评价理论方法体系

目前发展出的产业竞争力理论方法体系主要包括：以比较优势理论、

　* 本文系福建省科技厅软科学项目"基于专利地图的稀土产业技术发展研究"（项目编号：2012R0095）和福建省科技厅软科学项目"闽台石化产业技术对接策略研究"（项目编号：2013R0034）研究成果之一。

竞争优势理论、企业资源与能力理论、动态能力理论及企业知识理论等为基础的定性分析理论；和运用层次分析、主成分分析、系统动力学分析、数据包络分析、灰色关联分析等，通过构建指标体系评价产业竞争力的计量分析理论方法。基于该理论体系的竞争力研究方法已被管理学界和图情界等学者广泛地应用于国内外众多产业的竞争力分析中。然而，通过对现有相关文献的研究，可以发现其相对偏向于宏观层次、经济角度（常基于经贸统计数据），存在分析粒度较大、实用性不强（如因数据统计口径差异，分析结果不可广泛移植）等特点。笔者认为，现时的竞争力评价分析应立足于客观、中微观层次、技术角度和分析粒度较细，且更需配合实用的研究方法，来提升区域产业竞争力评价分析的精确性和可用性。而专利信息是由各国家级知识产权机构统一、唯一发布的，具有审查严格、价值较高、可测度、易获取、配套有各种专业分析软件（TDA、TI、PIAS、Orbit、IPTECH 等）的特点，是克服以往在评价竞争力中存在过于主观和定性缺陷的较好的重要的补充方式。

2　产业竞争力评价相关研究

纵观国际产业竞争力评价研究的发展过程，无论是基于一般性指标还是基于专利指标，可以说都历经了评价理念从仅顾及竞争结果到深入考量竞争的内在要素，指标选择从单一到综合指标体系的演变[6]。

2.1　一般指标的研究视角

2.1.1　从竞争结果角度评价

以竞争结果评价竞争力往往从市场占有情况、赢利性、净出口能力等方面考量，常用的具体指标如产品市场份额、利润总额、资产利润率、产业增加值以及产业出口份额等。

2.1.2　从竞争力决定因素角度评价[6]

以决定因素评价竞争力已经从基于产业生产率、单位成本、技术创新能力、产业集中度等单一因素评价，发展到更为全面准确的多因素竞争力综合评价。

如颇具影响的瑞士洛桑国际管理发展学院（International Institute for Management Development，IMD）、世界经济论坛（World Economic Forum，WEF）和世界银行（World Bank Group，WBG）的国家竞争力数据库设计的指标体系，波特关于产业竞争力的钻石模型分析评价及定标比超法等都是多因素竞争力综合分析法的代表。

2.1.3　从竞争力内涵角度评价

产业竞争力是指区域内的产业在一定的经济体制和经济运行环境下，所表现出来的综合实力及其发展潜力强弱的程度，是包含了多方面内容的综合性概念，众多研究者都有自己不同的内涵理解，从而衍生出各异的评价指标体系。如陈红儿、陈刚[7]和张巍[8]认为对区域产业竞争力的评价，主要从产业投入、产出、技术水平及其进展、市场绩效、可持续发展等5个方面进行。郑刚、姜春林[9]根据产业竞争力的基本内涵，本文涵盖产业发展水平……可持续性等要素的评价指标体系，认为应从竞争实力、竞争潜力、竞争环境和竞争态势4个方面进行分析。仇方道、朱传耿[10]从产业发展中经济、社会、生态效益相统一的观点出发，构建了涵盖产业发展水平、增长能力、管理制度、技术竞争力、市场竞争力、可持续性等要素的评价指标体系。喻荣春、孙学君[11]设计的区域产业竞争力指标体系包括基础条件竞争力、竞争实力、竞争潜力、环境竞争力4个维度。

简言之，现有的指标构建更与时俱进，更趋于合理和完备：如从产业基础条件、投入、产出、市场表现等静态、显性的指标，延伸到产业竞争潜力、态势、环境等动态、隐性的指标，同时在奉行知识经济和循环经济的当下，产业技术、低碳环保的竞争表现也被纳入重点考察指标。

2.2　专利指标的研究视角

从专利指标角度看，已有的常规性产业竞争力评价体系，大部分将专利申请数量和专利拥有量作为评价产业产出以及技术创新能力或技术竞争力的指标之一。国际上相对完整、影响大、被奉为经典的基于专利指标的竞争力评价研究[12]有：①OECD（经济合作与发展组织）分别从国家、产业及企业层面建构了专利指标，如从关键技术、科学与技术关联度及技术自主性分析等方面对产业实力进行衡量。②CHI Research公司（后更名为ipIQ公司）提出的专利数目、成长率等8项专利指标，用于评估公司技术能力和专利价值。目前该公司的专利组合指标已更新为四大类6个指标：品质类，技术强度、产业影响力；数量类——专利数量；科学类——科学强度、研发强度；速度类——技术循环周期。③企业管理学界常用的Ernst专利指标，包括专利活动、技术占有率及研发重视程度等18个指标，主要以研发能力与产出衡量价值。

正如樊霞等学者[13]在其论文《专利数据测度在管理学领域的研究进展》中所指出的技术创新能力仍是当前我国专利数据测度研究最为核心的部分，而其评价指标体系发展尚不成熟，有待进一步加强。因此，其领域还有很大的研究空间。国内聚焦于竞争力评价的专利指标研究也尚处于不断探索和开拓的初期阶段。万小丽[14]从竞争力视角设置了专利质量指标并进行了效力分析。方曙[15]从专利数量、质量及价值3方面构建了企业技术创新能力评价指标体系。阮梅花等[2]从企业自主创新过程角度，用专利指标从创新方向、创新效率和创新效果3方面评价企业自主创新能力。龚关[4]在产业技术创新能力评价体系框架的基础上，构建基于专利的产业技术创新能力评价指标体系。

从现有研究可以看出：①首先单就专利指标而言，目前国际上还没有一个公认的、通行的、标准化的专利指标体系，各研究机构都是按照自己的一套标准来构建相关指标，因而形成了多种指标体系并存的格局。错综复杂的专利指标体系，造成了实践选择和应用的困境。②涉及实际应用中如何灵活设计、运用专利指标实现不同操作条件下的多样化分析和研究的相对比较欠缺，对专利情报工作的实践指导性不强。③区域产业竞争力评价研究与专利评价研究是相对独立的、割裂的。现有专利指标研究已较为成熟，但多是着眼于专利本身的评价，鲜少从产业竞争力评价的角度考虑指标的设置，而已有的基于专利指标的产业竞争力/创新能力评价中，只用了少量的、浅显的专利指标，缺乏对深层次专利指标价值的挖掘和应用，如樊霞等学者[13]通过共词分析法并利用聚类和战略坐标图，对我国管理学领域中专利信息指标进行分析，发现其主要体现在专利申请/授权数量、合作申请/授权数量、IPC分类、专利引用及专利剩余有效期等5个方面，其中专利申请/授权数量这些相对比较粗糙的指标运用得最为广泛。

鉴于此，本文认为有必要从促进专利指标研究与竞争力评价相融合出发，基于竞争力视角对专利指标进行系统梳理和深度挖掘，构建出既能全面反映专利价值，又能揭示专利与产业竞争力关系的产业竞争力评价的专利指标体系，并对其在实际应用中的分析流程及灵活运用的注意事项等问题进行探讨。

3　面向产业竞争力评价的专利指标体系构建

在综合已有相关研究的基础上，本文根据专利的特点并结合区域产业竞争力的内涵，主要从产业投入、产出、技术水平及其进展、环境、市场控制力、发展态势等6方面对区域产业竞争力进行评价，由此建立的产业竞争力评价的专利指标体系[16]如表1所示：

表1 产业竞争力评价的专利指标体系

名称	构成要素		专利指标	国内	适用对象
产业竞争力指标	投入	人才	发明人/核心发明人	●	区域、机构
		机构	申请人/主要申请人	●	区域、机构
	产出	数量	申请量/授权量/拥有量（排名）	●	区域、机构、个人
		质量	有权率/授权率/发明专利比例	●	区域、机构、个人
		效率	专利生产力（又称专利密度）	●	区域、机构、个人
		效益	技术转移	●	区域、机构、个人
			维持时间	●	区域、机构、个人
			专利诉讼次数	○	区域、机构、个人
	潜力/态势	发展步幅	成长率/增长率	●	区域、机构、个人
		发展阶段	技术生命周期	●	区域、机构
		创新速度	技术循环周期	★	区域、机构
	环境	合作意识	研发合作密度	◎	区域、机构、个人
		专利意识	研发重视程度	●	区域、机构、个人
			产学研构成	◎	区域
	市场控制力	市场份额	占有率	●	区域、机构、个人
		技术保护范围	专利权利要求数量	★	区域、机构、个人
			专利宽度深度	●	区域、机构、个人
	技术水平及进展	技术领域布局	关键技术分布	●	区域、机构、个人
		技术相对优势	技术显示性比较优势	●	区域、机构、个人
		主要企业实力	领导厂商专利情况	●	区域
		研发国际化	国外申请/PCT申请/三方专利/同族专利	★	区域、机构、个人
		技术独立性	自引证率	★	区域、机构、个人
		技术承接性	技术参考来源	★	区域、机构、个人
		技术科学性	科学与技术关联程度	★	区域、机构、个人
			科学强度	★	区域、机构、个人
		技术影响力	即时影响力指数	○	区域、机构、个人
			技术强度	○	区域、机构、个人
		高品质技术	h指数	○	区域、机构、个人
			明星专利指标	○	区域、机构、个人

注：因国内外专利文献数据源情况不同，国内指标的可获取性各异：●表示同国外一样的自由获取，◎表示同国外一样的小范围可获取，★表示小范围可获取，○表示较难获取。

本文指标体系区别于以往研究的特点主要是：不仅细化且清晰化了产业竞争力各要素与专利指标间的映射关系，而且无论对竞争力指标角度还是对专利指标角度都进行深度挖掘，指标建立得比较充分，如产业投入、产出等六大要素可从静态、动态、显性、隐性、直接、间接、宏观、中微观等各角度体现产业竞争力之强弱；发明人、申请量等近 30 个专利指标既能体现竞争力原则又可全方位体现专利的数量、质量及价值情况。具体如图 1 所示：

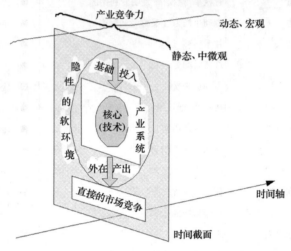

图 1　产业竞争力的内涵要素构成示意

3.1　产业投入

产业投入是决定产业竞争力的物质基础，通常包括人、财、物 3 个方面。但往往投入的物力难以量化统计、资金数据属商业私密而不易获得，故而这里仅从专利文献信息中含有的人力（人才资源和参与机构）方面体现。从产业投入的人才资源及参与机构等劳动要素的数量与质量等方面考察产业的竞争力，可采用：①反映人才资源情况的发明人指标，包括发明人数量——人才资源投入的基础；发明人数总量的增长率——反映产业科研活动的活力；核心发明人数——拥有越多科研精英中的精英，技术创新能力必然越强。②反映参与机构情况的专利申请人指标，产业或产业内某技术领域的专利申请人是参与技术创新活动的主体，同样也是从数量、增长率、核心科研机构等方面来考察。其中，核心发明人或科研机构指标是可利用布拉德福定律计算出的产业核心发明人数或科研机构比例，或者凭经验结合具体情况自定义出其比例。

296

3.2　产业产出

产业产出是产业竞争力的外在表现，若某区域产业竞争力强则往往其科技研发成果众多，优质、高产、收益大。为此可采用：①反映产出数量的专利申请量、授权量或拥有量（授权且在有效期的专利数量）指标。②反映产出质量的专利授权率、有权率及发明专利比例指标，因为授权的专利和发明专利被认为具有创新性。③反映产出效率的专利生产力指标，又称专利密度指数，即单位人口的专利拥有量，通常国家级为每百万人专利拥有量，省市级为每万人专利拥有量，机构级为人均专利拥有量。④产出效益方面则含专利技术转移量（率）、维持时间及专利诉讼次数指标。能进行技术转移的专利常是符合市场需求可产业化的技术或产品；长期维持的专利常是其经济收益大于维持费用的专利；常引起诉讼的专利是难以规避的关键专利，其许可费用极为可观。需要指出的是，在反映专利技术产业化情况时很多研究把自实施、许可实施及专利权质押指标与专利权转移指标一同纳入考量，但因前几项指标都要调查问卷获得，故而本文仅采用了从专利文献信息中通过即可获得的专利权转移指标。另外，在考察专利有效维持情况时，可依照美国专利以授权后第8年是否维持来判断，国内专利一般维持时间普遍较短，因此以授权后第5年是否维持来判断[13]。由此计算该年及之前年份的公开专利中仍有效维持的专利量或该专利量占同期所有公开专利的比率。

3.3　发展态势

准确把握产业发展态势涉及3个关键问题，即产业整体处于萌芽或成长等哪个阶段？产业发展是在大幅迈进还是小步移动或是止步不前？产业新技术的出现或技术更替是快是慢？也就是说，对应于专利指标，产业发展态势要包括发展步幅、发展阶段及创新速度等方面，可采用：①反映发展步幅的专利申请总量的年成长率或年专利申请量的增长率指标，它们能显现技术创新随时间的变化是增加还是迟缓。②反映发展阶段轨迹的技术生命周期指标。一般来说，技术的发展过程分为4个阶段：萌芽期、生长期、成熟期及衰老期。无论是专利申请的类型构成的时间变化还是专利申请量与专利申请人数量二者的时序变化，都可以也是常用的揭示技术生命周期的方法。前者可称为专利指标法的技术生命周期判断，采用技术生长率 ν、技术成熟系数 α、技术衰老系数 β 和新技术特征系数 N 等4个统计参数对处于不同阶段的技术段进行定量分析。后者可称为技术生命周期图法，以每年专利申请人数量为横轴、专利申请量为纵轴绘图判断技术发展阶段。③反映技术创新速度的技术循环周期指标，即专利距其引用专利文献年份中值差值的平均数。衡量产业内新技术出现的速率，指数越小代表时间愈短，技术更替速率愈快，新技术出现的速度也愈快。

3.4 环境

在促进产业发展和升级中，构建产学研合作体系及产业技术创新联盟等强强联手或优劣互补的合作网络不仅是必要的有力措施，而且良好的区域产业合作氛围能在一定程度上提升区域产业竞争力。同时，官产学研等对产业技术开发的重视程度及产学研的创新能力都很大程度上影响着产业发展。在竞争力视角下，笔者认为产业发展环境指标理应包括合作意识和专利意识两方面，可采用：①研发合作密度指标，即合作申请的专利占专利总量的比例，该指标也可进一步衍生出区域/机构内部合作密度和外部合作密度两种。②专利意识则从研发重视程度和产学研构成两方面来综合反映。某区域某产业的专利数量在该区域所有专利总量的占比越高，表明该产业创新活动越多，所投入的人力、物力、财力亦多，受重视程度高。产学研产出专利的比例构成可以判别技术创新主体的角色，最佳的状态是企业为技术创新主体，高校和科研院所为知识创新主体，辅助企业进行技术创新。

3.5 市场控制力

市场能直接体现产业竞争力的强弱，企业对市场占有越多、阻挡他人进入市场越得力，越说明其产业实力雄厚、竞争力强。为此，这种市场控制力应包括显性的市场份额和隐性的由专利技术保护范围构筑的市场壁垒。可采用：①占有率指标，即专利占专利总量的比例；②技术保护范围主要从专利权利要求数量及专利宽度深度来间接体现。通常，专利权利要求数量越多可理解为其保护的范围越广，而专利分类号分类越多、且每种分类上专利数量越多，即是其专利宽度越广、深度越深，可理解为其技术布局深入而宽广，能有效掌控较多市场。

3.6 技术水平及其进展

当前，技术竞争力被诠释为在知识经济时代产业获得竞争优势的核心竞争力。而专利作为产业竞争力研究的数据源，区别于其他经贸类数据，最大的优势就在于能很好地反映产业竞争力的技术水平及进展。基于充分发挥专利优势的思想，可采用：①反映技术领域布局的关键技术领域分布指标，该指标需要先结合技术背景较准确地筛选出关键技术项，然后统计各关键技术的专利数量，另外虽然与专利宽度和深度指标都是基于专利分类号的分析，但该指标与分类号代表的技术领域挂钩，会更直接地、本质性地展现技术领域布局情况。②反映技术相对优势的技术显性比较优势指标，即某区域的某技术领域专利活动占比与所有区域的该技术领域专利活动占比的比例，一般大于1表明具有技术显示性比较优势，大于3则是比较优势明显。③反映主要企业实力的领导厂商专利拥有量指标，该指标对于集中度高的地区垄断行业意义更大。④反映研发国际化程度的国外专利申请指标，通常以国外专利申请量、PCT申请量、三方专利数量及同族专利数量及大小等指标来衡量。⑤反映技术独立性的自引证率指标。⑥反映技术承接性的技术参考来源指标，从引用专利文献的所属国比例可以看出该专利技术主要受哪国相关技术的影响，而这些国家也往往是此领域技术的佼佼者，是技术引进的主要来源区域。⑦反映技术科学性的科学关联性及科学强度指标，即以专利平均所引用的科研学术论文或研究报告的数量来体现科学关联性，科学强度则是科学关联性与专利数量的乘积。科学关联性及科学强度愈高，说明专利技术创新与科学研究关系愈密切、专利技术愈处于科学前沿，处于行业领先水平。⑧反映技术影响力的即时影响力指数及技术强度指标，其中技术强度是即时影响力指数与专利数量的乘积，可衡量产业技术组合力量。⑨反映高品质技术情况的h指数和明星专利指标。其中，将近5年的专利中专利引证数百分比排序为前20%的专利视为明星专利[12]。

4 面向产业竞争力评价的专利指标体系应用

4.1 主要分析流程与方法

大体来讲，面向产业竞争力评价的专利指标体系的应用分析步骤主要包括：确定目标区域产业；确定专利数据源及软件分析工具；确定分析维度，包括专利指标维度及区域维度；获得分析结果；生成报告及对策建议。但是，因选择的产业竞争力评价方式不同，具体的分析要领及方法也不尽相同。如图2所示：

以最终评估值排序的"一锤定音"式产业竞争力评价，常是并列平行式多区域产业竞争力评价，往往具有数据多、计算量大、科学性强的特点，因而特点选择的专利数据源应覆盖多区域、软件分析工具应具数学计算功能及自动化智能化分析功能强大；在确定分析专利指标维度时，偏向于选择各构成要素指标中可比的最关键的相互独立的专利指标；多采用德尔菲法、层次分析法等主观赋权法和主成分分析、聚类分析等客观赋权法相结合的方式确定各级指标权重（也可视情况采用其中最合适的某种方法），通过综合指数评价法计算获得最终的综合评价值，并报告区域产业竞争力得分排序结果。值得说明的是，本文所构建的指标体系框架类似于产业竞争力评价的工作指南，

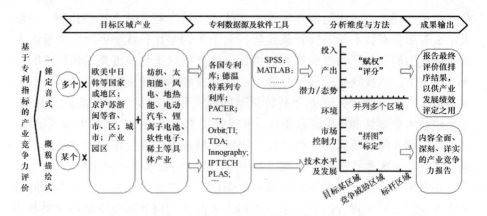

图2   面向产业竞争力评价的专利指标体系应用分析流程

在实际操作时，评价指标权重分配机制的建立还应视产业特征等具体实情而定。

综合各要素细节的"概貌描绘"式产业竞争力评价，常是中心式某区域产业竞争力评价，应选择包含该区域产业最全最新专利的数据源及能全方位多角度分析与可视化展现的软件分析工具；采用尽量全面的专利指标从各个不同侧面对该区域产业竞争力内容进行"拼图"，并可通过标杆区域及更具竞争性区域（产业基础条件与实力相似）的扩展的横向比较对该区域产业竞争力优劣势进行"标定"；对各指标结果进行深入的分析解读与总结，最后形成内容全面、深刻、翔实的区域产业竞争力报告，而这种研究成果也往往是提升产业竞争力对策建议的重要参考依据。

4.2   运用指标体系的注意事项

本文基于区域产业竞争力的内涵并结合专利的特点所构建的专利指标评价体系，在应用时不能"照本宣科、生搬硬套"，而是需要根据实际情况灵活选用指标。专利数据源的"国情"、专利分析系统的性能及评价对象的层次等都是影响专利指标体系适用性的因素，在实践中须加以注意。

4.2.1   国内外专利文献数据源的差异使得专利指标具有地区限制性

（1）各地专利类型划分不一致，如中国、日本、韩国专利分为发明、实用新型和外观设计，而美国和欧洲没有实用新型专利类型，所以由发明、实用新型和外观设计3类专利的构成时序变化来进行技术生命周期判别显然适用于中、日、韩，而不适用于欧美。同时，发明专利比率指标也因此不具国际可比性。

300

（2）国内外专利引文数据加工建设进度不一，一方面，迄今我国专利数据库基本都不提供专利引文数据，只有中外专利数据库服务平台（收费）于近两年新增了专利引文数据项，包括专利权人引用专利文献、专利权人引用非专利文献和审查员引用专利文献、审查员引用非专利文献等内容，但后续的数据导出及处理分析功能仍待发展；另一方面美国专利全文或文摘数据库、欧洲专利局提供的欧洲专利数据库或世界专利数据库、日本专利局知识产权电子图书馆等均免费提供专利的引用与被引用信息[17]。这使得专利引文类指标对于欧美及日本等专利数据库可获得，而对于中国专利数据库如基于被引用信息的技术影响力指标及高品质技术指标均难以获得，如基于引用信息的技术独立性、承接性、科学性指标因需人工干预较多、操作繁琐，仅能小范围获得，与此情况类似的还有反映技术保护范围的专利权利要求数量指标和研发国际化指标等。

（3）专利诉讼信息公开程度不同，如美国早在几十年前就建立并不断完善美国联邦法院电子记录公共访问系统（PACER），可申请检索查阅其中的专利诉讼信息，此外 RFC Express、Justia.com 等网站也提供美国专利诉讼信息查询。法律专业数据库平台 WESTLAW 和 LexisNexis 不仅与全美法院案卷联网，且还提供英国、欧盟、澳大利亚、加拿大和中国香港地区等的所有判例（近年两者也有收录并建立中国法律及案例数据库）。但我国整体还处于各地启用并推广电子卷宗的阶段，所以尚没有信息收录全面的可公开访问的官方权威电子卷宗系统。因此，专利诉讼次数指标显然在我国难以获得。

对于（2）和（3）的情况，必要时可变换方式以我国在美国专利为数据源获得各指标。

4.2.2 专利分析工具性能的迥异会影响专利指标的设置

目前专利分析系统已有很多种，各系统中提供的数据库及分析模块功能也不一样，这直接影响着专利指标的可获得性，所以了解选用的专利分析系统是必要前提。总体来讲，因国外专利信息分析研究起步早，故而其专利分析系统中数据库数量多、种类全、品质高，分析及可视化功能强大，如德温特专利数据库以优秀的手工编码和丰富的引文信息功能广受赞誉；TI 和 Innography 已领先一步集成了 PACER 的全部专利诉讼数据及其检索分析模块等，这些优势有利于更全面地开展基于专利指标的竞争力研究。

4.2.3 区域、机构和个人等评价对象层级不同，专利指标体系构成略有区别

本研究中面向产业竞争力评价的专利指标体系虽然是以区域产业竞争力

评价为主要考量，但体系中绝大多数专利指标也可适用于机构和个人（参见表1），仅有个别指标如区域产业特有的如产学研构成、主要领导厂商表现等是不适合的。

5 结 语

本文对产业竞争力评价的专利指标体系构建做了系统的研究，6个维度对评价指标的构建进行顶层设计。这不仅可为优化和完善现有竞争力评价理论方法体系的构建提供借鉴和参考，而且也拓展了专利与产业竞争力之间映射及依存关系的理论研究领域，对指导我国企业在开放式创新环境下通过有效的专利实施来提升竞争力具有重要的现实意义。

参考文献：

[1] 曹勇，赵莉．专利获取、专利保护、专利商业化与技术创新绩效的作用机制研究 [J]．科研管理，2013（8）：43 – 44.

[2] 阮梅花，肖沪卫．企业自主创新能力评价的专利指标体系构建初探 [J]．大学图书情报学刊，2011，29（1）：85 – 89.

[3] 王燕玲．基于专利分析的行业技术创新研究：分析框架 [J]．科学学研究，2009，27（4）：622 – 628.

[4] 龚关．基于专利信息的产业技术创新能力评价研究 [D]．上海：华东师范大学商学院，2012.

[5] Acs Z J, Audretsch D B. Patents as a measure of innovative activity [J]. Kyklos, 1989, 42（2）: 171 – 180.

[6] 李建建，叶琪．国内外有关区域竞争力评价指标体系的研究综述 [J]．综合竞争力，2010（1）：81 – 87.

[7] 陈红儿，陈刚．区域产业竞争力评价模型与案例分析 [J]．中国软科学，2002（1）：99 – 104.

[8] 张巍．区域产业竞争力评价模型初探 [J]．特区经济，2006（1）：286 – 287.

[9] 郑刚，姜春林．区域产业国际竞争力评价指标体系研究 [J]．科学管理研究，2001，19（6）：24 – 27.

[10] 仇方道，朱传耿．区域产业竞争力综合评价研究 [J]．国土与自然资源研究，2003（3）：7 – 9.

[11] 喻荣春，孙学君．区域产业竞争力的层次评价研究 [J]．江西农业大学学报（社科版），2005，4（2）：47 – 50.

[12] 阮明淑，梁峻齐．专利指标发展研究 [J]．图书馆学与资讯科学，2009，35（2）：88 – 106.

[13] 樊霞，李怡．专利数据测度在管理学领域的研究进展 [J]．情报杂志，2014，33

（1）：34 – 36.

[14]　万小丽．专利质量指标研究［D］．武汉：华中科技大学，2009.

[15]　方曙．基于专利信息分析的技术创新能力研究［D］．成都：西南交通大学，2007.

[16]　朱祥枝，林甫，洪凡，等．科技文献监测——理论、方法与应用［M］．福州：福建科学技术出版社，2013：203 – 210.

[17]　王茹，张阳武．专利引文分析中的数据源选择——基于 USPTO 和 EPO 专利的引文数据对比［J］．江苏科技信息，2013（9）：18 – 22.

作者简介：

林甫，福建省科学技术信息研究所副研究员，高级工程师，科技发展情报室主任，E-mail：lf@ mail. si. net. cn。

专利质量评价指标

——专利优势度的创建及实证研究[*]

1 引 言

专利质量是专利制度的基石,是专利市场激励属性得以实现的必要条件。近年来,随着各国专利申请量的大幅度增长以及专利质量负面作用的逐渐显现[1],许多国家已从关注专利数量调整为提高质量专利,如:美国专利商标局在其出台的《2007 – 2012 年战略计划》报告中多次提出要优化专利质量[2];欧洲专利局修订了《欧洲专利公约实施细则》,拟进一步提高专利授权质量;日本特许厅呼吁要采取措施减少专利申请数量,以提高专利质量[3];2011 年 9 月我国知识产权局把"专利质量提升"作为专项计划列入《2012 年全国专利事业发展战略推进计划》中。世界各国对专利质量的关注,使专利质量评价成为社会关注的热点,它不但为专利价值评估、许可转让、融资、抵押等经济活动提供依据和参考,也可满足地方或专利主体正确审视竞争优势、合理配置资源、谋求更好发展的实际需求。

2 研究现状

专利制度的工作机理是通过赋予专利权人对其发明创造在一定时期内的排他权来获取利益,促进发明创造,只有有效专利(专利权处于维持状态的专利)才具有法律赋予的排他权,并且根据市场法则,只有当维持专利权有效带来的收益大于维持成本时,专利权人才会继续维持权利有效,所以从专利个体的特点来看,技术含量高的专利会带来较高收益,也会具备较长的寿命[4],专利存活寿命(即专利维持时间)是表征专利质量和市场价值的关键指标。目前,学术界从专利维持时间角度考察专利质量已取得许多成果:率

  * 本文系山东省社会科学规划研究项目"高校专利质量综合评价及对策研究"(项目编号:12CTQJ03)和山东理工大学人文社会科学发展基金项目"Web 信息挖掘与智能检索"(项目编号:2010GGTD05)研究成果之一。

304

先利用专利维持时间开展专利评价的是 M. Schankerman 和 A. Pakes，他们利用专利权缴费维持的特点，建立了专利维持经济学模型（P－S 模型），并对 1955－1975 年期间英、法、德三国专利质量进行了评估和分析[5]；R. J. Sullivan 采用类似方法对英国和爱尔兰的 1852－1876 年专利质量进行了评价[6]；高山行利用专利维持－费用模型对我国专利质量进行了评估[7]；K. A. Moore 通过对美国近 10 万余件专利的研究发现了一些维持时间长的专利的共同特征，从而为评价专利质量提供了较为充分的证据[8]；J. O. Lanjouw 等提出了一个二元变量——授权后第 4 年是否维持评价专利质量[9]；吴红等从有效专利数量、有效发明专利数量、有效专利布局、专利维持年限的角度客观分析了我国的专利现状[10]。

虽然上述研究使专利质量评价有了进一步的发展，但均未顾及专利所在领域技术更新换代周期不同对专利维持时间的影响：W. H. Brown、M. Trajtenberg 等认为，技术领域会影响专利的维持情况[11－12]，P. Thomas 指出技术领域对专利维持决定的影响比专利维持的经济成本更重要[13]，国内学者乔永忠通过对我国 1994－2009 年不同技术领域专利维持时间的统计分析，论证了技术领域对专利维持时间的影响[14]。所以在用维持时间评价专利质量时，无视技术领域区别显失客观。2008 年，俞文华运用经济学领域的 Balassa 指标[15]，用发明专利申请显性比较优势指数对美国在华技术比较优势进行了研究[16]。基于上述分析，本研究借鉴 Balassa 指标思想，采用数理统计和概率论方法，对专利维持时间长度进行无量纲化，融入技术领域影响因素，使专利维持时间在评价专利质量方面更为客观准确。

3　研究内容

缴纳年费是维持专利权有效的前提。我国《专利法》规定：专利权自授权公告之日起生效，专利权人应依照专利法及其实施细则规定缴纳年费，未按照规定缴纳年费的，专利权自应当缴纳年费期满之日起终止。鉴于此，研究将专利维持时间定义为专利授权公告日至专利权终止日之间的时间。基于专利质量与专利维持时间正相关[17]，而专利维持时间又受所属领域技术更新换代周期的影响，所以研究在充分考虑技术领域对专利维持时间影响的前提下，提出一种衡量专利质量的新指标——专利优势度，并从主体的各个领域和整体两个维度进行考察，即领域专利优势度和整体专利优势度。

3.1　领域专利优势度

领域专利优势度是以某专利主体 A 为研究对象，计算其所涉猎的各技术领域无量纲化后的专利维持时间长度，进而考察该专利主体在各技术领域的专利质量，其数学表达式可表征为：

$$V_j = \frac{A \text{专利主体在} j \text{技术领域的专利平均维持时间}}{\text{所有专利主体在} j \text{技术领域专利平均维持时间的均值}} \qquad (1)$$

通过式（1）可以求出专利主体 A 在所涉猎的各技术领域的专利维持相对值，即领域专利优势度 V_j ($j = 1 \cdots n$)。V_j 越大，表明 A 专利主体在其对应领域的专利质量越高，其在该领域内的专利实力越强，具体为：$V_j > 1$，说明 A 专利主体在 j 技术领域的专利质量高于整体平均水平，具有较强的专利实力；$V_j = 1$，说明 A 专利主体在 j 技术领域的专利质量处于整体平均水平，没有明显的专利实力；$V_j < 1$，说明 A 专利主体在 j 技术领域的专利质量低于整体平均水平，处于劣势，有可能面临淘汰；V_j 最大值所对应的技术领域即为 A 专利主体的强势技术领域，该技术领域有希望成为 A 专利主体的优势产业。该指标不但可以反映专利主体在各技术领域中的专利质量，也可以通过比较无量纲化后的各技术领域维持时间长度，实现专利主体在各技术领域专利质量的跨领域比较，为专利的分级分类管理提供依据。

3.2 整体专利优势度

整体专利优势度是以某地域内相同或不同技术领域的各专利主体为研究对象，以每个专利主体为单位，考察其所涉猎的各技术领域的领域专利优势度的平均值，其数学表达式可表征为：

$$E(V_i) = \frac{\sum_{j=1}^{m} V_j}{m} \qquad (2)$$

式（2）中 i 表示某专利主体，V_j 表示该专利主体在 j 技术领域的领域专利优势度，m 表示该专利主体所涉猎的技术领域数量。通过上述方法可以求出 i 专利主体在指定群体内的平均专利质量，$E(V_i)$ 越大，表明该专利主体的专利质量越高，具体为：$E(V_i) > 1$，说明该专利主体的专利质量高于整体水平，$E(V_i)$ 最大值所对应的专利主体，其技术研发水平最高，具有较强的专利优势，有希望成为指定群体内的领军者；$E(V_i) = 1$，说明该专利主体的专利质量与整体水平持平，专利实力不明显；$E(V_i) < 1$，说明该专利主体的专利质量低于整体水平，研发水平较弱，缺乏技术竞争优势。该指标对于某地域内各专利主体的技术创新实力比较具有重要价值，可用于判断各专利主体的综合排名，宏观上可以掌握全局，加大指导的有效性，微观上便于知彼知己，理清思路，谋求更好的发展。

3.3 领域专利优势度 VS 整体专利优势度

领域专利优势度是从各技术领域的角度表征专利主体的专利质量，整体专利优势度是从整体的角度表征专利主体的专利质量，两者虽然视角不同，但是相辅相成，不可孤立而视：在当今激烈的市场竞争中，任何一个专利主体想做大做强，光靠单一领域优势创出整体品牌形象是不现实的，只有把个体特色与整体优势有机地结合起来，才能更好地发挥领域专利优势的正能量，凸显良好的社会效益与经济效益。此外，整体专利优势是领域专利优势的摇篮，作为专利主体，只有把不同产业、资源、市场进行整合，使各个成员、环节达到默契配合、高效运转，才能更好地强化领域优势，进而带动整体优势的提升。

综上所述，专利优势度分析内容如表 1 所示：

表 1　专利优势度分析内容

主体 ＼ 领域专利优势度	领域 1 专利优势度	领域 2 专利优势度	…	领域 j 专利优势度	…	领域 m 专利优势度	整体专利优势度
主体 1	V_{11}	V_{12}	…	V_{1j}	….	V_{1m}	$E(V_1)$
主体 2	V_{21}	V_{22}	…	….	….	V_{2m}	$E(V_2)$
…	….	….	…	….	….	….	….
主体 i	V_{i1}	V_{i2}		V_{ij}		V_{im}	$E(V_i)$
…	….	….	…	….	….	….	….
主体 n	V_{n1}	V_{n2}	…	V_{nj}	…	V_{nm}	$E(V_n)$

4　实证分析

为验证专利优势度指标对专利质量评价的有效性，本研究以我国电通信技术领域专利维持时间能够确定的三星电子株式会社、松下电器产业株式会社、华为技术有限公司等前 10 名公司的发明专利作为实验数据集，对其进行实证。根据技术特点及产业分类，把电通信技术分为传输、数字信息传输、电话及多路复用通信、图像通信、选择及无线通信网络 5 个技术领域，其中传输对应的 IPC 分类号是 H04B，数字信息传输对应的 IPC 分类号是 H04L，电话及多路复用通信对应的 IPC 分类号是 H04H、H04J、H04K 和 H04M，图像通信对应的 IPC 分类号是 H04N，选择及无线通信网络对应的 IPC 分类号是 H04Q、H04R、H04S 和 H04W。表 2 是从中国知识产权网（www. cnipr. com）获取的上述 10 家企业及上述 5 个技术领域维持时间能够确定的发明专利数量明细，其中上述 10 家企业专利的检索策略为"申请（专利权）人"检索框内输入企业名称并选择"中国发明授权"，5 个技术领域的检索策略为"主分类号"并选择"中国发明授权"，再对检索结果进行筛选，数据检索日均为 2013 年 11 月 30 日。

表 2　10 家企业及 5 个技术领域的发明专利明细（单位：项）

企业名称	传输	数字信息传输	电话及多路复用通信	图像通信	选择及无线通信网络
三星电子株式会社	128	186	99	471	172
松下电器产业株式会社	164	130	57	541	155
华为技术有限公司	28	351	70	20	105
日本电气株式会社	151	83	64	17	204
皇家菲利浦电子有限公司	46	84	31	282	66
乐金电子（中国）研究开发中心有限公司	43	32	132	71	152
索尼公司	46	50	31	202	52
西门子公司	51	76	40	7	129
艾利森电话股份有限公司	59	60	48	1	123
汤姆森消费电子有限公司	9	4	6	281	4
各技术领域专利总数量	2 473	3 806	2 182	5 340	3 220

4.1　运用领域专利优势度分析各企业竞争优势

根据中国知识产权网 2013 年 11 月 30 日公布的数据，上述企业在各技术领域的专利平均维持时间以及 5 个技术领域的专利平均维持时间如表 3 所示：

表3　10家企业及5个技术领域的专利平均维持时间明细（单位：年）

企业名称	传输	数字信息传输	电话及多路复用通信	图像通信	选择及无线通信网络
三星电子株式会社	4.65	4.09	3.29	5.61	5.13
松下电器产业株式会社	4.57	3.48	2.35	4.28	3.64
华为技术有限公司	3.84	3.64	2.48	2.97	1.40
日本电气株式会社	4.78	3.97	2.50	5.68	2.33
皇家菲利浦电子有限公司	3.57	2.99	3.53	2.96	3.61
乐金电子（中国）研究开发中心有限公司	1.67	2.20	1.58	2.10	2.19
索尼公司	4.34	3.97	2.24	5.30	3.38
西门子公司	4.45	3.64	3.06	3.59	2.48
艾利森电话股份有限公司	6.15	5.50	2.46	4.12	2.76
汤姆森消费电子有限公司	9.68	6.77	4.47	10.05	6.01
各技术领域专利维持时间均值	4.05	2.82	1.79	4.2	2.47

将表3统计的专利平均维持时间依据式（1）进行无量纲化，即得上述企业各技术领域的领域专利优势度，结果如表4所示：

表4　10家企业领域专利优势度明细

企业名称	传输	数字信息传输	电话及多路复用通信	图像通信	选择及无线通信网络
三星电子株式会社	1.15	1.45	1.84	1.34	2.08
松下电器产业株式会社	1.13	1.23	1.31	1.02	1.47
华为技术有限公司	0.95	1.29	1.39	0.71	0.57
日本电气株式会社	1.18	1.41	1.40	1.35	0.94
皇家菲利浦电子有限公司	0.88	1.06	1.97	0.70	1.46
乐金电子（中国）研究开发中心有限公司	0.41	0.78	0.88	0.50	0.89
索尼公司	1.07	1.41	1.25	1.26	1.37

企业名称	传输	数字信息传输	电话及多路复用通信	图像通信	选择及无线通信网络
西门子公司	1.10	1.29	1.71	0.85	1.00
艾利森电话股份有限公司	1.52	1.95	1.37	0.98	1.12
汤姆森消费电子有限公司	2.39	2.40	2.50	2.39	2.43

表4数据可以从单个专利主体和技术领域2个角度进行分析：

4.1.1 从单个专利主体的角度

三星电子株式会社的强势技术领域是选择及无线通信网络，其次是电话及多路复用通信，数字信息传输略胜于图像通信，传输最弱；松下电器产业株式会社的强势技术领域是选择及无线通信网络，图像通信相对较弱，其他3个技术领域的专利质量相差无几；华为技术有限公司的强势技术领域是电话及多路复用通信，其次是数字信息传输，选择及无线通信网络最弱；日本电气株式会社的强势技术领域是传输，选择及无线通信网络相对较弱，其他3个技术领域的专利质量相差无几；皇家菲利浦电子有限公司的强势技术领域是电话及多路复用通信，其次是选择及无线通信网络，传输和图像通信的专利实力相对较弱；乐金电子（中国）研究开发中心有限公司的选择及无线通信网络、电话及多路复用通信、数字信息传输的专利质量相差无几，传输和图像通信最弱；索尼公司的各领域较为平均，其中数字信息传输的专利实力最强，传输最弱；西门子公司的强势技术领域是电话及多路复用通信，其次是数字信息传输，传输和选择及无线通信网络的专利质量相差无几，图像通信最弱；艾利森电话股份有限公司的强势技术领域是数字信息传输，其次是传输，电话及多路复用通信、选择及无线通信网络、图像通信的专利质量依次减弱；汤姆森消费电子有限公司各技术领域的专利质量相差无几，且都比较强势。

4.1.2 从技术领域的角度

汤姆森消费电子有限公司在各技术领域的专利质量均独占鳌头，乐金电子（中国）研究开发中心有限公司除选择及无线通信网络的专利质量位居倒数第2外，其他4个领域均倒数第1。除此以外，传输领域艾利森电话股份有限公司的专利实力较强，其他几个公司在平均值附近波动；数字信息传输领域的专利质量均高于平均值，且艾利森电话股份有限公司的专利实力较强，其次是专利实力相差无几的三星电子株式会社、日本电气株式会社和索尼公司；电话及多路复用领域的专利质量均高于平均值，且皇家菲利浦电子有限公司、三星电子株式会社和西门子公司的专利实力较强；图像通信领域，三星电子株式会社、日本电气株式会社、索尼公司的专利实力较强，松下电器产业株式会社、艾利森电话股份有限公司在平均值附近波动；选择及无线通信网络领域，三星电子株式会社的专利实力较强，其次是专利质量相差无几的松下电器产业株式会社、皇家菲利浦电子有限公司和索尼公司，华为技术有限公司专利质量位居倒数第1。

4.2 运用整体专利优势度分析各企业的竞争优势

将表4给出的领域专利优势度按照式（2）计算，即得上述各公司的整体专利优势度，结果如表5所示：

表5 10家企业整体专利优势度及排名

企业名称	整体专利优势度	排名
三星电子株式会社	1.57	2
松下电器产业株式会社	1.23	6
华为技术有限公司	0.98	9
日本电气株式会社	1.26	5
皇家菲利浦电子有限公司	1.22	7
乐金电子（中国）研究开发中心有限公司	0.69	10
索尼公司	1.27	4
西门子公司	1.19	8
艾利森电话股份有限公司	1.39	3
汤姆森消费电子有限公司	2.42	1

从表5可以看出：除了华为技术有限公司和乐金电子（中国）研究开发中心有限公司2家中国公司外，其他8家国外公司的整体专利优势度均大于1，专利质量高于平均水平。其中汤姆森消费电子有限公司的整体专利优势度为2.42，远高于其他企业，具有较强的专利实力，其次是三星电子株式会社，整体专利优势度为1.57，再次是艾利森电话股份有限公司，整体专利优势度为1.39，索尼公司、日本电气株式会社、松下电器产业株式会社、皇家菲利

浦电子有限公司和西门子公司以微小的差距分别位居第4、第5、第6、第7和第8，乐金电子（中国）研究开发中心有限公司的整体专利优势度最低，仅为0.69，位居第10，说明专利实力较弱，其次是华为技术有限公司，整体专利优势度为0.98，接近电通信技术领域的平均水平。

基于上述对中国电通信技术领域的实证分析，研究认为：①在同一技术领域内，专利质量与专利维持时间正相关，专利维持时间越长，专利质量越高。跨越了技术领域，考虑到不同技术领域更新换代周期（研究用领域专利维持时间的均值替代）的不同，上述推论不一定成立。如三星电子株式会社，虽然其传输的专利平均维持时间明显长于电话及多路复用通信，但无量纲化后电话及多路复用通信的专利质量比传输要高；同理，其选择及无线通信网络的专利质量也比其图像通信高。②领域专利优势度和由其获知的整体专利优势度，由于兼顾了技术领域对专利维持时间的影响，克服了原有指标无视技术领域影响的缺陷，在表征专利质量和市场价值方面更为细腻、准确，能使分析结果更加全面、客观和丰富，于宏观便于掌握全局，提高指导的有效性；于微观有利于专利主体认清自己的长处和不足，有的放矢地采取改进措施。③专利主体的整体专利优势度是由其各领域专利优势度共同决定的，个别领域具备显著的专利优势度，其整体竞争实力不一定高。如皇家菲利浦电子有限公司，虽然在电话及多路复用通信技术领域具有较强的专利实力，但因传输和图像通信位于下游，其竞争实力大打折扣。所以专利主体要制定协调发展的政策与措施：对于具备显著专利实力的技术领域，应该鼓励其在发挥现有优势的基础上，培育国际竞争力；对于缺乏专利实力的技术区域，要重新审视和定位发展目标，调整发展思路。④每个企业都有自己的优势领域和弱势领域，对于专利主体尤其是企业，应该考虑的是如何最经济地确定、获取并整合领域技术，缩短产品开发周期，降低成本以及提高产品的可靠性和安全性，而不是不计成本地单纯追求专利质量和技术优先。开展合作，互通有无，优势互补，是专利主体快速提升竞争力的有效途径。

5 结 语

本研究以专利制度作用机理为理论指导，在综述众多研究成果的基础上，用所属技术领域的专利平均维持时间均值代替技术更新换代周期，对专利维持时间进行无量纲化，首次提出了专利优势度评价指标，并从领域专利优势度和整体专利优势度2个维度对专利质量进行了诠释和实证。研究表明，领域专利优势度在评价专利主体的各个领域专利实力以及同一技术领域中各专利主体的专利实力方面有着得天独厚的优势和特色，整体专利优势度在反映专利主体整体专利实力和排名上有着突出的贡献，该指标克服了现有研究无视技术领域影响的缺陷，有效解决了专利质量跨领域比较的难题，方法简单，可操作性强，是对现有质量评价指标的改进。

需要指出的是，专利质量测度涉及多个方面[17]，本研究在解读专利优势度指标时仅从专利维持时间的维度评价专利质量，这对于集技术、法律、经济于一体的专利而言显然是不够系统全面的。如何挖掘专利优势度的价值，并进一步研究该指标与其他专利评价指标的有机集成，以使评价结果更为科学，是下一步研究的方向。

参考文献：

[1] 刘洋，温珂，郭剑. 基于过程管理的中国专利质量影响因素分析［J］. 科研管理，2012，33（12）：104 – 109.

[2] USPTO. USPTO 2010 – 2015 Strategic Plan［EB/OL］.［2013 – 09 – 11］. http：//www. uspto. gov/about/stratplan/index. jsp.

[3] 杨起全，吕力之. 美国知识产权战略研究及其启示［J］. 中国科技论坛，2004，15（3）：102 – 126.

[4] Schankerman M. How valuable is patent protection? Estimates by technology field using patent renewal data［J］. Rand Journal of Economics，1998，29（1）：77 – 107.

[5] Schankerman M，Pakes A. Estimates of the value of patent rights in European countries during the post – 1950 period［J］. The Economic Journal，1986，96（384）：1052 – 1076.

[6] Sullivan R J. Estimates of the value of patent rights in Great Britain and Ireland，1852 – 1876［J］. Economic，1994，61（241）：37 – 58.

[7] 高山行，郭华涛. 中国专利权质量估计及分析［J］. 管理工程学报，2002，16（3）：66 – 68.

[8] Moore K A. Worthless patents［J］. Berkeley Technology Law Journal，2005，20（4）：1521 – 1552.

[9] Lanjouw J O，Pakes A，Putnam J. How to count patents and value intellectual property：The uses of patent renewal and application data［J］. The Journal of Industrial Economics，1998，46（4）：405 – 432.

[10] 吴红，常飞. 基于有效专利的我国专利现状分析及对策［J］. 图书情报工作，2011，56（4）：85 – 89.

[11] Brown W H. Trends in patent renewals at the United States Patent and Trademark Office［J］. World Patent Information，1995，17（4）：225 – 234.

[12] Trajtenberg M，Henderson R. University versus corporate patents：A window on the basicness of invention［J］. Economics of Innovation and New Technology，1997，5

（1）：19 – 50.

[13] Thomas P. The effect of technological impact upon patent renewal decisions [J]. Technology Analysis and Strategic Management, 1999, 11 (2)：181 – 198.

[14] 乔永忠. 不同技术领域专利维持信息实证研究 [J]. 图书情报工作, 2011, 55 (6)：36 – 39.

[15] Balassa B. Trade liberalisation and revealed comparative advantage [J]. The Manchester School, 1965, 33 (2)：99 – 123.

[16] 俞文华. 美国在华技术比较优势演变及其政策含义——基于 1985 – 2003 年美国在华职务发明专利申请统计分析 [J]. 科学学研究, 2008, 26 (1)：98 – 104.

[17] 宋河发, 穆荣平, 陈芳. 专利质量及其测度方法与测度指标体系研究 [J]. 科学学与科学技术管理, 2010, 31 (4)：21 – 27.

作者简介：

吴红, 山东理工大学科技信息研究所副教授, E-mail：wuhong0256@163.com；

付秀颖, 山东理工大学科技信息研究所硕士研究生；

董坤, 山东理工大学科技信息研究所硕士研究生。

314

专利维持时间影响因素实证分析

——以燃料电池专利文献为例[*]

1 引 言

我国自 1985 年实施专利制度以来，专利事业发展迅猛，仅 2012 年就受理专利申请 205.1 万件，授权 125.5 万件，其中发明专利授权 21.7 万件[1]。从数量上看，中国已成为名副其实的专利大国。然而依据专利制度通过赋予专利权人对其发明创造在一定时期内的排他权来获取利益、促进发明创造的工作机理，专利授权只是申请人取得了法律赋予的专有权资格，有效维持才是专利权真正发挥作用的开始[2]。目前从申请日算起，我国国内发明专利维持年限多集中在 3 - 6 年，维持年限超过 10 年的仅有 4.8%，而国外维持时间多为 6 - 9 年，超过 10 年的有 24.7%[3]。专利维持时间短，其法律赋予的排他性就得不到充分体现，市场价值大大缩水。所以，深入分析专利维持时间的影响因素、探求切实有效的提升对策，就成为解读专利制度本质、发挥专利制度功效的现实要求。

2 研究现状

专利文献数量庞大，格式规范统一，不但对技术方案有着清楚完整的描述，还蕴含着丰富的经济信息和法律信息，所以专利文献研究潜力在于其设计包含了专利的技术经济信息，具有合理的理论基础[4]，可以较为客观地反映专利全貌。目前，已有众多学者利用专利文献中的不同指标探讨过专利维持时间影响因素，例如：A. Pakes 等认为不同国别、不同技术领域的专利权人对专利的维持情况不同[5]；W. H. Brown 通过统计美国专利发现：从国别来看，日本的专利权人对专利的维持率较高，从技术领域来看，化学和电学领

* 本文系山东省社会科学规划研究项目"高校专利质量综合评价及对策研究"（项目编号：12CTQJ03）和山东理工大学人文社会科学发展基金项目"Web 信息挖掘与智能检索"（项目编号：2010GGTD05）研究成果之一。

域的专利维持率较高[6]；K. Liua 等认为专利族的大小对专利维持时间很重要，专利族大的专利维持时间相对较长，对持续创新的作用也较大[7]；C. Gronqvist 发现专利主体类型会影响专利的价值，企业专利的平均价值比个人专利的平均价值要高，但保护宽度对专利价值影响不大[8]。上述研究虽然指出了若干与专利维持时间有关的因素问题，但主要是基于经验判断，缺乏客观性。目前，已有通过建模进行专利维持时间影响因素分析的研究成果，如国内学者乔永忠对国家知识产权局 1994 年授权的 2 921 件失效专利进行了多元线型回归分析，发现申请人国别、从申请到授权所需时间、专利主体类型、发明人数和权利要求数对发明专利维持时间的影响依次减弱[9]；宋爽通过 Logistic 回归模型分析发现申请人类型、申请人国别、授权时间、申请人数量对专利维持时间的影响依次递减[10]。上述研究虽然对专利维持时间影响因素的效能分析有了进一步发展，但研究对象过于宽泛，忽视了不同技术领域之间的差异性，致使研究结果的深入性和可操作性大打折扣，并且所使用的回归模型不能很好地处理含有截尾数据的样本资料，变量设计缺乏全面性，没有考虑专利所在技术领域、专利族大小等对专利维持时间的影响，研究有待于进一步深入。

3 研究方法和指标设计

3.1 研究方法

Cox 生存模型主要是利用数学模型拟合生存分布与影响因子之间的关系，评价影响因子对生存函数分布的影响程度，是一种半参数回归模型，其突出特点是对基准生存分布没有特殊要求，能够处理截尾数据，特别适合于研究各种影响因素与生存时间之间的关系。专利因其法律状态动态变化，有公开、授权、驳回、中止、宣告无效等多种，所以专利维持时间是一种典型的生存数据：无论把数据采集结束时间定于何时，总有一些专利已经失效，一些专利还在维持中，存在着大量的截尾数据，本文采用 Cox 生存模型对专利维持时间影响因素及其效能进行深入研究。

Cox 生存模型的基本表达式为：$h(t, x) = h_0(t) \exp(\beta_1 x_1) \exp(\beta_2 x_2) \cdots \exp(\beta_p x_p)$。式中，$x_1$、$x_2 \cdots x_p$ 为影响因素（即协变量）；$h(t, x)$ 为专利个体在 t 时刻与影响因素 x 有关的风险函数，$h_0(t)$ 为基础风险系数，表示在不受影响因素 x 的作用下 t 时刻的风险率，显然 $h_0(t) = h_0(t, 0)$；β 为回归系数，利用条件死亡概率构建偏似然函数 L、通过最大似然法的迭代即可得到参数 β_1，β_2，$\cdots \beta_k$ 的估计值，β_i 表示当其他协变量不变时，x_i 每变化 1 个单位对生存时间的影响程度；若 $\beta_i < 0$，说明 x_i 是保护因素，即 x_i 的增加会降低风险；反之，x_i 是危险因素，即 x_i 的增加会加大风险。

3.2 指标设计

研究以专利维持时间为因变量，在协变量的选择上，考虑到专利文献集技术、经济、法律于一体，且格式统一，数据翔实可靠，本文仅以专利文献中可获得的信息为基础，以专利制度作用机理为指导，借鉴前人研究成果，对可能影响专利维持时间的因素进行了遴选，具体为：①权利要求项数。权利要求书是申请专利的核心，也是确定专利保护范围的重要法律文件，具有直接的法律效力，权利要求项数的多少在某种程度上代表了技术的复杂程度。②说明书页数，在某种程度上代表了技术描述的详尽程度。③分类号个数，代表了技术覆盖范围。④发明人人数，反映了技术研发过程中投入的人力资源情况。⑤同族专利项数，代表了专利的市场覆盖范围，在某种程度上与专利的重要程度成正比。⑥申请人类型。不同类型申请人在市场竞争中所处的位置决定了其与专利的关联度不同，对专利时间的维持也会有不同的需求，本文将专利申请人划分为工矿企业、科研单位、大专院校和个人 4 类。⑦技术领域。⑧时期，即专利申请时间。由于研究数据时间跨度较长，本文将数据按申请时间划分为每 5 年一个时期，以保证数据的相对稳定性和研究样本数量。所选协变量以及与协变量相关的前人研究见表 1，协变量类型及赋值见表 2。

表 1　协变量及其相关研究

主要研究人员	影响因素						
	权利要求项数	说明书页数	分类号个数	发明人人数	同族专利项数	申请人类型	技术领域
A. Pakes, et al[5]，K. Liua, et al[7]					√		√
Y. G. Lee, et al[11]，S. Brusoni, et al[12]				√			
C. Gronqvist[8]						√	√
J. Bessen[13]，R. Svensson[14]						√	

317

主要研究人员	影响因素						
	权利要求项数	说明书页数	分类号个数	发明人人数	同族专利项数	申请人类型	技术领域
X. Tong, L. D. Frame[15]	√						
S. Shane[16], D. Guellec[17]			√				
乔永忠[9]	√			√		√	√
陈海秋, 韩立岩[18]	√	√	√	√		√	

表 2 协变量类型及赋值

序号	协变量名称	变量类型及赋值
1	权利要求项数	连续变量
2	说明书页数	连续变量
3	分类号个数	连续变量
4	发明人人数	连续变量
5	同族专利项数	连续变量
6	申请人类型	分类变量, 哑变量赋值: 企业 =1, 科研单位 =2, 大专院校 =3, 个人 =4
7	技术领域	分类变量
8	时期	分类变量, 哑变量赋值: '1986 – 1990' =1, '1991 – 1995' =2, 其他依次为 3, 4

4 实证分析

本文以燃料电池为研究领域, 以在该领域中有着明显数量优势的日本在华发明专利 (下文简称"日本专利") 和数量位居第二的国内发明专利 (下文简称"国内专利") 为实验数据集, 利用 Cox 生存模型对其维持时间影响因素及其效能进行对比分析。根据技术特点及产业分类, 燃料电池又细分为燃料电池制造、零部件、辅助装置或方法、燃料电池与制造反应剂或处理残物装置的结合 4 个技术领域, 其中燃料电池制造对应的 IPC 分类号是 H01M8/00

318

以及 H01M8/08～24，零部件对应的 IPC 分类号是 H01M8/02，辅助装置或方法对应的 IPC 分类号是 H01M8/04，燃料电池与制造反应剂或处理残物装置的结合对应的 IPC 分类号是 H01M8/06。实验数据均源自中国知识产权网（www.cnipr.com），考虑到时间太短不能较好地反映专利维持时间的发展趋势，所以在时间跨度上申请日选择从 1986 年至 2005 年，数据检索日为 2013 年 8 月 30 日。统计结果详见表 3，其中日本专利 664 项，是国内专利的 2.6 倍。

表 3　专利统计数据

国内/日本	权利要求项数	说明书页数	分类号个数	发明人人数	同族专利项数
均值	6.04/14.88	11.19/33.98	2.23/2.29	3.74/3.60	0.47/3.71
总量	1 540/9 880	2 898/22 563	569/1 521	954/2 390	120/2 463

统计结果表明：权利要求项数方面，日本专利是国内专利的 2 倍多，说明其技术内容较为复杂；说明书页数方面，日本专利是国内专利的 3 倍多，说明其技术描述较为详尽；同族专利项数方面，日本专利接近国内专利的 8 倍，平均每项专利向 3 个国家申请，主要申请国为 US、EP、CA 和 CN 等，中国主要以"本土"为主，少数向 WO 和 US 提交了申请，区域分布远不如日本广泛；分类号个数和发明人人数两国基本持平，没有太大差距；在申请人类型方面，中国工矿企业占 48.6%，科研单位占 13.3%，大专院校占 33.7%，个人占 4.40%，而日本专利均为企业申请。

4.1　Cox 生存模型适用条件分析

做 Cox 生存模型分析需要满足两个条件：①具有一般回归模型的特征，尽量减少协变量之间的交互作用（即共线性）；②满足 Cox 生存模型的比例风险假设，即要求协变量的影响效应不随时间而改变，如果假设条件不满足，则应使用含有时间依存协变量的 Cox 回归模型。

燃料电池是新兴技术领域，国内在该领域首次申请专利是在 1997 年，第 3 时期只有 12 件专利，其余都在第 4 时期；日本首次在华申请该领域专利是 1986 年，前 3 个时期共有 48 件专利，其余也都在第 4 时期，所以研究认为协变量的影响效应不随时间改变，满足比例风险假设，无需进行时期的分层处理。并且，用 SPSS 17.0 对国内专利和日本专利维持时间的相关因素做共线性检验，从表 4、表 5 所示的检验结果可以看出：就国内专利而言，权利要求项数、同族专利项数、申请人类型和技术领域通过验证且不存在交互作用，日本专利中发明人人数和同族专利项数通过验证且不存在交互作用，满足 Cox 生存模型适用条件，适合进一步做 Cox 生存模型回归分析。

表4 国内专利相关因素共线性检验

项目	专利维持时间	权利要求项数	说明书页数	分类号个数	发明人人数	同族专利项数
专利维持时间	1					
权利要求项数	0.151 **	1				
说明书页数	0.106	0.447 **	1			
分类号个数	− 0.105	0.150	0.077	1		
发明人人数	0.055	0.128	0.049	0.036	1	
同族专利项数	0.037 *	0.093	0.069	0.121	− 0.058	1

**在0.1水平（双侧）上显著 *在0.05水平（双侧）上显著

表5 日本专利相关因素共线性检验

项目	专利维持时间	权利要求项数	说明书页数	分类号个数	发明人人数	同族专利项数
专利维持时间	1					
权利要求项数	0.008	1				
说明书页数	0.052	0.092	1			
分类号个数	− 0.22	0.089 *	0.025	1		
发明人人数	0.144 **	0.046	0.016	0.103 **	1	
同族专利项数	0.140 **	0.037	0.082	0.010	0.007	1

**在0.1水平（双侧）上显著 *在0.05水平（双侧）上显著

4.2 Cox 生存模型回归结果

表6和表7分别是国内专利和日本专利的 Cox 回归方程各参数的估计值。表6中 β 为回归系数，SE 为回归系数的标准误差，Wald 用于检验总体回归系数与0有无显著性差异，Exp（β）为相对危险度，也称 RR 值；申请人类型为分类变量，以专利数量较多的企业（第1分类）作为参照分类对比：申请人类型①为科研单位，申请人类型②为大专院校，申请人类型③为个人；同

320

样，技术领域以专利数量较多的燃料电池制造（第1分类）作为参照分类对比：技术领域①代表零部件，技术领域②代表辅助装置或方法，技术领域③代表燃料电池与制造反应剂或处理残物装置的结合。表7中由于申请人类型均为企业，故不再进行分类，其他协变量及参数均同表6。图1是国内专利和日本专利的专利维持时间－累积生存函数图，其中横坐标为生存年限，纵坐标为生存函数的大小。

表6　国内专利 COX 回归方程各参数的估计值

协变量	β	SE	Wald	df	Sig.	Exp（β）	模型整体得分
权利要求项数	−0.046	0.026	3.408	1	0.045	0.942	
说明书页数	−0.040	0.023	2.979	1	0.084	0.961	
分类号个数	0.148	0.080	3.433	1	0.094	1.159	
发明人人数	0.046	0.043	1.113	1	0.291	1.047	
申请人类型			12.020	3	0.007		
申请人类型（1）	1.529	0.738	4.292	1	0.038	4.612	
申请人类型（2）	1.452	0.755	3.696	1	0.055	4.273	卡方 = 25.768
申请人类型（3）	2.027	0.739	7，514	1	0.006	7.589	Sig. = 0.001
技术领域			8.799	3	0.032		
技术领域（1）	0.221	0.219	1.011	1	0.315	1.247	
技术领域（2）	−0.068	0.215	0.100	1	0.752	0.934	
技术领域（3）	1.213	0.440	7.599	1	0.006	3.364	
同族专利项数	−0.041	0.044	5.042	1	0.025	0.956	

表7   日本专利 Cox 回归方程各参数的估计值

协变量	β	SE	Wald	df	Sig.	Exp（β）	模型整体得分
权利要求项数	0.002	0.001	0.009	1	0.997	0.998	
说明书页数	0.001	0.002	0.083	1	0.773	0.997	
分类号个量	0.060	0.040	2.258	1	0.133	1.062	
发明人人数	−0.047	0.018	6.887	1	0.009	0.954	
技术领域			4.026	3	0.259		卡方 = 29.768
技术领域（1）	0.060	0.120	0.255	1	0.614	1.062	Sig. = 0.008
技术领域（2）	0.215	0.115	3.485	1	0.062	1.240	
技术领域（3）	0.064	0.201	0.101	1	0.750	1.066	
同族专利项数	−0.026	0.015	2.780	1	0.095	0.975	

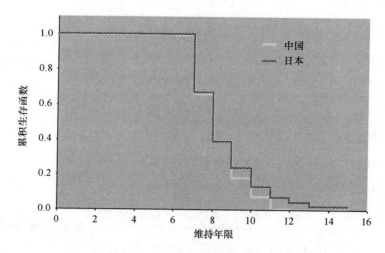

图1   国内专利和日本专利的维持时间 – 累积生存函数

4.3   回归数据分析

由表6提供的回归数据可以看出：说明书页数、分类号个数、发明人人数协变量因 P 值 >0.05 没通过显著性检验，说明其对专利维持时间影响微弱，不作为影响因素。产生这种结果的主要原因是说明书页数、分类号个数主要由技术内容决定，与专利质量、创新高度、市场价值没有必然的联系，表现在燃料电池领域没有显著影响。权利要求项数、申请人类型、技术领域和同族专利协变量通过显著性检验，是国内专利维持时间的影响因素，其中：权利要求项数和同族专利项数都是保护因素，权利要求每增加1项，专利生存风险概率降低（1-0.942）×100% = 5.8%，同族专利项数每增加1项，专利生存风险概率降低4.4%。申请人类型中，个人因为受人力、物力等条件限制多数没有实施能力，其专利维持费用承受能力较弱，所以最容易放弃专利保护，是影响专利维持时间的第一危险因素；至于其他专利主体，许多专利申请不是追求专利市场回馈，而是为了获取专利资助、申报课题、税收减免、申请高新技术企业或其他战略性动机，市场激励不足和行政激励过度，使申请人热衷于专利申请而漠视专利的有效维持，尤其是非市场竞争主体的科研单位和大专院校，与专利的关联度更加微弱，专利维持时间就更为短暂。技术领域具体表现为我国在辅助装置或方法、燃料电池制造、零部件、燃料电池与制造反应剂或处理残物装置的结合等方面的风险依次增强。

由表7提供的回归数据可以看出：日本专利维持时间影响因素只有发明人人数量和同族专利项数，且两者都是保护因素：发明人每增加1人，专利生存风险概率降低（1-0.958）×100% = 4.8%，同族专利项数每增加1项，专利生存风险概率降低2.6%，其他因P值>0.05没通过显著性检验，不作为影响因素。产生这种结果的主要原因是：日本于1885年建立专利制度，领先于中国100年，有着良好的崇尚创新、尊重专利的文化氛围。日本专利申请人全为企业，并且申请的多为创造性最高、保护期限最长的发明专利，其目的就是追求对中国市场的垄断和控制，所以日本企业更看重专利创造性的高度和有效性的维持：发明人数量越多，可贡献的科学知识就越多，凝聚在专利中的创新性就越高；同族专利数量越多，其市场覆盖范围越大；维持时间越长，其市场激励作用发挥得就越大，这也是其专利平均维持时间比国内专利长、生存概率比国内专利高的重要原因。至于同是表征专利质量的权利要求项数为什么没在日本回归方程中出现，主要是因为权利要求项数多是日本专利的共性，如同日本申请人类型都是企业一样，在专利维持时间影响因素中就体现不出来了。

从图1提供的生存曲线可以看出：国内专利从第7年开始出现较小范围的转折，其生存率为0.995；第8年和第9年出现较大的转折，生存率从0.660变为0.395；第10年到第11年波动变得比较小，从0.181到0.076；第12年生存率非常低，为0.005；第13年以上几乎为0。日本专利的波动值首先出现在第8年，其生存率为0.670；第9年的生存率也比较大，为0.388；其后较为平稳，第10、11、12、13、14和第15年的生存率分别为0.237、

0.131、0.069、0.043、0.019 和 0.017；第 16 年以上的生存率比较小，几乎为 0。比较两个国家的专利累积生存函数发现，随着专利生存年限的增加，国内专利和日本专利的生存概率都在递减，但是日本专利的生存概率在各阶段均比国内专利高，尤其是在维持年限超过 9 年的专利中，这种差别更为明显。

5　结　语

本文以中国燃料电池领域的国内专利和日本专利为研究对象，利用 Cox 生存模型对专利维持时间影响因素及其影响程度进行了研究。与已有成果相比，本研究不但得出与宏观分析相似的一些结论，如国外专利整体平均质量优于本国专利[19]、同族专利大小可以反映专利的经济重要性[7]、企业的专利维持时间明显长于其他专利主体[8]，在影响因素分析方面也有独到之处：①宏观影响因素不一定是领域影响因素，以专利文献中可获得的信息为基础，从中观的角度运用科学方法进行因素分析，在保证数据具有代表性的前提下又充分兼顾所选技术领域的特异性，原始数据准确可靠，分析结果深入、客观、有效；②采用了文献研究法，借鉴前人研究成果系统全面地设计变量，利用 Cox 生存模型进行回归分析，不但能准确找出该领域专利维持时间的影响因素，而且能识别哪些是保护因素，哪些是危险因素，有利于扬长避短；③量化各影响因素对专利维持时间的影响效能，有利于区分矛盾主次，抓住问题的关键。本文对燃料电池领域影响因素分析的思路和方法同样适应于其他技术领域，与宏观分析相比，能更为客观、深入细致地揭示问题实质，对改进专利质量、充分发挥专利制度的功效更具有指导性。

同时，本研究也发现了一些值得关注的现象，如国内专利和日本专利的发明人人数均值大致相同，却不是两国专利的共同影响因子，技术领域不是日本专利的影响因素。另外，本研究仅限于专利文献内容对专利维持时间的影响，没有考虑政策环境、技术管理和竞争策略等因素，这些都值得深入研究。

参考文献：

［1］　国家知识产权局规划发展司．专利统计简报［EB/OL］．［2013 – 08 – 10］．http：//www. sipo. gov. cn/ghfzs/zltjjb/201303/P020130312391031244548. pdf.

［2］　O' Donoghue T, Scotchmer S, Thisse J, et al. Patent breadth, patent life, and the pace of technological progress ［J］. Journal of Economics and Management Strategy, 1998, 7 (1)：1 – 32.

［3］　王晓浒，刘磊，李凤新，等. 2011 中国有效专利年度报告［N］. 知识产权报，

2012 – 07 – 04 (1).

[4] Reitzig M. Improving patent for management purpose – validating new indicators by analyzing application rationales [J]. Research Policy, 2004, 33 (6): 939 – 957.

[5] Pakes A, Margaret S, Kenneth J, et al. Patent renewal data [J]. Brookings Papers on Economic Activity, 1989, 62 (3): 331 – 410.

[6] Brown W H. Trends in patent renewals at the United States Patent and Trademark Office [J]. World Patent Information, 1995, 17 (4): 225 – 234.

[7] Liua K, Arthursa J, Cullena J, et al. Internal sequential innovations: How does interrelatedness affect patent renewal? [J]. Research Policy, 2008, 37 (5): 946 – 953.

[8] Gronqvist C. The private value of patents by patent characteristics: Evidence from Finland [J]. The Journal of Technology Transfer, 2009, 34 (2): 159 – 168.

[9] 乔永忠. 基于专利情报视角的专利维持时间影响因素分析 [J]. 图书情报工作, 2009, 53 (4): 42 – 45.

[10] 宋爽. 中国专利维持时间影响因素研究——基于专利质量的考量 [J]. 图书情报工作, 2013, 57 (7): 96 – 100.

[11] Lee Y G, Lee J D, Song Y I, et al. An in – depth empirical analysis of patent citation counts using Zero – inflated count data model: The case of KIST [J]. Scientometrics, 2007, 70 (1): 27 – 39.

[12] Brusoni S, Grespi G, Franeoz D, et al. Everything you always wanted to know about inventors (but never asked): Evidenee from the PatVal – EU survey [R]. Pisa: Laboratory of Economies and Management, 2006.

[13] Bessen J. The value of US patents by owner and patent characteristics [J]. Research Policy, 2008, 37 (5): 932 – 945.

[14] Svensson R. Licensing or acquiring patents? Evidence from patent renewal data [EB/OL]. [2013 – 12 – 07]. http://www.eea – esem.com/files/papers/EEA – ESEM/2007/900/Renewalmode4.pdf.

[15] Tong Xuesong, Frame J D. Measuring national technological performance with patent claims data [J]. Research Policy, 1994, 23 (2): 133 – 141.

[16] Shane S. Technological opportunities and new firm creation [J]. Management Science, 2001, 47 (2): 205 – 220.

[17] Guellec D, van Pottelsberghe de la Potterie B. The value of patents and patenting strategies: Countries and technology areas patterns [J]. Economics of Innovation and New Technology, 2002, 11 (2): 133 – 148.

[18] 陈海秋, 韩立岩. 专利质量表征及其有效性: 中国机械工具类专利案例研究 [J]. 科研管理, 2013, 34 (5): 93 – 101.

[19] 高山行, 郭华涛. 中国专利权质量估计及分析 [J]. 管理工程学报, 2002 (3): 66 – 68.

作者简介：

吴红，山东理工大学科技信息研究所副教授，E-mail：wuhong0256@163.com；

付秀颖，山东理工大学科技信息研究所硕士研究生；

董坤，山东理工大学科技信息研究所硕士研究生。

信息技术领域专利维持状况及
影响因素研究[*]

我国《专利法》第四十二条规定：发明专利权的期限为 20 年，实用新型专利权和外观设计专利权的期限为 10 年，均为自申请日起计算。专利保护期间专利权人需要向知识产权管理部门交纳专利年费以维持专利权的有效性，专利年费随着专利有效期的增长而逐渐增加。专利维持就是指这一在专利法定保护期内、专利权人依法向专利行政部门缴纳规定数量维持费使得专利继续有效的过程[1]。可以看出，申请人获得专利授权只是取得使用专利权的资格，对专利权的有效维持才是其真正发挥作用的开始[2]。专利维持时间的长短通常是专利技术水平高低和经济价值大小的体现。领域专利整体维持状况则有效反映了领域技术创新能力及技术创新对产业经济的带动能力。

本文选择信息技术领域作为领域专利维持状况分析的对象。信息技术的广泛渗透性及倍增效应使其已成为当代经济和社会发展的主要驱动力。然而受美国次贷危机影响，2008 年下半年以来我国信息产业发展面临严峻挑战[3]。为解决信息产业的深层次问题和推动中国经济的全面转型升级，2010 年中国共产党第十七届五中全会审议通过了《中共中央关于制定国民经济和社会发展第十二个五年规划的建议》，确定"十二五"期间我国将重点培育和发展包括信息技术产业在内的七大新兴产业，并将全面提高信息化水平作为发展现代产业体系的建设目标之一。本文通过对中国 1985 – 2009 年间信息技术领域发明专利维持状况的考察，对该领域的技术创新能力及其主要影响因素进行摸底式分析，以期在确定前期发展基础的前提下，为"十二五"期间突破信息技术领域的发展梗阻、促进产业创新能力提升提供决策支持。

　＊ 本文系国家自然科学基金资助项目"基于专利存续期的专利价值分布国际比较及其对我国新兴技术资源发展的启示研究"（项目编号：71173009）研究成果之一。

1 文献综述

国外研究人员对不同技术领域专利维持状况的研究主要集中在三个方面：①领域专利维持的规律及其影响因素分析。N. V. Zeebroeck[4]采用生存分析模型对欧洲专利局1980－2000年间授权专利的维持状况进行分析发现：尽管欧洲专利的平均授权率有小幅下降，但专利维持时间有所延长；有价值的专利（指那些被大量引用或技术领域覆盖面广的专利）审查所需时间较长，但授权率较高，维持时间也较长；技术复杂度高的专利审查时间较长，但授权率较低，维持时间较短。Xie Y、D. E. Giles[5]用生存分析方法获得美国专利从申请到授权持续时间的条件概率分布规律，发现专利的权利要求项数、引用文献数、所属技术领域、申请人类型都对专利审查持续时间有显著影响。②不同技术领域与专利维持时长之间的关联研究。不同国别、不同技术领域的专利权人对专利的维持时间不同[6]，化学和电学领域的专利维持率较高[7]。③基于专利维持模型的专利价值研究。A. Pakes、M. Schankerman[8]最早利用专利维持信息构建价值判断模型，将专利维持作为专利权人对其专利价值的判断依据。专利技术生命越长、技术储备能力越大，或者市场控制力越强，专利权人可获得的收益就越大，专利的价值也越高。由于上述模型仅考虑失效专利数据（包括已达到最大保护年限和因不再续费而停止维持的专利），P. B. Maurseth[9]和R. Svensson[10]通过引入生存分析将未失效专利数据加入模型，对数据信息的使用更为充分。

国外学者较早地关注到专利维持信息中蕴涵的数据价值，并引入生存分析等多种方法针对各国专利数据展开了大量实证研究。相比之下，中国相关研究并不多见。乔永忠[11]统计分析了1994年中国知识产权局授权的3 838件发明专利的维持时间及法律状态，发现电学类专利维持时间最长、纺织造纸类专利的维持时间最短。郑贵忠、刘金兰[12]在国内研究中首次运用生存分析方法以及生命表理论构建专利有效模型，并基于中国知识产权局授权专利数据，分析了不同类型专利权人专利维持状况的差异。黄蕾、张璐等[13]基于上述模型分析我国光伏产业有效专利的状态，得出光伏产业国外专利权人专利有效期最长、国内专利权人中科研院所和个人的有效率最低而企业较高的结论。可见，国内领域专利维持状况研究尚属于起步阶段，生存分析方法在专利维持研究中的运用方式还很单一、研究结果相对单薄，需要进一步深入探讨其应用模式并根据实际需要开展一定规模的实证研究。

2　研究方法及应用讨论

2.1　生存分析方法

生存分析（survival analysis）是指根据试验或调查得到的数据对生物或人的生存时间进行分析和推断，研究生存时间和结局与众多影响因素间关系及其程度大小的方法，也称生存率分析或存活率分析[14]。目前生存分析已广泛应用于生物统计、医学、金融和工业工程等多个领域。其主要特点是针对传统统计无法处理的不完全数据提供了整套分析方法。在应用研究过程中常常由于失访或研究结束时某些样本还没有发生研究关心的事件等原因造成数据的不完全（称为数据删失）。此外，由于作为分析对象的生存时间通常不满足正态分布，其估计方式也不同于传统方法。

生存时间从广义上说，是指自然界、人类社会或技术过程中某种状态的持续时间。可以通过 4 个函数来描述生存时间这一随机变量：概率函数 f (t)，分布函数 F (t)，生存函数 S (t)，风险函数 h (t)[15]。4 个函数的定义及相关关系如下：

$$F(t) = Pr(T \leqslant t) = \int_0^t f(y)\,dy \tag{1}$$

$$S(t) = Pr(T > t) = 1 - F(t) \tag{2}$$

$$h(t) = \lim_{\Delta t \to 0} \frac{Pr[t \leqslant T < t + \Delta t \,|\, T \geqslant t]}{\Delta t} = \frac{f(t)}{S(t)} \tag{3}$$

生存分析主要包含 4 方面的研究问题：描述生存过程，即研究生存时间的分布规律；比较生存过程，即研究两组或多组生存时间的分布规律，并进行比较；分析危险因素及研究危险因素对生存过程的影响；建立生存过程与影响因素之间的量化数学模型，并根据样本特点选用合适的估计方法估计模型参数。本研究将上述 4 方面作为分析的基本思路。

2.2　应用讨论

专利在整个生命周期中主要经历申请、授权和失效（包括停交专利年费失效和达到最大保护年限失效两种情况）三种状态变化。由于专利数据的海量特性，每个时间点都存在专利授权，导致在指定的观察终止时间内，"失效"这一死亡事件对于部分专利而言还没有发生，因无法观测到而出现删失（删失是指因人力或其他原因未能观察到所感兴趣的事件发生，而出现观测数据不完整的现象）。由于传统方法只能分析完全数据，研究人员不得不将这部分未失效数据排除在外。这必然会导致分析结果存在一定误差。对于中国专利数据而言，由于近 10 年来专利授权量的迅猛增长，大量专利处于未失效状态，这种误差会更加明显。

生存分析中，将此类个体"出生"时间不同、但由于研究者预先指定观察终止时间而得以确切知道其删失时间的数据，定义为广义 I 型删失[14]17-18，属于生存分析的应用范围。结合专利数据的特点，下面对专利生存时间、专利生存中位数进行定义。

专利申请至获授权这一时间区间的长短主要取决于专利局的工作流程及效率，与专利本身关联较弱。因此专利生存时间一般定义为从"专利授权"至"专利失效"事件发生所经历的时间长度。对于观测结束时，"专利失效"事件尚未发生的删失数据，通过计算观测结束时间与专利授权时间之间的时间差获得。

为了解专利生存时间的中间水平及去除极端值对结果的影响，定义专利中位生存时间期为：使专利分布函数取值为 1/2 时对应的专利时间。设专利生存时间中位数为 m，专利生存时间 T 满足 $P_r（T \leqslant m）= F（m）= 1/2$。

3　实证研究

3.1　分析数据

专利的主分类号（IPC）可以依据 OECD 的 ISIOST INPI 分类方法将全部专利划分到 30 个技术领域中[16]。选择其中的通信技术和信息科技两个技术分类作为信息技术领域对应的 IPC 范围。以该 IPC 范围为检索条件，在我国知识产权局网站检索并下载 1985 年（当年中国开始实施专利保护制度）至 2009 年间申请的发明专利申请数据和法律状态数据。由于两部分数据相互独立，依据专利申请号将两部分整合，自建数据库获得每条专利的申请日期、申请人国别和授权情况、年费支付情况等。删除其中的未获授权的专利，共得到 95 594 条信息技术领域授权发明专利信息。逐条计算专利从授权至失效所经历的时间长度，获得每条专利的生存时间，并对删失数据进行标注。

3.2　信息技术领域专利维持状况及影响因素分析

以上述数据集为研究对象，运用恰当的生存分析方法，我们从分析领域专利总体维持时间分布和比较不同国别专利申请人维持时间分布两个角度出发，确定领域专利维持状况。同时梳理可能影响专利维持的因素并构建风险回归模型，以探索领域专利维持状况背后的作用机理。

3.2.1　信息技术领域专利维持时间分布规律

信息科技领域专利生存时间整体符合何种统计分布尚不清楚，适合选用非参数生存模型对专利生存函数进行估计。较常采用的估计方法有寿命表法和 Kaplan – Meier 法两种。由于每个专利对象都有确切的死亡时间或删失时间，选择 Kaplan – Meier 法估计。现对 Kaplan – Meier 法的估计方式进行具体说明。假设有一个带有删失观测的专利生存时间样本，并假设：

d_j：在时间 t_j 处结束的观测个数；

m_j：在区间 $[t_j, t_j + 1]$ 处删失的观测的个数；

$r_j = \sum_{l \mid l \geq j} (d_l + m_l)$：在时点 t_j 处处于风险中的观测个数。

则 Kaplan – Meier 法的估计公式为：

$$\hat{S}(t) = \prod^{f \mid f_j \leqslant t} \frac{r_j - d_j}{r_j} \tag{4}$$

运用社会统计分析方法软件 SAS 9.0，对 1985 – 2009 年间信息技术领域授权的 95 594 条发明专利进行统计。使用 LIFETEST 分析过程、限定估计方法为 Kaplan – Meier 法，对样本的生存函数进行估计，并将估计结果拟合而成生存曲线。生存曲线是时间的减函数，即随着时间的延长，专利权继续延续的比例越来越低，直到接近于零。信息技术领域 Kaplan – Meier 生存曲线见图 1，其中横坐标表示时间 t（单位：天），纵坐标表示生存函数 $S(t)$ 的估计值 $\hat{S}(t)$：

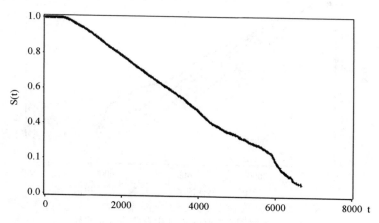

图 1　信息技术领域专利生存曲线

从信息技术领域专利生存曲线的整体下降趋势来看，曲线的第一个拐点出现在 700 天左右（即 2 – 3 年），此后近似呈直线匀速下降，即专利生存概率稳定降低，直至专利维持到 4 200 天左右（约第 12 年）时下降速率有所放缓，而维持到 5 800 天时（约第 16 年）生存概率降低的趋势有所加快。

从维持时长来看，50%左右的领域专利维持时间超过 10 年，但仅有接近 1% 的专利维持到届满。利用生存函数与分布函数之间的转换关系，得 $F(m) = 1 - S(m)$。由于中位生存期为使得 $F(m)$ 取值为 1/2 的 t 值，可将其转化为计算使生存函数 $S(t)$ 取值为 1/2 的 t 值。根据 $S(t)$ 的估计值 $\hat{S}(t)$ 得：在 95% 的置信度下，信息技术领域专利的中位生存期为约 10.5 年（3 836 天）。

3.2.2 基于申请人国别的专利维持时间分布比较

为深入考察中国本土研发团体或个人在信息技术领域的科研实力，在 SAS 9.0 中定义 LIFETEST 过程的 STRATA 参数为申请人国别。使其作为分组变量，分别估计各组的生存函数，并用 GPLOT 过程将估计结果拟合形成区分线型的多组 Kaplan – Meier 生存曲线。

通过比较各组生存曲线的高度，可以对其技术的整体质量有所把握，即拥有较高研发质量的群体所申请的专利一般会维持较长时间，因此专利生存曲线往往位于较高位置。由于历年来中国、日本、美国三国是中国知识产权局在信息技术领域授权最多的国别[3,17]，绘制中、美、日及其他国家 4 组生存曲线，见图 2。

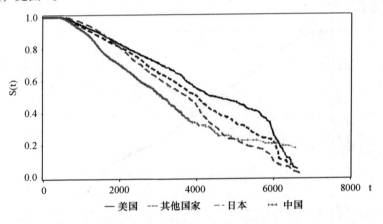

图 2　不同国别申请人专利生存曲线分布比较

从整体情况看，4 组生存曲线呈现出了与领域整体生存曲线（图 1）类似的下降趋势，即经历先高比例平稳维持、后匀速下降、再速率放缓三个阶段。存在的最大差异是，在 4 800 天至 6 000 天左右的时间区间内，美国、日本、其他国家申请人专利的生存曲线依次急速下降，而中国申请人专利生存概率基本平稳。

332

由于后期下降速率较低以及 4 800 天左右与其他国家变化趋势的分化，中国申请人的专利生存曲线尽管前部高度明显低于所有比较对象，但大致在 6 000 天后生存概率高于比较对象。这反映出中国申请人的专利质量总体偏低，但有部分专利始终能够得到市场的认可，质量很高。

在 1985 - 2009 年这个时间跨度上，美国申请人专利曲线基本处于最高水平，具有绝对的技术优势。而日本申请人专利技术优势并不明显，在大部分情况下生存曲线的高度不仅低于美国、甚至也低于其他国家。计算各组申请人专利的中位生存期也再次引证了上述结论。如表 1 所示：

表 1　信息技术领域各国申请人专利中位生存期比较

国别	美国	日本	中国	其他国家
中位生存期（单位：天）	4 466	3 759	3 094	4 011

3.2.3　信息技术领域专利维持影响因素选择

在获得信息技术领域专利维持时间分布的基础上，对可能影响专利维持的因素进行梳理，以了解研发行为对专利维持状况的作用机理。

• 申请人类型是首先考虑的影响因素。乔永忠[18]、郑贵忠[12]、黄蕾[13]、宋爽[19]在对不同时间跨度和范围的中国知识产权局授权专利数据进行分析后，均得出科研院所专利维持时间较短、企业专利维持时间较长的结论。因此本研究将信息技术领域的专利申请人类型划分为企业、高校及研究机构、个人三种，以了解该因素对信息技术领域专利维持状况的影响程度。

• 其次考虑申请人数量和发明人数量。理论上，合作申请的专利比单独申请的专利投入的资金要高（因为专利申请人大多是投资研发的企业），因此联合申请可能有助于提高专利质量；而 S. Brusoni 等[20]认为由于投入较多研发人员的专利往往是由规模较大的企业（如大型跨国公司等）申请的，因此其合作发明凝聚的科学知识更多，研究创新也更多，专利质量更好。将申请人和发明人数量设计为两个二分变量，即表示为"是否合作申请"和"是否合作发明"两个变量。

• 申请书页数也在考虑的范围内。复杂的技术可能需要在专利申请书中使用更多的技术说明文字及图表进行阐述，技术越复杂，模仿和追赶的成本越高，专利竞争力越强，维持时间也更长。

由于我国专利制度出现时间相对较短，专利保护水平和本土技术实力都在逐步提升过程中，因此将专利授权年份作为待考察的影响因素之一。以中国专利年费两次更改的实施年份 1993 年和 2000 年为节点，将授权时间区分为 1985 - 1993 年、1994 - 2000 年、2001 - 2009 年三个阶段。

3.2.4 专利维持风险回归分析

为确定上述影响因素对专利维持过程的影响程度，本研究对专利维持状况进行风险建模。从不同国别申请人专利的维持时间比较可以看出，中、美、日三国申请人专利的生存的高度和变化趋势存在差异。这说明专利失效的基准风险存在差异，因此选用 COX 分层回归模型对中、美、日三国的专利数据进行分析。COX 分层回归模型假定第 i 层的对象有一个基准危险函数 $h_{0i}(t)$，X 表示风险因素，β 为待估计的参数。则在某一层各风险因素对风险函数的效应能以比例危险的形式表示[14]272-273：

$$h_i(t) = h_{0i}(t) e^{X\beta} \tag{5}$$

以式（5）为模型原型，调用 SAS 9.0 软件中的 PHREG 过程，将拟分析的专利维持影响因素加入模型，编程建立信息技术领域专利维持 COX 分层回归模型。

利用 COX 提出的偏对数似然函数（log partial likelihood function）[21]得出每层专利的似然函数：

$$LL_i(\beta) = \sum_{j=1}^{K} \left[\sum_{m \in D(t_j)} (x_m \beta) - d_j \ln(\sum_{l \in R(t_j)} e^{x_l \beta}) \right] \tag{6}$$

其中，$D(t_j)$ 为在时点 t_j 处专利权终止的专利组成的集合，$R(t_j)$ 为在时点 t_j 处专利权没有终止的专利组成的集合，d_j 为在时点 t_j 处专利权终止的专利数量。

最后得出共分 3 层的 cox 回归的极大似然函数为[14]272-273：

$$LL(\beta) = [LL_1(\beta)] + [LL_2(\beta)] + [LL_3(\beta)] \tag{7}$$

最大化该似然函数得出 β 的估计量及风险率，结果见表 2，其估计结果均通过卡方检验，在 95% 的置信度下显著。

表 2　风险因素参数估计结果

影响因素	变量名称	系数 β	风险率 hazard ratio
申请人类型（以"个人"为参照变量）	企业	- 1.365	0.255
	高校及科研机构	0.178	1.195
合作申请（以"无合作申请"为参照变量）	是否合作申请	0.114	1.121
合作发明（以"无合作发明"为参照变量）	是否合作发明	- 0.237	0.789

影响因素	变量名称	系数 β	风险率 hazard ratio
授权时间 （以 1985 - 1993 年为参照变量）	1994 - 2000 年	0.3913	1.479
	2001 - 2009 年	0.1274	1.136
申请书页数	申请书页数	- 0.005	0.995

风险回归反映的是风险因素对风险的影响，因此当风险因素的估计系数为正时，反映的是该因素会促进专利终止事件的发生，即会抑制专利维持；反之，当风险因素为负时，该因素会促进专利维持。在实际研究中往往以风险率（$hazard\ ratio = e^{\beta}$）与 1 的比较来确定影响程度。当风险率显著大于 1 时，风险因素对专利权的维持时间长度有抑制作用；当风险率显著小于 1 时则会有正向作用。

● 在所有考察的风险因素中，"专利申请人类型为企业"因素对专利维持的影响程度最强，说明信息技术领域企业获授权的专利维持情况最好，技术价值最高。在其他条件相同的情况下，高校及科研机构获授权的专利终止的风险是个人的 1.195 倍，是企业的 4.69 倍（由于风险率均以"个人"为参照变量，所以高校及科研机构与企业之间的风险概率比值等于二者的风险率之比）。可以认为其在所有申请人类型中维持时间最短、专利质量最低。出现这一现象的原因可能有两种：原因之一是尽管高校及科研院所获授权专利的科技含量较高，但与市场结合不够紧密或自身没有转化为科技产品的能力或渠道，导致专利无法有效利用，短时间维持后就停止缴纳相关费用、自动放弃了专利权；另一方面是由于此类机构注重技术数量评价指标而非产出。很多单位出于完成科研项目或单位之间评比的需要，片面追求专利数量，导致专利成果没有多大的市场价值，出现专利泡沫现象[19]。

● 授权时间因素对风险率的影响仅次于申请人类型。1994 - 2000 年间的授权专利维持时长较专利制度实施之初有显著缩短；而相比于 1994 - 2000 年间，2001 年后维持时长又有所增长。早在 1965 年，戈登·摩尔就提出了著名的摩尔定律：当价格不变时，集成电路上可容纳的晶体管数目，约每隔 18 个月便会增加一倍，性能也将提升一倍[22]。该定律精确地刻画了信息技术高速变化的状态。20 世纪 90 年代中国信息化进程开始起步，信息技术的发展正如摩尔定律预测的那样迅猛，由此带来的技术更新和产业升级导致大量淘汰技术专利停止维持。而随着中国 2000 年加入 WTO，国外大型信息技术企业纷纷抢滩中国市场，由于信息产业严重的技术依赖性，大型企业依据自身成熟的专利策略，倾向于将核心技术专利组合维持，以筑起技术垄断的高墙、防止潜在竞争者进入。这是导致 2001－2009 年间专利维持时间相对增长的主要原因。

- 合作发明因素的影响程度进一步次之。信息技术领域的合作发明能够促进专利的维持，这与 S. Brusoni 等的研究结果一致。信息技术具有技术复杂度高、应用范围广的特点，科研人员的协作能够极大地促进技术应用深度和广度的提升，从而为占领产业空白点、形成某种程度上的技术垄断并享受随之而来的经济效应提供技术保证。应在产业内部提供多渠道的技术交流途径，建立合作开发、成果共享的良性激励机制，以开放、互助的技术氛围促进组织内部、组织之间、个人之间的技术交流，从而推动技术合作的产生，使更多高质量专利脱颖而出。
- 合作申请是唯一与初始假设不符合的风险因素，回归结果显示合作申请对专利维持有一定抑制作用。这可能是由于在信息技术领域共同申请的专利，其技术盈利模式相对不清晰，导致维持状况相对较差。
- 申请书页数对风险函数的影响最弱。复杂的技术往往需要较长的申请书进行描述，但对维持时长的促进程度较弱。

4 结论及建议

生存分析方法能够处理删失数据和不满足正态分布的生存时间，这两大特点使其非常适用于专利维持相关研究。研究结果显示，领域专利在申请初期的 2－3 年内均高比例维持，随后大量专利逐渐停止维持。变化趋势呈现出先速率恒定、后有所放缓（第 12 年至第 16 年左右）、再进一步加快（第 16 年左右至最大保护期）的特点。从信息技术领域发展路径来看，本领域的技术革新呈阶跃式变化。突破性成果往往与业内现有产业环境有所差异，需要一定的技术培育期。然而这种技术培育依赖于技术人员和资金的持续投入。许多有前瞻性的技术成果由于缺乏投入而被迫放弃专利所有权，是导致前期专利维持概率下降较快的原因之一。而持续维持的创新性技术专利则跟随行业技术形态的整体变化逐渐成为主流并为市场所认可，此时专利权人更倾向于继续维持专利以保护自身的技术地位，出现维持时间较长的专利停止维持的概率有所降低的情况。随着技术形态和产业构成的变化，新技术逐渐取代原有技术，导致专利维持概率的加速下行，仅有接近 1% 的专利维持到届满。

为促进我国信息技术领域专利的整体维持，应从降低前期专利维持下降速率着手。具体措施包括：建立技术评估机制和有效的技术发布、交易渠道，完善相应的投融资体系，鼓励各类资本了解并最终进入信息技术领域进行风险投资。同时提供金融、税收等一系列优惠政策，以帮助高质量的专利技术渡过相对漫长的培育期，实现其经济价值。

基于申请人国别的专利维持时间比较显示：中国申请人的专利质量总体偏低，但有一部分高水平专利始终能够得到市场的认可；美国申请人具有绝对的技术优势，而作为传统信息技术大国的日本，其专利技术优势并不明显，在大部分情况下生存曲线的高度仅高于中国。在信息技术领域，我们应主动追踪美国典型创新团体或个人的专利申请情况，以了解技术发展的最新趋势及产业动向。

本文进一步分析了影响专利维持的危险因素，发现申请人类型、授权时间、合作发明、合作申请、申请书页数对专利维持的影响依次减弱。企业申请的专利能够促进专利维持且影响程度最强，故应改变过去重高校和科研机构、忽视企业创新的错误观念，从多个角度加强对企业技术创新的扶持力度。具体包括：在设立各种级别的技术研究重点项目时开辟企业专项，鼓励业内企业配套相应的人力、物力开展应用技术研究，以推动整个行业的知识产权自主化和下一代信息技术的开发；鼓励高校和科研机构研究人员加强与企业之间的技术联系，开展广泛的技术合作，使有价值的技术革新得以产品化、产业化。由于大量信息技术具有创新难、模仿易的特点，在实现技术创新的同时，该领域的专利保护比其他领域更为必要和紧迫。应积极促进各创新主体专利保护意识的提升，使技术革新得以与有效的专利战略结合，从而逐步突破国外企业或机构依托专利制度建立起来的技术垄断，推动信息产业真正成长成为中国经济增长的支撑力量。

参考文献：

[1] 乔永忠．专利维持时间影响因素研究［J］．科研管理，2011（7）：143-144.

[2] O'Donoghue T, Scotchmer S, Thisse J F. Patent breadth, patent life, and the pace of technological progress［J］. Journal of Economics and Management Strategy, 1998, 7 (1)：1-32.

[3] 工业和信息化部科技司．2009年信息技术领域专利态势分析报告［J］．电子知识产权，2009（12）：19-30.

[4] Zeebroeck N V. Patents only live twice：A patent survival analysis of the determinants of examination lags, grant decisions, and renewals［EB/OL］.［2013-02-20］. http://www.epip.eu/conferences/epip03/papers/vanZeebroeck_pap_nvz_patentsurvival_v09_Sep08.pdf. Working Papers CEB, 2007：10-15.

[5] Xie Ying, Giles D E. A survival analysis of the approval of US patent applications［EB/OL］.［2012-11-15］. http://web.uvic.ca/econ/research/papers/ewp0707.pdf.

Econometrics Working Paper EWP0707, 2007：18 – 19.

[6] Pakes A, Simpson M. Patent renewal data ［EB/OL］. ［2012 – 11 – 15］. http：//
     www. brookings. edu/ ~ /media/projects/bpea/1989% 20micro/1989 ＿ bpeamicro ＿
     pakes. pdf. Microeconomics, 1989：331 – 410.

[7] William H B. Trends in patent renewals at the United States Patent and Trade Mark Office
     ［J］. World Patent Information, 1995, 17（4）：225 – 234.

[8] Pakes A, Schankerman M. The rate of obsolescence of patents, research gestation lags,
     and the private rate of return to research resources ［M］//R&D, Patents and Productivi-
     ty. Chicago：The University of Chicago Press, 1984：98 – 112.

[9] Maurseth P B. Lovely but Dangerous：The Impact of Patent Citations on Patent Renewal
     ［J］. Economics of Innovation and New Technology, 2005（14）：351 – 374.

[10] Svensson R. Licensing or acquiring patents? Evidence from patent renewal data ［EB/
      OL］. ［2013 – 02 – 20］. http：//www. eea – esem. com/files/papers/EEA – ESEM/
      2007/900/Renewalmode4. pdf.

[11] 乔永忠. 不同技术领域专利维持信息实证研究 ［J］. 图书情报工作, 2011（6）：
      36 – 39.

[12] 郑贵忠, 刘金兰. 基于生存分析的专利有效模型研究 ［J］. 科学学研究, 2010
      （11）：1677 – 1682.

[13] 黄蕾, 张鹿, 熊艳. 基于专利有效性的光伏产业创新差异研究 ［J］. 情报杂志,
      2010（2）：67 – 78.

[14] 彭非, 王伟. 生存分析 ［M］. 北京：中国人民大学出版社, 2005：3 – 6.

[15] 周江雄, 刘建华, 李颖芳. 生命表的构造理论 ［M］. 天津：南开大学出版社,
      2001：3 – 208.

[16] Ulrich Schmoch. Concept of a technology classification for country comparisons ［R］.
      Report to the World Intellectual Property Organization（WIPO）, 2008.

[17] 工业和信息化部科技司. 2008 年信息技术领域专利态势分析报告 ［J］. 电子知识
      产权, 2008（12）：14 – 18.

[18] 乔永忠. 基于专利情报视角的专利维持时间影响因素分析 ［J］. 图书情报工作,
      2009, 53（4）：42 – 45.

[19] 宋爽. 中国专利维持时间影响因素研究——基于专利质量的考量 ［J］. 图书情报
      工作, 2013, 57（7）：96 – 100.

[20] Brusoni S, Crespi G, Francoz D, et al. Everything you always wanted to know about in-
      ventors（but never asked）：Evidence from the PatVal – EU survey ［EB/OL］. ［2013
      – 03 – 05］. http：//www. lem. sssup. it/WPLem/files/2005 – 20. pdf. Pisa：Laboratoy
      of Economics and Management, 2006.

[21] Cox D R, Oakes D. Analysis of Survival Data ［M］. London：Methuen, 1984：185
      – 190.

[22]　Moore G E. Cramming more components onto integrated circuits ［J］. Electronics, 1965 (8): 114 –117.

作者简介：

宋爽，北京航空航天大学经济管理学院博士生，北京航空航天大学图书馆馆员，E-mail：s. shuang@ foxmail. com；

陈向东，北京航空航天大学经济管理学院教授，博士生导师。

专利公信力影响因素实证分析与建议[*]

1 引 言

专利公信力是专利赢得社会公众信任和认可的能力，是专利制度在运行过程中，专利所具备的权威性、信誉度和社会影响力，它不仅是维系专利事业健康发展的基石，也是专利制度促进科学技术进步和经济社会发展功能得以充分发挥的重要保证。我国自 1985 年实施专利制度以来，虽然专利申请和授权数量大幅度增长，成为世界上名副其实的"专利大国"，但专利在经济活动中的作用并没有得到充分发挥[1]，专利公信力问题已成为人们严重关注的社会问题和热门话题。因此，深入剖析专利公信力影响因素，探求切实有效的提升对策，就成为解读专利制度本质、发挥专利制度功效的现实要求。

2 研究现状

对于专利公信力，目前虽然尚未发现理论上的探究和对其成因进行深度诊断，但与专利公信力有关的诸如专利质量问题、政策激励问题已成为业界研究热点，如：国外学者 J. Barton[2]、M. A. Lemley[3] 认为，技术发展和专利保护范围的扩大，使大量低质量申请被授权；R. J. Mann 和 M. Underweiser[4] 认为，专利质量是诸多环节因素共同作用的结果，审查是最重要的环节；G. De. Rassenfosse 和 D. Guellec[5] 通过对专利申请动机的研究，认为战略性动机对专利质量有着很大的影响，如阻挠竞争对手、获得谈判筹码；国内学者黎运智、孟奇勋[6] 认为，问题专利的产生主要缘于如下原因：审查标准不一致、实用新型和外观设计的初步审查制度不科学以及地方政府不当的政策引导。刘洋[1]、吴红[7] 等认为市场激励不足和行政激励过度是导致专利质量不高、专利价值没有充分体现的主要原因。

* 本文系山东省社会科学规划研究项目"高校专利质量综合评价及对策研究"（项目编号：12CTQJ03）和山东理工大学人文社会科学发展基金项目"Web 信息挖掘与智能检索"（项目编号：2010GGTD05）研究成果之一。

现有研究虽然指出了若干与专利公信力有关的因素，但主要是基于经验判断对专利某种属性的分析与理解，缺乏全面性和系统性，更遑论哪些是主要因素、哪些是次要因素。依据系统论理论，世界上一切事物都可以被看做是由若干要素组成的、具有特定功能和运动规律的有机整体[8]，为此，本研究从专利制度作用机理入手，对专利制度运行过程中各影响因素进行理论分析，并设计调查问卷，在问卷数据的基础上用 SPSS 17.0 先对其可靠性和有效性进行验证，再借鉴因子分析思想提取公因子，对各因素量表进行处理和归纳，以明确影响专利公信力的主要因素和次要因素，最后有针对性地给出解决对策。

3 分析框架构建

基于专利制度的作用机理是通过赋予专利权人对其发明创造在一定时期内的排他权来获取利益、促进发明创造的，专利最突出的职业属性之一是通过技术排他获取市场回馈，所以专利公信力就表现为在一定社会环境下各要素之间的互相作用，即：在政策法规、执法维权营造的外部环境下，社会公众和专利主体对专利市场激励属性的感知与认同，以及专利赢得社会公众信赖的职业品质，它反映了社会公众、专利主体与专利职业品质之间的信用关系，与社会公众的专利意识、专利主体的综合素质、专利品质、政府引导和执法维权力度有着密切关系。所以研究对专利公信力影响因素的考察主要集中在以下几个方面：

3.1 社会公众方面

专利工作是一项群众性工作，需要社会公众的参与和配合，专利公信力首先表现为社会公众对专利的信仰，而信仰与几千年传统文化对人们行为准则的影响又密切相关，具体而言：

3.1.1 公众专利意识

公众专利意识主要体现为对他人专利的尊重和专利的创造、管理、运用能力[7]。中国知识产权工作最根本的不足是全社会的知识产权意识还有待提升[9]，只有当专利成为一种理念、精神和信仰，并在专利制度的动态运行过程中体现出来时，专利促进科学技术进步和经济社会发展的功效才能得以充分体现。否则即使建立了表层的专利制度，由于专利意识与法律制度脱节，没有形成尊重创造性劳动、追求创新的价值取向和思维方式，专利制度的功能依然得不到充分发挥。

3.1.2 传统文化

传统文化对人们意识形态有着根深蒂固的影响。专利源自西方文化，法律规定是一种私权，具有垄断性、排他性，任何单位和个人未征得权利人许可不得用于生产经营目的的实施，否则要追究其法律责任。而中国传统文化中占主导地位的儒家文化，崇尚的是立言为本，谋利为末[10]，具有较强的反功利色彩，没有知识产权价值观。这样源自西方文化的专利制度与我国排斥知识私有化的传统文化就有着强烈冲突，成为培养公众专利意识的主要障碍。

3.2 政府方面

完善制度、充分发挥专利政策的引导作用、推进专利文化建设是政府在专利领域肩负的基本职能。要充分发挥政府在专利领域的职能，首先要确保政策的合理性，其次要有科学、得当的工作方式与方法来推动制度的贯彻落实，具体而言：

3.2.1 政策导向

专利制度在中国运行尚不足30年，从中等偏低的中国公众知识产权文化素养指数[11]即可推定多数人对专利制度并没有深入的理解。专利发展需要政府的合理引导，政府掌握着众多资源，可以通过制定政策来影响社会其他主体的价值选择与判断。科学合理的专利政策，有助于营造良好的专利文化氛围，形成激励和保护创新的政策合力，充分发挥专利的市场激励属性，否则只会误导公众，把专利搞成"面子工程"，导致专利申请初衷与市场价值实现形成背离。

3.2.2 工作方式方法

专利源自西方文化，与中国传统文化有着很深的冲突。要让社会真正认识专利、崇尚专利、使专利制度充分发挥作用，各级地方政府还需要做大量工作：加大专利宣传和人才培养，加大行政执法力度，把专利保护纳入社会诚信体系建设中，提高知识产权公共服务产品质量，营造良好的知识产权文化氛围。否则，把专利工作简单地等价于追求专利数量，只会误导公众盲目追求专利，甚至出现"越搞发明家里越穷"的怪象[12]，使专利公信力雪上加霜。

3.3 维权方面

关于专利维权，我国采取的是行政执法机关（即地方知识产权局）与人民法院"两条途径，并行运作"的保护模式。民众选择司法行政救济时，侵权审理能否快捷、便利、公正，执法人员能否依法办案，时刻考验着当事人对专利制度的耐心和信心，具体而言：

3.3.1 专利维权

专利保护不仅在于立法的完善，执法力度更为重要。专利权是无形财产，不发生有形控制的占有、损耗和因实物形态消费而导致其本身消灭的情形[13]，再加上专利权具有时间性和地域性特点，使专利侵权更具有隐蔽性和欺骗性，不但增加了专利诉讼复杂程度，也给专利侵权认定和侵权损失确定带来了很大难度。健全的专利执法维权体系，决定着专利制度能否有效保护创新以及权利人对我国专利制度的信任度，否则维权难只会打击权利人寻求法律保护的信心，使之远离专利。

3.3.2 执法人员素质

专利的科技属性（新颖性、创造性）和专利诉讼的复杂性，使专利执法艰难繁琐：不但要界定专利新颖性和创造性，还要对被控侵权的物品或方法与专利蕴含的物品或方法进行对比。执法人员只有具备较高的职业能力和道德素质，才能做出公正裁决，使权利人的合法权益得到及时、有效的保护，否则办案质量难以保证，会严重打击公众对专利社会角色的期待，动摇人们对专利制度的普遍信仰。

3.4 专利主体方面

社会公众、政府引导和司法行政维权对专利作用的发挥，只是提供了可能性或条件性因素，专利主体才是影响专利作用发挥的内在因素。具体而言：

3.4.1 申请动机

从专利制度的角度，专利申请的目的应该是通过法定程序确定发明创造的权利归属关系，以此换取最大的经济利益。只有专利因排他而具有的市场激励属性得以充分发挥，才能调动公众追求技术创新的积极性，进而推动社会科技和经济的发展。倘若申请人不以追求市场利益为目的，而是出于获取专利资助、税收减免、申请高新技术企业或其他战略性动机，专利质量就会被漠视，即使被授权也多属于"问题"专利，扮演着"投机取巧"的负面角色，对专利公信力造成极大危害。

3.4.2 运用能力

专利集技术、经济、法律于一体，具有多种属性，其价值除了体现在技术层面的实施转化，还体现在专利的交叉许可、专利谈判、专利信息传播、专利广告、专利联盟、专利规则的运用、专利质押融资、专利投资入股、专利标准化等多方面。专利的目的是运用，只有熟知专利属性、具有娴熟的专利运用技能，才能充分利用专利制度谋求最佳经济效益，否则，专利的市场收益性不但得不到应有体现，还会走入"专利申请－公开技术－授权－缴纳年费"的闭环。

3.5 专利质量方面

如果说专利品质是专利公信力的前提，专利质量则是专利品质的保证。专利质量主要取决于创新能力、专利代理质量和专利审查质量，具体而言：

3.5.1 创新能力

专利法规定专利申请要获得授权必须具有创造性，尤其是发明专利，必须具有突出的实质性特点和显著的进步。创新能力是进行高科技创新、获取高质量专利的重要前提，而高质量专利往往能形成较高的垄断和竞争优势，保证技术创新项目稳定、持续发展，实现专利制度通过一定时期内的排他来获取利益、促进发明创造的功能。反之，如果创新能力不强，专利制度以创造性为前提的"排他性"就难以实现，专利公信力就成为无源之水、无本之木。

3.5.2 专利代理

我国近60%的专利申请是委托专利代理机构完成的[14]。由于专利申请文件是日后专利审批、专利无效和进行侵权裁判的法律依据，所以撰写专利申请文件就成为专利代理中的重中之重。高质量专利代理不仅能清楚完整地描述委托人想象中的发明，而且能充分而恰当地描述其他竞争者可能想到的各种变形及替代方法，让竞争者难以规避，充分展示专利制度对发明创造的保护功能。

3.5.3 专利审查

专利审查作为专利出口，是保证专利质量的重要防线。高质量的专利审查，不仅对专利申请行为发挥着引导、调整和规范的重要作用，而且对专利运用、保护等也具有广泛而深远的影响，能使真正有价值的创新成果通过专利审批转变成知识产权，进而在市场中发挥效益，推动创新发展。若审查质量不能保证，就会在源头上为问题专利埋下隐患。由于问题专利在市场竞争中得不到保护，权利人自然会质疑专利审查机构的权威性和专利的效力。

4　问卷调查及结果分析

研究在查阅相关资料和访谈前提下，基于上述理论分析，设计了影响因素调查问卷。问卷根据分析框架涉及的 11 个因素，设计了 11 个相同问题，采用 5 级 Likert 量度法。

4.1 问卷调查

问卷发放对象包括作者所在单位（山东理工大学）的科研管理人员及申请过专利的老师、本地从事专利代理的工作人员、本地专利代理公司以及该公司在青岛、东营、临沂三个分部的专利客户。问卷采用两种调查形式：对本地从事专利代理的工作人员、作者所在单位的科研管理人员及申请过专利的老师，通过邮件形式发放电子问卷；对于专利代理公司的专利客户，委托公司对其发放纸质问卷。自 2012 年 12 月始，截止至 2013 年 3 月底，共有 720 人（企业）参与问卷调查，剔除重复和无效的 25 份问卷，最终确认 695 份有效问卷。被调查者职业分布如表 1 所示、接触专利时间如表 2 所示：

表 1　被调查者职业分布

职业	人数	百分比（%）
企业管理者或发明人	465	66.9
高校老师	83	12.0
个体职业发明人	60	8.6
科研机构发明人	37	5.3
专利代理人	23	3.3
其他	27	3.9

表 2　被调查者接触专利时间

接触专利时间	人数	百分比（%）
1 年以内	56	8.0
1 – 3 年	214	30.8
3 – 5 年	230	33.1
5 年以上	195	28.1

从表 1 – 2 中可以看出，被调查者以企业管理或研发人员、个体职业发明人、学校老师为主，三者占被调查人数的 87.5%，接近 61.2% 的被调查者具有 3 年以上与专利打交道的经验。这主要是因为被调查人员多为专利公司的

客户和作者所在学校的老师，专利公司客户中多数是企业和个体职业者，而专利代理人和社会科研机构仅仅涉及所委托专利代理公司以及该公司分部所在的三个城市，他们在社会上所占比例较少。被调查者职业分布的多样性和长时间的专利经历，保证了对专利公信力问题认识的全面性和深入性，增加了问卷调查的可信度。

4.2 问卷结果分析

利用 SPSS 17.0 计算总体信度 Cronbach' a 值为0.85，远超过 0.5，表明分析框架具有良好的可靠性。问卷 KMO 测度为 0.712，高于可做因素分析的最低标准（0.5），同时 Bartlett 球形度检验的卡方值为165.308，相应的 sig 为 0.000，拒绝相关系数矩阵为单位的零假设，符合因子分析条件。

公因子方差表示各变量中所含原始信息能被提取公因子的程度，分析框架中绝大部分变量的共同度在 60% 以上，因此提取公因子对各变量具有较强的解释能力。表3 用于显示各因素的重要程度，决定抽取公因子的个数："合计"代表特征值，其大小反映公因子的方差贡献度。本研究根据特征值大于1的条件提取 4 个公因子，其累积贡献率为63.214%。

表3　解释的总方差

成分	初始特征值			提取平方和载入			旋转平方和载入		
	合计	方差（%）	累积（%）	合计	方差（%）	累积（%）	合计	方差（%）	累积（%）
1	3.014	27.399	27.399	3.014	27.399	27.399	2.248	20.433	20.433
2	1.700	15.450	42.849	1.700	15.450	42.849	1.803	16.393	36.826
3	1.182	10.742	53.592	1.182	10.742	53.592	1.489	13.540	50.366
4	1.508	9.622	63.214	1.058	9.622	63.214	1.413	12.848	63.214
5	.969	8.805	72.019	–	–	–	–	–	–
6	.770	7.004	79.023	–	–	–	–	–	–
7	.650	5.910	84.933	–	–	–	–	–	–
8	.617	5.607	90.539	–	–	–	–	–	–
9	.508	4.621	95.161	–	–	–	–	–	–
10	.322	2.927	98.087	–	–	–	–	–	–
11	.210	1.913	100.00	–	–	–	–	–	–

用因子分析法对各因素量表进行处理，通过采用具有 Kaiser 标准化的正交旋转法，旋转在 7 次迭代后收敛，计算获知除了传统文化的因子载荷为 0.278、工作方式方法的因子载荷为 0.346 以外，其余影响因素的因子载荷均大于 0.5，说明上述两因素对专利公信力的解释能力较弱。研究以因子载荷 > 0.5 为标准删除"传统文化"和"工作方式方法"两个因素，得到 9 个因子旋转成分矩阵，将 9 个因子归为 4 个公因子，具体定义为政策导向、专利维权、专利素养和专利质量。鉴于因子方差贡献的值越高，相应因子的重要性也越高，因此，研究以方差贡献率表示公因子权重，并根据各变量与公因子的线性关系，计算出各因子在相应公因子上的权重，如表 4 所示：

表 4　各影响因素权重

公因子	权重	因子	权重
政策导向	0.274	政策导向	0.274
专利维权	0.155	侵权审理	0.125
		执法人员素质	0.030
专利素养	0.107	申请动机	0.041
		公众意识	0.035
		运用能力	0.031
专利质量	0.096	创新能力	0.069
		专利审查	0.015
		专利代理	0.012

5　结论与对策

计算结果表明，我国专利公信力主要影响因素依次为政策导向、专利维权、专利素养和专利质量。其中政策引导解释专利公信力的能力超过 27.4%，远超过其他因素，为首要影响因素，说明政策作为主观指导性行动准则，对公众专利价值观的影响非常重要；其次是专利维权，解释能力超过 15.5%，尤其是其中的侵权审理，解释系数为 12.5%，说明我国专利保护环境存在很大问题，对专利创造、申请已经产生了很强的负反馈，直接导致专利公信力的下降；专利素养对专利公信力也有着显著的影响，毕竟公众专利素养是专利公信力的支撑；专利质量在公因子中排名最后，并非因为专利质量不重要，而是现阶段由于行政激励过度、运用能力低下等原因，使专利制度尚未在经济发展中发挥很大的作用，大家对专利质量的追求并不执着。

专利公信力是个系统工程，其建设中存在的问题是专利政策法规体系不健全、专利保护差强人意、公众专利素养低下和专利质量不高等因素共同作用的结果。缺失公信力的专利是难以担当激励科技创新、促进经济繁荣和建设创新型国家的重任的，所以要多管齐下、突出重点，采取有效措施提升专利公信力。

5.1 完善政策法规体系

健全的专利政策法规体系，决定着专利事业的运行规则，是提升专利公信力的关键。政府要以强化市场激励机制、弱化专利行政激励机制为政策取向，充分发挥好宏观调控职能，加大专利产业化的政策支持力度，引导专利由数量向质量转化，构筑更加适合我国国情、内容全面、体系统一、相互协调、有利于充分发挥知识产权制度作用的政策法制环境，使专利真正回到激励创新的轨道上来。

5.2 强化专利维权体系

健全的专利维权体系是提升专利公信力的保障，决定着专利制度能否有效保护创新。"如果他不能收获，他就不会去播种"[15]。要提升公众对专利制度的信任度，必须做好行政执法与司法程序的对接，增强知识产权行政执法职能，完善专利保护统筹协调机制，建立和完善司法鉴定、专家证人、技术调查等诉讼制度，提高专利司法审判效率，有效降低维权成本，营造良好的专利法治环境。

5.3 提高公众专利素养

具备良好知识产权素养的各类人才是实施知识产权战略的社会基础[16]。要真正发挥专利制度的作用，必须把提升专利素养作为一项长期的重要工作来抓：加大知识产权宣传和人才的培养，积极推进知识产权文化建设，在全社会培育、传播和发展"崇尚创新精神，尊重知识产权"的文化理念。只有当公众懂得并善于运用专利制度，让专利真正转化为现实财富，专利制度才能真正成为知识经济的推进器。

5.4 提升专利质量

专利质量是专利公信力的根本，是技术蜕变为专利、专利市场激励属性得以实现的必要条件。只有拥有了核心的专利技术，才能拥有核心的竞争力，才能抓住知识经济的主动权，掌握市场的制高点。我国专利质量不高，创新能力低，主要问题发生在研发环节，其次是专利审查和申请环节。所以首先要加大科技创新投入，全力提升核心专利技术开发能力；其次要加强对专利代理、审查质量的监督，通过控制专利审查各环节来保证专利质量。

参考文献：

[1] 刘洋. 关于我国专利事业发展的几点思考 [C] //中国知识产权研究会. 知识产权研究与实务. 北京：知识产权出版社，2006：1 - 14.

[2] Barton J. Intellectual property rights：Reforming the patent system [J]. Science，2000，287（5460）：1933 - 1934.

[3] Lemley M A. Rational ignorance at the patent office [J]. Northwestern University Law Review，2001，95（4）：1495 - 1532.

[4] Mann R J，Underweiser M. A new look at patent quality：Relating patent prosecution to validity [J]. Journal of Empirical Legal Studies，2010，9（1）：1 - 32.

[5] De Rassenfosse G，Guellec D. Quantity versus quality：Strategy interaction and the patent inflation [EB/OL]. [2013 - 07 - 06] http：//www. epip. eu/conferences/epip04/files/DERASSENFOSSE_ Gaetan_ 2. pdf.

[6] 黎运智，孟奇勋. 问题专利的产生及其控制 [J]. 科学学研究，2009，27（5）：22 - 27.

[7] 吴红，常飞. 基于有效专利的我国专利现状分析及对策 [J]. 图书情报工作，2012，56（4）：85 - 89.

[8] 胡玉衡. 系统论、信息论、控制论原理及其应用 [M]. 郑州：河南人民出版社，1989：14.

[9] 田利普. 中国知识产权工作存在意识、创造、保护和运用不足问题 [EB/OL]. [2013 - 03 - 20]. http：//news. 163. com/07/0423/16/3CPCUBOC000120GU. html.

[10] 曹新明. 知识产权法哲学理论反思——以重构知识产权制度为视角 [J]. 法制与社会发展，2004，10（6）：61 - 72.

[11] 高源. 中国公众知识产权文化素养调查结果揭晓 [EB/OL]. [2013 - 03 - 20]. http：//www. chyip. gov. cn/Article. asp？ id =650.

[12] 赵华. 越搞发明家里越穷 手持8项国家专利却一贫如洗 [EB/OL]. [2013 - 03 - 21]. http：//news. 163. com/40821/3/0U9G29C700011229. html.

[13] 吴汉东. 知识产权法 [M]. 北京：中国政法大学出版社，2004：6.

[14] 林小爱，朱宇. 专利代理机制存在的问题及对策研究 [J]. 知识产权，2011，24（5）：50 - 55.

[15] 波斯纳. 法律的经济分析 [M]. 蒋兆康，译. 北京：中国大百科全书出版社，1997：47.

[16] 邹晓红. 论高校开展知识产权教育的重要意义 [J]. 吉林省教育学院学报，2008，24（9）：47 - 48.

作者简介：

吴红，山东理工大学科技信息研究所副教授，E-mail：wuhong0256@163.com；

付秀颖，山东理工大学科技信息研究所硕士研究生；

董坤，山东理工大学科技信息研究所硕士研究生。

专利长度指标对比分析及实证研究

一般认为，专利质量越高，其被其他技术替代的程度越低、替代速率越低，竞争性则越强。近年来，中国专利申请量一直居于世界前列，但如此高的数量并不代表中国专利具有相应的高质量。因此，如何筛选出国外高质量专利并进行借鉴，以提高国内专利质量成为了重要课题。通常的研究方法是采用专利指标体系进行评价与选择，为此，中国国家知识产权局于 2011 年组织专家研究并建立了"专利价值分析指标体系"，体系中的指标尽量增加客观标准，减少主观判断[1]。此外，专利数量指标已被写入国家"十二五"规划纲要，进一步表明专利指标研究也是研究的重要方向之一。

1 研究背景

国外早在 20 世纪 40 年代就开始了关于专利指标的研究，其中较多涉及专利数量、专利质量、专利与经济的关系指标、专利与科学的关系指标等。台湾学者曾在其建立的专利指标体系中提及专利权项数量指标，认为专利中主张专利权的项数多，代表专利广度较广，也即每一篇专利中所主张的技术有多项[2]。美国 Duke 大学认为专利质量可从专利性（即技术的新颖性和创造性）、专利经济性和专利保护权项的有效性与范围等角度进行评价[3]。而 Pro-Quest Dialog 公司推出的专利分析软件 Innography 特别设立了专利强度（patent strength）概念，具有 10 余个相关专利指标，其中也包括了专利保护权项数量指标[4]。因此，专利保护权项数量已在一些分析中作为重要专利评价指标之一。

在专利的发展中，另一个现象就是专利篇幅在不断增加。加拿大知识产权部门报道该国专利篇幅在 2000 年之前平均为 35 页，而之后随着生物基因组等技术的发展，一些领域的专利篇幅增长迅速，其中一项生物技术专利篇幅已多达 7.7 万页[5]。但是，在专利指标分析中，很少将专利篇幅作为分析指标。相反，在学术论文方面，有一些针对论文篇幅的研究，如王全金等以科技论文引文量及篇幅对论文质量的影响进行分析，发现国内期刊论文引文量和篇幅都明显少于国际期刊论文，相应影响因子也低于国际期刊，并认为论文引文量和篇幅偏少不利于科技论文质量的提高[6]。于挨福等对科学研究类期刊影响因子相关因素进行实证研究，发现期刊论文篇幅长短、期刊主办单位的实力和影响力、期刊的类型等对于期刊的影响因子有着显著影响[7]。这些研究都表明在学术论文中，论文篇幅是重要指标之一。这也带来了疑问，专利篇幅是否也可以成为评价指标之一呢？

专利保护权项数量和专利篇幅都反映了专利的长度，这里统称为专利长度指标。纵观国内外研究，专利长度指标虽已有部分应用，但针对其具体分析很少涉及，对两个长度指标之间的对比分析以及长度指标与其他专利分析指标的相互印证也未有报道。本文将对专利长度指标进行总体态势的对比分析，并与专利引证指标相结合，分析专利长度指标的重点价值区间，进一步探讨专利长度指标作为专利分析指标的可行性，为今后专利指标体系的构建提供决策支撑。

2　研究方法

本文首先统计专利篇幅（页数）与专利保护权项的数量，然后进行时间、国家、机构等宏观与中观分析，最后进行对比，并建立专利长度指标效用矩阵。在分析之前，需要进行数据清理，分析过程中，借用文献计量与专利计量法中的一些方法，例如时间趋势分析、引证分析等。

2.1　数据采集

数据源需要选择的是具有世界范围的信息，同时有较强大引文信息支持的数据库。Derwent Innovations Index 数据库是最好的专利信息数据源，该数据库[8]收录有 100 余个国家的专利信息，并含有 10 余个国家的专利引文信息，因此最适合进行数据采集。

但是，不同系统的 Derwent 数据库所具有的字段标引并不相同。本文在 Web of Knowledge 系统的 Derwent 数据库中进行专利篇幅的统计分析，在 Thomson Innovation（TI）系统的 Derwent 数据库中进行专利保护权项数量的统计分析，然后将两者统一到 Thomson Data Analyzer（TDA）软件中。

2.2　数据处理

首先统计专利篇幅字段，在 Web of Knowledge 系统中下载 Derwent 数据，编译 TDA 中 WOK‒DII 的滤镜文件，增加专利篇幅字段代码，然后通过修改的滤镜导入数据，建立专利篇幅统计库。再通过 TI 系统下载 Derwent 数据，通过 TDA 中 TI 滤镜导入，建立专利保护权项数量统计库。通过 TDA 中 List Comparison 功能，将专利保护权项的数量信息在专利篇幅统计库中分别建组，将两个专利长度指标数据统一在一个数据集合中。

2.3 态势分析

结合专利计量学的方法，分别对两个专利长度指标进行总体态势分布分析、时间趋势分析、国家分析和机构分析。

总体态势分析：分别绘制两个专利长度指标依据专利数量的分布图，发现分布的大致趋势，并根据专利数量的比例划分出不同的专利长度指标区间。

时间趋势分析：根据专利长度指标区间绘制其与专利申请时间的趋势图，比较不同历史时期专利长度指标的发展变化，发现近期专利长度指标的主要发展区间。

国家分布分析：分析不同国家的专利长度指标区间比例，了解国际发达国家在各自专利申请时的主要专利长度指标区间，对比中国与国际发达国家的差别。

申请合作分析：专利申请中，合作是发展趋势，且不同数量申请人的合作专利对专利影响力也起到了不同效果[9]。根据专利合作者数量与专利长度指标关系，可以发现合作者数量对专利长度指标的影响。

专利权人性质分析：不同性质的机构具有不同的专利申请策略，其与专利长度指标的关系也反映了不同性质机构在撰写与申请专利时对长度的要求差异。

2.4 专利长度 – 引证效果分析

专利引证数量一直是专利分析中重要的专利质量评价指标之一。将专利长度指标分别与专利引证次数进行组合分析，发现两个专利长度指标与专利引证次数之间的关系。建立专利长度指标与专利引证次数的数据模拟方程，发现两者之间的内在联系。

将专利长度指标与专利引证指标结合构建专利长度 – 引证的效果矩阵（PL-PC Matrix），既可以对比发现两个专利长度指标的对应关系，也可以发现两者结合对专利质量的影响区间，为该领域内专利申请与评价提供参考。如图 1 所示：

专利长度 – 引证效果矩阵分别以两个专利长度指标为横轴与纵轴，交叉点的大小代表了该专利长度指标交叉区间内专利的平均被引次数。参照 BCG Matrix 解释[10]，对专利长度 – 引证效果矩阵进行相似解读，交叉区域点越大代表该区域的专利长度指标所起到的效果最为显著，影响也越大，类似于 BCG 矩阵的"明星"区，这里代表了具有高价值专利的区间；而交叉区域点

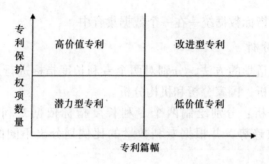

图1 专利长度指标 – 专利引证效果矩阵

越小，表示该区域专利长度指标影响较小，类似于 BCG 矩阵的"瘦狗"区，这里代表了较低价值的专利区；此外，专利长度指标均较大时，表明这些专利的内容丰富，很可能是对以前的专利进行改进，因此，在内容表述上更为全面具体，篇幅也相应扩大，这种专利可能为改进型专利；而专利长度指标均较低时，表明专利虽然内容少，但可能是未来关键技术的前期探索，因此，可作为潜力区。整个 PL – PC 矩阵以 Derwent 数据为基础，而 Derwent 数据库中收录的多为各国（特别是中国等非英语国家）发明专利，因此，该矩阵能准确地反映领域内发明专利的专利质量区间。同时，该矩阵也可进一步作为判断领域内发明专利技术价值的有效工具之一。

2.5 对比分析

通过对专利长度指标的多维度分析以及效果矩阵分析，对比不同专利长度指标的发展趋势、国家与机构的关注区间的相似与差异性，探索专利长度指标间的相互关系及对专利质量的最佳影响区间，为之后的分析研究提供依据。

3 实例分析

以固体氧化物燃料电池技术（Solid Oxide Fuel Cell，SOFC）为例，在 Derwent 数据库中进行检索，得到 10 388 个专利族（时间截止为 2011 年底）。分别进行两个专利长度指标的统计分析。

3.1 整体趋势分析

从不同专利篇幅与不同专利保护权项的专利量分布趋势看，两者大致呈现出相似的形状，两者所到达的顶峰专利量也非常接近（专利篇幅为 6 页时到专利量最大值，专利保护权项数量为 10 条时达到专利量的最大值）。在最大值时两个长度指标的数值不同与专利篇幅、专利保护权项的不

354

同含义有关。此外,专利篇幅在 20 页左右还有波动,而专利保护权项的分布则比较平滑,基本是随着专利保护权项的增加,专利数量逐渐减少。如图 2 所示:

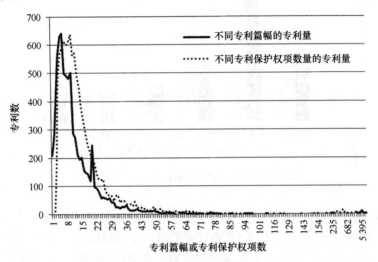

图2　不同专利篇幅与专利保护权项数时的专利量变化趋势

根据图 2,可以将专利篇幅和专利保护权项数划分为若干个区间。以专利篇幅在 6 页和专利保护权项在 10 个时达到专利量最大值为依据,以 6 – 10 为一个区间,并依次以 5 或 5 的倍数向前或向后划分(见表 1),最后得到两者的分布图(见图 3)。考虑到专利页数基本不为 1,即专利页数最小值为 2,而专利保护权项数最小值为 1,因此在前两个区分时略有差异。

表1　两个专利长度指标的划分区间

专利篇幅（页）	2 – 5	6 – 10	11 – 15	16 – 20	21 – 30	30 +
专利保护权项数量（个）	1 – 4	5 – 10				

对不同区间进行专利数量统计,发现在前两个区间,两者的专利数量大致相当,但随着专利长度指标的增大,专利保护权项个数多的专利量明显多于专利篇幅多的专利量,表明专利保护权项相对专利篇幅具有更重要的意义,因此,更多的专利倾向于具有多个专利保护权项。

3.2　时间发展趋势分析

以当年平均专利篇幅和平均专利保护权项数分别进行时间序列的统计

355

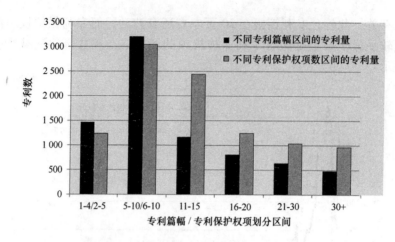

图 3   专利长度指标不同区间的专利量分布

（其中除去个别超长专利数据），可以发现专利篇幅的总体发展趋势为增长态势，在 20 世纪 80 年代中期至 90 年代中期时，平均每篇专利为 10 页左右，而最近两年已增长到 25 页；专利保护权项数量在 20 世纪 90 年代中期后虽然开始增长，但在 2001 年左右达到顶峰后又逐渐开始回落。这与该技术的发展有关，说明该技术在 2000 年左右有一个技术高峰，而近期技术发展较慢，因此申请的专利技术性不强。如图 4 所示：

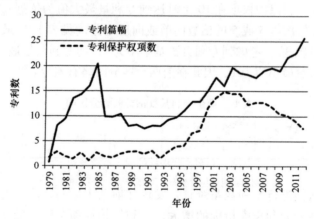

图 4   年均专利长度指标的时间变化趋势

3.3   国家分布趋势分析

选择中国、日本、美国、德国和韩国 5 个国家进行对比，可以发现各个国家的专利长度指标具有明显的差异性。德国是偏向于小篇幅的国家,其2-5页专利量明显高于其他国家,日本次之;中国多为6-10页专利,这与中国专利排版和字体有关,中国专利的排版密集程度低于美国、日本和德国等国家专利;韩国则偏向于11-15页专利。韩国与美国5页以下的专利申请量最少。如图5所示:

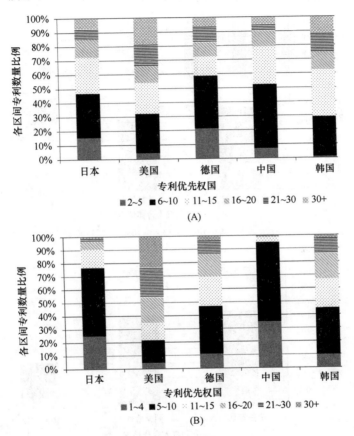

图5 专利长度指标的国家变化趋势
注:上部为不同专利篇幅时的国家分布,下部为不同专利保护权项数时的国家分布

在专利保护权项数量方面,中国和日本主要以10个保护权项为主,其中,中国专利中较少见20个以上的保护权项的专利申请,表现出中国专利在专利保护上还有很多欠缺。美国是对专利保护权项最为重视的国家,其专利中多为5个以上的保护权项,其中30个以上保护权项的专利申请比例在5个国家中最大(见图5)。

3.4 申请合作趋势分析

单独专利权人与两家机构合作申请专利时，对于专利篇幅的要求差别不大，均以 6 – 15 页为主要长度，30 页以上的大篇幅专利申请量仅占 10% 左右；但多家机构合作申请专利时，则明显偏向于申请大篇幅专利，在合作申请的专利中，超过 30 页的专利几乎达到 50%，见图 6。

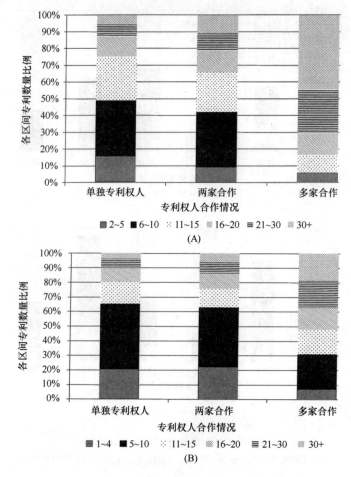

图 6　不同申请合作现象的专利长度指标对比

注：上部为不同专利页数时的合作分布，下部为不同专利保护权项数时的合作分布

专利保护权项数量的变化与专利篇幅情况相近，在单独申请或两家合作申请时，都倾向于较少的专利保护权项数，而多家机构合作的专利对于专利保护权项则更为重视，合作申请的专利中约有 20% 的专利保护权项超过 30，

而4个专利权项以下的专利比例大量减少，仅8%左右。

3.5 专利权人性质变化分析

在专利权人性质与专利长度指标的对比中，两个专利长度指标显示出较一致的变化趋势（见图7）。无论是产业公司还是研究机构都表现出对于中短篇幅和多专利保护权项的重视。可见，如今的生产企业已具备了和研究机构相似的专利能力，在撰写专利时也已非常注重对专利细节的描述，对于专利保护范围的研究也较为透彻。

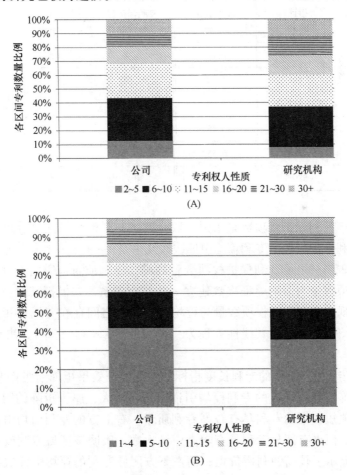

图7　不同专利权人性质的专利长度指标对比

注：上部为不同专利页数时机构性质比例分布，下部为不同专利保护权项数时机构性质比例分布

3.6 专利长度指标的质量分析

在引证次数方面，专利篇幅与专利保护权项数两个指标呈现出截然相反的情形。专利篇幅方面，篇幅越小，篇均引证次数越高，11 页以上的专利引证次数接近，已没有太大变化，可以认为专利篇幅与引证次数之间没有明显的函数相关关系。如表 2 所示：

表 2　专利长度指标的引证关系对比

专利页数区间	引证次数	篇均引证次数	专利保护权项区间	引证次数	篇均引证次数
2 – 5	8 216	6.68	1 – 4	1 572	1.07
6 – 10	3 442	1.13	5 – 10	3 934	1.23
11 – 15	1 351	0.55	11 – 15	1 913	1.64
16 – 20	594	0.48	16 – 20	1 570	1.96
21 – 30	568	0.55	21 – 30	1 350	2.13
30 +	589	0.61	30 +	1 435	2.98

而对于专利保护权项数量来说，数量越大，则篇均引证次数越高，其 30 个以上专利保护权项的专利篇均引证次数几乎是 1 – 4 个专利保护权项专利引证次数的 3 倍。可见专利保护权项数量的确与专利质量有着密切联系。通过对专利权项数量与篇均引证次数建立一一对应关系，并模拟其对应点的函数关系，发现在专利保护权项数量与篇均引证次数之间存在着线性相关（见图 8）。对于 SOFC 领域，其线性方程为：$y = 0.052\,52x + 0.928\,1$，决定系数 R^2 为 0.967。

进一步建立 SOFC 的专利长度指标 – 专利引证效果矩阵（见图 9），可以发现，矩阵左上方区域的专利篇均引证次数均较大，属于矩阵的明星区，也表明多权项短篇幅的专利具有较高专利质量；右上方的专利篇均引证次数低于明星区，但也有部分专利具有较高引证次数，表明该区域专利改进原有技术后，也显示了较高的利用价值；而左下方区域专利的篇均引证次数虽然较小，但随专利权项数量增加而逐渐增加，因此，这其中可能包括具有发展潜力的专利；而在偏右下方的区域，篇均引证次数较小，属于较低利用价值的专利区，该区域中，还呈现出一个特点：11 – 30 页左右的中长篇幅专利相较于超长专利（30 页以上），其价值更低。联系到近期专利篇幅变长的特点，

360

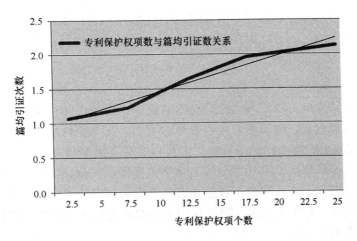

图 8 专利保护权项数与篇均引证次数函数模拟

这些超长专利虽然现在还没有表现出较高的引证次数，但未来可能会越来越具有影响力。

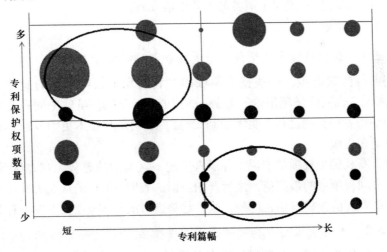

图 9 SOFC 的 PL－PC 矩阵效果

4 对比研究

4.1 相似性

4.1.1 长度指标较小的专利仍占据数量优势

从两个专利长度指标的整体分布看，6 页左右的中短篇幅专利和 10 个左

361

右的专利保护权项专利超过 50% 的比例，这些专利仍占据最主要的地位。虽然目前有长度增加趋势，但中短长度专利在早期的优势仍较大，长篇幅专利的影响力暂时还未有明显体现。

4.1.2 合作申请增加专利长度

单独申请人申请的专利无论是在专利篇幅，还是在专利保护权项数量上都偏向于较低数量，而随着合作者数量的增加，两个专利长度指标的数值也增加。3 家以上机构合作的专利中，大篇幅专利占据 50% 左右，比大篇幅的单独申请人专利数高了约 10 倍；而在大数量专利保护权项的专利数量上，也增加了 5 倍以上。这表明合作者越多，对于专利技术的研究越详细，因此篇幅越大；同时，合作者越多，对于保护范围的研究也更为细致，因此使保护权项数量也相应增加。

4.1.3 机构性质对专利长度指标的影响较小

无论是产业公司还是研究机构，在申请专利时，篇幅都偏向于中短专利，而专利权项数量则趋向于中等较多个数。进一步证明，多权项短篇幅专利已成为主流，也是目前主要申请者的主要申请方向。

4.2 差异性

4.2.1 专利篇幅不断增加而专利保护权项数逐渐回落

随着科技的进步，一些技术领域的专利出现了篇幅增长的趋势，对于 SOFC 来说，也同样呈现出这一趋势。从 1980 年开始，虽然中间有起伏，但总体的平均专利篇幅已从 5 页增加到 25 页，表明专利技术更为复杂，在撰写时需要更多篇幅。

对于专利保护权项数来说，并没有出现一直增加的趋势，在 2000 年左右出现了专利权项数的最高值，之后开始下滑。表明 SOFC 的从业者并没有不断增加每篇专利的保护权项，此外，这一趋势也可能与 SOFC 技术发展有关。

4.2.2 不同国家的专利具有不同长度特性

美国作科技大国，在专利长度方面表现出长篇幅和多权项专利更多的特点，小篇幅和低权项数量专利的比例是几个国家中最小的，而大篇幅和多权项数量专利的比例却最高；日本则以中等篇幅和中等数量权项的专利为主；中国专利篇幅以中等长度为主，在专利保护权项数量上则以低权项数量专利为主，体现出中国专利在专利保护性上明显落后于美国、日本等发达国家。从 PL - PC 矩阵看，中国专利体现出的正是在较低专利价值区域，反映了中国与美国、日本的专利技术差距。

362

4.2.3 短篇幅与多权项的专利质量高

不同专利篇幅与专利权项数量的专利在专利引证次数上有着明显不同，也表明了不同专利长度指标的专利在专利质量上可能也有明显差异。2－5页的专利篇均被引 6.68 次，明显高于其他篇幅的专利被引数，表明短小的专利易被大家接受，容易获得高引用。

在专利保护权项数量上，随着数量的增加，被引次数也逐渐增加，具有30 条以上保护权项的专利篇均被引次数接近 3，表明专利保护权项越多，专利内容也更为丰富，保护性就越强，也容易对其竞争对手起到威慑作用。因此，专利保护权项数量比专利篇幅更为明显地反映出其对专利质量的影响。

此外，从 SOFC 的 PL－PC 矩阵图也可以发现，多权项的短篇幅专利具有较高价值，而少权项中长篇幅的专利价值较低，也表明内容广泛但文字精炼的专利受到的关注更多，影响力也可能更大。

4.3 启示与意义

4.3.1 专利保护权项数量更适合评价专利质量

专利篇幅较短时具有较高被引次数，但随着篇幅的增长被引次数急剧下降，且之后与篇幅的关系并不大；而专利保护权项数量与专利被引次数有着明显相关，随着专利保护权项数量的增加，专利被引次数随之增加，这也代表了专利质量有所提高。因此，专利保护权项数量指标更适合作为评价专利质量的指标之一，这也是 Proquest Dialog 公司等的软件中采用了该指标的原因。

4.3.2 多权项长篇幅可能成为趋势

在较长时间内，中短篇幅专利都占有较大优势，但随着技术复杂度的增加，长篇幅专利也越来越多。虽然目前多权项短篇幅专利仍是最主要且专利价值最大的专利群，但多权项长篇幅专利也已表现出一定的影响力。未来随着长篇幅专利越来越多，其所受到的关注也会增加，很可能成为主要的专利申请撰写趋势之一。

4.3.3 加强专利保护权项的设计，增加专利保护性

从专利长度指标看，中短篇幅的专利和多保护权项的专利都具有较高的被引次数，同时，美国等发达国家也比较倾向于多保护权项的专利，这表明这些专利具有更高的技术价值。在专利篇幅不断增加的趋势下，未来多权项长篇幅的专利影响力可能不断加大。美国专利正是在这两方面都表现出色。反观中国，主要专利的长度指标偏向于中等篇幅的少权项专利，正是专利质

量最低的区域。因此，今后中国专利应适当增加专利保护权项数，对于创新技术需要仔细考虑每个可能的细节，加强专利保护。

4.3.4 适当增加多家合作的可能，提高专利质量

多家机构合作不仅可以创造出更多的创新思路，而且在专利技术和专利保护上的设想也更为全面。从分析看，多家机构合作专利在专利篇幅和专利保护权项数量上都有明显提高，意味着这些专利可能具有更高质量。因此加大合作力度有利于高质量专利的撰写与申请。

5 结 语

通过专利长度指标的对比分析，可以发现专利长度指标中的专利保护权项数量指标具有一定的评价意义，也印证了该指标作为专业专利分析软件的专利评价指标之一的可行性。同时，验证了近期专利篇幅的增长趋势。但通过专利长度指标与专利引证矩阵的分析可发现，多权项短篇幅的专利反而能获得更好的认同，同时，多权项长篇幅的专利也有部分具有较高影响。随着专利篇幅的不断增长，从专利技术价值和影响力看，专利长度指标应朝多权项短篇幅和多权项长篇幅这两个方向发展。

专利长度指标的研究以往并未引起重视，较多的只是对专利保护权项的语义分析。在现有趋势等定量分析的基础上，结合语义等定性分析，可能会使专利长度指标，特别是专利保护权项内容成为专利分析与评价的又一"利器"。

参考文献：

[1] 中华人民共和国国家知识产权局. 专利价值分析：横有多长，纵有多高？[EB/OL]. [2013 - 01 - 12]. http：//www. sipo. gov. cn/mtjj/2012/201208/t20120822_741592. html.

[2] 阮明淑，梁峻齐. 专利指标发展研究 [J]. 图书馆学与资讯科学，2009，35 (2)：88 - 106.

[3] Grnf S W. Improving patent quality through identification of relevant prior art：Approaches to increase information flow to the patent office [J]. Lewis & Clark L Ray，2007 (2)：495 - 519.

[4] DIALOG. Innography——挖掘海量数据下的核心专利 [EB/OL]. [2012 - 12 - 30]. http：//zuits. zju. edu. cn/attachments/2011 - 04/07 - 1302162675 - 65799. pdf.

[5] 肖陵军. 生物技术发展对专利系统提出挑战 [EB/OL]. [2012 - 12 - 30]. http：//www. people. com. cn/GB/channel2/570/20001212/346379. html.

［6］ 王全金，吴泽九，李萍，等. 科技论文引文量及篇幅对论文质量的影响分析 ［J］.
华东交通大学学报，2010, 27（3）：107－111.

［7］ 于挨福，马虎兆. 科学、科学研究类期刊影响因子相关因素的实证研究 ［J］. 科
学学研究，2008, 26（4）：767－772.

［8］ ThomsonReuters. Derwent innovations index ［OL］. ［2009－01－22］. http：//
www. thomson-reuters. com/products_ services/scientific/Derwent_ Innovations_ Index.

［9］ 卞志昕. 领域专利与学术论文的团体合作趋势比较研究 ［J］. 图书情报工作，
2012, 56（18）：44－49.

［10］ Ernst H. Patent information for strategic technology management ［J］. World Patent Infor-
mation，2003, 25（3）：233－242.

作者简介：

卞志昕，上海图书馆上海科学技术情报研究所副研究员，E-mail：zxbian
@ libnet. sh. cn。

核心专利指标效力研究评述[*]

作为提升产品价值的专利，核心专利是专利技术中关键技术内容，也是企业创新和经济利益的源泉。2006 年《国家知识产权战略纲要》中指出：通过在生物和医药、信息、新材料、先进制造等技术领域超前部署，掌握一批核心技术的专利支撑我国高技术产业与新兴产业发展。专利指标分析是核心专利研究中使用最广、研究最深入的方法之一。目前，国内尚缺乏对于核心专利指标评价效力的讨论，了解各个指标的内涵与效力，选择有针对性、符合研究目标的专利指标，对于评价核心专利有着重要的意义。

1 核心专利指标研究概况

指标作为专利计量方法中的主要组成部分，在量化宏观、中观和微观层面的技术水平方面有着重要的应用[1]。专利指标分析法是专利分析中的定量方法，具有直观清晰、易获得、可借助软件等优点，是识别核心专利的主要研究手段之一。

1.1 核心专利的定义

目前对于核心专利还没有一个统一、公认的定义。国外一般使用基础专利、基本专利或高价值专利这样的名词。在国内，虽然核心专利已被列入政策条文，但仍缺乏对于核心专利的准确定义与研究。

根据国内现有关于核心专利的研究文献，笔者认为核心专利主要有以下几个特征：①核心专利是产品制造中无法回避的技术，即"绕不开的专利"；[2]。②核心专利在某一技术领域中处于关键地位，强调广阔的影响力，并可带来可观的经济收益[3]；③核心专利具有首创性，被后续科技引用，是产业化集聚必不可少的专利[4]。

---

* 本文系 ISTIC-THOMSON 科学计量学联合实验室开放基金资助项目"基于科学计量学的生物技术药物产业协同创新机制研究"研究成果之一。

综合来说，核心专利主要表现为在某一阶段和特定领域内，技术水平上具有先进性与不可替代性，技术影响力上具有持续性，并可带来可观的市场价值与经济收益的一类专利。

1.2 核心专利指标的使用现状

我国从 20 世纪 80 年代开始出现关于专利指标的文献。2012 年，国家知识产权局专门成立"专利评价指标体系"研究课题组，从专利数量、质量、价值三方面构建专利评价指标体系[5]；然而，在国家层面上针对核心专利评价方法的课题或统一的核心专利评价指标还没有出现。

从研究现状看，已有部分文献通过指标分析对核心专利进行了研究。孙涛涛等人从专利计量的角度出发，将专利被引频次、同族专利大小与权利要求数量 3 种专利指标用于核心专利识别[6]。韩志华选取被引次数、同族专利大小等 6 个有代表性的指标，建立了一套通过核心专利鉴别核心技术的方法[3]。罗天雨选取专利被引次数、分类号数量、权利要求数量、专利诉讼等 12 个指标，通过层次分析法构建了一套核心专利判别模型，用于核心专利的识别[7]。胡晨希等人通过 IPC 统计分析将布拉德福文献分散定律用于药品核心专利的确定[8]。马永涛等人对核心专利的识别方法进行了综述，其中涉及指标的方法包括单一指标法、指标组合法等[9]。专利引用是专利分析中的重要指标，单独利用专利引证指标与引证关系进行核心专利判别也是该领域的研究重点。王彦等人通过专利共被引分析理论和中介中心性理论，找出轴承钢技术领域的 7 个核心专利[10]。栾春娟等人将 2003 – 2004 年软件开发领域专利中被引频次高于 7 次的 5 000 项高被引专利定义为该领域核心专利[11]。综合查阅到的文献，目前用于核心专利识别的指标主要有被引频次、同族专利大小、权力要求数量等 14 个指标。使用工具包括共被引网络、层次分析法、布拉德福分散定律等。如表 1 所示：

表 1 核心专利指标与常用分析方法

指标类型	指标名称	分析工具类型	分析工具名称
技术水平	技术生命周期[7,9]、被引频次[6-7]、[3]、[10-11]、分类号数量[7-8]、专利维持年限[9]、发明人数量[9]、技术循环周期[7]	单一指标识别	布拉德福分散定律[8]、共被引网络[10]
市场价值	专利权人数量[9]、权利要求数量[6]、专利实施[9]、专利许可[9]、专利诉讼[7]、专利有效性[9]、同族专利数量[6-7]	综合指标识别	专家打分结合层次分析法建模[7,12]

1.3　现有研究的不足与本文的工作

由上述核心专利指标研究的情况可知,目前核心专利未有明确的定义,用于核心专利的指标也未统一。虽已有文献对核心专利的指标分析方法进行了研究和应用,但指标的种类与方法并不完善。

(1) 从指标的种类来说,虽然文献中提到的指标达到 10 余种,但还有部分受到认可的专利指标,如表现科学关联度的专利引用科学文献数量[13]、表现技术积累性的自引专利文献数等[14]未被考虑在内。

(2) 绝对被引频次是核心专利指标分析中应用最多的指标,但其存在时间膨胀的问题,公开较早的专利一般被引次数越高。1998 年 A. Jafe 等人利用固定效果法对专利被引数据进行修正,该方法根据技术所处的年份给出相对被引数据[15],相对被引次数等于绝对被引次数除以该技术在该年发表的所有专利技术的平均被引数量。尚未有文献提到绝对被引次数使用中的局限性问题。

(3) 在核心专利的指标研究中,鲜有文献对指标的效力进行考察。对于不同的样本,指标的效力不同。如对于 IPC 分类号,J. Lerner 发现专利的 IPC 分类号数量与专利被引次数正相关[16],而 D. Harhoff 等人则通过实证发现在医药、化学等领域中 IPC 分类号数量与专利被引次数负相关[17]。因此,指标未必对所有领域的核心专利判断有参考价值。若未对指标效力进行验证就直接利用,会影响结果的客观性与准确性。

(4) 部分核心专利指标文献未充分考虑指标数据的可获得性。如专利实施、专利许可这样的指标无法通过数据库直接获得,需要进行大量的文献调研。这样的指标应用于少量专利的评价时可行,但应用于海量专利评价、进行核心专利的识别时较为困难。

本文结合核心专利技术水平与市场价值两方面的特点,筛选可从专利数据库中可直接获取,或仅经过简单运算即可间接获取的专利指标,综合评述国内外有关专利指标效力的研究结果,从指标内涵、实证分析结果两个角度对不同专利指标的效力进行说明,并对专利指标效力的验证方法进行综述,为核心专利指标研究中指标的挑选与分析提供参考。

2　专利指标的效力研究

当前专利指标的研究文献主要集中于评价方法与实证研究两个领域,涉及专利指标间关联性和效力研究的文献较少。国外比较有影响力的专利指标评价方法包括 CHI 专利评价体系(由 CHI Research 研究公司建立)、Ginarte-

Park 指数法、专利记分牌、OECD 科技指标系列手册等[18]。综合专利指标对核心专利的评价意义以及指标的可获取性，本文挑选专利参考文献数量、非专利参考文献数量、科学关联度、绝对被引次数、相对被引次数、技术循环周期、自引专利数、自引科学文献数、技术覆盖范围、权力要求数、专利维持时间、专利族大小、专利诉讼、专利转让、技术生命周期、发明人数量、专利权人数量等 17 个指标进行讨论。

专利的指标效力研究包括专利指标的内涵、专利指标的文献研究结果以及专利效力分析方法 3 个方面。

2.1 核心专利指标的内涵与效力

2.1.1 引证类指标

引证类指标体现了技术发明的继承性和关联性，包括前引和后引，反映的是核心专利技术水平的情况。其中，后引是指目标专利引用的参考文献，而前引是指引用目标专利的专利文献，这类文献又称为施引专利。目前，专利引证指标已成为研究最深入、最完善的一类指标。

后引专利指标包括专利参考文献、非专利参考文献、科学关联度、自引专利数与自引科学文献数。后引专利指标可以在一定程度上反映专利技术本身的创新程度和先进程度。如美国 CHI Research 研究公司开发的科学关联度指标，即专利引用的科学文献数量，用于体现专利文献对基础科学的依赖度与对科学传播的积极影响[13]。F. Narin 等人也认为引用参考文献越多，这个技术领域发展得越成熟；参与的研究人员越多，创造能力越强[19]。然而后引专利并非全部由作者引用，有一部分后引专利来源于审查员引文。审查员引文反映的是专利技术与现有技术的相关性，相关性越高，自身的创新性越小。F. Schettino 等觉得引用的参考文献多，只能表明该专利是其他研究结果的衍生物，其创新性受到限制[20]。自引科学论文是发明人前期科研成果的延续，体现了发明人对自身成果的吸收与转化。E. Sapsalis 发现如果一项专利自引科学论文的数量越大，该专利的被引次数越高[21]。J. Bessen 发现专利参考文献数量与被引次数显著正相关[22]，而 M. Meyer 对纳米技术专利进行调研后却发现非专利参考文献与专利价值无直接联系[23]。

前引专利指标包括绝对被引次数、用于修正绝对被引次数时间膨胀问题的相对被引次数与技术循环周期。1949 年，A. H. Seidel 第一个系统地提出被引次数用于分析专利技术的重要性[24]。随后，M. B. Albert 等人以专家的评价结果为依据，验证了被引次数对于评价专利技术价值的正相关作用[25]。美国乔治梅森大学、斯坦福大学、加州大学伯克利分校等 4 所大学对于专利价值指标进行研究，验证了专利诉讼与专利被引数量之间的高度相关性，认为被引数量是评价专利价值最重要的指标[26]。技术循环周期是 CHI Research 研究公司在专利被引次数的基础上开发的用于反映技术创新速度的专利指标[13]。万小丽用绝对被引次数、相对被引次数、权力要求数等指标对我国的专利质量进行验证过程中发现，相对被引次数与专利质量有更高的相关度[14]。引证类指标内涵与效力情况如表2所示：

表2　引证类指标内涵与效力情况

专利指标	定义	正相关	负相关	文献调研结果
专利参考文献数量	目标专利引用专利文献的数量	引用较多专利文献，技术涵盖量较高，保护范围宽	拥有较多专利参考文献的专利对该技术领域的创新贡献较小	P, 0
非专利参考文献数量	目标专利引用专利文献以外的文献数量	引用科学文献越多，科学研究对专利技术的贡献越大	审查员引用非专利文献难以体现知识流	P, 0
科学关联度	专利引用科学文献的数量	技术创新对科学研究的依赖程度	只表现涵盖科学研究，不是吸收了科学知识	P, 0
绝对被引次数	目标专利被后续专利的引证次数	对基础技术的影响力大，对后续专利的权利限制	—	P
相对被引次数	绝对被引次数/该技术在该年发表的所有专利技术的平均被引数量	对基础技术的影响力大，修正了绝对次数的时间膨胀问题	—	P
技术循环周期	引用的专利文献的中值年龄	技术创新的速度	只能反映国家或企业的整体水平，未验证是否可用于单项专利	—
自引专利数	目标专利引用专利文献中发明人或专利权人与目标专利相同的专利数	技术积累性，吸收了自己的先前技术	—	P
自引科学文献数	目标专利引用科学文献中作者与目标专利发明人或专利权人相同的专利数	科学积累性，吸收了自己的基础研究成果	—	P

注：P、N、0 分别表示该指标对该专利成为核心专利的影响，P 为积极影响，即该指标越大，成为核心专利的可能性越大；N 为消极影响，即该指标越大，成为核心专利的可能性越小；0 表示无影响。下同。

2.1.2　范围类指标

范围类指标体现了专利的技术覆盖面或保护范围，包括技术覆盖范围与权力要求数量指标。1994 年，J. Lerner 等人首次提出专利说明书中的国

370

际专利分类号（IPC）的个数可用于计算技术覆盖范围[16]，并通过实证研究发现其与专利被引次数高度正相关。而 D. Harhoff 与 J. O. Lanjouw 等人则通过实证研究发现在医药、化学等很多领域中 IPC 分类号与专利被引次数负相关[17,27]。权力要求数量则体现在专利说明书中，用于确定专利受法律保护的具体范围。A. John 等人通过验证后发现高价值的专利拥有更多的权力要求数量[26]。然而，近年来申请人提交的专利申请书中权利要求数量越来越多，权利要求数量存在时间膨胀，其作为专利指标的效力需进一步验证，如表 3 所示：

表 3　范围类指标内涵与效力情况

专利指标	定义	正相关	负相关	文献调研结果
技术覆盖范围	IPC 小类数	对各领域技术的综合性强	利用其他技术领域原理和方法解决本领域问题	P，N
权力要求数量	专利说明书中的权利要求	专利的原创性高，质量高	权利要求数量存在时间膨胀	P

2.1.3　法律类指标

专利的价值除了体现于技术创新的程度，体现于其法律价值。专利的法律价值能够很好地体现市场中专利的竞争价值与经济价值，是核心专利重要的评价标准。法律类指标包括专利维持时间、专利族大小、专利权人数量、专利诉讼与专利转让 5 个指标（见表 4）。专利维持时间讨论的是专利有效性问题，短时间内专利维持费用较少，对于非专利价值的需求，如个人成就感、广告战略等因素，都会倾向于维持。而长期来说，专利权人主要考虑专利本身的质量与经济价值。D. Harhoff 等发现维持届满的专利比提前终止的专利拥有更多的被引次数，更具有价值[17]。专利族大小反映了发明的经济重要性，对于重要的专利，专利权人愿意投入成本在更多的国家寻求保护。D. Harhoff，J. O. Lanjouw 等人都验证了专利族大小对专利评价过程中的正相关作用[17,27]，而 E. Sapsalisa 等学者发现专利族大小与被引次数不相关[21]。专利权人数量体现了专利的经济价值，一项技术为越多的专利权人所共有，其技术的影响力与价值就越高。专利诉讼与专利转让则被认为是与专利价值直接相关的指标，多篇文献将是否发生专利转让与专利诉讼作为核心专利的评价依据[26]。

表4 法律类指标内涵与效力情况

专利指标	定义	正相关	负相关	文献调研结果
专利维持时间	从专利公开至专利到期或失效的时间	专利技术价值与经济价值	因广告宣传、战略需求等非专利因素维持	P
专利族大小	DII 同族专利数量	专利的保护范围与经济价值	—	P，0
专利权人数量	专利权人数量	专利经济价值	—	—
专利诉讼	目标专利诉讼数量	技术经济价值与竞争环境	—	P
专利转让	目标专利转让次数	专利技术经济价值	—	P

2.1.4 其他指标

除了上述指标外，还有一些指标如技术生命周期与发明人数量也可以体现专利的价值。这两个指标分别表现出专利的技术发展阶段以及投入的人力资本（见表5）。因为核心专利具有首创性，故其一般来源于技术的萌芽期，这是一个定性指标。从发明人角度来说，发明人数量越多，对该专利可能的创造性贡献越大。M. Reitzig 验证了发明人数量对于专利评价的积极影响，而申请人数量则与专利评价无关[28]。

表5 其他指标内涵与效力情况

专利指标	定义	正相关	负相关	文献调研结果
技术生命周期	专利技术发展的不同阶段	萌芽期专利有可能为核心专利	—	
发明人数量	发明人数量	资源投入程度	—	P

2.2 核心专利指标效力的验证方法

专利指标的内涵分析与以往文献的调研结果为核心专利的指标分析提供了参考。为了保证使用指标适用于当前的研究领域，需选择实际调研的样本进行效力验证，将其与指标的内涵一同考虑。

选择合适的对照样本是指标效力验证的基础。目前，我国和世界范围内还未有核心专利的样本库，与核心专利等价的评价对象包括：①获奖专利。

万小丽等人选择国家知识产权局授予金奖或优秀奖的中国专利作为指标有效性的对照样本[14]。②诉讼专利。A. John 等人假定有价值的专利必然会发生诉讼，并讨论了专家族大小、权力要求数等指标与这些专利的关联度[26]。③被引次数。被引次数作为公认的专利价值评价标准，指标与被引次数间的相关性成为指标对核心专利评价有效性的参考。E. Sapsalis，J. Bessen，J. O. Lanjouw 等人都采用了这一方法[21-22,27]。④专家评分。组织领域内的专家，对样本内的专利进行评分，考察指标与专家评分结果的相关性。M. B. Albert，CHI 公司在研究指标效力时都采用了这样的方法[25]。

从方法上来说，多数文献采用均值检验与差异性比较来进行。首先考察不同样本指标数据的平均值以及标准差与方差之间的不同，随后运用相关性检验考察两者是否有显著性差异。E. Sapsalis，M. B. Albert，A. John 等都采取了类似的方法[21,25-26]。而出于建模的目的，还可以通过线形回归等回归方法对指标间的整体效力进行考量。万小丽在进行相关性检验后，通过线形回归，从 7 个待选指标中选择被引次数、权利要求数量和发明人数量 3 个回归中有显著性意义的指标作为专利价值的考察指标[14]。

3　结论与建议

本文筛选了可应用于核心专利的指标，总结了国内外专利评价指标的研究成果，并概述了指标研究的方法。指标研究是核心专利识别与评价的第一步，为了更好地开展核心专利的研究工作，本文从以下几点进行展望。

（1）目前核心专利的概念已被广泛应用并被列入政策条文，但对于核心专利尚无明确的定义，不利于我国发展自己的核心专利及对专利技术进行考核与评审，建议对核心专利进行明确的定义与界定。

（2）我国尚缺乏核心专利的样本库，为了明确各指标对核心专利识别的效果，建议组织领域专家识别一批核心专利或技术文件作为范本，为核心专利研究与相关指标研究提供参考。

（3）虽然利用专利指标可发挥其定量评价的特点，但还需结合专家意见，尤其是在评价新兴领域的专利技术时。因为专利指标依靠的是专利本身所提供的数据，但新兴领域由于出现时间较短，某些专利指标数据，如引用、法律类指标等相对不完善。

（4）在选择指标对核心专利进行识别时，要明确专利识别的目的与领域的特点，有针对性地挑选指标，而不是盲目地选择或追求指标的数量。

参考文献:

[1] 高继平,丁堃. 专利计量指标研究述评 [J]. 图书情报工作,2011,55(20):40 –43.

[2] 山立,任越. 我国专利发明结构发展变化研究 [J]. 科技进步与对策,2010,27 (23):111 –114.

[3] 韩志华. 核心专利判别的综合指标体系研究 [J]. 中国外资,2010(4):193 –196.

[4] 肖沪卫. 专利地图方法与应用 [M]. 上海:上海交通大学出版社,2011:148 –150.

[5] 李金波,王根. 我国专利指标研究述评 [J]. 情报杂志,2011,30(8):37 –40.

[6] 孙涛涛,唐小利,李越. 核心专利的识别方法及其实证研究 [J]. 图书情报工作,2011,55(4):80 –84.

[7] 罗天雨. 核心专利判别方法及其在风力发电产业中的应用 [J]. 图书情报工作,2012,56(24):96 –101.

[8] 胡晨希,邵蓉. 基于布拉德福定律的药品核心专利分布 [J]. 中国药事,2012,26 (2):134 –139.

[9] 马永涛,张旭,傅俊英. 核心专利及其识别方法综述 [J]. 情报杂志,2014,33 (5):38 –43.

[10] 王彦,陈悦. 基于专利计量的东北特钢轴承钢技术战略研究 [J]. 科海故事博览 ·科技探索,2011(3):20.

[11] 栾春娟,侯海燕. 全球软件专利计量与中国软件专利法律保护 [J]. 技术与创新管理,2009,30(5):566 –569.

[12] 张娴,方曙,肖国华,等. 专利文献价值评价模型构建及实证分析 [J]. 科技进步与对策,2011,28(6):127 –132.

[13] Narin F, Noma E, Perry R. Patents as indicators of corporate technological strength [J]. Research Policy, 1987, 16(2 –4):143 –155.

[14] 万小丽. 专利质量指标研究 [D]. 武汉:华中科技大学,2009.

[15] Jaffe A, Trajtenberg M. International knowledge flows: Evidence from patent citations [J]. Economics of Innovation and New Technology, 1999, 8(1 –2):105 –136.

[16] Lerner J. The improtance of patent scope: An empirical analysis [J]. RAND Journal of Economics, 1994, 25(2):319 –333.

[17] Harhoff D, Narin F, Scherer F, et al. Citation frequency and the value of patented inventions [J]. The Review of Economics and Statics, 1999, 81(3):511 –515.

[18] 冯昌扬. 国内外专利研究文献综述:2003 –2012 年 [J]. 知识管理论坛,2013 (1):52 –62.

[19] Narin F, Hamilton K S, Olivastro D. The increasing linkage between US technology and

public science [J]. Research Policy, 1997, 26 (3): 317 – 330.

[20] Schettino F, Sterlacchini A, Venturini F. Inventive productivity and patent quality: Evidence from Italian inventors [J]. Journal of Policy Modeling, 2013, 35 (6): 1043 – 1056.

[21] Sapsalis E. Academic versus industry patenting: An in-depth analysis of what determines patent value [J]. Research Policy, 2006, 35 (10): 1631 – 1645.

[22] Bessen J. The value of US patents by owner and patent characteristics [J]. Research Policy, 2008, 37 (5): 932 – 935.

[23] Meyer M. Does science push technology? patents citing scientific literature [J]. Research Policy, 2000, 29 (3): 409 – 434.

[24] Seidel A H. Citation system for patent office [J]. Journal of the Patent Office Society, 1949, 31: 554.

[25] Albert M B, Avery D, Narin F, et al. Direct validation of citation counts as indivators of industrially important patents [J]. Research Policy, 1999, 20 (3): 251 – 259.

[26] John A, Mark L, Kimberly A. Valuable patents [J]. Georgetown Law Journal, 2004, 92: 438 – 480.

[27] Lanjouw J O, Schankerman M. Patent quality and research productivity: Measuring innovation with multiple indicators [J]. Economic Journal, 2004, 114 (495): 441 – 465.

[28] Reitzig M. Improving patent valuation methods for management: Validating new indicators by analyzing application rationales [J]. Research Policy, 2004, 33 (6): 939 – 957.

作者简介：

范月蕾，中国科学院上海生命科学信息中心助理馆员，信息分析师；

毛开云，中国科学院上海生命科学信息中心馆员，信息分析师；

于建荣，中国科学院上海生命科学信息中心主任，研究馆员，通讯作者，E-mail：jryu@ sibs. ac. cn。